U0452170

新时期语言文字规范化问题研究

沈阳 邵敬敏 主编

XINSHIQI YUYAN WENZI
GUIFANHUA WENTI YANJIU

商务印书馆
2017年·北京

本书研究成果受到下列国家级科研课题的支持

1. 国家社科基金重大招标项目"新时期语言文字规范化问题动态研究"
   （项目号：12&ZD173）
2. 国家重大基础理论研究项目（973）子课题"面向网络语言的句法语义分析理论模型"
   （项目号：2014CB340501）
3. 国家语委重点项目"两岸（含港澳台）语文现状和发展趋势比较研究"
   （项目号：ZDI125—20）
4. 国家语委一般项目"面向语文教育的语言文字标准研究"
   （项目号：YB125—26）

目 录

序 1

总论：新时期语言文字规范化问题研究

现代汉语标准语和现代汉语的动态规范观 7
全社会都应关注语言文字规范问题 17
网络时代汉语嬗变的动态观 28

上编：基础语文教育中的语言文字规范问题

小学语文教材中儿化词考察 47
小学语文教材中汉字笔画规范问题探讨 62
小学语文教材中偏旁部首名称规范问题探讨 71
中学语文教材学习性词汇体系综合考察 93
中学语文教材中的修辞格问题考察 109
中学语文教材中标点符号用法的符合性调查 123
轻声词读音的词典标注及若干疑难问题 143
新版《现代汉语词典》求瑕 152

中编：社会语文生活中的语言文字规范问题

从网络流行语看网络文化生态的建设与治理 167
网络语言新兴名动形词类转化现象分析 182
网络新兴副词的词义分布模式 198
浅析网络中的新生句末语气词 212

网络新兴称谓语生命力情况探析 ································ 227
新时期动词新义考察 ·· 240
新兴詈语的非詈化考察 ······································ 258
指人名词与个体量词新兴搭配情况考察 ·························· 270
新词群"聚群成分"中的新语素 ································ 287
网络语言对标点符号用法的影响和标点符号的特殊用法 ·············· 298

下编：港台语言现状及对大陆语言文字规范的影响

部分国家和中国港澳地区语码混用现象考察 ······················ 313
浅谈两岸汉英语码转换的特点及发展趋势 ························ 325
普通话和国语句末语气词比较与研究 ···························· 343
大陆与台湾常用字字形比较 ···································· 363
从"手机"看不同华语社区同义词群的竞争与选择 ················ 378
港式中文与语言变异 ·· 389
华语社区词的典型性及其鉴定标准 ······························ 402

后　　记 ·· 419

序

　　由沈阳、邵敬敏两位教授主编的《新时期语言文字规范化问题研究》即将由商务印书馆付梓出版，沈阳来信嘱我写序。我作为他所承担的重大课题《新时期语言文字规范化问题研究》的顾问，不好推辞。我给人新著写序有个习惯，要求先看书稿，我先进行学习，而后才能思考动笔，以便序文能说到点子上，能有的放矢。沈阳照我的想法做了，立即将书稿电子版发送了过来。我看完书稿，觉得该新著具有二重性——从一篇一篇标题看，是个多人参与撰写的论文集；从前后内容来看，则是一部论述新时期语言文字规范化问题的论著。全书含总论、上编、中编、下编四大部分，从内容上来看正好形成四大板块，总计28篇论文。

　　"总论"是第一大部分，也是论著的第一个板块"新时期语言文字规范化问题研究"，含三篇论文。该板块较为全面地论述了一个新的、重要的、学界应该正视的观念或者说理念，即"现代汉语的规范化是一个持续的过程，要建立动态的规范观，即坚持'排除例外，约定俗成，兼容并蓄'的基本原则"。这无疑是一种具有科学发展眼光的动态的语言规范观，值得点赞。

　　众所周知，语言作为人类最重要的交际工具，它是随着社会的发展而不断发展变化的。语言的变异是客观存在的，而且随着人类进入网络化、信息化社会，在某种程度上，语言的变异进一步加速。语言的变异从某个角度说，都是冲着原有的语言规范而来的，为了使语言能更好地服务于语言使用者的交际，人们又必须对语言变异进行适度的干预，加以适时、适当的规范，而且全社会都应关注自己民族的语言规范问题。这种规范当然都会有一定的客观依据，但又毕竟是人为的。在语言发展的历史长河中，语言的变异始终是绝对的，语言的规范始终是相对的。因此，为了有助于人们的顺畅交际，为了有助于民族共同语的健康发展，同时为了有助于适度保存能传承一定民族文化、能有利于研究民族语言发展历史的被称为"民族语言的活化石"的方言，更为了能建立起多元、和谐的语言生活，我们必须建立"动态规范观"，必须

"坚持'排除例外，约定俗成，兼容并蓄'的基本原则"。

上编是第二大部分，也是论著的第二个板块，专门论述"基础语文教育中的语言文字规范问题"，含八篇论文。这一板块从不同方面——"小学语文教材中儿化词收录和规范问题""小学语文教材中汉字笔画和偏旁部首名称的规范问题""中学语文教材学习性词汇体系合适度问题""中学语文教材中的修辞格选取和安排问题"以及"中学语文教材中标点符号用法的符合性问题"等，考察、探讨了教育领域特别是中小学教育领域的汉语规范问题。这为如何加强中小学语文教材语言的规范、如何优化教材提供了一定的参考数据。其中，还谈到了辞书的标音、释义问题，将这一内容纳入基础语文教育中的语言文字规范问题这一板块之中是合适的，因为"语文学习离不开字典、词典的帮助，学生在识字、阅读、写作中经常要使用字典、词典。不认识的字（知形不知音、不知义），不会写的字（知音不知形或不知义），分不清的字（如字形相近，意思相近），不理解的词，都要查字典、词典。所以字典、词典人们称之为'能释疑解惑的不说话的老师'。一本好的字典、词典，是学生学习的好老师。辞书的灵魂是释义。词的释义对人们正确了解并运用词语关系极大"（马真《说说目前辞书的释义》，《辞书研究》2016年第4期）。

中编是第三大部分，也是论著的第三个板块，论述"社会语文生活中的语言文字规范问题"，含十篇论文。这一板块实际是重点考察、探讨虚拟世界网络语言的规范问题。这是一个崭新的又十分棘手的探究性的课题。

人类进入信息化时代，语言变异加剧，语言生活多变，特别是在虚拟世界的网络语言领域，新词语、新语法现象不断涌现，新语体、新话语风格迅猛发展而又多变，这对丰富汉民族共同语起到了一定的积极作用；但同时也出现了一些李宇明教授称之为"失掉了语言的羞耻心"的"旧媚洋心态、俗不可耐的言谈举止、标新立异的痞子语言"等不健康、不文明的负面语言现象。这样，语言规范化的一个新课题摆在了语言文字工作者面前，那就是对网络语言要不要规范？如何实施规范化工作？这里更涉及网络文化生态治理问题——如何保护好网络环境？如何营造健康积极的网络互动氛围？该板块正是试图探讨这些新课题。这一板块虽然如今只是举出了方方面面的现象，指出或者说提出了方方面面的问题，还尚未对网络语言领域的规范问题提出深刻的结论性的意见，但这部分内容对提醒人们关注、探究网络语言领域规范问题的紧迫性和重要性，让人们认识到解决好网络语言领域的规范问题将直接关系到语言文字的健康发展，关系到社会的精神文明、和谐语言生活的建设问题，会起到很好的启迪和推动作用。

下编是第四大部分，也是论著的第四个板块，该板块专门论述"港澳台汉语言文字的规范问题"，含七篇论文。中国的汉语规范化工作，特别是推广普通话、规范字工作，一直以来只是或者说主要是在大陆地区进行。这一板块则向人们提出了一个新问题：港澳台地区是否也需要考虑汉语言文字规范问题？如果需要，该如何进行？

众所周知，大陆、港、澳、台的不同是由历史人为地造成的。1949 年以来，特别是从 20 世纪 50 年代开始，大陆一直着力于推广普通话、规范字，可是港澳台由于长期与大陆隔绝，又分别深受粤、闽方言和英语的影响，港澳台三地的汉语言文字面貌与大陆虽大同但又各异。20 世纪 80 年代开始大陆实行改革开放政策，90 年代后香港、澳门又陆续回归祖国，海峡两岸的联系与交流也越来越紧密，越来越频繁，港澳台的语言对大陆现代汉语的冲击和影响也逐渐加大。一方面带来了不少新词新语和新的表达法，并逐渐融入现代汉民族共同语普通话，同时也带来了一定的涉及汉语言文字规范的问题，比较突出的如在媒体上不断出现"汉外混用""繁简混用""港台腔调"和"欧式句式"等情况，这在一定程度上影响着现代汉语的健康发展。这就逼迫汉语言文字工作者要研究、思考港澳台语言文字现象对大陆语言文字使用的影响，以及带来的语言文字规范问题。另一方面更为棘手的问题是，海峡两岸在语言文字上的差异已是既成的事实。需要不需要逐步走向一致或基本一致？如何逐步走向一致或基本一致？更不知何时才能由两岸同人来共商此事。显然，这一板块内容虽然还只是摆些事实、说些问题，但意义深远。

纵观全书稿，汉语规范问题虽是个老问题，但该书稿所谈论的，正如沈阳在《后记》中所说的，"基本上都是新现象、新问题，至少也是新角度、新观点"。因此，该书的出版"不但具有较高的应用价值，能对新时期语言文字规范化工作起到参考作用，也具有较高的学术水准，能为相关语言现象研究提供重要启发"。

沈阳教授领导的团队目前不但承担着"新时期语言文字规范化问题研究"的重大课题，同时承担着与之相关的其他数个课题。如今推出《新时期语言文字规范化问题研究》新著，这仅仅是他们有关这方面研究的开始，只是一小部分研究成果。可以预期并相信，随着他们研究的深入，在不久的将来他们会进一步就中小学系统的教材和教学语言的语言文字规范问题，对语音、文字、词汇、语法、修辞、篇章等各个方面，如何建立相对严格统一的标准以利于中小学生掌握好普通话、规范字，提出自己的看法；他们也会就面向网络时代社会语文生活中的语言文字规范问题，通过语情调

序

研进一步总结现代汉语在语音、词汇、文字、语法、语用、修辞等方面的发展现状和变化规律,进而思考对网络语言宜采取什么样的政策与对策,提出自己的看法;他们也会就更大范围的现代汉语使用环境,即港澳台的语言状况及其对大陆现代汉语的影响,预测现代汉语在语音、词汇、文字、语法、语用、修辞等方面在更大范围可能的发展走向,如何进一步深入思考现代汉语语言文字在更大范围里的规范问题,提出自己的建设性意见。

以上是自己看了书稿后的一点心得,权且聊以为序。

陆俭明

2016 年 11 月 27 日

总论:
新时期语言文字规范化问题研究

现代汉语标准语和现代汉语的动态规范观*

沈 阳

现代汉语有广义和狭义之分。狭义的现代汉语就是指现代汉民族的共同语——普通话。那么现代汉民族的共同语是怎么形成的？现代汉民族共同语形成后是不是就不再发展变化了？当前在推广和使用现代汉民族共同语中还有哪些问题需要注意？特别是如何建立现代汉语的标准语和树立现代汉语动态的规范观？本文将主要讨论这样一些问题。

1. 现代汉民族共同语的形成

任何一种民族共同语，都既包括书面共同语，也包括口语共同语，前者是文字记载的书面语言形式，后者是口耳交际的口头语言形式。在现阶段，现代汉语的书面共同语和口语共同语已经表现出极强的一致性，这也就是所谓的"言文一致""怎么说就怎么写"。但从历史上看，汉语书面共同语和口语共同语的形成和发展过程还是有所不同的。因此可以说现代汉民族共同语实际上有两个不同的源头，也是通过不同的路径最终才"殊途同归"的。

1.1 现代汉语书面共同语的形成过程和"白话文运动"

汉语的书面语，即用文字记载的汉语，最早的当然是甲骨文。但甲骨文只是一种文字形式，用甲骨文书写的那些简单的语句显然还不具备书面共同语的性质。稍晚些

---

* 本文原为《现代汉语》（沈阳、郭锐主编，高等教育出版社，2014年版）的一节，此次收入本书时有修改和补充。

的文献，如西周时期的《诗经》和《楚辞》，已经开始反映出明显的南北方的不同地域特点和不同时代特点，但就在同时期也开始出现了以今洛阳（原称"成周"）一带方言为基础的汉语书面共同语形式，当时称作"雅言"（即"夏言"）。《论语》中就有所谓"子所雅言，诗书执礼，皆雅言也"的记载。把"雅言"写下来大概就是最早的汉语书面共同语了。前面说过，在汉语长期发展过程中，书面语反映口语的情况是不一样的。如《诗经》中的"国风"是根据民间诗歌记录整理的，《论语》是孔子弟子记录孔子所说的话，因此都肯定非常接近当时的口语。但汉魏以后，写文章的人往往有意模仿先秦的这种书面语，逐渐就形成了跟后来的"口语"越来越远的"文言文"，而且文言一直在汉语书面语中占据统治地位。文言文虽然长期具有汉语书面共同语的性质，但却也因此变成了只有少数人才懂的一种"共同语"，这种书面语的所谓"共同性"当然也就大打折扣了。

书面语中跟"文言"相对的则是"白话"。在一些民间流传或接近民间的作品中就常常记录下这些更接近历代口语的书面语。如南朝产生的笔记小说《世说新语》主要记述东晋的轶闻趣事和名士言行，其中就可以看到不少当时口语的痕迹，如"我是李府宗亲""从山阴道上行，山川自相映发，使人应接不暇"之类句子，显然比文言更接近口语。六朝甚至更早就开始翻译佛经，佛经要以群众为宣讲对象，译文中也就有许多非常接近口语的表达。唐和五代的说唱文学"变文"在寺院盛行，用有说有唱的"俗讲"宣传佛教故事和历史传统，这种变文和俗讲的白话程度就相当高。在敦煌石窟中还发现一些当时的契约文书，由于写这些文字的人文化水平不高，也常有白话的痕迹。《禅宗语录》是禅师的问答记录，属于口耳传习的内容，自然很接近口语，如现存最早的禅宗语录《祖堂集》中就有"书上说，'石头是真金铺，江西是杂货铺'，师兄在彼中堕根作什摩？千万千万，速来速来"的文字表述。而到了宋朝建立"道学"，讲学之风甚盛，更是都采用比较通俗的口语，著名的《朱熹语录》就是非常接近当时口语的书面语作品。到了12—13世纪的宋末元初年间，白话文已经相当成熟。南宋末年的"话本"作为民间艺人说唱的底本，大部分通篇白话，以后的诸宫调、南戏、杂剧、散曲中都有大量白话。元末明初开始出现长篇小说，如《金瓶梅》《儒林外史》《红楼梦》等，虽然也有地域特色，但都是用以北方话为基础的白话文写成的。到晚清时白话文小说更是充斥民间，白话文还被非北方区的人用来写作，到这时现代汉语书面共同语即白话文就已经基本成熟了。

五四运动中，陈独秀等创办的《新青年》杂志第一次喊出了"废除文言文、提倡白话文"的口号，《新青年》还最早发表了鲁迅的白话文小说《狂人日记》和胡适的白话文诗集《尝试集》，这也就是历史上著名的"白话文运动"。在这一运动的影响下，国民政府教育部于1920年正式宣布在学校全部停用文言文教科书，改用白话文教科书，中小学的语文教学也全部改用白话文教学。由此终于使得白话文取得了正式文学语言的地位。因此可以说"白话文运动"是标志着现代汉语的书面共同语最终形成的语言文字运动。

1.2 现代汉语口语共同语的形成过程和"国语运动"

汉语口语共同语开始出现雏形的具体年代难以确定，但一般说要比书面共同语晚。不过在汉语史上，北方话一直在事实上处于口语共同语的地位。"雅言"（即"夏言"）就是以早期的北方话为基础的口语共同语。在春秋时代，"言语异声，文字异形""五方之民，言语不通"，因此就必须得有一种能通行各地的口语才可能让更广大地区的人都能听得懂。孔子周游列国，足迹遍及今天河北、山东、河南等很多地方，因此他在讲学时就只能使用"雅言"。我国最早的一部词汇学著作、西汉扬雄编纂的《輶轩使者绝代语释别国方言》（简称《方言》）就不但记载了当时各个方言地区的不同词语，也记录了一种"通语"，可见当时就已有了通行于各地的口语共同语形式。

由于政治、经济的多种原因，北方话的口语一直在汉语中具有优势甚至占统治地位。1153年金朝迁都于北京，及至元明清三代，北京一直是全国的政治、经济、文化中心，北京话的口语也逐渐成为最有影响和最具权威的一种北方话口语。元代周德清于1324年所撰音韵学著作《中原音韵》就提到"不思混一日久，四海同音，上自缙绅讲论治道及国语翻译，国学教授言语，下至讼庭理民，莫非中原之音"。其所说的"中原之音"就包括当时的北京话"大都话"，因此当时的北京话也被称作"天下通语"。元末成书的供外国人学习汉语口语的教材《老乞大》《朴通事》中的句子"你学了多少时节？——我学了半年有余""你说的也是，各人都有主见"，就反映了当时北京话的口语。虽然在明朝之前汉语有南北两种官话口语系统，其中南京官话的影响甚至还大于北京官话，但到了明朝之后，北京话的口语就逐渐取得了正统"官话"（全民通用口语）的地位。明代官场北京官话普遍通行，以至于有人干脆忘记了自己的方言，《明史》称之为"不操乡音"。北方话向南方方言的渗透，也表现为官话的语音成为与当地方言的"说话音"不同的"读书音"，即"文白异读"。如吴语中"大"，就有 [du]（大小、大人）和 [tɑ]（大衣、大学）两种读音，后者明显就是受北方话影响产生的。1728

年清朝雍正皇帝还曾下令，所有官吏必须掌握官话，而且在方言最重的广东、福建设"正音书院"，同时还规定"举人、生员、贡、监、童生，不谙官话者不准送试"。这些都说明北方话特别是北京话，早就具备了汉语口语共同语的性质。

当然当时通行各地的官话并不"标准"，大多都夹杂着各自的方言音，所以又被称作"蓝青官话"。到清末，民众中"文字改革、言文一致、口语统一"的要求日益迫切，19世纪末期开始，许多有识之士还纷纷创制出拼读"官话"的字母符号。1913年蔡元培主持国民政府教育部时就制定和颁布了汉语的"注音字母"，并逐一审定汉字读音，以后又把"言文一致、统一读音、推行国语"作为政令施行，并正式确定国语标准音是北京音。上述这些也就构成了历史上著名的"国语运动"，并由此使得北方话特别是北京话最终取得了汉语口语共同语的地位。因此可以说"国语运动"是标志着现代汉语的口语共同语最终形成的语言文字运动。

在白话文运动和国语运动的共同推动下，在政府和民间的共同努力下，现代汉民族的共同语最终形成。这种统一了口语共同语和书面共同语的现代汉语的共同语形式，在中华人民共和国成立后的1955年，被正式命名为"普通话"。

2. 建设现代汉语标准语的任务

确立了现代汉民族的共同语——普通话，当然并不等于建设民族共同语的任务就全部完成了。特别是在我国这样一个存在着多种民族语言和严重方言分歧的社会里，建立全民族甚至全社会通用的共同语，或者说建立现代汉语的标准语，从而更好地适应社会生活和社会发展的需要，是语言文字建设一项长期而艰巨的工作。而要使现代汉语不但成为汉民族的共同语，成为我国的官方语言和全国各民族的通用语，而且也成为现代汉语的标准语，首先要做的就是大力推广现代汉民族共同语——普通话，同时也要认真做好现代汉语规范化工作，解决好社会语文生活中出现的种种新现象和新问题。

2.1 建设民族共同语的一个任务是"推广"

所有民族共同语的形成当然都必然要经过一种自然的选择过程。比如汉语的北方话一直被称作"雅言""通语"或"官话"，这种类似汉语共同语的性质主要就是自然形成的。不过真正要使得全社会都普遍使用一种民族共同语，单靠社会的自然选择是远远不够的，同时需要依靠法律和政府的力量来进行推广。

我国明清等朝代就有过通过政令在南方各省强制推行"官话"的举措，但当时推广官话的规模和力度都是较小的，且仅限于科考和官场。直到20世纪初"国语运动"以后，推广和普及汉民族共同语才开始成为国家和政府语言规划的一项内容。新中国成立以后，党和政府采取了一系列措施大力推广普通话，特别是1982年我国宪法明确规定了"国家推广全国通用的普通话"，全国人大于2000年正式通过的"国家通用语言文字法"又进一步明确了民族共同语、国家通用语和现代汉语标准语——普通话的地位，这也就使得推广和普及普通话的工作，成了我国的一项重大国策。但由于我国幅员十分辽阔，方言分歧一向严重，所以目前在全国范围内推广普通话的工作发展还很不平衡，直到现在有些地区使用普通话仍有不小的阻力。但是总的看，在国家相关法律和政策的大力推动下，我国推广普及普通话还是取得了明显的成效。特别是国家近年开始在公务员和各类学校教师中推行普通话水平考试，甚至开始试验在更大范围的人群中进行汉语能力考试，规定公务人员和教师，甚至包括特定职业人群和社会人员，都必须具备一定程度的普通话水平和汉语能力才有上岗资格，这也就直接或间接地促进了广大人民群众，特别是年轻一代的学生基本上都能自觉地学习和使用普通话，注意提高自己的汉语水平。甚至连香港、澳门这些原本由方言一统天下的地区，在回归祖国以后，不仅各级学校都已开设了普通话的课程，有的学校使用普通话教学，甚至在一般民众中也开始形成了学习和使用普通话的热潮。

2.2 建设民族共同语的另一个任务是"规范"

民族共同语只有经过一定的规范，才可能成为"标准语"，或者说现代汉语的标准语也就是经过不断规范的汉民族共同语。现代汉语的规范工作既包括宏观上国家通过法律和行政命令等形式规定出一些明确的标准，并首先在新闻出版、文化教育、影视传媒、信息处理等行业和范围内强制施行；也包括微观上语言学家和社会各界对共同语内部的语音、词汇、语法等方面存在的问题进行研究和提出建议，引导全社会的广大民众自觉减少语言中的混乱现象，正确使用规范的民族共同语即现代汉语标准语。

从前一个方面说，我国早就明确制定了民族共同语和国家通用语——普通话的标准，这也就是现代汉语标准语的定义："以北京语音为标准音，以北方话为基础方言，以典范的现代白话文著作为语法规范"。在这个基础上我国政府的语言文字管理部门还以国家标准和行政法规的形式分别颁布了"普通话异读词审音表""异体字整理表""简化字总表""汉语拼音正词法基本规则"等一系列具体的共同语规范标准。

从后一个方面说,当现代汉语中出现需要加以规范的语言现象时,政府部门和语言学家可以在调查研究的基础上,根据语言的发展规律和语言的社会功能,提出具体可行的意见供社会公众参考,而后在全社会进行公开和广泛的讨论,听取各方面意见和建议,在此基础上逐步产生能够为社会公众认可的规范标准。如果条件比较成熟了,就可以由某个权威机构提出具体的规范意见,通过诸如教育机构、大众传媒等各种渠道向社会推行。

3. 建立动态的现代汉语规范观

共同语的规范即建立现代汉语的标准语,当然需要制定一定的原则和标准。但是不等于说有了一定的标准,语言规范的工作就可以一劳永逸了。因为语言是在不断发展变化的,会经常产生一些新的成分和新的用法。这些新的成分和新的用法有些是不符合语言发展规律的,只会造成共同语内部的分歧混乱,妨碍言语交际的正常进行,也就最终不能为社会公众所接受。但也有些新的成分和新的用法是符合语言发展规律并能为社会公众所接受的,也是具有一定的社会交际功能和生命力的。对这些不同的现象,就既不能不考虑标准的严肃性和强制性,轻率地承认"凡存在即合理";也不能机械地拒绝接受一切变化,过分地强调"无一字无来历"。事实上语言的规范化正是一个动态的不断更新和调整的过程,一成不变的规范是没有的;而且更严格地说,语言的变异是绝对的,而语言的规范是相对的:这也就是"动态的语言规范观"。具体说现代汉语动态的规范观又包括三层意思,即必须坚持"排除例外""约定俗成"和"兼容并蓄"的基本原则。

3.1 动态的语言规范观的一个原则就是必须"排除例外"

语言规范当然有一定的标准,但也要注意排除标准中的特例现象。

比如汉语普通话在语音上的规范标准是"以北京语音为标准音",但是也需要具体研究北京语音的情况,不能一股脑儿地照搬北京方音。这里必须要明确,"以北京语音为标准音",这是就整个音系来说的,而北京话中有一些比较特殊的白读音,如"儿子(zei)""告诉(song)""太(tuī)难""剪(jiǎo)头发""我们(m-me)""看不见(jián)""把(bǎi)""比(pǐ)"等,就不能作为普通话的语音标准,而应该予以排除。

再如普通话在词汇上的规范标准是"以北方话为基础方言",也就是以北方方言的词语为主要词汇来源,但是也需要淘汰或尽量避免使用北方方言(包括北京方言)中一些比较土俗的词语。像老北京话中的"掰哧、脚丫子、颠儿了、葛儿了、一丢丢、卖块儿、傍家儿、屁颠屁颠"等,近年北京话中的一些词语如"二、磁、撮、大腕、大款、晕菜、歇菜、起腻"等,还有其他北方话中的"磕碜、白忽、造"等,就是这一类词语。有个小品中说现在有的人"钱不叫钱,叫'替',出租不叫出租,叫'的',女朋友不叫女朋友,叫'蜜'",其实说的差不多就是这种现象。这些虽然都是北京或北方方言词语,但恐怕还不能进入普通话词汇。

语法上也有这一类现象,汉语普通话在语法上的标准是"以典范的现代白话文著作为语法规范"。可是鲁迅先生自己就承认,"我的初期作品中的白话,好像女人的小脚放了大脚",鲁迅作品中也确实有不少现在看起来有点"别扭"的句子。其他一些名家著作中出现过的诸如"知不道""打他不过"等用法,也恐怕暂时是不能作为语法标准的。

3.2 动态的语言规范观的再一个原则就是承认"约定俗成"

由于语言毕竟是社会的交际工具,也是一种社会的习惯,因此语言规范化也就应该从语言的社会功能角度去分析各种语言变化的利弊得失,不能不充分考虑各种语言现象和变化在社会公众中的使用情况,并在这个基础上做出判断和选择。

比如对"异读词"的处理就是这样:有些异读词是可以按照读音的规矩(即符合语音历史演变的读音)来规范的。像"(普)遍",应读作"biàn",不能读"piàn","波(浪)",应读作"bō",不能读"pō","熟"应读作"shú",不能读"shóu","色"应读作"sè",不能读成"shǎi"等。但是也有些字或词,不但现实生活中存在着两种或以上不同的读音,而且有时不同的读音似乎势均力敌,甚至错误的读音还可能占优势,比如"说服"的"说"本该读作"shuì",但是大多数人都念成"shuō";"确凿"的"凿"本该读作"zuò",但大多数人都念成"záo";"曝光"的"曝"本该读作"pù",但大多数人都念成"bào","呆板"的"呆",本该读作"ái",但是几乎所有人都念成"dāi"。这时就不能一味讲究这个字"本该"怎么读而轻易否定十之八九的人嘴巴里的实际读音，换句话说就是要承认有些读音有可能"法不治众"和"习非成是"，不得不认可公众的选择。因此像刚才那些字词的后一种读音经过后来异读词审音，就成了普通话语音规范的标准。

再如词语中的"换位语素词"的处理也是这样。汉语中有些词语两个语素可以颠倒位置，意思差不多，但如何确定用词规范也要考虑不同的情况：一种是像"裁剪—剪裁、路线—线路、和平—平和、发挥—挥发、感情—情感、计算—算计"等，因为各自有了不同的义项，就可以作为不同的词都保留；而像"蔬菜—菜蔬、士兵—兵士、健康—康健、直率—率直、介绍—绍介、寻找—找寻、词语—语词"等，意思一样，而且实际使用中后者频率比较低，就可以确定前一个词语是规范用词，后一个则被取代；至于像"响声—声响、演讲—讲演、力气—气力、嫉妒—妒忌、伤感—感伤、离别—别离、代替—替代"等，目前还不能确定哪一种用法占绝对优势，就还要看最终的发展，根据约定俗成的原则淘汰其中的一个。当然"故事—事故、人气—气人、情调—调情"等不属于这种情况，那本来就是两个不同的词。

语法中也有这种情况。比如现在普通话中"很+名词"的用法越来越多，其中像"很中国、很女性、很娘、很水、很铁"等都有人说，就似乎不能不承认是一种可以接受的结构形式了。当然其中也必须考虑为什么像"很牛"完全能说，"很猪、很狐狸"一部分人说，而"很马、很老鼠"却还不能说的原因，不能简单类推。再如汉语的被动句原来大都只能用来表示句中做主语的人所不希望发生或者本身不如意的事情，如"被杀、被打、被批评了"，但现在似乎已没有了这种限制，像"被选为人大代表、被送去深造"这种被动句已有越来越多的人这么说，那也就得承认后者也是一种合乎规范的说法。甚至近年来出现的"被自杀、被小康、被网瘾、被潜规则"等特殊被字句，似乎也被越来越多的人认可为合格的句式。再如"除了美国以外，……"（包括美国或排除美国）、"18岁以上，……"（含18岁或不含18岁）都是有两种用法或两个意思的格式，"来北京以前"和"没来北京以前"、"好热闹"和"好不热闹"、"一会儿"和"不一会儿"、"出乎意料"和"出乎意料之外"、"非去"和"非去不可"等的意思都一样（或至少两种说法都有人用），究竟最后确定哪一种格式来表示哪一种意思，也还要看实际生活中这类结构的使用情况和发展趋势。

3.3 动态的语言规范观的又一个原则是坚持"兼容并蓄"

语言规范要在语音、词汇、语法等方面有一定的范围限制和标准规定，但是也要注意适当吸收语言中新的成分和新的用法，特定情况下也要允许不同的语言成分和用法并存。

比如北京语音系统中本来没有"kɑ"这个音，而现在的"卡（车）、咖（啡）"等读音实际就是吸收了南方方言中的这个读音。普通话词汇系统多年来也大量吸收了南方方言甚至外语中有生命力和表现力的新词语，例如"搞、瘪三、马桶、炒鱿鱼、煞有介事、行家里手、第一时间、的士、量贩、奥特莱斯"等，就被收入了现代汉语的词典。语法格式上，像南方方言中的"试试看、吹吹干、说说清楚"之类的用法早已进入了普通话。而现在很多人都说的"知不知道、喜不喜欢、干不干净、好不好看"和"来不来得及、吃不吃得下"这样的反复问句格式其实也是一种进入普通话的方言语法格式。而像"一浪高过一浪"这样的比较句式，"登陆中国、约会女朋友、进军好莱坞"这样的"动宾＋宾"格式，目前也在由不规范语法格式向可接受语法格式的转变过程中。

此外，作为特殊文学艺术形式的诗歌和小说等文学作品中使用的语言，也要尊重文学作品的表现手段和客观规律，允许有一定的自由；书法艺术的用字也可以放宽标准；书面语中适当使用文言词语和文言句式也不能完全禁止，等等。只有这样，民族共同语的规范才会既有规矩方圆的一面，又有丰富多彩的一面，民族共同语也才能真正为人民大众所"喜闻乐用"。

主要参考文献：
北京大学中文系现代汉语教研室编（2003）《现代汉语专题教程》，北京：北京大学出版社。
胡明扬（1988）《语言和语言学》，武汉：湖北教育出版社；北京：语文出版社（2004年）。
蒋绍愚（1994）《近代汉语研究概况》，北京：北京大学出版社。
陆俭明（2013）《现代汉语语法研究教程》（第4版），北京：北京大学出版社。
陆俭明、沈阳（2003）《汉语和汉语研究十五讲》，北京：北京大学出版社。
陆俭明、沈阳主编（2004）《语言文字应用》，北京：人民教育出版社。
吕叔湘、朱德熙（1952）《语法修辞讲话》，上海：开明书店；沈阳：辽宁教育出版社（2005年）。
罗常培（1950）《语言与文化》，北京：语文出版社（1989年）。
罗杰瑞（1995）《汉语概说》（张慧英译），北京：语文出版社。
吕冀平、戴昭铭（1999）《当前我国语言文字的规范化问题》，上海：上海教育出版社。
邵敬敏主编（2001）《现代汉语通论》，上海：上海教育出版社。
沈　阳（2005）《语言学常识十五讲》，北京：北京大学出版社。

苏培成（2003）《关注社会语文生活》，上海：上海辞书出版社。
王　力等编（1988）《中国大百科全书·语言文字卷》，北京：中国大百科全书出版社。
王理嘉（2003）《汉语拼音运动与汉民族标准语》，北京：语文出版社。
赵元任（1968）《汉语口语语法》（吕叔湘译），北京：商务印书馆（1979年）。

（沈　阳，教育部长江学者特聘教授，南京大学文学院语言学系主任）

全社会都应关注语言文字规范问题*

沈　阳

1. 语言文字无"小事"

最近读到由赵世举教授主编的《语言与国家》一书①,感觉这确实是一本值得向大家推荐的好书。这本书从国家高度,也就是从语言与安全、语言与经济、语言与科技、语言与文化、语言与社会的方方面面,讨论了语言文字的一些重要问题。我觉得,这本书不但"高大上",是一部严肃的党建教材和严谨的学术著作,将为国家、社会、文化、经济、科技建设的顶层设计提供重要的参考;而且也很"接地气",是一本优秀的政治思想教材和有益的普及读物,对于提高全民族的精神文明素质有重要作用,也将进一步推动全社会都来关注语言文字问题。

语言文字问题往大里说,当然本来就是大问题。语言是民族和国家的标志,没有语言,就没有民族的独立,就没有国家的尊严,就没有社会的发展。因此语言文字之于人类、之于民族、之于国家、之于社会,其重要性无论怎么说都不过分。从欧洲现代新兴民族国家的建立过程,从都德《最后一课》所反映的战争历史,从发生并不久远的两德合并、苏联解体、乌克兰危机等政治生态变化,都无不证明了这一点。所谓"一言以兴邦、一言以亡国"的例子,古今中外也比比皆是。记得以前看过一出外国的著名话剧,剧情的核心是大家争论一个问题,即什么东西是世界上的"万恶之首",什么东西是世界上的"百善之先",二者的答案竟都是"舌头(语言)",说的也就是

---

* 本文原是为《语言与国家》一书写的书评,文章部分内容曾发表于2015年《中国教育报》和《中国社会科学报》,此次收入本书时有修改和补充。

① 《语言与国家》,商务印书馆、党建读物出版社,2015年1月出版。该书的编写得到国家语委支持,是教育部哲学社会科学重大攻关项目"新形势下国家语言文字发展战略研究"(10JZD0043)的成果之一。该书由赵世举主编,李宇明、周洪波等14人组成编审委员会,陈章太、陆俭明审定,主要合作作者有郭熙、屈哨兵、苏金智、孙茂松、王建勤、赵蓉晖、周庆生等31人。

这样一个道理。

不过语言文字问题往小里说，看起来有些也确实很微不足道。由于语言文字是人类社会生活的要素，是人们日常交际的工具，上至达官贵人，下至平头百姓，都要说话，都要写字，因此有些语言文字使用中的问题也往往习焉不察，见怪不怪。比如吵架时骂个"我去"这样的脏词，文章中写个"艹根"这样的新词，发短信来个"欧了"这样的怪词，拍广告造个"咳不容缓"这样的词语，说汉语时夹上"out了"这样的外语，说句"亲，……哦"成了"某某体"，还有人造出"人艰不拆"之类的新成语，甚至"毒舌女、荤段子、流行语"成了某些公众场合哗众取宠的"点睛之笔"。确实，跟"藏独、疆独"借语言问题妄图分裂祖国的危害性比起来，跟"计算机处理语言文字"的高科技比起来，跟"汉语走向世界"的大趋势比起来，这些语言文字问题确实好像无足轻重无伤大雅。但即使是小问题，也不该视而不见，更不能掉以轻心。习近平总书记最近常常引用一句古语"莫以善小而不为，莫以恶小而为之"，其实也完全可以用来看待语言文字的这些小问题。"千里之堤溃于蚁穴"，如果说吃顿宴请、送盒月饼、坐个公车、发张购物卡这样的事情对于党风建设来说不能算"小事"，那么同样的道理，上面说的这些语言文字现象于国家和社会来说也都不是"小事"！

我很高兴地看到，《语言与国家》这本书也用很大篇幅分别作为"语言与社会文明""语言与文化建设"等章节的重要内容专门讨论这些涉及现代汉语规范问题的"小事"，并且开宗明义："语言文字无小事"。所以读完这本书，我作为关心现代汉语规范化问题的教师和学者，也很想就社会生活中的一些语言文字问题"小题大做"一下。

2."存在的"不一定都"合理"

上面提到的一些生活中常见的关于语言文字的问题，《语言和国家》一书中也提到不少。最近台湾有位语文老师认为有些汉语的语句得了"语言癌"，这或许言过其实。但就像癌症总有征兆一样，"早发现、早治疗"还是必须的。下面举几个例子来看：

比如汉语和外语混用现象。《语言与国家》一书中也谈到汉语的外来词。但近年来更值得注意的是汉语和外语的"杂交"现象。钱钟书小说《围城》中就描写过一个"张先生"的说话腔调："我有 hunch，看见一件东西，忽然 what d'you call 灵机一动，买来准 OK。我常对他们说，不要用假货来 fool 我，我姓张的不是 sucker。"近年来社会上像张先生这样说话的情况似乎愈演愈烈，不少人都喜欢在说话和写文章中夹杂着使用外文单词。有报纸举了个例子："老板们都喜欢带着漂亮的小蜜到 KTV 或者自己的 Townhouse 参加 Party，唱上一段卡拉 OK，喝上一瓶 XO，放上一段 DV，感觉真 high。"再如今年中国最流行（甚至在媒体和广告中也大量采用）的一个词语"hold 住"就是一个典型的使用半西文半汉字构造的词语。其他如"out 了（过时）、小 case（小事）、pk（对决）"等差不多成了汉语词语的新写法。类似的还有盖座房子叫"建外 SOHO"，出个手机叫"乐 phone"，媒体中像"HOT 新闻、Office 一族、生活 Tools、社区 BBS"也比比皆是。难怪有人写了首"中英文混搭诗"："十年生死两茫茫，不思量，Forever Young，问君能有几多愁，as a boy without a girl"，也算是对汉外混用现象的调侃和讽刺。

再如新造词语问题。从语言的发展演变看，出现新词语、新词义一点也不奇怪。但目前却有些词语是为了"立异"而故意"标新"。《语言与国家》一书中就举出了不少这样的例子。很多中小学老师"控诉"说，现在语文课真是没法教了，搞不懂学生写的和说的是什么词语：比如"我"叫"偶"，"提意见"叫"拍砖"，"喜欢"叫"稀饭"，"睡觉"叫"水饺"，"同学"叫"童鞋"，还有"好淫、吐槽、神马、悲剧、妹纸、肿么"等不一而足。虚词最典型的是类似"非常、很"意义的"巨、N、狂、粉、暴、真心、各种"等副词。更有甚者干脆用字母、数字、标点等符号来代替汉字，比如像"CU（再见）、orz（晕倒）、@（给予）、7456（气死我了）、88（再见）、3X（谢谢）、:）（高兴）、)D（大笑）、—}（亲吻）、(+_+)（狂晕）"等。如果这些都算是"汉语"，那汉语的词语可真是无奇不有了。

还比如乱造词语问题。一种是"重复造词"，即原有特定词语又造个新词。比如吃饭"结账"，现在说"买单（埋单）"；原来说"谈朋友、搞对象"，现在说"拍拖"；原来说"照片"，现在则变成"写真"；还有如"恐龙、青蛙、大虾、菜鸟、粉丝、发烧、骨灰"等也都有了新意思，都让人莫名其妙。再一种是"简缩造词"也有点过头了。比如"一本（大学本科第一批录取）、麻小（麻辣小龙虾）、前任（前场任意球）、个唱（个人演唱会）、酒驾（酒后驾车）"等，让人不知所以。还有一种是广告中常见的"改变搭配"。如"随心所浴（热水器）、百衣百顺（电熨斗）、骑乐无穷

（自行车）、默默无蚊（灭蚊器）、咳不容缓（止咳药）、无胃不治（胃药）、净如人意（洗衣机）、粒粒在目（巧克力）"等，更让人哭笑不得。

还有就是所谓特殊文体问题。这几年出现了"咆哮体、淘宝体、凡客体、羊羔体、红楼体、高铁体、舌尖体、甄嬛体"等几十种所谓"文体"。比如"咆哮体"的特征就是"有木有？"和一连串的叹号和问号。淘宝体的特征就是"亲，……哦！"。"凡客体"就是排比句的"爱……"。这些特殊语句甚至还大模大样地进入了公共场合和正式文本当中。据说外交部招聘通告中就有"亲，你大学毕业有木有？你驾驶执照有木有？"。上海交警队的宣传海报："爱飙车、爱兜风、也爱逃避处罚。爱超速，不爱戴头盔，我是交通违法者，我拿着通往天堂的签证"。山西高速路上的大标语写着："亲！你酒后驾驶了有木有，你疲劳驾驶有木有？伤不起！"。其他如大学录取通知书、城管通告、法院传票等都有用这些特殊语句的。可见这些"特殊语句"虽然怪异，但也颇有市场。

我们承认，虽然说"人走的多了就成了路"，上面这些现象能大行其道，必然有其产生、存在和应用的理由，而且求新求变是语言发展和应用的必然趋势，有些新词语和新用法也并非都面目可憎（比如每年《语言生活状况》绿皮书等政府和民间媒体都会发布"年度新词语"，其中很多就是大家喜闻乐见的；最近中央巡视组创造出的"反腐新词"，如"能人腐败、小官巨贪、一家两制"等，也被网友"点赞"；再如"很阳光、服务人民、被自杀、黑他"等过去认为是病句的语法格式越来越成为正常用法，也必须要接受），但毕竟前面举的那些例子就像人体中的癌细胞，虽然不一定都会"致命"，但还是应引起足够的警惕。所以我们很赞同《语言与国家》一书针对上述问题的看法："很多自创词语和表达形式不符合现代汉语基本规范，这不仅给读者造成一定的认读困难，而且容易导致形成随意乱用的不良习惯，这无疑不利于语言教育和语言文字的健康发展（191页）"。"滥用外来词既给受众带来了理解的困难，也对青少年的语言教育带来干扰，对汉语的健康发展乃至我国文化建设带来不利影响（202页）。"为此我们也同样认为，必须在学校教学中要求青少年"好好说话"，也要在媒体宣传上限制这种"卖弄噱头"。事实上现在政府有关部门已经规定在正式场合不能汉外混用，不能乱改成语，也不能随意减缩词语和新造词语等。不过话又说回来，《语言与国家》强调政府对语言文字"管理要强化（151页）"只是问题的一面。其实，语言文字形式的好坏，语言文字用法的取舍，"公道自在人心"。如果实践证明有些新词语或新格式更有魅力或更有好处，能为我们的语言文字生活"添彩"，那当然就会有生命力；反之如果实践证明某些新词语新格式确实是语言中的糟粕或毒药，只能给我们的语言文字生活"添堵"，那么最终只会是昙花一现，很快就会被淘汰甚至遭唾弃：这也是早就被语言文字发展史证明了的规律。

3. 是或不是，何去何从：这是个问题

据说莎士比亚戏剧中的名言"To be or not to be, that is a question"有十几种译法，其实最基本的翻译就是"是或不是，这是个问题"，所以也可以套用这句话来看一些语言文字现象。如果说前面提到的语言文字现象只不过是给《语言与国家》一书提及的内容"添油加醋"，那么该书中没提到或所述不多的一些语言文字现象，在"是或不是、何去何从"上倒是很值得再"借题发挥"一下。

比如，我们注意到《语言与国家》一书中特别提到"要保持语言的多样性"，包括如何坚持国家通用语言的主体地位，如何发展和保护少数民族语言文字，如何维护语言生态健康发展等。除此之外书中也提及推广普通话和保护方言的关系，并直言这是个两难的问题。我觉得这个问题就很需要讨论。虽然"推广全国通用的普通话"是一项写入法律的国策，而且普通话作为汉民族共同语和中国国家通用语，其形成和发展经历了长期过程，也是社会自然选择的结果，更不用说推广普通话对于促进人员交流、推动经济发展、发展文化教育，都肯定是有好处的。但是也一直听到学界和民间都有人大声疾呼，普通话的普及在一定程度上危及方言的生存，甚至造成很多方言处在灭绝的边缘，为此有些地方提出要将方言申请非物质文化遗产，也有地方为此酿出群体事件。事实上语言和方言跟生物一样一旦灭亡就不能再生。濒危的物种要保护，濒危的方言当然也要保护。"乡音难改"不但是我们每个人的一种乡土情怀，是一种地域文化，更是一笔精神财富，谁也不愿意自己的方言最终消失。造成目前的方言危机有几个原因：一是普通话"大举入侵"方言，使得一些方言变得不那么"方言"了。二是学校要求孩子们说普通话，使很多孩子不愿意说方言。社会调查显示，中国大城市里初中以下孩子甚至连跟自己的家人都不说方言。三是由于社会上对公职人员有普通话等级要求，加上客观上存在的方言歧视现象，也造成一些弱势方言（特别是小方言）群体往往羞于开口，久而久之也就不愿说甚至不会说方言了。因此在我看来，推广普通话重要，保护方言也同样重要。虽然《语言与国家》一书中提到，西

方一直有人试图通过分化汉语方言来达到割裂汉语并最终分裂中华民族和破坏中国国家统一的目的,陈水扁时期台湾当局否认台湾说的是汉语,而是所谓"台语",还搞出一套"台语通用拼音",企图以此为"一中一台"或"台独"提供依据,因此我们必须大力推广普通话。但我觉得倒也大可不必为此就"谈方言色变"。因为汉语还有一个得天独厚的条件,即有统一的文字。如果说世界上其他由一种语言分化出的各种"亲属语言"也来自方言,但由于这些语言多采用拼音文字,而拼音文字总是跟着读音变化而发生变化,因此即使有相同来源的语言也不会始终有完全一样的文字。但汉字基本上是一种表意文字,与读音没有直接关系,字词读音变了并不影响汉字。秦始皇推行的"书同文"政策,不但把中国统一了起来,把黄河、长江两大文化中心统一了起来,实际上也最大限度地把汉语统一了起来。几千年来尽管中国各地方说的汉语可能变得越来越不同音,甚至根本听不懂,但写出来还是一样的,也都能看得懂,这也就使说汉语的人在心理上都很自然地认同所使用的是同一种语言。可见汉字对于维护汉语的统一有着无可替代的重要作用,对于汉语方言始终只是"方言"也提供了无可辩驳的重要证据。因此在这样的基础上,推广普通话和保护方言就完全可以并行不悖。尽量保留甚至大力保护汉语的方言,鼓励人们在学习普通话的同时也珍爱自己的方言,这应该是也必须是一件需要全社会重视的大事情、好事情。

上面说到"汉字"对于维护汉语的统一有重要作用,我还想在汉字问题上多说几句。如果说《语言与国家》这本书有缺憾,那就是不知什么原因没有专章来讨论"汉字",甚至也很少提及汉字问题。文字是语言的重要组成部分,这一点根本毋庸置疑(本文就始终把"语言文字"放在一起说)。关于文字或汉字,太远的道理不说,比如,如果把36亿年生物进化的过程缩短为一年,那么虽然文字只是在最后一天的最后一分钟才产生的,其对社会发展的贡献却远远超过以前所有时间的总和;汉字更是世界上现存最最古老的文字。太大的问题不说,比如汉字要不要"走全世界共同的拼音化文字的道路(毛泽东语)",再如汉字改革涉及的"定量、定序、定形、定音"的工作和推行汉语拼音等。实际上近期社会上关于汉字的"热点"问题就有不少,这些话题或许有的比较敏感,但都很值得讨论。

比如,要不要学习汉字的繁体字的问题。前几年歌唱家宋祖英等21名全国政协委员在全国政协会议上提出了"小学增设繁体字教育"的提案,有学者跟着提出"写简识繁"的建议,刚刚结束的2015年两会上,冯小刚等几位委员甚至就"要不要学习繁体字"展开激烈的辩论;而包括季羡林等重量级学者在内的一些人也曾经提出过"废除简化字"的主张；台湾地区领导人马英九在一篇"用正识简"的演讲中，提到搜狐网统计有41%的内地受访者支持"废除简化字"。但他也客观地说主张"识繁"并不意味着必须"废简"，后者目前不是也不可能是中国大陆民众的主流意见。道理很简单，因为一旦"废简"就需要每个人重新学习和使用几乎所有的汉字（而且是学习和使用两套汉字），那对于使用汉字进行书面语交际来说肯定是弊大于利。但即使不考虑"废简"，既然宋祖英、冯小刚提出提案，马英九还有统计（当然这个统计很值得怀疑），那肯定确实有相当一部分学者和民众是支持学习繁体字的。其理由估计不外以下几点：一是为了继承中华文化传统；二是便于学习中国古代文献；三是能够欣赏汉字构造和书写艺术。这一点跟日本、韩国虽然已基本不使用汉字，但仍然鼓励一些人学习和使用汉字差不多。在中国大陆要不要继续实行简化字，这几乎不用讨论，因为这不但是有法律依据的，也是不可逆转的改革成果。马英九也不得不承认联合国把简化字作为正式的汉语文字，这一点无法改变。上述争论有学术和实用的考虑，也涉及文化、民族和政治的因素，确实需要慎重对待。不过有一点是可以肯定的：大陆"写简"之外也"识点繁"，台港澳地区"用繁"之外也"识点简"，这对民众生活，对国家政策，对文化交流，对两岸和平，都有益而无害，那又何乐不为呢？

再如汉语中要不要使用外文字母词问题，《语言与国家》一书只有举例未加讨论。大家都知道最近有一场官司闹得满城风雨，也引发坊间热议。据说是因为新版《现代汉语词典》收了239个"NBA"这样的字母词，于是有学者联名向新闻出版总署和国家语委提出异议，理由是在汉语词典中收录字母词就等于说外文可以代替汉字，这是对汉语和汉字的严重破坏，势将危及汉语和中华文化的安全。这之前教育部也曾公开表态反对将外文字母用于汉语，广电总局更是发过通知要求电视台禁用英文缩写词（后来中央电视台就将"NBA"改称"美职篮"，"GDP"改称"国内生产总值"）。当然也有学者支持词典收录字母词，举出例证是字母词进入汉语由来已久，最早1903年《新尔雅》收录"X光"，1965年《辞海》收49个字母词。而且事实上很多词语，例如"A型血、H股、DNA、PM2.5、WiFi、U盘、H5N7病毒"等，不用外文字母词还确实不行；再如将"内置GPS的iPhone采用比GSM更先进的WCDMA技术"全改成汉字反而不好说；更何况数学也用ABC，化学也用外文符号，阿拉伯数字和标点符号也是外来的，包括中央电视台虽用"美职篮"代替"NBA"，用"欧佩克"代替"OPEC"，可是台标"CCTV"就没有改。本文前面说过，汉语和外语的混用确实是需要纠正的现象，但字母词不但很多人愿意用、喜欢说，在一些正式文件和新闻报道中也难以完全避免，所以不能简单地一禁了事，而需要综合考虑文字的规范要求和社会的使用情况。一方面，要进行必要的宣传或采取措施加以控制，至少应要求正式媒体上尽量不混用包括字母词在内的外语字词；另一方面，对非用不可的专业外文字词也要减少到最低限度，并逐步选择恰当的汉语字词来取代。上述百余位学者对词典收录字母词的异议，估计也不会真能把"NBA"赶出词典，更无法阻止人们使用字母词。至于词典作为"附录"收录一些必要的字母词，这只是为读者提供释义的方便，并不等于就在鼓励使用字母词，其实是无可厚非的。

说到汉字，也不能不提最近很火爆的"汉字听写大会"。我认为央视这档节目从创意上说是积极的，从效果上看也确实有新鲜感，至少从推动汉字教育乃至弘扬中华文化的初衷看值得肯定，而且节目的社会反响也比较正面。何况这个节目能从目前很多地方台（也包括央视自己）一窝蜂的唱歌跳舞的"选秀"节目中突出重围，不但需要勇气和胆识，也需要眼光和水平。但实话实说，无论从内容角度还是从形式角度，这个节目也还有很大的改进和提高空间。从节目内容看，只是让孩子把字"写"出来显然是不够的，还有许多内容也可以进入节目。比如大家都在电视上看着怎么写出一个字，对"笔顺"就应有要求，否则岂非"误人子弟"？除此之外，像汉字的部首、笔画、读音，象形字的来源，会意字的意思，形声字的声符和形符，假借字的本义，甚至简体字对应的繁体字，某个字词在历史上有什么故事，字形和字体怎么演变等，如果适当加进来，内容一定会更加丰富多彩，效果也会更加引人入胜。顺便说一句，最近我们统计了20套小学语文教材，其中汉字偏旁、部首、笔画等差异非常大，说明这方面内容确实需要统一和规范。从节目形式看，前面提到的内容增多，必然增加比赛形式的多样性。而且既然是"比赛"，形式上最重要的就是要有对抗性和趣味性。如除了"听写"，也不妨采取看图写字、看汉语拼音写字甚至猜字谜写字（央视另一档节目"谜语大会"中绝大部分就都是字谜）；也可给出某个词语的部分字要求填写剩余字；还可以采用分组对决（而不是单兵作战）的办法。还有一点就是一定要挑选汉字研究或汉字教学的专家来做裁判，无论答题对错，都要现场给点普及知识的"说法"，不能像目前的裁判只是机械地打勾或打叉（这个连机器都做得到）。也顺便说一句，据说该节目来自美国的一个"组词"节目，那个节目我在美国也看过，就纯粹是"好玩"，别说"文化"，连"益智"都算不上。不过那个节目之所以吸引人，说穿了就是大家有参与感。参与猜词者不限身份和年龄，可以是一组选手现场同时参赛，还可以在家里通过网络参赛，总之是谁在出现最少字母时最快猜出这个词或词组，都可以获胜和赢取奖品，填字母的难度越来越低，奖品就越来越少。我不知道我们的节目编导既然学习美国，为什么不多想点比赛的方式方法？毕竟在目前电视和网络如此发达的情况下，现在央视这种"一对一听写"的方式实在是有点"原始"了，对于真正调动更多的人（不仅是孩子）学汉字、写汉字的热情恐怕难以奏效。

最后，我还想从词典收词谈谈"詈语的非詈化"问题，这跟字和词都有关系，因为詈语也就是"脏字眼"。前几年商务印书馆编辑出版了一本《新华新词语词典》，其中收录了"二奶、三陪、泡妞"这样的词。姑且不论其释义是否恰当（比如该词典对"泡妞"的释义是"找年轻女子消磨鬼混"，就显然不恰当），引起争论的问题在于这样的一些词语在有些人看来似不登大雅之堂，词典不应该收录这些负面词语。有趣的相反现象是，新近出版的《现代汉语词典》第6版，据说是考虑可能会对社会造成负面影响，因此只收了"宅女"，却不收"剩女"。结果这件事又引起争议，有人说"剩女"已经是一种普遍社会现象，是大家都使用的词语（"大龄未婚女青年"现在反而不说），如果说"必剩客、剩斗士、齐天大剩"这些带有侮辱性调侃性的词语词典不收还有情可原，不收"剩女"似乎没有道理，毕竟同样的词语"光棍"词典大概是要收的。这些争论其实就涉及在词典中哪些词语可以"登堂入室"，哪些词语却要"拒之门外"。我想有一点大概可以肯定，词典肯定是不会把生活中所有词语"照单全收"的。鲁迅先生曾经写过一篇文章说，乡下人没文化，什么都用"妈的"表达，如"今天天气真妈的。要是再这么妈的，可真要妈的了"，但"妈的"这个词大概词典就不会收。

如果说词典收词要有"规矩"，但现在更严重的情况是有些人说话时根本不理会这一套，这就是前面说的"詈语的非詈化"，说白了就像"黑钱能洗白"，好像"脏字也能变干净"。据我们初步考察（魏晨，2015），现在确有不少人成天把一些脏字眼挂在嘴边，甚至成了"喜闻乐见"的流行语。如男男女女（甚至公众人士）都自称"屌丝"，都标榜"逼格"，还有诸如"碉堡了（屌爆了）、SB（傻逼〈屄〉）、草泥马（'操你妈'的异化）、我去（'我操'的变体）、你妹（'操你妹'的减缩）"之类，居然说者大言不惭，听者也无动于衷，连报纸、广告和电视节目都有这么写这么说的。最近有学者建议在媒体上和公众场合禁用这些词语，我举双手赞成。但我想或许更需要从社会方言的角度研究一下为什么会"脏字变干净"。任何语言中都有涉及性器官、性活动、排泄物之类的脏字眼儿，但一般要么不那么明显，例如"他妈的、娘希匹、你丫的"；要么改换个写法，例如把"尻、肏、入、屌、屄"改成谐音"靠、操、日、吊、逼"。但久而久之换来换去，比如从"我肏"演变成"我操、我草、我艹、我中艸艸艸、卧槽、我次奥、WC、我擦、我去、哇塞"等,比如从"屌"演化成"什么鸟、吊儿郎当、吊丝"等,这些原本的脏字脏词不但视觉上呈现出求雅避秽特征,意思上也削弱了低俗侮辱功能,乃至于像"我去、哇塞"居然还出现在央视春晚小品中,"吊儿郎当、什么鸟都有"也混进了词典。不过我想,就像"有毒细微颗粒物"这种看不见的污染也是污染,干净的脏话也还是"脏话"。如果能"揭露"出这些污言秽语的本来面目,那么不管怎么"洗白",怎么"化妆",怎么"非詈化",这些脏字脏词是不应该有也不会有容身之地的,毕竟谁也不愿意"出口成'脏'"。

主要参考文献:

陈　原(1980)《语言与社会生活》,北京:三联书店。
陈章太(2005)《语言规划研究》,北京:商务印书馆。
戴庆厦(1993)《社会语言学教程》,北京:中央民族大学出版社。
戴昭铭(1988)《规范语言学探索》,北京:三联书店。
郭　熙(2013)《中国社会语言学(修订本)》,北京:商务印书馆。
贺　阳、沈阳主编(2014)《语言学概论》,北京:高等教育出版社。
胡明扬(1988/2004)《语言和语言学》,武汉:湖北教育出版社,北京:语文出版社。
教育部语言文字信息管理司(主编,2006—2013)《中国语言生活状况报告》,北京:商务印书馆。
李建国(2000)《汉语规范史略》,北京:语文出版社。
李　军(2002)浅谈网络语言对现代汉语的影响,《社会科学战线》第6期。
李宇明(2001)通用语言文字规范和标准的建设,《语言文字应用》第2期。
李宇明(2010)《中国语言规划论》,北京:商务印书馆。
李宇明(2010)《中国语言规划论续论》,北京:商务印书馆。
廖志林(2007)浅论网络语言对传统文化的影响,《浙江社会科学》第3期。
刘乃仲、马连鹏(2003)网络语言:新兴的网络社会方言,《大连理工大学学报》(哲社版)第3期。
刘一玲(1993)新词语产生的主要途径,《语言文字应用》第1期。
吕冀平、戴昭铭(1999)《当前我国语言文字的规范化问题》,上海:上海教育出版社。
吕叔湘、朱德熙(1952)《语法修辞讲话》,上海:开明书店。
罗常培(1989)《语言与文化》,北京:语文出版社。
钱乃荣(2005)论语言的多样性和"规范化",《语言教学与研究》第2期。
牛光夏、谷瑞丽(2005)网络语言——语言作为符号的变异,《济南市委党校学报》第2期。
商务印书馆中国语言资源开发应用中心(2009—2013)《中国语言资源动态》,北京:商务印书馆。

邵敬敏主编（2001）《现代汉语通论》，上海：上海教育出版社。

沈　阳（2006）《语言学常识十五讲》，北京：北京大学出版社。

沈　阳、郭锐主编（2014）《现代汉语》，北京：高等教育出版社。

沈　阳、贺阳主编（2015）《语言学概论》，北京：外语教学与研究出版社。

苏金智（2010）语言接触与语言借用——汉语借词消长研究，《中国语言学报》第 14 期。

苏培成（1994）《现代汉字学纲要》，北京：北京大学出版社。

苏培成（2003）《关注社会语文生活》，上海：上海辞书出版社。

苏新春（1992）《汉语词义学》，广州：广东教育出版社。

王登峰（2009）热爱祖国语言文字，构建和谐语言生活，《中国教育报》9 月 13 日。

魏　晨（2015）新兴詈语的非詈化考察，南京大学硕士学位论文。

武汉大学中国语情监测与研究中心（主编，2009—2013）《中国语情》。

邢福义主编（1990/2000）《文化语言学》，武汉：湖北教育出版社。

姚喜双（2013）做好推广规范工作，提高中文国际地位，《中国教育报》1 月 4 日。

语文出版社编（1997）《语言文字规范手册》，北京：语文出版社。

袁贵仁（2001）以规范标准建设为中心，开创语言文字应用研究新局面，《语言文字应用》第 3 期。

张德鑫（1993）第三次浪潮——外来词引进规范刍议，《语言文字应用》第 3 期。

张浩明（2013）科学保护语言资源，提升国家语言实力，《中国教育报》1 月 4 日。

赵世举（2013）语言是民族的精神家园，《中国教育报》12 月 13 日。

赵世举主编（2015）《语言与国家》，北京：商务印书馆；北京：党建读物出版社。

赵元任（1980）《语言问题》，北京：商务印书馆。

周庆生主编（2001）《国外语言政策与语言规划进程》，北京：语文出版社。

周有光（1979）《汉字改革概论》，北京：文字改革出版社。

周有光（2000）《现代文化的冲击波》，北京：三联书店。

（沈　阳，教育部长江学者特聘教授，南京大学文学院语言学系主任）

网络时代汉语嬗变的动态观*

邵敬敏、马 喆

1. 网络与信息传播的四个突破

20 世纪科技界最重要的两大发明是电脑和网络，前者属于硬件，后者属于软件。发明固然重要，但是更为关键的是电脑和网络的普及已经成为现代化、国际化和信息化的重要标记，并且极大地改变了这个世界。电脑和网络不但改变了人类的生活方式，改变了现有教育模式，改变了社会群体的思维方式，也极大地改变了语言和文字。中国互联网络信息中心（CNNIC）发布的第 19 次中国互联网络发展状况统计报告显示，截至 2006 年 12 月 31 日，中国内地网民已经达到 1.37 亿。而且网民对博客的使用率达到 25.3%，与 2005 年同期 14.2% 的比例相比呈明显上升趋势，而上述数字在最近几年更是肯定有成倍的增长。

借助于电脑技术的互联网，跟语言嬗变的关系非常紧密。这主要表现在信息传播的四个突破上面：第一，突破了空间的束缚，达到真正的"无界"状态。反映在语言上，一个新词或新语，一个新的用法和新的组合，不只是个别人、少数人或者某个地区的人知道和使用，而是几乎全世界通过互联网都能够知晓。第二，突破时间的限制，达到真正的"瞬间"状态。反映在语言上，一个新词新语、新用法或新组合，不需要借助传统媒介慢慢地、逐步地传播开来，而是借助互联网，一下子就几乎人人能够"及时"知晓。第三，突破了信息交流参与的走势，达到真正的"双向"，乃至于"多向"状态。以往的信息交流是非均衡的，也就是说少部分人获得绝对的话语权，

---

* 本文曾发表于《语言文字应用》2008 年第 3 期。此次收入本书时有较大修改和补充。

政治家、学者、作家、记者、名人占据话语优势高地；而普通人群在公众话语平台上基本没有话语权，只有被动的接收权。即信息的交流基本上是单向的。互联网的优势之一就是参与度，每个"网民"都可以主动积极地参与，他们不仅仅是信息的接收者，而且也是信息的制造者和传播者。这样在语言的使用上，某个新词新语或新的用法，一旦大家觉得比较有意思，就可能被反复"拷贝"或者"仿造"。客观上网络为普通人提供了话语权和制作、发布信息的参与权。第四，突破语言运用瓶颈，达到真正的"高频"状态。这实际上也是前面三个突破的必然结果。空间、时间、参与权的突破，必然导致信息能够在单位时间里反复和多次出现，这就促使某个新的词语或新的用法在很短时间内就被"高频"使用，迅速成为"强势词语"或者"强势格式"。

上面说的第四点对语言的变化来说尤为重要。其实说到底，语言的合法度，主要取决于它的使用频度。一种说法，即使开始时可能有人认为是不合法的，或者甚至拒绝接纳，但是如果大部分人都坚持这样说，那么也就能够"积非成是"了。比如"吃大碗、吃食堂、打扫卫生"，或者"最……之一"，开始有人这样说的时候，大家可能会觉得非常奇怪或不可理解，但是慢慢地用得多了，也就会被人们接受了，因为语言说到底还是"约定俗成"的。甚至可以这样断言：在历史上，任何一个新的词语，任何一种新的格式，开始时总是由个别人先创造出来，合法度比较低，然后又有少数人模而仿之，再扩大使用范围，随着使用频率的逐步提高，最终被该语言社会所接受，成为语言系统里的一员。

2. 现代汉语向当代汉语的转型

汉语的发展大体可以分为五个时期：一是上古汉语时期（甲骨文、金文时代），二是古代汉语时期（先秦、两汉），三是中古汉语时期（魏晋南北朝、隋唐），四是近代汉语时期（晚唐到明末清初），五是现代汉语时期（清代到20世纪末）。当然每个时期的内部还可以划分为若干阶段，比如现代汉语还可以分为早期、中期和后期。如果说《水浒传》《西游记》《金瓶梅》还属于近代汉语写成的作品，那么《儒林外史》

与《醒世姻缘传》则属于向现代汉语过渡的作品，而《红楼梦》与《儿女英雄传》则应该已属于早期现代汉语的作品了。换言之，从清代开始就逐步形成了现代汉语，其间历经早期现代汉语（清代）、中期现代汉语（20世纪上半叶）和后期现代汉语（20世纪下半叶）这几个阶段。

必须看到，现代汉语的面貌在进入20世纪以后这一百多年来发生了巨大的翻天覆地的急剧变化，其中有三次变化最为巨大。第一次是在20世纪初期，即1919年五四运动前后，现代汉语（白话）从口语领域扩大到书面语领域，并且牢牢地占领了这一阵地，这可以说是"文学革命"的成果，形成了"新文化语言"。第二次是在1949年前后，中华人民共和国的成立标志着以解放区语言为代表的新词新语新用法迅速替代了旧词旧语旧用法，这可以说是"社会革命"的成果，形成了"革命式语言"。第三次则是1978年以来，中国实行了改革开放的新国策，为了实施四个现代化的宏图，迅速跟国际接轨，无论经济、文化，还是政治都飞速崛起，相应的语言面貌也发生了巨大变化。这可以说是"改革开放"的成果，形成了"开放式语言"。

三次"革命"在语言的变化上，尤其在词语的更迭以及词语的组合方面打上了深深的烙印，在句法结构以及语用搭配上也都有所反映。尤其是进入21世纪以后，中国的语言生活发生了前所未有的变化，目前也正处于方兴未艾的发展趋势之中。种种迹象表明：许多旧有的规律正在被突破，新词新语尤其大量的科技术语的产生速度一次次被刷新；新的结构格式、新的表达方式，正在大踏步地进入人们的生活。可以断言：现代汉语经过400年左右的形成、发展和成熟，目前已经开始向"当代汉语"转型。

尽管当代汉语的许多特点及其发展趋势，目前还不清楚，还需要做大量调查研究工作，包括收集语料，追踪观察，进行客观、认真、动态的分析，特别是要结合中国社会语言使用的历史和现状，理解产生这种语言现象的背景。但毫无疑问，面对当代汉语的巨大变化，我们必须重新认识汉语，这是我们的责任和义务，也是我们的权利和追求。

3. 以汉语嬗变的动态观看语言的多变性

语言不是一成不变的，而是永远处于变化之中。当代社会是开放型的、多元型的、综合型的，它必须要跟国际接轨，而这期间新生事物层出不穷，各种交流应接不暇，新鲜观念日新月异。一个人离开中国社会（尤其是北京、上海、广州、深圳、香港这样的国际化大都市）不需要很多年，就会感觉城市面貌变得几乎认不出来了。而语言的发展演变也有这样的特点，即表现为特别善于变化，不断冒出新的词语、新的义项、新的组合、新的用法。

　　我们必须认识到：语言的变化是绝对的，而规范则是相对的。不能试图阻止语言的正常变化，不能把任何语言的变化都看作大逆不道，看作是不规范的语言现象。有的语言学家当年曾经呼吁"空姐、超市"这样的新词是不规范的，必须开除出汉语。但结果如何呢？不仅有了"空姐"，还出现了"空嫂、空哥"；不仅有了"超市"，还有了"超女、超男"。语言是有生命力的，所以新陈代谢也是必然的，新陈代谢越是旺盛，这个语言的生命力也就越强。如果语言的新陈代谢停止了，那么这个语言也就死亡了，这是一条基本的也是永恒的真理。汉语之所以生命力强，重要的一条规律就是她善于变化，在变化中获得新生。其实不仅是新词新语，甚至一向被看作最稳定的语法规律也在悄悄地发生着显著的、惊人的变化。以下不妨举些例子说明这种现象。

　　第一种情况是，有的组合方式以前只是少数存在，而现在却得到前所未有的扩大，成为一种很有生命力的强势格式。

　　先看动宾式动词带宾语现象。动宾式动词通常都属不及物动词，一般是不能再带宾语的。当然以前不能说绝对没有，但确实比较少见，一般的规律是成词性越高，成词的历史越悠久，可以带宾语的可能性就越大。比如像"留学（美国）、留心（机会）、出席（会议）、担心（天气）"等。而近年来这一趋势成了一种潮流、一种时髦。大量的不及物动词开始频繁携带各种宾语。开始时大多还只是作为标题语出现。这样的表达方式跟运用介词引进对象名词的方式相比，显得更为简便清晰，又不会引起歧解，因此就成为新闻语言的首选。例如：

　　（1）a. 向奥运进军——进军奥运　　b. 为新区规划把脉——把脉新区规划
　　　　 c. 移民到澳洲——移民澳洲　　d. 贷款给希望工程——贷款希望工程

　　这种格式后来就开始进入一般文本中，随着这种新型组合方式出现频率的增加，最后成为一种普通的能产性强的组合手段。例如：

　　（2）a. 捐款慈善事业　　b. 存款中国银行　　c. 拨款三农建设

d. 汇款咨询公司　　e. 做客心理节目　　f. 提名项目经理
g. 曝光柯达公司　　h. 揭秘汽车加价　　i. 登陆中国
j. 落户广州　　　　k. 入股交行　　　　l. 投资房产
m. 卧底黑帮　　　　n. 走私毒品　　　　o. 消毒口腔
p. 忘情香港　　　　q. 出境深圳　　　　r. 缺席大会

再看性质形容词直接带宾语的现象。这在以前也是有的，特别是一些变化属性的形容词，可以带上"了、着"，再带上宾语。比如像"红了（着）脸、光了（着）头、坏了规矩、瞎了眼睛"等。部分双音节形容词也可以带上宾语，表示一种使动用法，我们常常把这称为形容词活用作动词，或者干脆叫作动词和形容词兼类。比如"方便群众、繁荣市场、端正态度、坦白罪行、巩固成绩"。但现在这样的组合形式已经比比皆是。例如：

（3）a. 清洁香港　　b. 顺从父母　　c. 坚定信念　　d. 突出重点
　　　e. 活跃气氛　　f. 纯洁队伍　　g. 便宜对方　　h. 明确职责
　　　i. 缓和矛盾　　j. 充实队伍　　k. 辛苦父母　　l. 健全制度
　　　m. 壮大队伍　　n. 丰富生活　　o. 密切关系　　p. 稀罕女人
　　　q. 可怜这孩子　r. 适合这工作

第二种情况是，有的组合以往仅仅是临时的偶一为之现象，不但数量少，而且频率很低，基本上还是一种修辞手法。而现在却大量、经常、反复出现，这也正是汉语充满活力的表现。例如"程度副词修饰名词"的现象就是一例。通常程度副词只能够修饰性质形容词、心理动词以及部分动宾短语，一般不能修饰名词。如果出现这种情况，一般看作修辞用法；如果这些名词借用频率高了，结果就自然而然变成名词和形容词的兼类。历史上也有过这样的实例，不过并不多，比如"土、铁、毒、木、油"，就是名词借用为形容词的。

然而近年来这一用法却成为非常时兴的一种用法。可以跟程度副词（以"很"为代表，包括"非常、十分、极其、特、颇、最、太"等）组合的名词，呈现开放的趋势，越来越多。例如：

（4）a. 柯受良是一个**很英雄**的男人。

b. 博士们的脸**很博士**：表情刻板、肌肉从容。

c. 那种语调太轻松，**太喜剧**了。

d. 小草今天穿着一件**很学生气**的旧夹克。

e. 她身后站着一个看上去**很绅士**的男人。

f. 她还是**比较现代**。

g. 你说的话**很技术**。

h. 两厢、两厢半车**很潮流**、实用。

i. 以前我们认为日本女性**很东方**、很贤淑。

j. 菜的花式自然也很"**知青**"。

此外像"男人、女人、阳光、中国、美国、知音、生活、传统、逻辑、散文、淑女、青春、北京、广东、香港、新潮、激情、狗熊、唐僧、猪八戒"等名词也都可以接受程度副词的修饰。这一格式发展的势头如此迅猛，其原因最主要是人们感到现成的形容词不够用了，而我们所需要表达的思想却又如此丰富多彩，这样就不得不另找出路。而名词显然是最接近形容词的，可以利用副词的程度属性，去唤醒名词本来就潜伏着的属性特征。

可见，一种语言包括语法结构的多变，实质上是语言为了适应社会发展的需求而自身做出的合理的调整和变化。语言如果不能适应社会的需求，就完全有可能被淘汰。所以社会的需求是语言变化和发展的动力之一。

4. 以汉语嬗变的动态观看语言的互动性

语言不是孤立的，而是跟其他语言或者方言互动的。所谓健康的语言，那只是一种理想。任何世界通行的语言，其实都是杂交的产物。在北京话发展的历史上，不止一次受到非汉语的冲击、渗透和影响，包括阿尔泰语、女真语、蒙古语、满语，甚至包括日语、英语、法语，乃至俄语，在北京话里都可以找到它们的踪迹和身影。这一影响首先是语言内部各种因素之间的制约与互动，其次是汉语自身的方言，尤其是方言跟普通话之间的渗透与互动；另外还包括汉语和外国语、和外族语之间的影响与互动。

第一，看句法结构内部因素的制约与互动。

我们一直认为，语言内部的各种因素是互相制约、互相运动的。以"V一把"为例，"V"的泛化跟"一把"的词汇化就构成了互动的关系。能够跟动量结构"一把"组合的动词，经历了一个逐渐扩大、泛化的过程。

最开始时"V一把"中的动词局限于必须用手来施行的动作，或者说是跟手掌这一部位活动直接有关的动作动词充当Va，比如"抓、拉、推、扯、捏、拍、拧"等。到了20世纪80—90年代出现了突破，也就是发展出一批动词Vb，如"帮、赌、玩、赚、练、试、博、耍、驾、钓、拼、搜、算、拿、赢"等，其特点是该动作可以用手来进行，也可以不用手来进行，有时还可能需要借助其他器具、物件来协助手才能完成。到了21世纪，这一组合开始发展到出现一批动词Vc，而这些动词基本上跟手无关，只是跟人有关，如"猜、说、叫、学、蒙、吵、唱、顶、纪念、小结、放纵、流行、努力、支持、试验、募捐、拓展、自责、娱乐"等。例如：

（5）a. 作为大众传媒的报纸，也去猜一把，押一把，那么影响的就不是几个人、几十个人，而是成千上万的考生。(《中国青年报》2001-08-06)

b. 过来唱一把。(《重庆晚报》2005-06-18)

c. 再努力一把，将成新郎平。(《羊城晚报》2003-11-03)

d. 被世界杯忽悠一把。(《东方体育日报》2006-06-21)

而发展到最后则出现了Vd类动词，包括形容词以及不及物动词。如"俗、乐、湿、懒、牛、凶、酸、热、热闹、轻松、感动、腐败、感叹、忧伤、郁闷、感慨、刺激"等，甚至还可以是英文字母"PK"、拼音字母"FB"等，这类"V一把"表示一种属性的变化。例如：

（6）a. 所有的观众都可以没有负担地好好笑一把。(《北京晨报》2002-02-16)

b. 但愿节后"承德露露"也能让人醉一把。(《华西都市报》2001-02-26)

c. 现在的火箭却是玩一把死一把！(《京华时报》2004-11-15)

d. 让我们疯一把。(《半岛都市报》2005-12-14)

e. 李连杰回应《霍元甲》说：我不是为爽一把。(《新闻晨报》2006-01-20)

f. 很多人如我一样希望财政部与教育部 PK 一把。(www.oeeeee.com)

g. 以羊绒的名义 FB 一把。(www.jocent.com)

从对"V 一把"格式的动态分析中可以发现，网络时代对语言演变的影响是极为深刻的。"过把瘾、火一把"这类用法其实具有明显的"调侃性"，不是非常严肃的，带有一点开玩笑的意思，带有一点夸张的味道。这种味道或者说是色彩，比较符合当代人特别是当代青年人的趣味和欣赏习惯。热衷于使用这类组合的人群，主要有三种人：第一，青年作家，特别是流行文学的作家；第二，青年学生，特别是大学生们；第三，网络爱好者，特别是网络写手。这三类人共同的特点就是：年轻，有比较高的文化素养，追求个性、时髦和变化。正因为大批年轻人追求这样一种趣味，"V 一把"的格式才得以迅速蔓延和推广。所以，语言格式使用主体的主动性，对某种格式、某种组合的推广和普及具有极为重要的主导作用，大量事实显示：学历较高的年轻人在语言演变的进程中往往充当主力军的角色，其学历跟他们所发挥的作用成正比。

除了外界的影响，对这类变化还必须从语言内部去寻找原因，去寻找语言格式演变的原动力。在跟"一把"组合的动词中，V_a 类动词是语义比较单一的核心部分，后来逐渐扩大范围，从 V_b 类动词到 V_c 类动词，再到 V_d 类动词，经历了一个专化到泛化的进程，这说明语言格式的组成成分不可能永远不变。另一方面则是"一把"的词汇化的结果，在还没有完全成为单词前的过渡型阶段，也许可以叫作"短语词"。词汇化也会引起格式"V 一把"语义的变化，两个成分的组合不是简单的"1＋1＝2"，而应该是"1＋1＝3"，即导致语义增值。可见，语义表达的细化与深化以及表述功能的新要求是句法变化的原动力之一，而每一次句法的变化，必然带来语义上的进一步的变化和发展。因此正是 V 的泛化以及"一把"的词汇化相互促进，导致该组合迅速得到扩张。

第二，看方言之间的渗透与互动。

我们必须认识到普通话和方言的关系绝不是单向的，而是双向的、互动的。普通话对方言的影响当然很重要，但是方言对普通话的影响也绝对不是原先想象的那么轻微。比如，以前普通话用"有没有"提问时，后面只能够带名词性宾语，例如"有没有钱？""有没有票？"。如果后面是动词性宾语，只能问"吃饭了没有？""理发了没有？"。而南方方言，包括吴方言、闽方言和粤方言，却都可以在"有没有（有冇）"后面直接带上动词性宾语。例如：

(7) a. 有勿有吃过饭？（吴方言）
b. 香港侬有勿有去过？（吴方言）
c. ——小青有冇去过北京？
——有去过。/冇去过。（粤方言）
d. ——呢几年你有冇见过佢？
——有。/冇。（粤方言）
f. 汝有无去看电影？（闽方言）
g. 面有无红？（闽方言）

由于这一说法显然比北京话原先的说法更为便捷，根据语言格式的经济原则、类推原则和互补原则，现在北京人开始大量使用"有没有吃过饭？""有没有理过发？"来提问了。

再比如北京话里"VO不VO"的正反问省略格式，以前采用的是后省略式"VO不V"。我们查阅老舍20世纪30—40年代的著作，几乎没有例外。然而在吴方言以及粤方言里，采用的则是前省略式"V不VO（V勿VO）"格式。这一格式在上海方言里运用相当普遍，而且还扩展到双音节的动词和形容词，构成"A勿AB"格式，如例（8）。广州话类似于上海话，一般也采用"A唔AB"形式，如例（9）。例如：

(8) a. 吃勿吃饭？（动宾短语）
b. 打勿打扫？（双音节动词）
c. 漂勿漂亮？（双音节形容词）

(9) a. 呢单嘢佢支唔支持啊？（这件事他支持不支持？）
b. 有人服侍你舒唔舒服？（有人服侍你舒服不舒服？）

由于"A不AB"格式的类化作用，方言中某些内部结构结合紧密的动补短语，也可采用这种方式来提问。例如：

（10）a. 你食唔食得辣嘢？（辣的东西你吃得惯吃不惯？）
　　　b. 个电话打唔打通？（电话打通没有？）

前省式和后省式两种格式竞争的结果，显然是前省式占了优势。而且这一格式在普通话里也有扩大化的趋势。一些平时觉得不能这样说的双音节动词与形容词，居然也出现了前省式。我们在GOOGLE网上一查，这类例子比比皆是。甚至还可以说"小不小便、大不大扫除、鞠不鞠躬、精不精彩"等。例如：

（11）a. **温不温暖**只有自己知道，**美不美丽**自己满意就好。
　　　b. 外商也好、游客也好，一踏上安阳的地面，首先看到的是道路**清不清洁**。
　　　c. 9元钱登记结婚**庄不庄重**一会再说。
　　　d. **理不理性**没关系，最主要现在资金源源不断进入，水涨船高。

第三，看汉语跟外语之间的影响与互动。

外语特别是英语这个国际社会的强势语言对汉语的影响是无可讳言的。反过来说汉语对外语包括英语的影响也是日益趋强，形成互动互促的局面。比如"水门事件（Watergate）"是美国历史上最不光彩的政治丑闻，最终导致了尼克松总统的辞职。如同"滑铁卢（Waterloo）"成为"惨败"的原型一样，"水门事件"家喻户晓，对美国历史与政治产生了深远的影响，具有极高的认知度和显著度，成为一个认知原型。"水门事件"的过程、性质、结果、意义与影响等内涵信息经过抽象加工后，浓缩在语素"门（gate）"中。"-门"从本义中分化出来成为从原型事件中提取的、负载着原型内涵的一个专化标记，简称"原型标记"。这一"门"已进入英语构词范畴，据《韦氏案头英语词典》（*Webster's Desk Dictionary*，1996）："-gate"用来专指那些对违法行为进行掩盖的政治事件或大的丑闻。自此，每当国家领导人或高端人士遭遇执政丑闻，人们就会以原型作为标准、模式或尺度，对事件进行观照与考量；在构成新词"X门"时，经历了语义的类化过程。例如：

（12）a. 一个来自美国偏远小城的乡下人，一个风流成性、绯闻不断的美国总统。"旅行门、白水门、拉链门"，门门不断。（《大洋网·〈克林顿的

真实生活〉导读》2005-04-23）

b. 涉嫌"特工门"案的前高级官员不承认有罪。(《新华网》2005-11-04）

c. 伊内政部陷入"虐囚门"。(《新京报》2005-11-17）

d. 有感于克林顿"拉链门"写入教科书。(《南方都市报》2006-02-21）

此外，还有"韩国门、伊朗门、辩论门、档案门、情报门、凯利门、战俘门、垃圾门、窃听门、中国博客门"等等，它们聚集为一个颇为壮观的"X门"词族，"门"的构词位置固定化了，成为一个能产性极强的语缀。

美英文化中的"X门"，均指重大丑闻事件，大多跟政治、经贸、文化、教育、军事、法律等高层有密切关联，而且往往经历过一场耗时耗资十分巨大的揭发与掩盖的拉锯战。因此"-门"具有"[+重大、+高层、+艰难揭发]"等语义特征。但是当"-gate"译成"-门"进入汉语后，其意义在汉语应用中被逐步泛化。最近两年里甚至出现了"月饼门、火腿门、肉松门、投票门、拉票门、胶水门、安全门、秘书门"等许许多多的仿造词。例如：

(13) a. 性丑闻：赵忠祥与饶颖的"拉链门事件"。(《上海热线》2005-01-31）

b. 安琦门和科比门有何不同。(《中国青年报》2005-08-22）

c. 闫相闯陷入"鞋带门"态度不积极被下放。(《搜狐体育》2005-08-16）

d. 拉链门鞋带门之后还有什么门？(《人民网》2005-08-16）

汉语中从"-gate"而来的"-门"，几乎成了丑闻、绯闻、风波、门槛、闹剧、纠纷等的同义语，词义范围明显扩大了。汉语在自己的语义系统里使用"-门"，已经偏离了美英文化的原型内涵，将"[+重大、+高层、+艰难揭发]"等语义特征彻底地消解了，因而所反映的事物对原型范畴的隶属度非常低。"-门"从"水门事件"中提取出来，并且剥离了本义，进行语义的浓缩，这是"专化"；然后它作为原型标记跟另外一些词语X组合，构成"X门"词族，并且赋予这些词语新的含义，这是"类化"；当"-门"引入汉语，并且扩大应用范围——X所指不一定是"高层丑闻",而降级指一般的带有贬义的"事件、风波",乃至"花边新闻",原来"-门"的某些语义特征开始脱落,但是仍然保留了[+丑闻]这一基本语义特征——这就是"泛化"。这种泛化的结果,必将导致"-门"的进一步"虚化","-门"也许将来会发展为真正的后缀。可见从专化,到类化,到泛化,再到虚化,这样一步一步的语法化过程,实际上也是实词发展演变为虚词或虚词性语素的基本规律。

5. 以汉语嬗变的动态观看语言的自补性

语言必须适应社会的发展,不断地进行自我完善。一个语言系统,包括比较发达或相当高级的语言系统,实际上不可能是十全十美的,总是存在这样或那样的问题。在表达方面更是有许多可以改进的地方。比如现代汉语里对数量限制的说法,主要采用"……以上"和"……以下",但是这种说法往往引起歧解。比如说,公交车规定1米2以上的儿童必须买票,那么刚好1米2要不要买票呢?为了避免歧解,就必须用括号"(含1米2)"来补充说明。可见这是现代汉语表达上的一个漏洞,在港式中文里就有比较好的说法:1米2或以上的儿童必须买票。多用一个"或",语义的表达就准确无误了。语言具有自我完善的机制,在应用过程中,或者进行弥补,或者进行调整,或者从别的语言或方言中吸取营养。

中国目前处于历史上最为开放的时期,人们的思想从来也没有像今天这样活跃和丰富。意义决定形式,新的感受、新的理念、新的行为,都必然促使新的表达法的产生。这就必然促使汉语自身也发生激烈的变革,不仅代表新事物和新观念的新名词几乎天天产生,而且原先的词类系统以及组合规则也已经显得陈旧和过于狭窄。突破旧有模式,创建新颖方式,已经成了语言发展的一种必然。比如程度副词跟形容词的组合,往往要受到某些限制,即有些形容词是不能组合的,这主要是"绝对性质形容词"与"状态形容词"。我们首先利用北京大学的 CCL 语料库搜索系统查核,这一语料库的语言事实基本上反映了20世纪现代汉语的面貌,所以检测的结果跟以上结论大致吻合。我们进一步利用 BAIDU 和 GOOGLE 的搜索网,却发现情况并非如此,程度副词几乎都能够跟这些类的形容词组合,区别只是数量(频率)不同,这一变化是很值得深思的。

比如"绝对性质形容词",这是朱德熙先生(1956)在《现代汉语形容词研究》一文中划分出来的形容词的小类,他曾经提出过一个比较重要的结论:"在意念上无程度区别的形容词",例如"真、假、错、横、竖、紫、温"等,可称为"绝对性质形容词",这些形容词的特点是都不能受程度副词的修饰。但是经过这60年语言的变迁,特别是最近30年来社会的急剧变化,所谓"意念上无程度区别"实际上已经被突破,即这类形容词意念上出现了程度区别。就以朱德熙所举的这些词语为例,几乎都可以接受程度副词的修饰。例如:

(14)a. 谭咏麟:邓丽君给我一种**很真**的感觉。(TOM 音乐 2007-05-08)

b. 笑,不需**太真**。

c. 画面色彩还原**非常真**。(IT 社区 2007-04-13)

d. 周围的人都**很假**,太不真实。(网易娱乐 2007-07-25)

e. 这样的戏**太假**了。

f. **很假**,**非常假**,**太假**了,呵呵!(雅虎 2007-06-23)

g. 好像一下子做了**很错**的事。(《南方周末》2005-01-20)

h. 此言不能说**太错**,却不精确。

i. 故意树立开发商与购房者的对立情绪是**非常错**的。(新浪网 2006-12-23)

j. 新做的图标**很横**。(新浪网 2007-06-27)

k. 两个立着的字在上下,中间不好加**太横**太胖的字体。

l. 我看着毛细孔都**有点竖**了。(《金华口哨新闻》)

m. 抱的时候不用**太竖**,不用太用力拍。

n. 常常看到心脏不好的人嘴唇都**很紫**。(雅虎知识堂)

o. 这款属于**非常紫**的浓粉紫色翡翠。(我的易趣)

p. 摸了一下池水,是**很温**的,一定有恒温设施。(《每日新报》2007-06-27)

q. 政策**太温**,没有力度。

"状态形容词"也是朱德熙先生首先分出来的类别,主要有"ABB、AABB、A 里 AB、BA、AA"等几种。重叠通常认为是汉藏语系表示"量"的重要语法手段之一。

由于这类重叠式状态形容词已经表示程度相当高了，所以一般不能再接受程度副词的修饰。北京大学 CCL 语料库搜索系统的语言事实支持这一说法。然而现在这样的用法就如雨后春笋到处都是了，显然无法再看作例外了（除了 AA 重叠式）。例如：

（15）a. 我每到冬天手脚都会**非常冰冷**，为什么？(新浪网——生活百科)

b. **很粉红**的一种樱花。(《新浪，粉红的印记》)

c. 广东市民青睐短线旅游国内游较以往**更火热**。(《南方日报》2007-05-02)

d. 由于是人工水系，其形态**比较笔直**。(《中国沙漠》)

e. 在玻璃杯中展开叶片后，水是**非常碧绿**的。(《茶叶》)

f. 澳大利亚主帅阿诺德的讲话**非常赤裸裸**。(TOM 搜索)

g. 用人单位与面试者的最初交流是**比较冷冰冰**的。(《ATA 北京全美教育》)

h. 你看这个它已经**很焦黄焦黄**的，已经不是很全的，但我觉得它很有意义，今后把这些都放到馆里去。(《影视同期声——猴缘》，中央电视台《影视同期声》2002-05-11)

i. 她清楚，如果一旦被融化，将会**更加冰冷冰冷**到窒息。(搜狐博客)

j. 什么时候来的？！我不记得了！因为爱来得**太静悄悄**了，像微风一样。

k. 齐沃的远射**太软绵绵**了。

l. 但因为彼此太熟悉，她又实在**太平平常常**，所以从没想过会有故事。

m. 哈利盯着它思忖了好一阵，觉得戴着这种东西未免**太傻里傻气**了。

n. 既不能**太明明白白**，又不能**太稀里糊涂**。

这些新鲜的语言组合现象，其实并不奇怪。这充分说明，程度副词的组合功能在进入 80 年代以后有扩大化的趋势，实际上也是语言自我完善的必然结果，说明某种新的结构形式在使用过程中呈现出逐步扩散的态势。

6. 语言结构扩散理论

语言观念的变化，必然会给语言研究带来极大的冲击，最重要的变化就是由原来偏重于静态研究转为在静态研究基础上偏重于动态研究。所谓动态研究,可以有不同的理解,联系历史的发展来研究汉语,这属于"历时动态";注重于语言交际过程中的变化,这属于"交际动态";倾向于现时语言现象的社区变异、地域变异和功能变异,这属于"共时动态"。其实更为重要的是在进行语言研究时,需要的是一种动态的观念:即把语言,包括语法,看作是一种永远在变化、不断在发展、互相制约、互相渗透、互相影响、有生命力的、开放式的、能够自我完善的网络系统。

王士元(1969)曾提出过一个著名的"词汇扩散理论",他认为,从一个音演变为另一个音是突然发生的、瞬间完成的,而音变在词汇中则是逐步扩散的。即语音突变,词汇渐变。我们根据上述新的组合结构使用情况的变化,也提出一个假设,叫作"结构扩散理论"。即某种新的结构组合,首先是个别的、偶尔的、少量的使用(专化),随着这一结构的不断被复制(类化),从部分人逐步扩散到普通的语言使用者,并且频度达到一定的量(泛化),就表明它从修辞、语用、交际的范畴,开始进入到语法范畴,并且最终成为新的结构类型(结构化)。这种新结构类型的扩散,随着互联网的普及和信息传播技术的日趋完善,其速度是惊人的,其效果也是前所未有的。

在历时和共时这个纵横交叉的坐标上,语言永远是处于运动的态势之中。我们只有具备了这样一种基本观念,才不会对语言的种种变化感到惊讶,才有可能洞察语言的客观规律和发展趋势。

主要参考文献:

蒋绍愚(1994)《近代汉语研究概况》,北京:北京大学出版社。
邵敬敏、吴立红(2005)"副+名"组合与语义指向新品种,《语言教学与研究》第6期。
邵敬敏(2007)"V一把"中V的泛化与"一把"的词汇化,《中国语文》第1期。
邵敬敏(2007)论"太"修饰形容词的动态变化现象,《汉语学习》第1期。
邵敬敏、周娟(2007)汉语方言正反问比较的几点思考,《暨南学报》第2期。
石定栩、邵敬敏、朱志瑜(2006)《港式中文与标准中文的比较》,香港:香港教育图书公司。
王士元(1969)互相竞争变化是造成剩余成分的一个原因,《语言》(美国)第4期。
吴立红(2005)状态形容词的程度磨损及其表达式的变化,《修辞学习》第6期。
邢福义(1990)"有没有VP"疑问形式,《华中师范大学学报》第1期。
杨海明、周 静(2006)《汉语语法的动态研究》,北京:北京大学出版社。

中国互联网络信息中心（CNNIC）（2007）第19次中国互联网发展统计报告。
朱德熙（1956）现代汉语形容词研究，《语言研究》第1期。

（邵敬敏，暨南大学教授，中国语言学会副会长。
马　喆，广州大学文学院副教授）

上编：
基础语文教育中的语言文字规范问题

小学语文教材中儿化词考察

钱唯唯

0. 引言

"儿化音变"和"儿化词"不但是现代汉语普通话中的一种现象,也存在于广大北方方言区中。儿化词具有丰富词汇、区分语法功能和表达语用修辞的重要作用,在现代汉语中存在的必要性和意义价值已经不容否认。目前研究儿化音变和儿化词的文章很多[①],但是基础语文教育阶段的儿化音变和儿化词问题却始终未能引起足够的重视。尤其在广大的南方方言区,教材存在不少缺陷,例如没有统一的规范标准,必读儿化词和儿化非儿化两可的词没有明确的区分,书写形式和拼写形式不准确,儿尾词和儿化词混淆等。总之目前儿化和儿化词在小学教材中的使用情况仍是比较混乱的。

本文通过考察中国大陆现有通行的 5 套小学语文教材中儿化使用情况,运用词汇计量研究的方法,详细统计描写出不同版本教材在儿化书面标写、儿化词收录及必读儿化词与可读儿化词使用三个方面的情况。我国基础教育推行"一纲多本"以来,语文教材呈现出百花齐放的局面。本次调查选择了人民教育出版社、语文出版社、江苏教育出版社、湖南教育出版社和河北教育出版社的义务教育新课程标准小学阶段语文教材(语文出版社的小学教材有 A 版和 S 版两套,此次调查研究选用的是 S 版)。这 5 套教材的选用既考虑到了使用范围较广、影响力较大的特点,也兼顾到了南方地区与北方地区的差异性。上述选用的每一套教材均包括小学阶段的 6 个年级;每年级上下两册,共 12 册;5 套教材共 60 册。

---

① 为节省篇幅,以下除随文注明的文献,其他提及的相关研究,均参看本文参考文献所列,不再一一注出。

以上5套教材简介：语文出版社（S版）的小学《语文》教材（王均、杨曙望主编，初审时间2003—2005年），以下简称"语文版"；人民教育出版社的小学《语文》教材（崔峦、蒯福棣主编，初审时间2001—2004年），以下简称"人教版"；河北教育出版社的小学《语文》教材（郭振友、陶月华主编，初审时间2002—2004年），以下简称"冀教版"；湖南教育出版社的小学《语文》教材（杨再隋、曾果伟主编，初审时间2003—2005年），以下简称"湘教版"；江苏教育出版社的小学《语文》教材（张庆、朱家珑主编，初审时间2001—2004年），以下简称"苏教版"。

1. 小学语文教材中"儿化"的标写方式考察

关于儿化词的标写方式问题，《汉语拼音方案》中早有明确的规定，韵母"儿"写成"er"，用作韵尾的时候写成"r"。例如"儿童"拼写作"értóng"，"花儿"拼写作"huār"。在《现代汉语词典》（第6版）中也采用了这一字母标音方式，而且使用印刷字号小一些的汉字"儿"作为书面儿化的汉字标记符号。例如"一会儿、玩意儿"。

在统计的5套教材中，只有语文版教材采用的是在音节的韵母后直接加"r"的字母标音，以及采用印刷字号小一些的"儿"字作为汉字标记的方式。例如：

（1）a. 一会儿（yí huìr），浪花又笑着跑来了。(《浪花》，第1册第16课）

　　b. 可是，毽子一点儿（yì diǎnr）也不听我们的话。(《毽子变乖了》，第2册第14课）

其他人教版、冀教版、湘教版和苏教版教材均是将儿化标记成独立的轻声音节"er"，同时直接用汉字"儿"作为书写方式。例如：

（2）a. 兰兰看了一会儿（yí huì er），跟爷爷坐上汽车。(《兰兰过桥》，人教版第2册第32课）

　　b. 她心里一点儿（yì diǎn er）也不慌了。(《小黄莺唱歌》，冀教版第1册第24课）

c. 它们仰着脸蛋儿（liǎn dàn er），好像在跟太阳说话。（《太阳花》，湘教版第 2 册第 13 课）

d. "我就住在这儿（zhè er）吧"。（《这儿真好》，苏教版第 2 册第 16 课）

一般认为，现代汉语普通话中有三个"儿"：一是有实词意义的词根"儿"，读作阳平调"ér"，如"儿童、孤儿"等；二是没有实词意义的儿尾"儿"，独立自成音节，读作轻声音节"er"，且多出现在诗词歌赋中，为了音节韵律整齐的需要，如"弯弯的月亮小小的船，小小的船儿两头尖"等；三是没有实词意义且不能独立自成音节的儿化"儿"，仅表示卷舌作用，是贯穿于整个音节的一种卷舌色彩，如"聊天儿、这儿"等。

在语文版教材出现的 826 次儿化词中[①]，有 64 次是标写成了儿尾的"儿"，词种数 14 个，读作轻声音节"er"，与儿化中"儿"的读音、意义和功能都能够明显进行区分。具体如下：

（3）草儿、船儿、唇儿、风儿、花儿、浪儿、马儿、鸟儿、球儿、雀儿、裙儿、羊儿、鱼儿、月儿

这 14 个儿尾词都是单音节的指物类名词，其中有 19 次是使用在儿歌童谣、散文诗等要求韵律搭配、具有较高文学艺术色彩的诗歌中。例如：

（4）a. 小鸟在前面带路，风儿吹向我们。（《快乐的节日》，管桦，第 4 册第 24 课）

b. 她咬着唇儿，提着裙儿。（《雨后》，冰心，第 4 册第 9 课）

另外还有 45 次是在一般的记叙、抒情类散文中使用，但是只有三个词种："鸟儿，鱼儿，球儿"。例如：

（5）a. 一只美丽的鸟儿衔着几根干草。（《帽子和鸟窝》，普飞，第 5 册第 2 课）

[①] 为了不同版本教材儿化词数量对比的完整性和科学性，语文版中仍将儿尾"儿"纳入统计范围。

b. 小鱼儿游得多快活。(《空气在哪里》，耿守忠、杨治梅，第5册第12课)

c. 那轻圆的**球儿**，便从竹管上落下来。(《吹泡泡》，冰心，第5册第3课)

这三个非韵律文中的儿尾词，一般在口语中都是儿化表达，但是在语文版的教材却大都用作了轻声音节的儿尾词，目的主要是在保留书面语较为正式的语气的前提下，强调一种可爱活泼的感情色彩，达到一种拟人化的文学艺术效果。

但是在其他4套语文教材中，无论是字母标音还是汉字标写，主要仍是采用了一种简单、模糊化的处理。这样的处理，一方面是为了印刷书写的统一性和便利性。小一些的汉字"儿"虽然只是作为儿化标记，但是由于它的形式结构的唯一性和特殊性，可能也会影响到整个汉字系统的完整；另一方面可能也是出于传统小学语文教学中一直重识字、轻语音教学的潜在规则的要求。小学语文教材中的汉语拼音都是在第1册课本的第一部分集中出现，按照《义务教育语文新课程标准（2011年版）》的要求学习基本的声母、韵母和声调后，课文中的拼音注音一般到第3册就会结束，之后教材中就很少体现出其他语音方面的教学。即使是课后练习也基本都是识字、写字以及掌握一些基本词汇。

但是这样的标写方式毫无疑问地在教学实践过程中加大了儿化教学原有的难题，儿化词依旧难辨，儿化韵依旧难读。轻声音节汉字"儿"的标写，无法准确、直观地标记出儿化这一特殊的音变现象，不仅容易被教学者忽视，而且也确实混淆了儿化与非儿化的界限。尤其是对于没有儿化的方言区的学习者，他们没有相应的语感的判断，只能根据书面的材料识读。儿化轻音化则容易误导朗读和实际口语交际中的使用，导致很多的儿化词即使根据教材的标写范本，也可能会误读成独立的轻声音节。这样不论是在理论上还是在实际的读说教学中都会让人莫衷一是。

2. 小学语文教材中儿化词的收录情况考察

儿化词本身是纷乱复杂的，其中只有少数能够总结出使用的规律，大部分只能依靠口语习惯约定俗成来加以确定。因此关于儿化的规范研究至今也没有定论，对于儿化词数量、可读与必读儿化词的界定等问题目前也还没有统一的规范，教材编写者无据可依，结果或是受方言，或是受个人认知的影响，导致基础语文教育阶段的教材在儿化词的收录上还存在一些问题。

关于考察内容与统计方法有以下几点需要说明：

第一，此次统计的范围是5套不同版本语文教材中的课文，且其中的有关儿化词的人名、地名、机构名等专有名词不纳入统计的范围。例如：

（6）雨来和铁头、三钻儿，还有很多小朋友，好像一群鱼。(《小英雄雨来》，人教版第8册第14课）

第二，由于只有语文版将儿化词标写成字号比一般汉字小一些的"儿"，与实词语素"儿"与儿尾"儿"做了区分，但是在统计时为了不同版本教材之间儿化词总数比较的相对完整和科学性，将儿尾"儿"也纳入统计范围。例如：

（7）a. 弯弯的月儿小小的船，小小的船儿两头尖。(《小小的船》，语文版第1册第6课）

b. 我有一只鸟儿，它能飞往各地。(《鸟儿的侦查报告》，语文版第6册第16课）

第三，儿化词的分词，主要参考《现代汉语词典》中的词目，同时综合参考凝固度、常用性和分布率等因素，确定筛选出儿化词，也便于最终的统计分析及结论中儿化词表的制作与完善。例如：

（8）a. 我这是跟你闹着玩儿呢。(《军犬黑子》，湘教版第12册第10课）

b. 于是我也在炕上打起滚儿来。(《祖父·后园·我》，冀教版第9册第12课）

第四，对于个别儿化词中的异形词，例如"玩意儿"和"玩艺儿"，"待会儿"和"呆会儿"，只选择其中一个较为常用的作为词目代表，进行统计分析。

此次对于5套教材课文中儿化词的调查，目的在于考察基础教育语文教材中儿化词用词的概貌，比较不同版本儿化词收录存在的差异，以及分析原因及存在的问题。具体考察结果见表1：

表1 5套教材儿化词调查

教材	次数（/次）	种数（/个）	共现种数		独现种数	
			种数（/个）	比例（%）	种数（/个）	比例（%）
语文版	826	143	24	16.8	35	24.5
人教版	610	99		24.2	22	22.2
冀教版	817	157		15.3	49	31.2
湘教版	433	116		20.7	43	37.1
苏教版	247	83		28.9	19	22.9

（说明："次数"是指儿化词在教材中总共出现的次数也叫词次或频次；"种数"是指儿化词在教材中出现的种类、个数；共现种数指的是5套教材中共同都出现的儿化词的种类个数；"独现种数"指的是只在某一套教材中出现的独现的儿化词的种类个数。）

从表1可以看出，5套教材中儿化词的收录存在明显的差异。儿化词用词的种数和儿化词出现的总次数最多的是冀教版的教材，其次是语文版的教材，最少的是苏教版的教材，人教版教材儿化词的种数和次数相对较为均匀，数量居中。冀教版儿化词的种数比苏教版儿化词的种数多了70多个，多了将近一倍，而儿化词出现的总次数更是比苏教版多了2倍多。5套教材共现儿化词的种数只有24个，比例均在20%左右，数量偏少，比例最高的是苏教版，将近30%，最小的是冀教版，比例只有15.3%。独现儿化词的种数也是不同版本教材儿化词收录差异度的直观反映，独现比例大都在25%左右，最高的是湘教版，占37.1%。

出现上述的儿化词收录的差异现象，主要有以下两个方面的原因：

一是南北方言区差异的影响。

首先，一般认为儿化是广大北方方言区的一种普遍现象，与现代汉语普通话的差异主要是在儿化发音方式的不同和儿化词的不同。相对而言，南方方言区儿化较少，有些地方方言中甚至完全没有儿化。其次，目前虽然也有少数儿化词的规范性词表，例如国家语言文字工作委员会2004年在《普通话水平测试实施纲要》一书中附录了189个常用儿化词，孙修章（1992）通过词典收集和实际语料听录，整理筛选出192个必读儿化词，但由于儿化自身大部分缺少规律可循，且在书面语书写时又常常可以省略不写，再考虑到基础教育阶段小学语文教育的语音、词汇方面实际学习便利灵活的需要，且《义务教育语文新课程标准（2011年版）》中关于汉语拼音的学习中也没有提到诸如儿化等变调问题，这使得教材编写者在编写教材时，主观上没有足够的清晰的认识，客观上也无本可依、无据可查，编写过程中就很可能受到个人认知和所在方言区的影响。冀教版教材与苏教版、湘教版教材的巨大差异便是如此。下面通过分析北方冀教版教材和南方苏教版教材中高频次儿化词的收录情况,获悉南北方言区在教材编写时对于儿化词的态度和认知差异,具体如表 2 所示:

表 2　冀教版和苏教版频次前 10 的儿化词

教材	词目	频次	教材	词目	频次
冀教版	一会儿	88	苏教版	一会儿	39
	一点儿	68		这儿	20
	男孩儿	52		鸟儿	16
	玩儿	43		那儿	11
	这儿	43		一点儿	11
	那儿	39		花儿	11
	女孩儿	38		鱼儿	10
	哪儿	36		哪儿	9
	鸟儿	35		不一会儿	6
	点儿	24		蝉儿	6
总计		466	总计		139

从表 2 可以看出,冀教版频次前 10 的儿化词与苏教版相同的有 6 个:"一会儿、一点儿、这儿、那儿、哪儿、鸟儿"。但是总词频却是苏教版 3 倍多。在冀教版教材课文中,这 10 个儿化词除"鸟儿"外,其他的都是必写儿化词,即在课文中都会标写出儿化。冀教版独有的高频儿化词是:"男孩儿、玩儿、女孩儿、点儿"。其中"男孩儿、女孩儿、点儿"都是较为常用的词语①,且"男孩儿、女孩儿"也是必读的儿化词。但是在苏教版的语文教材课文中,"女孩儿"只出现了 1 次,没有儿化标记的"女孩"却出现了 20 次,还有 3 次是使用了同义可替换形式"女孩子";"男孩"出现了 5 次,均没有写作"男孩儿",有 4 次也是使用了"男孩子";"玩"出现了 20 次,都没有儿化标记;一般儿化用来区分动词"点"和用作量词的"点儿"只出现了 2 次,还有 10 次是写作了"点"。

总之,在书面语中由于儿化词里汉字"儿"标写时可有可无的随意性,导致无论是口语中必读的儿化词还是可读的儿化词,在教材中均无法体现、无法区分,不同版本的语文教材也很可能便根据地域方言的特征及需要,主观地进行判断和标写。即使是一些较为常用的儿化词在不同版本教材中的标写也是差异较大,这必然使得不同版本的儿化词收录的种数和次数会大大不同。

---

① 查看《现代汉语常用词表(草案)》中 56008 条常用词可知,"女孩儿"的次序是 3698,"点儿"的次序 4689,"男孩儿"的次序是 5675。

二是课文选文差异的影响。

在目前"一纲多本"的语文教材的现状下,不同版本的语文教材对教材的处理和编写有了更大的灵活性和选择性,这尤其体现在不同版本对于课文篇目的选择,及其对部分相同情节课文的改写上,内容节选和语言表述都存在明显差异。据统计,5套教材总共有课文1769篇,但其中却没有一篇题目、内容完全一样的课文。据表1统计,5套教材共现儿化词比例偏低,只有24个。具体如下:

(9) 不一会儿、差点儿、船儿、大伙儿、点儿、风儿、歌儿、花儿、活儿、劲儿、哪儿、那儿、鸟儿、女孩儿、圈儿、玩意儿、味儿、一点儿、一会儿、一块儿、有点儿、月儿、这儿

可以看出,共现儿化词都是较为常用的儿化词,具有通用性高、稳定性强和分布率[①]高的特点,因此受具体课文篇目选择差异度的影响相对较小。然而,不同版本教材中大部分的独现儿化词与不同的课文选文有密切的关系,尤其是教材在课文选择时会选录一些著名文学家、教育学家的文章,例如老舍、冰心、冯骥才、叶圣陶等,或者是节选一些名著名篇,如《红楼梦》《西游记》《水浒传》等四大名著中的片段,课文倾向于保留作家个人语言风格的语言表述,保留某些特殊年代的语言现象,编写改动较小,这样就容易出现一些特殊独现的儿化词。5套教材总共有独现儿化词168个,具体见表3所示:

表3 5套教材独现儿化词

教材	个数	独现儿化词
语文版	35	辫儿、冰棍儿、冰花儿、菜花儿、差劲儿、串门儿、刺儿、打转儿、盖帘儿、干劲儿、官儿、管儿、光杆儿、花边儿、火星儿、块儿、来劲儿、麻雀儿、没法儿、脑瓜儿、腔调儿、雀儿、石子儿、挑刺儿、馅儿、小脸儿、沿儿、一股脑儿、一时半会儿、一准儿、鹰儿、游玩儿、鱼鹰儿、圆圈儿、伙儿
人教版	22	把儿、打头儿、打蔫儿、单褂儿、发芽儿、够劲儿、楞棒儿、猴儿、虎势儿、泪珠儿、零七八碎儿、露面儿、露馅儿、明儿、破落户儿、气儿、水点儿、条条儿、一忽儿、一色儿、杂拌儿、招儿

---

① 这里分布指词种在课文中的分布情况,分布率即某一词种出现的课文数与课文总数的比值。

续表

教材	个数	独现儿化词
冀教版	49	脖颈儿、藏猫儿、带劲儿、缝儿、凤蝶儿、钢镚儿、根儿、狗儿、汗珠儿、花样儿、话茬儿、活扣儿、鸡儿、家雀儿、金星儿、扣儿、粒儿、聊天儿、铃儿、路儿、没准儿、米粒儿、年头儿、泡泡儿、气泡儿、嗓子眼儿、树苗儿、水儿、摊儿、天儿、瞳仁儿、桶儿、透气儿、土岗儿、弯儿、线儿、小妞儿、信儿、鸭儿、眼球儿、眼珠儿、一道儿、一髻儿、一阵儿、早早儿、枣儿、转儿、字儿、座儿
湘教版	43	并排儿、病根儿、不多会儿、词儿、丁点儿、赶趟儿、骨朵儿、瓜儿、果儿、忽儿、蝴蝶儿、话儿、伙伴儿、结伴儿、口儿、梨儿、苗儿、模样儿、片儿、起头儿、秋千儿、人儿、衫儿、树叶儿、树枝儿、汤匙儿、桃儿、藤儿、娃儿、小两口儿、杏儿、漩儿、拨儿、堆儿、一对儿、一声儿、一些儿、一遭儿、一字儿、月牙儿、杂样儿、指甲片儿、昨儿
苏教版	19	不大会儿、蛋壳儿、箍儿、脚印儿、篮儿、没门儿、偏心眼儿、树儿、丝儿、筒儿、瓦片儿、些儿、旋儿、压根儿、一半儿、衣襟儿、找碴儿、这阵儿、子儿

上述168个独现儿化词中，有134个儿化词的频次都是1，即在课文中只出现了1次，这类词在全部独现儿化词中比例高达79.8%，具有临时性、不稳定的特点。

以人教版中的22个独现儿化词为例，有19个在整套教材中的词频都只有1次，其中17个是在一些知名作家中的文章中出现使用的。具体如下：

（10）a. 红果、海棠去了**把儿**和尾，有一点儿掉皮损伤的都要挑出来。（《万年牢》，新凤霞，第8册第6课）

b. **打头儿**的那一匹，长脖子底下总会系着一个铃铛。（《冬阳·童年·骆驼队》，林海音，第10册第6课）

c. 我看他有点儿**打蔫儿**。（《学会看病》，毕淑敏，第9册第20课）

d. 一闪身脱了**单褂儿**。（《小嘎子和胖墩儿比赛摔跤》，第10册第22课）

e. 树上挂着爷爷用树杈削成的**拐棒儿**。（《百泉村》，金波，第9册第8课）

f. 各自**虎势儿**一站。（《小嘎子和胖墩儿比赛摔跤》，第10册，第22课）

g. 把那**泪珠儿**拦在眼眶里打转。（《我们家的男子汉》，王安忆，第10册，选文6）

h. 孩子们喜欢吃这些**零七八碎儿**。（《北京的春节》，老舍，第12册第16课）

i. 太阳一直没**露面儿**。(《花的勇气》,冯骥才,第9册第20课)

j. 师傅**露馅儿**了。(《刷子李》,冯骥才,第10册第23课)

k. 赶**明儿**胜利了,咱们也能用上电灯。(《灯光》,王愿坚,第12册第11课)

l. 他是我们这里一个有名的泼皮**破落户儿**。(《"辣妹子"初见林黛玉》,第10册第22课)

m. 眼看那大虫**气儿**都没了。(《景阳冈》,第10册第20课)

n. 忽然哗啦啦一阵**水点儿**落在我的脸上和身上。(《可爱的草塘》,刘国林,第8册,选文6)

o. 在厂子里给切成细**条条儿**。(《去年的树》,孙幼军(译),第7册第11课)

p. 房檩、房柱都是**一色儿**新的。(《百泉村》,金波,第9册第8课)

q. 第一件大事就是买**杂拌儿**。(《北京的春节》,老舍,第12册第6课)

除了作家、年代、地域这些因素的影响外,这些独现的儿化词里还包含以下几种特征的词汇。对于这些词汇在小学阶段语文教材中不作改动而直接收录,这种做法有待商榷。

其中一种情况是,大部分是口语词。例如:

(11)明儿、打蔫儿、脑瓜儿、压根儿、这阵儿、小两口儿、活扣儿、家雀儿、脖颈儿

再一种情况是,有一些方言词汇。例如:

(12)虎势儿、撒欢儿、一股脑儿、没门儿、丁点儿、话茬儿

还有一种情况是,有一些冷僻、非常用的儿化词语。例如:

(13)杂拌儿、一髻儿、水儿、路儿

3. 小学语文教材中必读儿化词的使用情况考察

"必读儿化词"指的是在现代汉语口语里必须儿化的词语,"可读儿化词"则是指口语里儿化或儿化不儿化都可以的儿化词。由于儿化大都没有规律可循,依靠口语习惯约定俗成使用,必然造成必读儿化词与可读儿化词的界限常常并不那么清晰,关于必读儿化词的数量也就没有统一的规范。这里考虑到小学语文教育教材基础性和通用性的特点,使用的必读儿化词的参照标准是《现代汉语词典》(第6版)中的必读儿化词,即《现代汉语词典》(第6版)凡例中说明的,口语里必须儿化的,且已经在词典中自成条目的儿化词,例如,"小孩儿、这儿"。调查结果显示,5套教材必读儿化词种数总共是94个,其中有13个是5套教材共现的必读儿化词。具体调查结果见表4:

表4 5套教材必读儿化词

教材	种数	必读儿化词		共现种数	独现种数
		种数	比例(%)		
语文版	143	53	37.1	13	9
人教版	99	41	41.4		5
冀教版	157	56	35.7		13
湘教版	116	36	31.0		9
苏教版	83	35	42.2		6

从表4可以看出,在每一套教材中,必读儿化词的数量均明显少于可读儿化词数量,比例没有超过一半。必读儿化词种数最多的是冀教版教材56个,最少的是苏教版教材35个,语文版和人教版教材居中。但从必读儿化词在儿化词种数中所占的比例来看,却是苏教版教材比例最高,比例将近一半,而冀教版的比例却偏低,湘教版最低。这也就说明苏教版教材不仅严格控制了儿化词的总数,还尤其注意到了可读儿化词的谨慎使用,尽量减少了可读儿化词的使用。5套教材共现的必读儿化词数只有13个,数量不多,但是大部分是部分共现的①,仅某一套教材独现的必读儿化词数量也不多。具体如下:

第一,共现必读儿化词,13个:

---

① 部分共现的儿化词,指只在部分版本课文中出现的儿化词。如"干活儿"在其中4套教材中出现,"脸蛋儿"在其中两套教材中出现,都属于部分共现的儿化词。

（14）大伙儿、那儿、一块儿、一点儿、有点儿、哪儿、一会儿、这儿、鸟儿、女孩儿、玩意儿、差点儿、不一会儿

第二，部分共现必读儿化词，41个：

（15）不大一会儿、不多一会儿、份儿、蝈蝈儿、好玩儿、今儿、脸蛋儿、纳闷儿、男孩儿、脑门儿、撒欢儿、嗓门儿、小伙儿、小曲儿、小人儿、一顺儿、半点儿、打盹儿、打滚儿、待会儿、个儿、花骨朵儿、那会儿、闹着玩儿、娘儿、俩小不点儿、小孩儿、心眼儿、一丁点儿、一股劲儿、这会儿、准儿、自个儿、雏儿、当儿、干活儿、好一会儿、会儿、老头儿、小辫儿、一个劲儿

第三，独现必读儿化词，40个：

（16）冰棍儿、脖颈儿、不大会儿、不多会儿、藏猫儿、打蔫儿、丁点儿、赶趟儿、钢镚儿、够劲儿、骨朵儿、光杆儿、话茬儿、活扣儿、家雀儿、块儿、聊天儿、露馅儿、没法儿、没门儿、没准儿、苗儿、明儿、脑瓜儿、年头儿、偏心眼儿、人儿、嗓子眼儿、石子儿、挑刺儿、小两口儿、小妞儿、压根儿、一股脑儿、一时半会儿、杂拌儿、找碴儿、这阵儿、昨儿、座儿

从上面例子可以看出，这些必读儿化词具有以下几个特点：

一是大部分为双音节儿化词。双音节儿化词59个，占必读儿化词总数的62.8%，其次是单音节18个，再次是三音节13个，还有4个四音节的。

二是词性多样，大部分是名词，其次较多的是动词。名词共46个，占必读儿化词总数的48.9%。动词16个，如"纳闷儿、聊天儿、打滚儿"。副词8个，如"压根儿、一股脑儿、一块儿"。代词8个，如人称代词"自个儿、大伙儿"，指示代词"这儿、哪儿"。形容词5个，如"够劲儿、好玩儿"。还有一些量词、数量词等，如"一会儿、一丁点儿"。

三是大部分只有必读儿化一种用法，也可称为只读儿化词。只读儿化词共74个。

如"一会儿、打滚儿、一点儿"。但其中有一些，虽然它们的非儿化形式不能单说，但一般也可以使用它们的相关表达方式替代。例如，有些可以用"子"代替儿化，意义基本不变，"女孩儿"一般也说"女孩子"，"小辫儿"一般也说"小辫子"，"脑瓜儿"也可以说"脑瓜子"，"脖颈儿"也可以说"脖颈子"；还有一些"自个儿"与"自己"，"明儿"与"明天"，"这儿"与"这里"，"座儿"与"座位"，都是常用词语，替换使用时意义基本相同，只是前者口语色彩更浓。

四是其中有少数必读儿化词有特定的意义，当使用它们的其他意义和功能时，就可能成为一个同形的可读儿化词。例如"雏儿"作为必读儿化词，是名词，比喻年纪轻、阅历少的人。但"雏儿"还表示幼小的鸟，则是个可读儿化词。"份儿"作为必读儿化词，是名词，指程度、地步。但是"份儿"表示整体里的一部分，作量词使用时，就只是个可读儿化词，如"一份儿饭、一份礼物"。"块儿"作为必读儿化词，是名词，指人的身材的高矮胖瘦或是指地方处所。但是"块儿"表示成疙瘩或成团的东西，只是个可读儿化词，如"糖块儿、冰块"。"苗儿"作为必读儿化词，是名词，指苗头。但是当"苗儿"表示初生的种子植物，有时专指某些蔬菜的嫩枝或嫩叶时，是个可读儿化词，如"麦苗儿、幼苗"。"小曲儿"作为必读儿化词，特指小调。"鸟儿"则特指较小的能飞的鸟，"鸟"也可以单用。

总之，必读儿化词在口语里必须儿化，因此不容易出现个人使用时的主观随意，相较于儿化与非儿化两可的可读儿化词来说，更加便于学习和掌握。因此在教材中应该注重必读儿化词的学习，可以适当增加收录一些常用的必读儿化词的比例。

但是《现代汉语词典》（第6版）凡例中说明，即使是口语中必读的儿化词，在书面上也是"有时儿化有时不儿化"，口语里一般可读儿化的，在书面上则"一般不儿化"。儿化在书写材料中的这种随意性和可省略性，也使得书面材料中的儿化词使用差异较大。在基础语文教育阶段儿化标写无规范的现状，显然是不利于教授，更是不利于学习的。

即使是必读儿化词，在小学语文教材中也只有极少数的在教材中出现对应的必写状态，如"一会儿、这儿、玩意儿"等在5套教材中都是必写的儿化词，没有出现非儿化形式。还有其他如"女孩儿、差点儿、干活儿、小辫儿"等必读儿化词在不同版本教材中的标写则有很大差别：冀教版教材基本将大部分必读儿化词标写成了必写儿化词，甚至将"画儿、玩儿"这两个可读儿化词也全部标写出了儿化，且"画儿、玩儿"两个词都是冀教版教材中儿化词出现频次较高的词；然而苏教版则相反，除了"一会儿、这儿、哪儿、那儿"等极少数全部标写出儿化,其他都是书写儿化与非儿化两可。语文版由于使用字号小一些的汉字"儿"进行标写,明确了儿化词的意义和地位,对于必读儿化词的标写也是较为严格和准确的。

基础教育中,教材是依据也是规范。学习的过程是一个输出的,从文到言的过程。教材中儿化词的标写情况直接影响了实际教学过程中儿化的教学。尤其是对于没有儿化的方言区的学习者来说,更加依赖教材的标准。必读儿化词标写的可有可无,有的教材大部分都标写出来,有的教材很少标写出来。上述混乱状况在基础教育这个特殊的学段,不利于儿化词的学习及规范使用。

4. 结语

本文对人教版、语文版、冀教版、苏教版和湘教版5套小学语文教材中的儿化词做了计量统计。本文通过考察5套教材中的儿化词使用情况发现主要问题在于:首先,各个版本中儿化使用情况存在明显差异,儿化在基础语文教育阶段也是无章可循的;关于儿化的标写方式,除了语文版与《汉语拼音方案》相符合,其他各版本仍采用传统模糊化的处理;其次,由于受到南北方言区差异的影响,以及在课文篇目选择和改写方面的主观灵活,不同版本使用的儿化词数量相差较大,而且还出现了较多的独现儿化词;最后,必读儿化词与可读儿化词的界定,各个版本也没有一致的规范。

主要参考文献:

常　静(2010)儿化词的书写问题及其规范化,《语文学刊》第6期。
国家语言监测与研究中心(2008)《中国语言生活状况报告:2007》(下编),北京:商务印书馆。
国家语言文字工作委员会普通话培训测试中心(2004)《普通话水平测试实施纲要》,北京:商务印书馆。
鲁允中(2001)《轻声和儿化》,北京:商务印书馆。
任崇芬(1998)普通话儿尾词两议,《语文建设》第9期。
苏新春(2010)《词汇计量及实现》,北京:商务印书馆。
孙修章(1992)必读儿化词研究报告(节录),《语文建设》第8期。
王理嘉(2005)儿化规范综论,《语言文字应用》第3期。

徐　越（2005）对外汉语教学中的儿化问题，《语言教学与研究》第5期。
杨锡彭（2011）"儿（-r）"与儿化，《对外汉语研究》第7期。
赵　鹏（2013）《对外汉语教材中的儿化研究》，上海外国语大学硕士学位论文。
中国社会科学院语言研究所词典编辑室（2012）《现代汉语词典》（第6版），北京：商务印书馆。
中华人民共和国教育部（2012）《义务教育语文新课程标准》（2011年版），北京：北京师范大学出版社。

（钱唯唯，南京大学文学院硕士研究生）

小学语文教材中汉字笔画规范问题探讨[*]

王满满

0. 引言

自2001年9月起，全国中小学生长期共用一套语文教材的局面已成历史，教材编写出版也彻底改变了过去由人民教育出版社独家编写出版的方式，引入了竞争机制，此后各个单位编写的语文教材如雨后春笋般蜂拥而至。应该说，目前已出版的每套教材都有自己的特色，但毕竟每套教材都还处于实验阶段。本文针对"一纲多本"的教材现状，考察了目前全国正在使用的12套小学语文教材中的汉字笔画情况，探讨了教材中汉字笔画编写的规范性问题。

本文的研究对象12套教材的出版者包括：人民教育出版社、江苏教育出版社、北京师范大学出版社、语文出版社、上海教育出版社（试用本）、西南师范大学出版社、北京出版集团公司（北京出版社出版）、山东教育出版社、湖南教育出版社、湖北教育出版社和河北教育出版社，以下各版本教材分别简称为"人教版、苏教版、北师大版、语文版、语文S版、沪教版、西师大版、北京课改版、鲁教版、湘教版、鄂教版和冀教版"。12套小学语文教材各册版本具体情况如下：人教版"一上"为2001年6月第1版；苏教版"一上"为2013年6月第12版，"三上"为2013年6月第10版，"三下"为2012年11月第10版；北师大版"一上"为2006年5月第4版，"一下"为2007年11月第6版；语文版"一上"为2003年5月第1版，"三上"为2006年5月第3版，"三下"为2006年11月第2版；语文S版"一上"为2005年5月第

---

[*] 本文曾发表于《北京教育学院学报》2014年第4期，此次收入本书时有修改和补充。

2 版；沪教版"一年级第一学期"为 2007 年 8 月第 4 版，"一年级第二学期"为 2008 年 1 月第 4 版；西师大版"一上"为 2004 年 5 月第 2 版；北京课改版"第 1 册"为 2004 年 6 月第 2 版，"第 2 册"为 2005 年 1 月第 2 版，"第 3 册"为 2005 年 6 月第 2 版；鲁教版"一上"为 2013 年 7 月第 2 版；湘教版"一上"为 2003 年 7 月第 1 版；鄂教版"一上"为 2003 年 7 月第 1 版；冀教版"一上"为 2008 年 6 月第 2 版。

1. 现行汉字笔画的数量、名称、种类

本文首先统计了 12 套小学语文教材中关于现行汉字笔画的数量、名称和种类，统计的结果见表 1：

表 1　各版本教材中笔画的数量和种类情况

编号	笔画	笔画名称	沪教版 28	湘教版 25	语文版 25	北京课改 26	西师大 24	语文S 21	苏教版 24	鄂教版 24	鲁教版 22	人教版 0	北师大 23	冀教版 20
1	一	横										表		
2	丨	竖										表		
3	丿	撇										表		
4	丶	捺										表		
5	丶	点										表		
6	㇀	提										无		
7	㇇	横钩					无			无		表		无
8	㇇	横撇										表		
9	㇕	横折										表		
10	㇄	竖弯										表		
11	㇗	竖提										表		无
12	㇄	竖折										表		
13	亅	竖钩										表		
14	㇂	斜钩									无	无		无
15	㇃	卧钩										表	表	
16	㇓	撇点								无	无	无		
17	㇏	撇折										表		

续表

编号	笔画	笔画名称	沪教版28	湘教版25	语文版25	北京课改26	西师大24	语文S21	苏教版24	鄂教版24	鲁教版22	人教版0	北师大23	冀教版20
18	㇁	弯钩					无					表		
19	㇄	横斜钩	无			无	无		无	无		表		
20	㇅	横折弯		无		无	无	无	无			无		无
21	㇆	横折提			毛	表	无					无	表	无
22	㇇	横折钩										表		
23	㇉	竖弯钩										表		
24	㇊	竖折撇	无	无	无	表	毛	无	无	无	无	表	无	无
25	㇋	横折折撇		无	无		无	毛				表		
26	㇌	横折弯钩				无						表	表	
27	㇍	横撇弯钩	无			无		无				无	表	无
28	㇎	竖折折钩										表		
29	㇏	横折折折钩	无	毛		无	毛	无	无			无		无

（说明：表格中空白代表该套教材的课文中列有该笔画，"表"代表该笔画只在该套教材的《汉字笔画名称表》中列出，"毛"代表该笔画只列在该套教材的写毛笔字部分，"无"代表该套教材中没有列出该笔画。）

根据统计结果可以得出下列结论：

第一，各版本教材的笔画数量情况：表1中各教材版本后面的数字表示该版本教材课文中出现的笔画的数量。本文中笔画数量是指教材课文中在生字的旁边列出的作为教学对象出现的笔画的数目。除人教版外，各版本教材笔画数量在20到28种之间。最多的为沪教版的28种，最少的为冀教版的20种，笔画数目差异较大。另外，西师大版和北师大版教材附录《汉字笔画名称表》中与课文中的笔画相比分别多出了2种和6种。苏教版和语文版教材在三年级写毛笔字部分分别多出了3种和2种笔画。人教版未在课文中生字旁边列出相应的笔画，只在《汉字笔画名称表》中列有20种笔画。

第二，各版本教材的笔画名称有无情况：只有沪教版在课文和《汉字笔画名称表》中均列有笔画的名称，西师大版、鄂教版、人教版和北师大版都只是在教材的附录《汉字笔画名称表》中列有笔画的名称，课文中未列出。语文版和苏教版只在三年级写毛笔字部分列有笔画的名称。其余五个版本只在字的旁边列出了基本笔画，没有笔画名称。

第三，各版本教材的笔画种类情况：本文中笔画种类是指教材中出现的笔画的类别，包括课文中在生字的旁边列出的作为教学对象的笔画和《汉字笔画名称表》中以及语文版、苏教版写毛笔字部分的笔画。12套教材共出现29种笔画类型，其中1套没有出现笔画"提"，3套没有出现笔画"横钩"，1套没有出现笔画"竖提"，3套没有出现笔画"斜钩"，3套没有出现笔画"撇点"，1套没有出现笔画"弯钩"，5套没有出现笔画"横斜钩"，7套没有出现笔画"横折弯"，3套没有出现笔画"横折提"，8套没有出现笔画"竖折撇"，6套没有出现笔画"横折折撇"，1套没有出现笔画"横折弯钩"，5套没有出现笔画"横撇弯钩"，6套没有出现笔画"横折折折钩"。12套教材共有的笔画类型只有15种，只占到总数的一半。

2001年发布的《GB 13000.1字符集汉字折笔规范》"规定了汉字折笔笔形分类、排序、命名的原则以及具体的分类、排序和名称，给出了GB 13000.1字符集汉字折笔笔形表"，"GB 13000.1字符集汉字（印刷宋体）折笔笔形共分25种。印刷楷体汉字除这25种折笔笔形外还有一种折笔笔形'心字底'（俗称'卧钩'）"。依据《GB 13000.1字符集汉字折笔规范》，印刷楷体（小学识字写字用楷体）的总笔画类型为33种，即折笔笔形26种（印刷宋体折笔笔形25种另加"卧钩"），再加上"横、竖、撇、点、提、竖钩、捺"7种。但25种折笔笔形中带有笔画"撇钩（例字：乂）、横折折（例字：凹、卍）、竖折折（例字：鼎、卐、亞、吳）、横折折折（例字：凸）"的汉字都不属于2500常用字，因此这4种折笔在小学笔画教学中不用出现。总结来看，小学语文教材中应该出现的笔画种类为29种。

从表1看,12套教材中共列有29种笔画，这和《GB 13000.1字符集汉字折笔规范》中除"撇钩、横折折、竖折折、横折折折"之外的29种笔画的种类是一致的，但几乎没有一套教材列出了所有这29种笔画，而是多少都有所遗漏，最多的少列出9种笔画。而那些在教材中未列出的笔画在常用字中出现的频率很高，不管是出于语言文字规范的考虑还是实际使用的需要，它们都理应在教材中列出，以方便学生学习和掌握。西师大版《汉字笔画名称表》中列有"横折弯（斜）钩：九（飞）"，苏教版三年级下册115页"学写毛笔字"部分列有"横折斜钩：风"，这两处都是不规范的。因为依据《GB 13000.1字符集汉字折笔规范》对折笔的命名，这两处的"横折斜钩"都应该改为"横斜钩"或者"横折捺钩"。除了这两处，其余所有教材中出现的笔画的名称都和《GB 13000.1字符集汉字折笔规范》里的名称一致。

由以上统计可以看出，各版本教材中列出的笔画的数量相差较大，列出的笔画的种类差别也较大。这意味着学习不同版本教材的学生所学到的笔画数量和笔画种类可能会相差很多。笔画学习是识写汉字的基础，而教材是教师进行笔画教学的主要依据，因此教材中笔画部分编写的规范性具有重要的基础性意义。针对各版本教材笔画数量、名称和种类目前这种不统一的现状，建议每套教材都在课文中随生字列出这29种笔画类型，这样能够明确需要掌握的全部笔画，为书写汉字打好基础。同时教材也要列出相应的笔画名称，可以在课文中也可以在附录中，以便在教授和学习笔画的过程中称说，方便教与学。

2. 现行汉字笔画的例字

所谓现行汉字笔画的例字是指教材中选取的用来展示笔画的代表字。本文统计了12套小学语文教材中的汉字笔画的例字，包括课文中的例字和附录《汉字笔画名称表》中以及写毛笔字部分的例字，发现各版本教材中笔画的例字存在以下一些不规范之处。

北京课改版"竖"的例字选取"四"欠妥当，因为"四"楷体的第一笔不是直竖，而是略向内倾斜，不具有典型性。应该选取其他更具典型性和基础性的字作为例字，如"十"。

语文版、鄂教版和鲁教版"横撇"的例字分别选取了"了、子"和"了"，"了、子"不具有代表性，因为它们的第一笔和"横钩"很接近。应该选取其他更具代表性的字作为例字，以便区别开两种相近笔形，如"又"。

沪教版和北京课改版"横折"的例字分别选取"白、田"和"四"是不正确的，因为"白"的第三笔、"田"的第二笔、"四"的第二笔在楷体中是"横折钩"，而不是"横折"。应注意宋体和楷体笔形上的区别。

西师大版、苏教版和人教版"竖折"的例字都选取了"牙"，"牙"不具有代表性，因为它的第二笔和"撇折"很接近。应该选取其他更具代表性的字作为例字，以便区别开两种相近笔形，如"山"。

沪教版"竖钩"的例字选取"手"是不正确的，因为它的第四笔在楷体中是"弯钩"，而不是"竖钩"。应注意相近笔形的区别。

北京课改版、西师大版、鄂教版、鲁教版、人教版和北师大版"弯钩"的例字分别选取了"了、了、子、了、了"和"子"，"了、子"不具有代表性，因为它们的第二笔和"竖钩"很接近。应该选取其他更具代表性的字作为例字，以便区别开两种相近笔形，如"家"。

语文版、鄂教版、鲁教版和冀教版"横折钩"的例字分别选取了"日、四、日"和"四"，"日、四"不具有代表性，不利于清晰直观地展示该笔画的笔形。应该选取其他更直观展现该笔形的字作为例字，如"月"。

沪教版"横折弯钩"的例字选取"飞、气"是不正确的，因为"飞"的第一笔和"气"的第四笔是"横斜钩"，"几"的第二笔才是"横折弯钩"，两者笔形并不相同。

笔画例字的选取应该做到准确无误、清晰直观地展示笔画，并且要具有一定的基础性、常用性和代表性，这样才能够把握准笔画的形态特征，方便笔画的教与学。笔画的例字选取不当或错误，容易在学习中误导教师和学生，妨碍正确笔画的学习，因此笔画例字的选取在笔画学习乃至汉字学习中至关重要。鉴于此，建议教材在选取笔画例字时要慎重考虑以上因素，规避各种不规范现象，做到例字选取的精准科学，以利于笔画的正确学习，为汉字学习打下牢固的基础。

3. 汉字笔画学习的顺序

本文中关于汉字笔画学习的顺序是指笔画在教材课文中生字的旁边列出，即作为教学对象出现的顺序。由于人教版未在课文中生字旁边列出相应的笔画，只在《汉字笔画名称表》中列有笔画，所以不在此统计范围内。本文只统计了其余11套教材的笔画学习的顺序。各版本教材笔画学习的顺序的统计结果见表2（表格中数字由小到大表示笔画学习的时间由早到晚）：

表2 各版本教材中笔画学习的顺序情况

笔画	笔画名称	沪教版	湘教版	语文版	北京课改版	西师大版	语文S版	苏教版	鄂教版	鲁教版	北师大版	冀教版	笔画学习顺序的标准差
一	横	1	1	1	1	1	1	1	1	1	1	1	0
丨	竖	2	9	2	4	2	2	9	2	2	2	10	3.370999
丿	撇	4	6	4	6	3	4	6	3	3	3	8	1.75292
丶	捺	5	7	5	9	4	4	7	4	4	4	9	2.01359

续表

笔画	笔画名称	沪教版	湘教版	语文版	北京课改版	西师大版	语文S版	苏教版	鄂教版	鲁教版	北师大版	冀教版	笔画学习顺序的标准差
丶	点	3	4	3	8	5	10	4	8	7	6	7	2.300198
㇀	提	6	18	14	17	19	13	15	12	15	9	14	3.816233
⇁	横钩	16	17	15	19	16	22	18	19	23	21	21	2.676497
㇇	横撇	13	12	8	12	13	14	14	13	5	12	13	2.760105
㇕	横折	7	3	6	5	8	5	3	7	10	5	2	2.381749
㇄	竖弯	8	2	19	7	9	16	2	10	12	17	6	5.723953
㇙	竖提	10	24	17	14	15	18	23	18	17	18	21	4.002272
㇗	竖折	19	13	11	13	10	9	13	16	18	8	12	3.534248
㇚	竖钩	11	14	10	11	12	8	10	11	14	7	11	2.136267
㇂	斜钩	25	15	23	18	23	11	16	24	23	20	21	4.414851
㇁	卧钩	17	21	22	22	17	21	21	17	21	24	17	2.529822
㇊	撇点	18	23	16	15	22	20	20	25	23	16	15	3.585324
㇜	撇折	24	19	13	21	20	12	19	15	13	11	20	4.335897
㇉	弯钩	21	10	21	18	19	28	14	6	19	16		5.855844
㇌	横斜钩	29	22	18	27	26	17	17	25	23	14	19	4.865463
㇆	横折弯	22	26	24	23	28	28	25	16	24	24	21	3.21926
㇊	横折提	23	25	26	25	25	22	22	21	22	24	21	1.793929
㇅	横折钩	9	11	7	10	11	7	9	11	10	5		2.040499
㇈	竖弯钩	12	5	9	2	6	15	5	5	8	13	3	4.251203
㇋	竖折撇	28	26	28	27	25	22	27	25	23	24	21	2.385563
㇍	横折折撇	26	20	28	27	21	22	25	23	23	24	21	2.65946
㇎	横折弯钩	14	8	20	3	7	22	8	6	9	24	4	7.446781
㇏	横撇弯钩	20	28	25	24	26	22	24	23	9	24	21	2.343269
㇐	竖折折钩	15	16	12	20	14	6	12	20	20	15	18	4.291641
㇑	横折折折钩	27	26	27	26	24	22	26	25	23	23	21	2.067058

（说明：沪教版"竖折撇"在一年级第二学期；北京课改版"横折弯、横撇弯钩、横折提"在第2册，"横折折钩"在第3册；北师大版"横折弯、横折折钩"在一年级下册，除了以上这些，其余随生字列出的笔画的学习都在一年级上册。）

因为所有教材在课文中都没有列出全部这29种笔画，因此如果在统计特定笔画学习顺序的数值的标准差时某套或某几套教材不计入统计范围，则有可能因教材套数少而导致某些部分共用笔画的数值的标准差反而比较小，因此本文在统计时，对未在教材课文中出现的，以及只在附录《汉字笔画名称表》和毛笔字部分中出现的笔画的学习顺序的数值，处理办法是：北师大版《汉字笔画名称表》中比课文中多列出了笔画"卧钩、横折提、竖折撇、横折弯钩、横撇弯钩"和"横折折撇"，多出的这6种笔画的学习顺序的数值均依照课文中最后学习的笔画的数值加一。语文版"我写毛笔字"部分三年级上册有"横折提"，三年级下册有"横折折折钩"；苏教版"学写毛笔字"部分三年级下册有"横折折撇、横折折折钩、竖折撇"，这两个版本毛笔字部分多出的笔画，数值依照它们出现的时间依次确定，未在教材中出现的笔画的数值均依照最后学习的毛笔字笔画的数值加一。西师大版《汉字笔画名称表》中比课文中多列出了笔画"横折提"和"竖折撇"，多出的这2种笔画的数值均依照课文中最后学习的笔画的数值加一，未在教材中出现的笔画，数值均依照课文中最后学习的笔画的数值加二。其余版本中未在教材中出现的笔画，数值均依照最后学习的笔画的数值加一。

标准差在概率统计中常作为统计分布程度上的测量，能反映一个数据集的离散程度。标准差越小说明这一组数据差别越小，即越稳定，标准差越大说明这一组数据差别越大，即越不稳定，因此笔画学习顺序的标准差可以反映特定笔画在各套教材中学习顺序的差别和稳定性情况。通过表格中笔画学习顺序的数据，可以看出教材中笔画学习的顺序方面还存在着一些问题。

第一，从笔画学习顺序的标准差的数值可以看出，"竖提、竖弯钩、竖折折钩、撇折、斜钩、横斜钩、竖弯、弯钩、横折弯钩"这九种笔画学习顺序的标准差依次增大，并且标准差都比较大，说明这些笔画在各版本教材中学习的顺序差别较大，不稳定。其中，"弯钩"标准差比较大的主要原因在于其在鲁教版中的学习顺序与其他版本相比过于靠前，"竖折折钩"标准差比较大的主要原因在于其在语文S版中的学习顺序与其他版本相比过于靠前。

第二，从单个版本教材的特定笔画的学习顺序来看，湘教版、苏教版、冀教版"竖"的学习顺序与其他版本相比明显靠后，语文S版"点"的学习顺序与其他版本相比比较靠后，鲁教版"横撇"的学习顺序与其他版本相比明显靠前。

由以上统计结果可以看出，各版本教材在笔画学习的顺序方面还存在一些问题，有些笔画在个别教材的学习顺序异常，太早或太晚；有些笔画在各个版本的教材中的学习顺序差别较大，某种特定笔画的学习出现在各个时间段，分布不稳定。针对这些不一致和不规范的现象，建议教材编写者结合小学生最基本的常用字中出现的笔画情况和笔画学习的难易程度，综合考虑小学生的认知接受心理和实际使用需要，合理科学地安排笔画学习的顺序。各版本教材之间也要统筹兼顾，以确保使用不同版本教材的学生学习笔画的顺序基本一致。

主要参考文献：

教育部、国家语言文字工作委员会（2001）《GB13000.1字符集汉字折笔规范》，北京：语文出版社。

（王满满，南京大学文学院硕士研究生）

小学语文教材中偏旁部首名称规范问题探讨*

王满满

0. 引言

目前偏旁部首还没有统一的名称规范。本文统计和调查了沪教版（上海教育出版社）、北京课改版（北京出版社）、西师大版（西南师范大学出版社）和苏教版（江苏教育出版社）4套小学语文课本和人教版（人民教育出版社）小学教师教学用书中偏旁部首的命名情况。所考察的小学语文教材各册的版本情况如下：沪教版：一年级第一学期为2007年8月第4版，一年级第二学期为2008年1月第4版，二年级第一学期为2008年7月第4版，二年级第二学期为2008年12月第4版。北京课改版：第1册为2004年6月第2版，第2册为2005年1月第2版，第3册为2005年6月第2版；第4册为2006年1月第2版。西师大版：一年级下册为2004年11月第2版，二年级上册为2005年5月第2版。苏教版：四年级上册为2013年6月第10版，四年级下册为2012年11月第9版，五年级上册为2013年6月第9版。人教版教师教学用书：一年级上册为2001年4月第1版。

通过考察发现，各版本教材中存在很多偏旁部首命名不一致的情况，名称的混乱和不统一不利于学生对汉字偏旁部首的理解和把握，进而会影响到对汉字的学习。规范的偏旁部首命名对语文识字教学具有重要的意义，有利于完善识字教学的科学体系，有利于教学中准确地指称和讲解，有利于学生对汉字的熟悉和掌握，有利于学生

---

* 本文曾发表于《新课程研究》2014年第9期，并被中国人民大学书报资料中心复印报刊资料《小学语文教与学》全文转载。此次收入本书时有修改和补充。

识字能力的切实提高，同时也能减轻教师和学生的负担。因此偏旁部首的名称亟待规范统一。

本文将依据汉字理论知识，参考《现代汉语词典》《现代汉语规范词典》和《新编小学生字典》这三部工具书中的偏旁部首名称情况和语言文字规范《现代常用字部件及部件名称》中的部件名称，对教材中出现的偏旁部首的命名问题进行探讨，旨在为偏旁部首的合理命名提出建议，促进教材中偏旁部首命名的规范统一，以方便汉字的教授与学习。

1. 目前教材中关于汉字偏旁部首名称的情况

目前各版教材中的偏旁部首的命名情况如下：人教版一年级上册教师教学用书中附有《汉字常用偏旁名称表》，表中选取了 148 个常用偏旁加以命名。西师大版一年级下册中附有《本册新部件名称表》，共列出了 38 个部件的名称；二年级上册中附有《汉字部首名称表》，共列出了 69 个部首的名称。北京课改版第 1—4 册中均附有《偏旁名称表》，共列出了 72 个偏旁的名称。苏教版四年级、五年级上册"学写毛笔字"部分列有偏旁的名称，共计 42 个。沪教版一、二年级四个学期课文中系统性地列出了部首及其名称，共计 77 个。

通过对比上述教材中出现的偏旁部首的名称，我们发现很多偏旁部首的名称存在不一致的现象。为了更全面地了解偏旁部首的命名情况，本文还参考了三种工具书：《现代汉语词典》的附录《汉字偏旁名称表》，《现代汉语规范词典》的附录《部分常见部首名称和笔顺表》，《新编小学生字典》的《部首查字表》的部首目录（附部首名称）。后者说明中提到："部首名称参考国家最新发布的有关规范和小学语文课本等材料拟订。'八、人、土'等部，或用于'头'，或用于'底'，或用于'旁'（如'去、坚、地'等中的'土'部，它的名称可按它所在的部位称土字头、土字底、土字旁等），这些部首的名称不一一列出"。同时，本文还参考了语言文字规范《现代常用字部件及部件名称》的规定："本规范规定了现代常用字的部件拆分规则、部件及其名称，给出了《现代常用字部件表》和《常用成字部件表》。本规范适用于汉字教育、辞书编纂等方面的汉字部件分析和解说，也可供汉字信息处理等参考"。

为了方便描述，下文中教材和参考资料分别以字母来代替："A 名称"表示《现代汉语规范词典》中的部首名称；"B 名称"表示《现代汉语词典》中的偏旁名称；"C 名称"表示《现代常用字部件及部件名称》中的部件名称；"D 名称"表示《新编小学生字典》中的部首名称；"E 名称"表示沪教版中的部首名称；"F 名称"表示北京课改版中的偏旁名称；"G 名称"表示西师大版中的部件名称；"H 名称"表示西师大版中的部首名称；"I 名称"表示苏教版中毛笔字部分的偏旁名称；"J 名称"表示人教版教师教学用书中的偏旁名称。

上面分别提到"偏旁、部首、部件"。这里还需要先对三者之间的关系做一个简单的介绍，以便更好地分析它们的命名情况。"偏旁"是构成汉字合体字的直接构字单位，《汉字部首表》中规定部首是"可以成批构字的一部分部件。含有同一部件的字，在字集中均排列在一起，该部件作为领头单位排在开头，成为查字的依据"，《现代常用字部件及部件名称》中规定"部件"是"由笔画组成的具有组配汉字功能的构字单位"。"偏旁"是从字源的角度分析的，而"部首"是从检字法角度得出来的，"部件"是对汉字进行形体分析得出来的。部首都能充当偏旁，但偏旁不一定都是部首。比如"你"，偏旁有"亻"和"尔"，而部首只有"亻"。偏旁和部件都是介于笔画和整字之间的构字单位，两者有一致之处。如"男"的"田"和"力"既是偏旁又是部件。但两者并不等同，偏旁具有表音表义的作用，而部件是汉字结构分析的结果，不一定表音表义。如"绣"只有"纟"和"秀"两个偏旁，但它有"纟、禾"和"乃"三个部件，"禾"和"乃"作为"绣"的部件，既不表义也不表音，只是构字的单位。部件可大可小，是有级别的，而偏旁是固定的。

对偏旁部首命名时，要充分考虑它们和部件的关系，结合规范中的部件名称来对偏旁部首合理命名，尤其是当三者一致时。因为部首都可以充当偏旁，部首的名称可在偏旁名称的基础上加"部"字，也可以不加"部"字，以便和偏旁的名称保持一致。再加上三者之中偏旁是小学生识字教学的重点，因此本文主要探讨"偏旁"的名称。

2. 偏旁部首命名中存在的问题及命名建议

上述各版教材中对偏旁部首的命名主要存在以下几种问题（有时一个偏旁部首的

名称会同时存在以下问题中的多个，因此下文对其进行分析时内容会有交叉）。

2.1 关于"x+字+部位词"的概念

对偏旁部首进行命名的"x+字+部位词"格式有两种完全不同的概念。第一种如："虍，虎字头；廾，弄字底；扌，将字旁；戋，钱字边；凵，凶字框；聿，唐字心"。在这类命名中，偏旁是部位代表字的其中一部分，即在部位代表字中，偏旁位于其部位词所指明的位置。这类偏旁基本上都是不成字部件或是生僻字，为了便于描述，利用部位代表字加部位词来表明偏旁。第二种如："雨，雨字头；心，心字底；舟，舟字旁；隹，隹字边；门，门字框"。在这类命名中，偏旁不是部位代表字的一部分，大部分情况下偏旁就是部位代表字。这类命名表明的是该偏旁经常出现在其他字（不是部位代表字）中的位置。这类偏旁大多是常用的成字部件，它们做偏旁时形体一般会发生一定的变化，如："王——玩、牛——物、羊——差、车——辆、雨——雪、舟——船、子——孙、辛——辣"。很显然，在这两种命名方式中，"x+字+部位词"格式的概念完全不一致。

《现代常用字部件及部件名称》中规定，"位于上下、上中下结构上部的部件称'x字头'。例如'青'称为'青字头'"，其对"x字底、x字旁、x字边、x字框、x字心"等的定义方式也与此类同，由此可以看出，第一种命名方式中"x+字+部位词"的概念和规范中的是一致的，鉴于第一种中偏旁多是不成字部件，这时的偏旁和部件基本是一致的，所以建议偏旁命名时采用第一种偏旁名称中"x+字+部位词"的概念。

第二种命名方式在统计中占有很大的比例，虽然这样的命名已经实行了很长时间，但仍不建议采用此种命名方式。一来是因为这样命名会造成"x+字+部位词"的概念不一致，并和规范中的规定不吻合，不利于偏旁命名的规范统一；二来在某些情况下这种命名会造成一定的混乱。如"J名称"中列有"文：文字头（齐斉）"，这样命名是有歧义的，因为"文字头"也可能会被理解成"亠"。又例如：

（1）a. 几：
   G 名称为：朵字头（朵、船）
   J 名称为：几字底（咒、秃、凭）
  b. 曰：

D 名称为：冒字头

J 名称为：曰字头（曼、冒、最）

c. 艮：

A、D 名称为：垦字头

C 名称为：根字边

J 名称为：艮字边（艰、狠、限）

d. 豸：

A、C、D 名称为：豹字旁

J 名称为：豸字旁

e. 幺：

A、B、C、D 名称为：幼字旁

J 名称为：幺字旁

f. 弋：

A 名称为：式字头

C 名称为：代字边

D 名称为：式字框

J 名称为：弋字边（式、贰、代）

上面这 6 个偏旁命名的特点是兼用两种不同概念的"x+字＋部位词"对同一偏旁进行命名，这样会对学习者造成困扰，不利于准确把握名称所指的偏旁，因此第二种偏旁不宜采用"x+字＋部位词"的命名方式。因为它们基本上都是常用的成字部件，建议按照规范中规定的方式进行命名，即"成字部件，仅有一个读音的，按其读音命名；多音的，选取较常用的读音命名"。这种命名方式可以避免"x+字＋部位词"概念不一致的情况，保证偏旁命名的规范和一致，防止发生混乱现象。目前苏教版最新的教学参考用书的附录《本册生字偏旁部首名称表》中偏旁部首的名称已经完全采用了规范中部件的名称，常用的成字部件直接按其读音命名。这样命名的不足之处在于名称不能指明偏旁常出现在字中的位置，但优点在于该偏旁出现在其他位置时易于称说。如"木"做偏旁时常出现在字的左部，即"字旁"位置，直接命名为"木"就不能表明其常出现的位置，但该命名可同时包含"木"做"字底"（如"朵、架、染、柔、柴、桌、案、桑、梨、渠、梁、集"）和"字头"（如"杏、李、杰、查"）的情况。不然的话，如果用"木字旁"这一名称统指出现在"字底"和"字头"的"木",则不合理据。如果再对出现在"字底"和"字头"的"木"重新命名的话,则只会加重教师和学生的负担。因此采用规范部件名称,就很好地解决了那些出现位置灵活的偏旁,是根据其最常出现的位置采用一个名称,还是根据其出现位置分别命名的问题。因为很大一部分位置灵活的偏旁都是常用的成字部件,而且这样可以实现偏旁、部首和部件名称的一致,因此不建议对它们分别命名。为了弥补第二种偏旁按读音命名的不足,教师可以在学习时对偏旁常出现的位置和偏旁的主要意义进行讲解。

2.2 关于部位词的选取

各教材进行偏旁部首命名时对部位词的选取存在差异,主要体现在以下两个方面。

一个是关于部位词"旁"与"边"的区分。《现代常用字部件及部件名称》中规定"位于左右结构左部的部件称'x字旁'、位于左右结构右部的部件称'x字边'",规范对"旁"与"边"是严格区分的。"除了明确部件方位,便于汉字切分、口语教学、字形记忆辨析等作用外,部位名称的系统化,还有简化口语称说的作用……我们主张'旁'与'边'分称"。但在调查各版本教材中偏旁部首命名情况时发现,目前存在很多不区分"旁"与"边"的现象。主要的例子如:

(2) a. 力:

　　E、F名称为:力字旁(勤)

b. 鸟:

　　E名称为:鸟字旁(鸭、鸡)

　　J名称为:鸟字边

c. 隹:

　　D名称为:隹字旁

　　A、J名称为:隹字边

d. 斗:

　　D名称为:斗字旁

　　J名称为:斗字边

e. 皮:

D 名称为：皮字旁

J 名称为：皮字边

f. 寸：

E 名称为：寸字旁（耐）

J 名称为：寸字边

g. 欠：

D、F、E、I 名称为：欠字旁（歌）

J 名称为：欠字边

h. 戈：

E、I 名称为：戈字旁（战、戏）

J 名称为：戈字边

i. 斤：

F 名称为：斤字旁（所）

J 名称为：斤字边

j. 页：

D、E、F、I 名称为：页字旁（顶、颗、领）

J 名称为：页字边

(3) a. 佥：

G 名称为：脸字旁

b. 攴：

D、H 名称为：敲字旁

C 名称为：敲字边

c. 戋：

G 名称为：钱字旁

C 名称为：钱字边

d. 易：

G 名称为：杨字旁

C 名称为：杨字边

e. 东：

G 名称为：拣字旁

C 名称为：拣字边

（4）a. 攵：

B、D、E、I 名称为：反文旁

A 名称为：反文边

C、F、H、J 名称为：反文

b. 阝：

B、D 名称为：单耳旁

A、C、H、J 名称为：单耳

c. 刂：

B、D、E、F、I 名称为：立刀旁（刚）

A 名称为：立刀边

C、H、J 名称为：立刀

d. 阝（在右）：

A、D、E、I 名称为：右耳旁

B 名称为：双耳旁

C、H、J 名称为：双耳

F 名称为：双耳刀

（2）中的偏旁名称既存在"x+字+部位词"的概念问题，同时又没有区分"旁"与"边"，这些名称中的"旁"指的都是例字的右部，这些偏旁应该直接按其读音命名，分别称：力、鸟、隹、斗、页、寸、欠、戈、斤、皮。

（3）中的偏旁也没有区分"旁"与"边"，这些名称中的"旁"指的都是部位代表字的右部，应将"旁"统一改为"边"。

（4）中的4个偏旁都只出现在字的右部，不应以"旁"命名，应分别统一命名为：反文边、单耳边、立刀边、右耳边。其中，偏旁"阝"有在左和在右的分别，两者意义不同，所以不宜统称为"双耳"，而是应该分开命名。虽然名称中的"右"已经指明了位置，但为了保持部位词的系统性，仍将其称为"右耳边"。前3个也可以按俗称分别称为：反文、单耳、立刀。

再一个是关于部位词"框"。除了部位词"旁"与"边"是否区分的问题外，调查中还发现有些偏旁部首命名时会选取不同的部位词来描述其出现的位置。例如：

（5）a. 疒：

C、D 名称为：病字框

A、E 名称为：病字头

B、F、G、H、I、J 名称为：病字旁

b. 廴：

E 名称为：建字底

A、C、H、J 名称为：建之

B、D、F、I 名称为：建之旁

c. 几：

J 名称为：风字框

B 名称为：风字头

d. 尸：

C 名称为：眉字框

G 名称为：眉字头

《现代常用字部件及部件名称》中规定"位于包围结构外部的部件称'x字框'"，因此为和规范保持一致，这 4 个偏旁的部位词建议统一选取"框"，依次命名为：病字框、建字框、风字框、眉字框，其中"廴"也可从俗称为"建之"。

2.3 关于部位代表字的选取

通过调查发现，同一偏旁按部位命名时，各版本教材选取了不同的部位代表字。主要如：

（6）匚：

A、E 名称为：匠字框

B、C、D、G 名称为：区字框

B、F、G、H、I、J 名称为：三框

"区"比"匠"常用,可统一选"区"做部位代表字,也可从俗称"三框",可按习惯儿化,因此建议称"区字框/三框(儿)"。

(7) 口:

A、B、D、H 名称为:国字框

C 名称为:围字框

B、F、I、J 名称为:方框

E 名称为:大口框

"囗"是"围"的古字,而且两者同音,因此,虽然"国"比"围"更常用,但选"围"做部位代表字,可以兼顾偏旁的意义,而且"围"也是常用字,也可从俗称"方框",可按习惯儿化,因此建议称"围字框/方框(儿)"。

(8) ⺌:

A、D 名称为:光字头

C 名称为:尚字头

"光"在小学阶段比"尚"学习时间早,可选"光"做部位代表字,建议称"光字头"。

(9) 丨:

A 名称为:贞字头

C 名称为:卢字头

D 名称为:上字头

G、J 名称为:占字头

该偏旁是"卜"的附形部首,其意义和"占卜"有关。"贞"在现代汉语中和"占卜"义关系已不大,选取"占"做部位代表字比较可行,可同时兼顾意义。因此建议称"占字头"。

（10）勹：

　　A、B、D、E、H、J 名称为：包字头

　　C 名称为：句字框

选"包"做部位代表字，"从字源上说是有理据的，但以现代汉字字形看，应该说没有代表性。因为在常用字里很少见到这种被包围部件的笔画伸出框外的例子"。因此考虑字形的典型性，建议用常用字"句"字做部位代表字，称"句字框"，这样也可以和规范保持一致。

（11）凵：

　　A、B、D、G、H、J 名称为：凶字框

　　C 名称为：画字框

该偏旁的本义为"能陷下人或物的坑坎"。因此从意上来说，选"凶"做部位代表字比选"画"更佳，而且从结构上来看，该偏旁用"凶"字的框来表示更直观。因此建议称"凶字框"。

（12）丩：

　　C 名称为：纠字边

　　G 名称为：收字旁

"丩"是"纠"的古字，两者同音，选"纠"做部位代表字能同时表明偏旁的读音和意义，因此建议称"纠字边"。

（13）⺈：

　　A、B、C 名称为：负字头

　　D 名称为：危字头

　　J 名称为：角字头

部位代表字应该统一，建议选取规范选用的"负"，称"负字头"。

（14）亠：

A、D 名称为：六字头

B 名称为：京字头

C 名称为：玄字头

H 名称为：点横部

J 名称为：点横头

不建议采用"点横"这种笔画描述法，应保持命名方式的一致。"六"在这些代表字中最常用，建议称"六字头"。

（15）⺺：

C、D 名称为：唐字心

H 名称为：肃字头部

规范中规定位于上下、上中下结构上部的部件称"x字头"，由此来看，该偏旁并不是"肃"字的头部，建议采用规范中"唐字心"的命名方式。

（16）弋：

A 名称为：式字头

C 名称为：代字边

D 名称为：式字框

"弋"虽是成字部件，但该字较生僻，因此应当借助部位代表字来指明该偏旁。因为"弋"大多出现在和"式"一样的位置，因此建议选取"式"做代表字，命名为"式字框"。

（17）艮：

A、D 名称为：垦字头

C 名称为：根字边

"艮"虽是成字部件，但该字较生僻，因此应当借助部位代表字来指明该偏旁。

可选取"根"做代表字,因为"根"比"垦"常用,而且"根"和"艮"读音很接近。因此建议命名为"根字边"。

(18)髟:

  B、D 名称为:髦字头

  H 名称为:鬓字头部

"髦"是"古代称儿童下垂在前额的短头发",现在该字基本上都是用在"时髦"这个词中,已看不出它和本义的联系。"鬓"指"脸两侧靠近耳朵的头发",如"鬓发、鬓角",该偏旁和"毛发"有关,因此选"鬓"做部位代表字能保留意义。建议称"鬓字头"。

(19)巠:

  C 名称为:轻字边

  G 名称为:劲字旁

"轻"比"劲"更常用,因此建议按规范命名,称"轻字边"。

(20)丷:

  C 名称为:荒字底

  G 名称为:流下角

该偏旁与"水流"义有关,因此建议称"流下角",这样可以更好地保留原义。

(21)彐:

  A、D 名称为:寻字头

  B、C 名称为:雪字底

  H、J 名称为:横山

"雪"属于小学生基本用字,建议和规范保持一致,称"雪字底"。不建议使用

"横山"来命名，因为这种描述性命名方式不够直观，而且不利于偏旁名称的系统化。

（22）几：

　　A、D 名称为：风字框

　　B 名称为：风字头

　　J 名称为：风字框

　　C 名称为：风省

"风"比"凢"常用，建议选取"风"做部位代表字。不建议在小学阶段引入"省"的概念，而且"风省"也不符合三音节的命名习惯。因此建议称"风字框"。

另外，偏旁"东"的名称在 C 名称中为"拣字边"，在 G 名称中为"拣字旁"。"练"比"拣"更常用，在小学的学习时间更早，建议选"练"做部位代表字，称"练字边"。

2.4　关于名称的音节数量

人们对偏旁部首的命名习惯采用三音节的形式，为了便于称说，应尽量保持这种形式的一致。在调查统计时发现，有些偏旁部首的名称在音节数量上存在一些问题。主要有：

（23）a. 宀：

　　A、E、I 名称为：宝盖头，

　　B、C、D、H、J 名称为：宝盖

b. 扌：

　　A、B、D、E、F、I、J 名称为：提手旁

　　C、H 名称为：提手

c. 忄：

　　A、B、D、E、F、I、J 名称为：竖心旁

　　C、H 名称为：竖心

d. 犭：

　　H 名称为：反犬

其余均名称为：反犬旁

e. 灬：

A、B、D、E、F、I 名称为：四点底

C 名称为：横四点

H、J 名称为：四点

f. 纟：

A、B、C、D、E、F、I、J 名称为：绞丝旁

H 名称为：绞丝

g. 氵：

A、B、C、D、F、H、I、J 名称为：三点水

E 名称为：三点水旁

建议统一这些偏旁的名称为三音节形式。前6个分别称为"宝盖头、提手旁、竖心旁、反犬旁、四点底、绞丝旁"，这样既能方便称说，还同时指明了偏旁出现的位置。建议称"氵"为"三点水"，一是从俗，二是保持三音节的形式，并和"两点水"的命名保持一致。

2.5 关于偏旁部首名称的俗称

有些偏旁在历史发展过程中形成了比较固定的通俗名称，为了尊重传统、保留历史，对一些俗称可适当保留。但为了偏旁部首名称的系统化、规范化和信息化，可同时再以按部位命名的方式对其进行命名。主要有：

（24）巛：

A、B、H、J 名称为：三拐

C、D 名称为：巡字心

可从俗称"三拐"，可按习惯儿化。也可选取"巡"做部位代表字，称为"巡字心"。

（25）糸：

B、C、D 名称为：绞丝底

G、H、J 名称为：紧字底

为了和"绞丝旁"相对应，可保留"绞丝底"的俗称，同时为了保持命名的系统性，可同时采用按部位命名的方式，称"紧字底"。

（26）夂：

A、B、F、H、I、J 名称为：折文

C、D 名称为：冬字头

可从俗称"折文"，可按习惯儿化，"冬"属于小学生学习的基本字，因此也可选取"冬"做部位代表字，称为"冬字头"。

（27）丷：

A、D 名称为：兰字头

B、C 名称为：倒八

J 名称为：倒八字

可从俗称"倒八"，也可按部位命名，称"兰字头"。

（28）穴：

C 名称为：穴

E 名称为：穴字头

D、F、J 名称为：穴宝盖

"穴"是常用的成字部件，可直接按其读音命名为"穴"，也可保留俗称"穴宝盖"，以便和"宝盖头、秃宝盖"相对应。

（29）土：

B、E、F、I、J 名称为：提土旁

C 名称为：土

可从俗称"提土旁"，这样可以同时指明偏旁出现的位置，并和"提手旁"相对应。也可直接按其读音称"土"，这样命名的好处是该名称可以同时用来指称"去、在、圣、至、尘"中的"土"，减少记忆负担，但这样命名时，教师需要说明当"土"出现在字的左部时末笔会变为"提"。

（30）彡：

A、B、D、F、G、H、J 名称为：三撇

C 名称为：彡

可从俗称"三撇"，可按习惯儿化，"彡"跟"动物的须毛或者花纹色彩"有关系，也可以按部位命名，称为"彩字边"。

（31）𠂉：

C、J 名称为：卧人

可从俗称"卧人"，也可按部位命名，称"每字头"。

（32）冖：

A、B、C、D、F、G、H、J 名称为：秃宝盖

可从俗称"秃宝盖"，为保持命名的系统性，建议同时采用按部位命名的方式对其进行命名，建议称"写字头"。

（33）a. 亻：

A、C、H、J 名称为：单立人

B、D、E、F、I 名称为：单人旁

b. 彳：

A、C、H、J 名称为：双立人

B、D、E、F、I 名称为：双人旁

这两个偏旁分别有两个通行的俗称，规范中规定"有多种俗称的非成字部件，采用一个含义明确、比较通行的俗称命名"，建议和规范保持一致，选取"单立人"和"双立人"。

2.6 关于"本字+部位词"的命名

有一类比较特殊的偏旁，它们是由本字变形而来的，如："爫"由"爪"变形而来、"礻"由"示"变形而来、"氺"由"水"变形而来。对这些偏旁命名时既要考虑其意义的保留，又要保持偏旁命名的系统性。例如：

（34）爫：

A、D 名称为：采字头

C 名称为：爪头

B、E、F、J 名称为：爪字头

规范中规定"由某字变形而来的部件，用本字加部件常出现的部位命名"，建议采用规范中的命名方式称为"爪头"，这样既可以避免称"爪字头"造成的"x+字+部位词"概念的不一致性，还可同时指明偏旁的意义和出现在字中的位置。为保持命名方式的一致并使偏旁直观明了，建议同时按部位进行命名，称"采字头"。

（35）氺：

A、G、J 名称为：泰字底

C 名称为：水底

同样建议采用规范中的命名方式称为"水底"，并同时按部位进行命名，称"泰字底"。

（36）a. ⺮：

A、B、E、F、I、J 名称为：竹字头

C 名称为：竹头

b. 讠：

A、B、D、E、F、H、J 名称为：言字旁

C 名称为：言旁

c. 衤：

A、B、D、E、F、G、H、J 名称为：衣字旁

C 名称为：衣旁

d. 钅：

C 名称为：金旁

其余均名称为：金字旁

e. 饣：

A、B、D、E、F、G、H、J 名称为：食字旁

C 名称为：食旁

f. 礻：

A、B、D、E、F、G、H、J 名称为：示字旁

C 名称为：示旁

虽然"竹字头、言字旁"等这一类名称已经习用很久，但这种命名方式没有保持"x+字+部位词"概念的一致性。建议采用规范中的命名方式分别称为：竹头、言旁、衣旁、金旁、食旁、示旁。同时建议也按部位对其命名，部位代表字尽量选取常用并兼表偏旁意义的字。可分别称为：笔字头、说字旁、被字旁、钱字旁、饭字旁、社字旁。

（37）足：

A、B、D、E、F、G、J 名称为：足字旁

可依照"言旁"等的命名方式称为"足旁"。也可按部位命名为"跑字旁"。

2.7 关于其他问题

还有一些偏旁部首命名存在的问题暂时无法归入以上问题类别，在此一一进行说

明。主要有:

(38) 禾:
　　B、E、F 名称为: 禾木旁
　　C 名称为: 禾
　　J 名称为: 禾字旁

《说文解字》中有:"禾，木也"。"禾木旁"的命名大概源于此。但这一俗称不利于学生对偏旁的准确把握，建议直接按其读音命名为"禾"。

(39) 辶:
　　A、B、C、D、F、H、I、J 名称为: 走之
　　E 名称为: 走之底

规范中规定"位于上下、上中下结构下部的部件称'x字底'"，显然该偏旁不是位于"字底"。建议从俗称"走之"，可按习惯儿化。为保持命名的系统性，建议同时采用按部位命名的方式对其进行命名，建议称"过字框"。

(40) 阝 (在左):
　　A、D、E 名称为: 左耳旁
　　B 名称为: 双耳旁
　　C、H、J 名称为: 双耳
　　F 名称为: 双耳刀

和"阝"(在右)的情况一样，"阝"(在左)也不宜称为"双耳"，而是应该按其出现的位置命名为"左耳旁"。

(41) 尢:
　　A 名称为: 尢字身
　　B、D 名称为: 尢字旁

H 名称为：尢

"尢"属生僻字，为了便于称呼，应采用按部位命名的方式进行命名。规范中没有"身"这个部位词，不建议引入一个新的部位词。鉴于"尢"在"尤"中的位置不便定位，不妨姑且统一称为"尤字旁"。

（42）罒：

　　B、J 名称为：四字头

　　H 名称为：四

　　C、D 名称为：罗字头

该偏旁和"四"的笔形不一样，不应该以"四"命名，建议统一称"罗字头"。

（43）覀：

　　A、C、D 名称为：要字头

　　B、J 名称为：西字头

该偏旁和"西"的笔形不一样，不应该以"西"命名，建议统一称"要字头"。

（44）厶：

　　A、B、C 名称为：私字边

　　D 名称为：私字儿

　　H 名称为：厶

"厶"虽是成字部件，但属于生僻字，不宜在教材中直接以"厶"命名。"厶"是"私"的古字，两字同音同源，应选"私"为部位代表字，称"私字边"。称"私字儿"是不恰当、不明了的。

（45）耂：

　　A、B、D、G 名称为：老字头

C 名称为：老省

不建议在小学阶段引入"省"的概念，建议称"老字头"。

（46）王：

　　　B、E、F、I、J 名称为：王字旁

　　　C 名称为：斜玉

称"斜玉"虽然指明了偏旁的意义，但在形体上不直观。建议按其读音称"王"。可在教学中另外讲解偏旁的意义。

科学规范的偏旁部首名称对偏旁部首的学习和理解，进而对汉字的准确掌握有着提纲挈领和以简驭繁的功效，因此偏旁部首科学规范的命名具有重要意义。偏旁部首的学习主要在小学阶段，因此偏旁部首的名称不仅要符合汉字理据，也应当反映小学生的学习实际，方便教授与学习。本文即是在考虑理据性和实用性的基础上对教材中偏旁部首的命名规范问题提出了建议。

主要参考文献：

黄兆林（1982）部首名称应该规范统一，《小学教学研究》第 2 期。

教育部、国家语委编（2009）《语言文字规范 GF0011—2009 汉字部首表》，北京：语文出版社。

教育部、国家语委编（2009）《语言文字规范 GF0014—2009 现代常用字部件及部件名称规范》，北京：语文出版社。

李行健主编（2010）《现代汉语规范词典》（第 2 版），北京：外语教学与研究出版社，北京：语文出版社。

吕永进（1999）现代汉字部件异称例析——兼谈汉字部件名称的规范，《烟台师范学院学报》（哲社版）第 1 期。

人民教育出版社辞书研究中心编（2010）《新编小学生字典》（第 4 版），北京：人民教育出版社。

许　慎（1963）《说文解字》，北京：中华书局。

中国社会科学院语言研究所词典编辑室编（2012）《现代汉语词典》（第 6 版），北京：商务印书馆。

（王满满，南京大学文学院硕士研究生）

中学语文教材学习性词汇体系综合考察

顾华飞

0. 引言

学习性词汇在语文教材中的呈现首先是一个宏观的整体的概念。对于汉语作为母语的学习者要持续从小学至高中的整整四个学段,故词汇学习的整体性和层次性有着举足轻重的地位[①]。汉语学习一直重视汉字的书写和掌握能力,并且在新课标中有明确的标准和具体的会认字会写字的要求,具体到每一个学段、哪些字作为学习用字。词汇学习的重要性绝不在汉字之下,但在母语教学中的重视程度,或者说至少在要求、标准中的重视程度没有汉字学习那么高,要求和标准也很模糊。参看汉字学习的要求,词汇学习的层次性也是需要特别关注的。本文将通过6个版本初中语文教材涉及词汇层次性的几个方面的考察,总结当前教材呈现的层次性方面的特点和存在的问题。另一个重要的方面是对教材学习性词汇的科学性做一些考察和描写,因为不同版本之间,每一版本内部选取的词汇究竟是否科学合理地体现了各阶段教学的需求,是否体现了不同学段词汇学习的难度差异,也是考察中需要关注的部分。本文将就上述两个相关内容进行深入探讨,即在整体框架下探讨各教材的学习性词汇的科学性和层次性。

本文所选取的6个版本的初中语文教材主要是:人民教育出版社的初中语文教材、

[①] 此处提及的科学性主要指教材学习性词汇在数量、频率等方面安排的合理性等问题,而层次性是指教材学习性词汇安排是否能够关注到不同阶段词汇的差异化分布,也即不同学段所学词汇应当有层次差异,而层次性与科学性问题在教材学习性词汇编排中往往同时体现,故综合一处来反映目前6个版本学习性词汇在这两方面存在的问题。

江苏教育出版社的初中语文教材、语文出版社的初中语文教材、河北教育出版社的初中语文教材、湖北教育出版社的初中语文教材、山东教育出版社的初中语文教材，以下分别简称为"人教版、苏教版、语文版、冀教版、鄂教版、鲁教版"。其中前5套教材每套3个年级6本教材，共30本；由于鲁教版教材是按照"五—四年制"设计的，所以在其初中阶段可以说有4个年级，这里选入六年级到九年级共4个年级的8本教材。这6个版本的38本教材就是本文的考察对象。

1. 学习性词汇总量与表现形式存在的问题探讨

目前初中语文教材学习性词汇存在很多的问题，而词汇总量和表现形式是最先需要探讨和解决的。通过对6个版本初中语文教材的考察，可以基本反映出当前这两方面存在的具体问题，同时也可以对问题产生的原因和问题存在的不利影响进行深入的分析。

1.1 学习性词汇总量与表现形式差异

总量控制与词汇体现形式在教材编写中是第一需要解决的问题，然而目前对于初中语文教材究竟怎样安排学习性词汇的出现位置，以及学习性词汇总量方面还是比较混乱的，具体情况可以通过表1来观察和分析：

表1 各教材学习性词汇总量

教材版本	编者团队	词汇体现形式	学习性词汇总数
苏教版	洪宗礼	每册后附录常用词表	3237
鲁教版	*	每课后"读一读、写一写"	1063
人教版	课程教材研究所等	每课后"读一读、写一写"	1006
冀教版	王、傅	每课后"写一写、用一用"	912
语文版	史习江	每课后"字词积累"	819
鄂教版	王、徐	每课后"词语积累"	686

根据以上教材统计得来的数据进行具体分析，可看到各个版本教材的学习词汇总量差异很大，最大值苏教版的3237个与最小值鄂教版的686个，相差2551个，差异之大让人怀疑这两个版本的教材究竟是不是针对同一学段的。当然其中也有学

习性词汇量相对较为集中的几个版本的教材，分别是人教版、鲁教版和冀教版，集中在一千词左右。从词汇体现形式上看，苏教版词汇表形式，是出现在每册教材的附录部分，称为"常用词表"；其他五个版本的教材学习性词汇均出现在每篇课文之后，鲁教版和人教版学习性词汇出现的板块名称相同，都为"读一读、写一写"，另外的三套教材则名称各不相同，即侧重点不同。在统计过程中还参考了北师大版的初中语文教材和沪教版的初中语文教材，但这两个版本并没有严格意义上的学习性词汇部分，故无法列出体现形式或统计词汇总量。它们仅在教材每课后"词句品味与积累"和"学习建议与积累"中涉及少数的词汇凸显，但是糅合在语句或修辞知识积累与学习中，没有独立性。所以这两套教材的词汇量也没有办法和上述6本教材进行相同意义上的比较。

综合上表的反映，并结合沪教版、北师大版的情况来看，初中语文教材中存在的问题大体可以归结为两点：第一，学习性词汇总量差异大，即没有定量；第二，学习性词汇的体现形式不统一，即没有定形。

另外，各个版本教材不单在词汇总量的安排上存在不科学之处，对于学习性词汇量在不同年级的数值变化也欠缺一定的科学性，具体数据见图1：

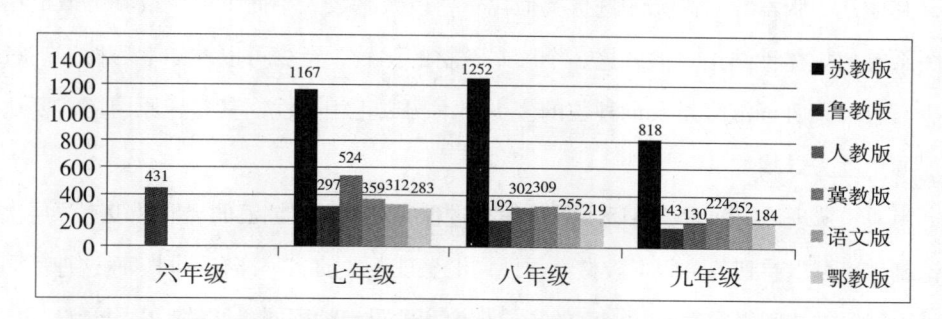

图1 各版本教材学习性词汇量在不同年级的数值变化

（说明：6个版本教材中，人教版、苏教版、鄂教版、冀教版、语文版均为六三制教材，故初中部分为七年级、八年级和九年级，而鲁教版为五四制教材，它的六年级其实属于初中学段范畴内，故把鲁教版的六年级的数据也放进来。）

由图1可以看出，6个版本学习性词汇总量整体随着年级的升高而变小（除苏教版八年级略有升高），反映了各版本学习性词汇选取更倾向于工具性。其中，冀教版、语文版和鄂教版变化幅度较小，较为合理；而苏教版、鲁教版和人教版词汇量减少幅度则过高。即各版本学习性词汇变化趋势不一致，科学性和层次性还有待提升。

1.2 学习性词汇差异存在的原因及影响分析

由于不同学段学生的语言基础、能力发展水平等都存在层次差异，故而词汇量在学习中的作用不可忽视，但是各版本教材中学习性词汇量却如此参差，确需要更加深入地分析一下其问题实质及其合理性和产生原因。结合《中国语言生活状况报告（2007下编）》初中语文教材词汇总量相关数据的对比，可以排除学习性词汇总量与教材文本词汇总量之间存在正相关性。具体看表2：

表2 3种教材用词种数与学习性词汇总量

教材版本	分词单位总数	总词次	词种数	学习性词汇量
苏教版	49822	41685	8804	3237
人教版	77221	64546	9994	1006
语文版	94227	78635	12327	819

根据表2，初中阶段教材用词种数由高到低分别是：语文版12327个，北师版9478个，人教版9994个，苏教版8804个。目前的3个版本中学习性词汇量最大的是苏教版，但其教材词汇，无论是总词数还是词种数都为3版教材中最少。限于数据不足，其他几个版本教材尚无法进行类似比较，以致基数太小而不能生成其类似负相关性关系等的规律性结论。但就这3个版本教材的比较，至少可以推知学习性词汇量的多少与教材本身词汇容量及词种数的多少并不构成正相关性，其差异原因还需要从更深层的角度去寻找。

第一，从理论层面看，各版本教材编写过程中对于学习词汇的提取并没有深层次的理论基础。可以看到各个版本教材学习性词汇呈现板块的名字都有不同，而这种不同体现了不同版本之间提取学习性词汇的指导理论和侧重点的不同。苏教版以附录形式出现的常用词表数量最大，是因为兼顾了功能性和工具性两种作用，且更侧重工具性。鲁教版和人教版"读一读、写一写"侧重识与记，所选词汇集中在更适合该学段学生辨识和积累的部分，所以相对数量差不多，冀教版与之类似。语文版和鄂教版则有了"积累"二字，更加突出综合掌握和应用，提取时就更慎重。

第二，从标准基础层面看，国家课程标准或其他相关文件都没有对各学段词汇量做出明确规定。目前国家对教材编写一定程度上地放手，倡导"一纲多本"，即只有新课程标准和语文教学实际需求是各版本教材编写的统一参考，这样就形成了学习性词汇的总量本身就没有严格控制的必要性的现象；加之编者团队不同，对于词汇的重视程度自然不尽相同,选取学习性词汇的多少也就难免存在差异了。

第三,选文篇目差异构成了各版本教材词汇量差异的又一原因。事实上各个版本教材的选文均有编者团队自行研究比较和甄选,差异较大。见表3:

表3　3种教材选文差异对比

	课文数	共有课文数	独有课文数	部分共有课文数
人教版	522	15	395	112
苏教版	439	15	357	67
语文版	539	15	399	125

(说明:基础教育语文新课标教材用字用语调查,《中国语言生活状况报告(2007下编)》(P440),该文涉及四个版本的教材,其中北师版不是本文研究对象,故舍去。)

从表3不难看出三个版本教材之间选文存在的差异还是比较大的,不同选文提供了不同的可供学习的词汇,数量差异也由此产生。词汇体现形式不同的原因,除上述几点外,还有一点值得关注,就是对于选取的学习性词汇切分到什么程度存在不同观点。在6个版本中,只有苏教版选入了关联词、熟语等内容,其他版本除成语外其他熟语几乎没有体现,而没有纳入统计的北师大版还在类似板块中选取了如"勇进的胆识、旷代的全智者"[①]等偏正短语,可见对于选取学习性词汇的长度、类型等诸多方面,各个版本依据的是不同的指导理论。

学习性词汇量与词汇体现形式问题,属于比较外在直观的问题,因而容易被忽视,其实其对于语文词汇教学的开展和学生的词汇学习都有着重要的影响。首先,就教材本身而言,没有定量,就没有更系统和鲜明的词汇学习引导,不能体现不同层次教材对于教师和学生的词汇把握要求,赖华强(2006)也指出当前语文词汇定量研究的必要性,并指出吕叔湘、张志公等先生其实早就呼吁大家对此加以探讨,才能尽可能使语文教材编写和教学科学化;没有一个统一的有合理内涵的呈现形式,学习性词汇就没有独立地位,不利于词汇教学任务的完成以及词汇教学目的的达成。其次,就教师教学活动的展开而言,没有定量,就难以实现合理化的词汇教学,难以突出重点,易使得教师的选择依附于中考或者为了追求稳妥而过分扩展教学词汇范围;而没有与教材指导思想和教学实际需求相协调的学习性词汇体现形式,教师在实践中的发挥因人而异,没有实际的纲要为依据,难免使学生接受词汇学习过程中出现不均衡不系统等问题。第三,就学生的语言学习方面而言,没有定量,学生难以更加高效地理

---

① 参看北师大版七年级下册(P111,P142)。

解和利用教材,难于把握每个年级每个阶段自己的词汇进展节奏和提升水平;没有突出且合理的学习性词汇体现形式,也难以引起学生对于词汇学习的重视,看不到词汇在语文学习中的独立地位,进而很可能被其他方面分散掉注意力,不利于其语言能力的长远发展与提升。

总之,定量与固形是初中语文教材更好地实现对词汇学习的重视和合理把握的第一步,也是建立科学而有层次的语文教材词汇学习指导体系的前提。

2. 学习性词汇实用性与内容安排合理性问题探讨

初中语文教材的学习性词汇应当是一个完整的系统,贯穿于整个初中语文教材的编排之中,对于其词汇的选择要符合新课标人文性和工具性相统一的要求,而通过对6个版本教材的考察发现,在兼顾工具性与人文性形成科学的学习性词汇构成系统的过程中,各个版本还存在着一定的问题。从宏观角度上看,主要涉及词汇实用性与词汇安排合理性两个方面。

2.1 学习性词汇实用性问题考察与分析

实用性是初中语文词汇学习的一个参照标准,因为语文学习是工具性和人文性的统一,而实用性在学习性词汇中主要体现在其所选词的使用频率,初中阶段属于基础教育范畴的第三学段,学生所学词汇应当能够适应学习积累和日常交际的需要,所以常用词语应是其选择学习性词汇所关注的主要内容。然而实际情况却并非如此,现根据6个版本教材集中反映的情况,来归纳当前教材学习性词汇选择存在的问题。

由于义务教育阶段的语文词汇学习缺乏国家统一标准的参照体系,本次对于所研究的6个版本的语文教材中的学习性词汇的实用性的考察主要以《现代汉语常用词表(2008)》和《现代汉语词典》(第5版)(以下分别简称《现汉5》《常用词表2008》)为参照标准,即考察其适用范围和使用频率方面的状态是否适应初中学生语文学习的需要。选择这两本工具书的意义主要有两个方面:从收词量来讲,二者几乎能够涵盖初中语文教材可能涉及的所有词汇,从所收词种来讲,《现汉5》是科普性词典,注重普通大众的语言生活需要,选词兼顾书面语和口语、普通话和方言,与初中语文教材的选文能够形成合理的适应性；而《常用词表2008》，能够更加直观地反映当代人民群众语言生活中的常用词使用情况，既弥补了《现汉5》由于出版时间等方面的原因造成的一些词语的缺失，又以词频排序的形式反映了常用词的使用情况，能够为考察和研究教材词汇提供更多的帮助，也就隐含地对分析词汇的层次性和科学性提供了参照和指导。

通过考察，首先可以发现的问题是教材中存在大量的《现汉5》或《常用词表2008》未收录的词汇，也就是说所选学习性词汇中很多词汇存在实用性差、在当前语言生活中使用频率很低等问题，直接反映了筛选机制在一定程度上欠科学性。先从学习性词汇在《常用词表2008》和《现汉5》中的收录情况看，具体见表4：

表4 各版本教材学习性词汇收录情况

	鲁教版	人教版	冀教版	苏教版	鄂教版	语文版
《现汉5》不含	315	302	202	650	139	163
《常用词表2008》不含	279	256	253	612	100	122
二者都无	219	216	139	434	85	91
二者都无在总词量中比值	21.77%	20.32%	15.24%	14.41%	12.39%	11.11%

根据表4可以看出6个版本中学习性词汇与《现汉5》和《常用词表2008》之间的关系，没有任何一个版本的教材所选取的词汇完全能够在《现汉5》或《常用词表2008》找到，而各个版本都有一定量的学习性词汇既没有在《现汉5》中出现，也没有在《常用词表2008》中出现。以下仅以人教版教材中《现汉5》和《常用词表2008》都不包含的部分词汇为例：

（1）逼狭、炽痛、抖擞精神、端凝、高标、告禀、归泊、裹藏、嚎鸣、郝叟、火烈、瞰望、廓然无果、蓝汪汪、鲁莽大胆、履践、明月清风、哞哞、褪尽、万恶不赦、妄下断语、温晴、污涩、夕阳无限好，只是近黄昏、稀零、心会神凝、星临万户、夜色苍茫、一反既往、一抔黄土、咿哑、欹斜、幽光、油然而生、淤滩、与其……毋宁……、滞碍、缀连、阻抑

具体的词汇内容分析将会在第3节具体展开，这里仅就这些词汇形式上的问题做简单探讨。从上面几十个例子不难看出：所选词汇一方面缺乏常用性，"炽痛、逼狭"甚少有人使用；另一方面还存在非固定短语式搭配，"明月清风、一抔黄土"显然没

有必要整体地作为词汇来积累。由此可以推断这只是依据课文篇目内容随机抽取的；还有的可能只有被选文中使用过，而其他地方难见该词出现，归结为生造词也不为过。而从这类词在各自版本的学习性词汇中所占的比例来看，鲁教版、人教版和冀教版都超过了 15%，而比例最低的语文版也达到了 11% 以上。同时不乏一些由语境中产生尚未凝固成可供积累词汇的言语词，这也反映了教材选词对于言语词筛选条件的不严格。

第二个反映出来的问题是，教材中选取了大量使用频率极低的词汇，存在一定程度上脱离当代语言实际的弊端。从《中国语言生活状况报告（2007下编）》中的统计数据来看，苏教版、人教版和语文版教材的词种数分别是 9994 个、8804 个和 12327 个，也就是说初中阶段学生在教材中接触的全部词汇都不会超过 15000 词，而这三个版本的教材高中阶段的词种数最多也不过 20678 个，而《常用词表2008》56063 个（含 55 个异形词），远远超出初中语文教材所涉及的词汇量，且其中使用频次极低的部分词汇，无论是在交际还是文学作品中都较少出现，因此，表 5 就以《常用词表2008》排序中频序数为 20000 的词作为界限，统计各个版本学习性词汇频序数大于 20000 的词汇的总数，由此不难反映各个版本所选词汇的现实使用程度的合理性。见图 2 和表 5 所示：

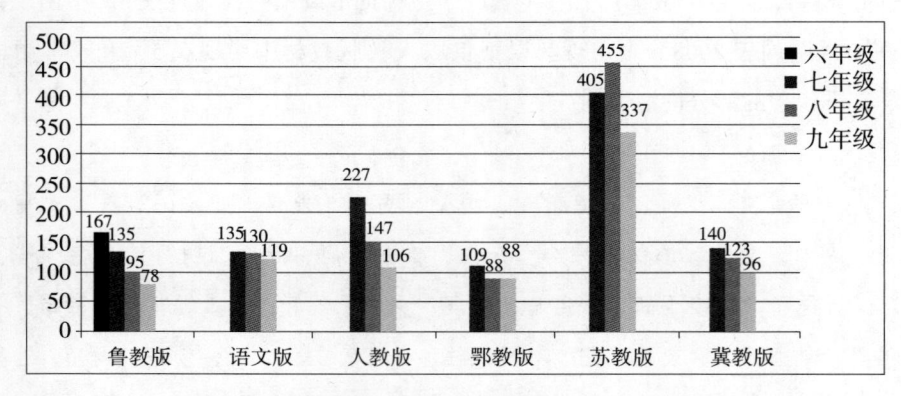

图 2　各版本教材不同年级学习性词汇频序数大于 20000 的词汇分布

表 5　学习性词汇频序数大于 20000 的词汇总数

	鲁教版	语文版	人教版	鄂教版	苏教版	冀教版
总数	475	384	480	285	1197	359
总数所占比值	47.21%	46.16%	45.16%	37.61%	36.98%	39.37%

从图 2 和表 5 可以看出，各个版本的频序数大于 20000 而被选入学习性词汇内容的词汇比例过大，其中比例最大的鲁教版为 47.21%，即在其教材中的学习性词汇有将近一半，再加上 26.24% 的词汇该常用词表本就不包含，也就是说有 73.45% 的词汇都不是《常用词表 2008》所反映的适合初中生学习的当代语言生活中的常用词汇。同时，从各个版本不同年级的情况来看，出现了更加难以理解的情况：年级越高，选取的学习性词汇就应越少，超出界定范围的词也就应随之减少。但从目前所占比例来看，鄂教版、鲁教版、人教版和苏教版的比例为逐年级略微升高，鄂教版和冀教版则无此变化规律。由此可以看出，就词汇的常用性来看，各版本教材的词汇选择并没有体现出足够的年级层次性。

第三个问题是，低年级与高年级所选词汇没有频率使用的层次性差异，没有区分年级层次的观念，不注重轻重缓急的区分。词汇难度适应各学段学生和各学段教学需求，是词汇学习的层次性和科学性的有效体现，特别常用的词汇应当优先学习和掌握，而不那么常用的词汇可以随着学生语言能力的提升和已有知识的不断积累的过程中不断加入，这是一个很简单的学习逻辑。但实际上，6 个版本教材学习性词汇的选取和安排并没有以这样的理论来维系其科学性。以鄂教版七年级上册出现的词汇为例，如"丫杈、凝注、淳美、奇崛、从从容容"等都是《现汉 5》和《常用词表 2008》都不包含的词汇，无论从现实生活中的使用状况，还是从词汇本身的代表性上看，出现在学生刚刚步入初中阶段都显得不甚合理。见图 3 所示：

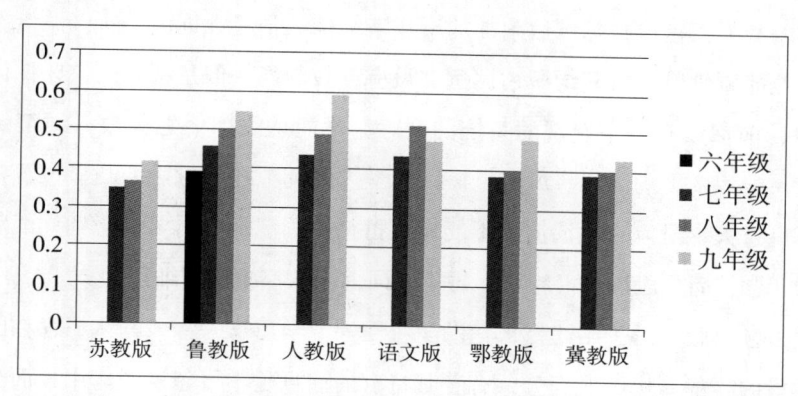

图 3　各版本教材不同年级频序数大于 20000 的词汇占总学习性词汇比例

不过这部分的问题在于具体词汇的调整，而不是整体情况的大变动。因为从上面图 3 可以看出，除了语文版外，其他 5 个版本均呈现频序数大于 20000 的词汇在总的学习性词汇中所占比例随着年级的升高而升高，所以说从整体趋势上是没有根本性问题的,也就是说,要集中关注的是在常用词外存在的次常用词和非常用词在各个年级的分布,而这又是影响学习性词汇系统层次性的重要方面。

2.2 学习性词汇内容安排合理性问题考察

考察6个版本教材学习性词汇选取的科学性的另一个重要方面,是各个版本内部学习性词汇的安排是否合理。一方面是有没有重复,另一方面是注释等其他手段对于学习难度较大或非常用词汇的学习的辅助作用的发挥。

首先,在词汇选取重复这个方面,6套教材都存在这类问题,具体见表6所示:

表6 各版本教材词汇重复情况

	苏教版	冀教版	鲁教版	鄂教版	人教版	语文版
重复词汇数	260	88	31	20	27	10
在总数中比值	8.03%	3.07%	2.91%	2.91%	2.68%	1.22%

表6反映了6套教材中每套教材都存在学习性词汇重复出现的问题。总体上看,词汇重复词所占的比率并不是特别高,苏教版最高,超过了8%,而语文版最少,只有1.22%,另外4个版本的重复率相差不多。其中,苏教版重复词汇最多,这和苏教版的学习性词汇的体现形式有关,苏教版是以后附常用词表的形式来结构其学习性词汇的,所以其实它的词表更加注重工具性,罗列每课的重要词汇,方便学生检索和复习,但是由于其不考虑具体词汇是否在其他课文中出现,致使重复词数量很大;其他几个版本的教材都是以在每课后附加的形式来结构其学习性词汇,所以总量本来就不多,更可能能删则删,重复词所占比例都没有苏教版高。但是根本而言,任何一个版本的教材目前都没有一个宏观的系统的观念,没能从整体上把握教材词汇的合理安排,致使一定程度上的教材资源浪费。因为学习性词汇在教材中的凸显位置,且本身数量就不宜过大,所以这类词汇就不能像教材整体词汇那样需要考虑到词汇复现以及复现率的问题,而是应该恰恰相反,每一个词的选取都应该仔细斟酌。

其次,各个版本对于用注释来辅助学习性词汇学习这一方式的认识存在问题。注释作为教材内容的有机组成部分,有着其特有的而且是不可忽视的作用,而当前对于注释与词汇学习的结合还远远不够。学生用词典虽然并没有统一规定的版本,但是各种版本自身的词汇量都很难超越《现汉5》和《常用词表2008》,所以当教材不可避免地出现《现汉5》或《常用词表2008》不包含的词汇时,就需要借助注释来实现对这类不常用词汇的释义和用法指导。那么这6个版本的教材对于学习性词汇的注释情况究竟存在哪些问题，可以结合下面图表具体来分析：

表7 各版本教材学习性词汇注释情况

	鲁教版	人教版	冀教版	苏教版	鄂教版	语文版
词汇总数	219	209	139	434	85	91
有注释词总数	80	74	57	161	31	48
注释词在总词数中所占比例	36.53%	35.41%	41.01%	37.10%	36.47%	52.75%

对于所选出来的学习性词汇中这部分不常用的词汇，各个版本或多或少都有用到注释来加以解释说明。但是从总体数量上看，6个版本只有语文版的注释比率超过50%，其他5个版本都在35%到45%之间，也就是说有很大一部分词汇在教材中出现，并作为学生重点学习的词汇内容，但是注释给予的关注并不多，而能够借助的词典等也多数不包含这类词汇。那么学生要学习那些没有注释标记的词汇除非老师重点讲解，否则就只有网络检索，而网络检索的信息杂乱且标准不一，对于学生准确把握所学词汇并不能起到实际的积极作用。

另外，针对《常用词表2008》中频序号大于20000的词汇，本文也对6个版本各个年级学习性词汇注释情况进行了统计。具体见图4：

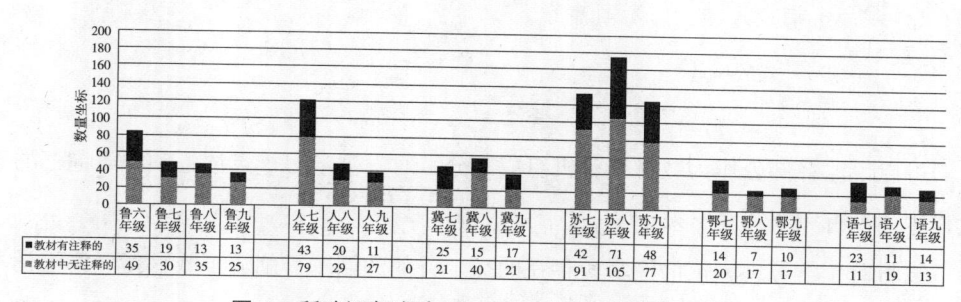

	鲁六年级	鲁七年级	鲁八年级	鲁九年级	人七年级	人八年级	人九年级	冀七年级	冀八年级	冀九年级	苏七年级	苏八年级	苏九年级	鄂七年级	鄂八年级	鄂九年级	语七年级	语八年级	语九年级
教材有注释的	35	19	13	13	43	20	11	25	14	17	42	71	48	14	7	10	23	11	14
教材中无注释的	49	30	35	25	79	29	27	0	21	40	21	91	105	77	20	17	17	11	19	13

图4 所选词频序大于20000的词汇注释情况表

不同年级的学习性词汇的注释情况各不相同：只有语文版、冀教版对于七年级的注释相对于其他版本要多一些，其他的版本则几乎没有区分不同年级注释比率的调控。也就是说，各个版本不同年级的注释情况并不呈现规律性，注释的多少并不受非常用词词汇量的多少的影响，同时也不受年级高低的影响。针对注释情况，6个版本教材还集中反映出第三个方面的问题，即具体注释内容[①]上的不足，一方面是过于简练或只注字义不注词义，对于词汇的特点或使用上的条件都几乎没有提及，下面以人

---

① 限于人力和时间，注释内容没有能够建立独立语料库，因此其分析主要依赖于人工在教材中查检和对比。

教版部分词汇为例。例如：

（2）a. 炽痛，热烈而深切。
　　b. 黄晕，昏黄不光亮。
　　c. 方正，正派。
　　d. 污涩，这里指不光滑的意思。
　　e. 弥聒不舍，唠唠叨叨说个没完。
　　f. 庖代，越俎代庖的缩略语。
　　g. 觑，看。
　　h. 遍稽群籍，只注释了"稽"。

另一方面，只纠正词汇中字的写法而不注释词义或只注读音，也以人教版部分词汇为例。例如：

（3）a. 轩榭，轩指有窗户的廊子或小屋，榭指建筑在台上的房屋。
　　b. 顺顺流流，即顺顺溜溜。
　　c. 聿，yù。

可以说注释部分作为教材的有机组成部分，对学生学习重点词汇和积累词汇的重大作用还没有完全开发出来。

教材对于学习性词汇的注释所存在的三个方面的问题，削弱了教材指导词汇学习的系统性和科学性，也没能体现词汇学习的阶段性和循序渐进、逐层深入的语言掌握逻辑。之所以强调注释等教材中出现的辅助手段[①]是因为目前并没有标准版的中学生词典，而本文所选取的《现汉5》有着强大的编者团队，投入了巨大的人力和物力，故而有着最大的权威性和指导性。如果这部词典没有收入的词，教材又没有及时的给予注释说明，无论是教师还是学生，都不得不从多种渠道尝试检索，难免吸收不准确、不规范的信息，同时也是精力的浪费。这两点问题的存在，反映了教材提取词汇缺乏整体观念，词汇提取紧密依赖课文而独立性不够。

---

① 这里对于辅助手段的定义包含注释、图标、突出显示字体、图画，也可以包含习题。

2.3 各版本共有词汇与非共有词汇中的问题

要全面了解不同教材选取的学习性词汇的层次性和科学性，还需要综合分析各个版本教材中的共有学习性词汇和非共有学习性词汇两个方面。一方面了解共有词汇内容及其位序，另一方面了解非共有词汇的常用性及其分布情况，这样才能更深入地把握不同版本教材学习性词汇选取存在的问题或不足。目前考察的 6 个版本的教材学习性词汇中，共有词汇与非共有词汇主要存在的问题有：共有词汇极少，非共有词汇选词分散、各自为政。这其实是不区分词汇难易程度，不注重层次性和科学性的又一表现。

下面通过数据来具体分析：通过对 6 个版本教材涉及的共有词汇的统计，从数量上看，6 个版本共有词汇只有"无动于衷、次第、销声匿迹、伫立、酝酿、宛转、栖息、风骚、澎湃、颓唐、萧索、鄙夷、安适、惬意、尴尬" 15 个，这 15 个词在《现代汉语词典》(第五版) 和《现代汉语常用词表》中的情况反映如下表：

表 8　15 个共有词汇在《现代汉语词典》及《现代汉语常用词表》中的标注情况

词汇	词表拼音	频序号	词典 ID	词典音义
无动于衷	wu2'dong4'yu2'zhong1	14664	50661	(无动于中) wúdòngyúzhōng 心里一点不受感动；一点也不动心。
次第	ci4'di4	18711	8172	cìdì ①名次序。②副一个挨一个地：~入座。
销声匿迹	xiao1'sheng1'ni4'ji4	21497	52809	xiāoshēngnìjì 不再公开讲话，不再出头露面。形容隐藏起来或不公开出现。
伫立	zhu4'li4	15869	63376	zhùlì〈书〉动长时间地站着：凝神~｜~窗前。
酝酿	yun4'niang4	7132	60107	yùnniàng 动造酒的发酵过程，比喻做准备工作，如事先考虑、商量、相互协调等：~候选人名单｜大家先~一下，好充分发表意见。
栖息	qi1'xi1	12987	37671	qīxī 动停留；休息（多指鸟类）。
风骚	feng1'sao1	23169	14457	1fēngsāo〈书〉名①风指《诗经》中的《国风》，骚指屈原的《离骚》，后用来泛指文学。②在文坛居于领袖地位或在某方面领先叫领风骚。
风骚	feng1'sao1	23169	14458	2fēngsāo 形指妇女举止轻佻：卖弄~｜~的女人。
澎湃	peng2'pai4	16170	36501	péngpài 形①形容波浪互相撞击：波涛汹涌~。②比喻声势浩大，气势雄伟：激情~的诗篇。

续表

词汇	词表拼音	频序号	词典 ID	词典音义
颓唐	tui2'tang2	24603	48797	tuítáng 形 精神萎靡：神色~。
萧索	xiao1'suo3	37444	52788	xiāosuǒ 形 缺乏生机；不热闹：荒林~｜~的晚秋景象。
鄙夷	bi3'yi2	18107	2536	bǐyí 〈书〉动 轻视；看不起。
安适	an1'shi4	31376	245	ānshì 形 安静而舒适：~如常｜心里~｜病员在疗养院里过着~的生活。
惬意	qie4'yi4	13954	38900	qièyì 形 满意，称心；舒服：~的微笑｜树荫下凉风习习，十分~。
宛转	*	*	49421	wǎnzhuǎn ①动 辗转。②同"婉转"。

在这 15 个词中，"宛转"一词由于后多用"婉转"[1]，《现代汉语词常用词表（2008）》就只标注了后一种写法，且此处的这个词汇基本都出自朱自清的散文《春》，是词汇时代性的一个体现，但是各个版本对于该写法是否当加注释态度不一，除此之外的 14 个词都能在《现代汉语词典》（第 5 版）和《现代汉语常用词表（2008）》中找到。从文本来源看，这 15 个词出自每个版本教材中的不同文章，少数经典文章会有偶尔两三个版本的选词相同；从位序来看，这 15 个词在各个版本的教材中出现的顺序没有任何相似性，既不区分册数，也不区分年级数。

当然上述数据的来源是将全部 6 个版本放在一起提取的，由于选文差异被放大，所得结果未免有过于严苛之嫌，因此又选择了任意两个版本之间进行共有词汇查询，共获得 15 组数据，具体可见表 9 所示：

表 9 任意两版本教材间共有词汇情况

	人教版	苏教版	语文版	鲁教版	冀教版
苏教版	379	*	*	*	*
语文版	139	302	*	*	*
鲁教版	699	451	161	*	*
冀教版	161	343	125	182	*
鄂教版	196	329	158	233	120

从表 9 中不难看出，鲁教版同人教版的重合率最高，同苏教版的重合率也比较高，

---

[1] "宛转"在《现代汉语词典》（第 6 版）的释义："1. 辗转，2. 同'婉转'。"婉转：1.（说话）温和而曲折（但不失本意）；2.（歌声、鸟鸣声等）抑扬动听。‖ 也作宛转。

甚至其他较高的数值都是人教版、苏教版和鲁教版三者之间的数值，这和这3个版本所选课文的重合率较高有一定的关系，但是可以推断的更直接的原因还是3个版本语文教材所涉及，或者说提及的学习性词汇较为普遍，提取思想也颇为相像。从这个角度讲不同版本在这个方面的科学性是有差异的。虽然这部分词汇的数量太少，无法构成整体探究的规模，不过这也从侧面反映了各版本之间词汇学习重点的巨大差异，以及学习性词汇提取的不同指导思想，而不管是哪个地区或省市的初中学生，其年龄阶段基本相同，大脑的发育和身心成长特点基本处在同一个阶段。生活环境虽有地域差异，但是没有时代差异，日常语言生活不可能存在巨大的词汇使用差异，而现在的语文教材中出现这样的情况，不能说不值得重视。

相较共有词汇来说，对非共有词汇的分析的可操作性较差，同时因为本身内容不同，6个版本之间不存在可比性，因此仅从各个版本内部的词汇频序方面做一定的调查、举例和分析。因为共有词汇的量极少，使得对非共有词汇的呈现特点同各个版本的词汇总表差异不是很大。排除掉共用词汇和部分共用词汇的部分，可以看出在《常用词表2008》中频序号大于20000的词，在各个版本中都主要集中于此，而在共有词汇或部分共有词汇中频序号大于20000的词的数量则相对较少，也就是说低使用频率词多出现在非共有词汇中，这反过来也证实了选择《常用词表2008》作为参照标准的积极意义。其难以把握的频序变化和数量变化也都和共有词汇反映了相同的问题。

3. 结语

本文综合考察了6个版本语文教材学习性词汇选取宏观角度存在的几方面问题，主要包括：学习性词汇总量差异大，总量控制不合理；表现形式不统一，独立性差；低使用频率词或《现汉5》不收词汇在学习性词汇总量比重大，反映出学习性词汇选取实用性差；低使用频率词或《现汉5》不收词汇的年级分布没有体现难易梯度，反映词汇选取与安排缺乏层次性；仍存在一定量的重复词汇，没有合理利用学习性词汇体系中的有效空间；注释在辅助学习性词汇中的作用发挥不充分，影响科学的学习性词汇系统的形成；共有词汇极少、非共有词选词分散、难易程度区分概念淡薄，使得教材的离心力明显大于聚合力；这些问题的存在极大地削弱了作为教材所选的学习性词汇本该有的科学性和层次性，对于教材在教学过程中发挥指导作用，以及师生利用教材开展词汇的教学和积累都有着很大的消极影响。

主要参考文献:

《现代汉语常用词表》课题组编(2008)《现代汉语常用词表(草案)》,北京:商务印书馆。

陈 波(2006)小学语文改革实验教材常用词系统研究,《首届全国教育教材语言专题学术研讨会论文集》。

葛本仪(2001)《现代汉语词汇学》(第三版),北京:商务印书馆。

顾之川(2013)《语文教育论》,福州:福建教育出版社。

"中国语言生活状况报告"课题组编(2008)《中国语言生活状况报告(2007上编)》,北京:商务印书馆。

"中国语言生活状况报告"课题组编(2008)《中国语言生活状况报告(2007下编)》,北京:商务印书馆。

黄伯荣、廖旭东(1999)《现代汉语》,北京:高等教育出版社。

赖华强(2006)语文词汇定量研究——一项不能再耽搁的工程,《语文建设》第7期。

欧阳晓芳(2007)小学语文教材常用词统计分析及其价值,《江汉大学学报》(人文科学版)第2期。

苏新春、顾江萍(2009)语文教材词语"摊饼式"分布态——兼谈基础教育基本词的提取方法,《江西科技师范学院学报》,第4期。

苏新春、杜晶晶、袁 冉(2010)对四套新课标语文教材课后练习的四维分析研究,《江西科技师范学院学报第1期。

苏新春、袁 冉(2008)四套新课标语文教材用词调查与思考,《第二届全国教育教材语言专题学术研讨会论文集》。

苏新春(2007)语文词语是词汇使用与学习的重心,《长江学术》1月号。

苏新春(2010)《词汇计量及实现》,北京:商务印书馆。

(顾华飞,南京大学文学院硕士研究生)

中学语文教材中的修辞格问题考察

蔡 斌

0. 引言

基础教育阶段的语文教育，除了要培养学生对语言文字的基本理解和运用能力，还需要培养学生的阅读、写作和听说等语文能力。要使中学生具有这些语文能力，中学语文教学就不能忽视修辞方面的内容。语文教材是语文教学的重要载体。目前现行教材的情况是以"一纲多本"为基础，各版本语文教材并存，各有所长，而且各版教材也还处于实验阶段，正在不断改进。本文针对这样的教材现状，考察我国目前使用的4个版本语文教材中的修辞格教学的情况。

本文研究的4套教材分别是人民教育出版社、江苏教育出版社、北京师范大学出版社、湖北教育出版社出版的初中语文教材。具体版本信息如下：人民教育出版社的《语文》教材（初中6册，顾振彪、顾之川、温立三主编，初审时间2009年3—10月，第1版，2011年4月—2012年11月，第3次印刷），以下简称"人教版"。江苏教育出版社的《语文》教材（初中6册，洪宗礼主编，初审时间2009年6—12月，第6—8版，2012年10月—2013年12月，第5次印刷），以下简称"苏教版"。北京师范大学出版社的《语文》教材（初中6册，孙绍振主编，初审时间2005年5月—2009年11月，第1版），以下简称"北师大版"。湖北教育出版社的《语文》教材（初中6册，王先霈、徐国英主编，初审时间2009年12月—2010年7月，第3版，2012年7月—2013年7月，第4次印刷），以下简称"鄂教版"。

1. 关于修辞格的种类考察

修辞格是修辞学领域中历史最悠久的内容。不同的修辞学家对"修辞学"的内涵与外延有不同的界定，但没人会否认修辞格的传统地位。传统的修辞教学往往以"修辞格"为纲，目前的中学语文修辞教学也是如此。本文首先对4套教材中出现的修辞格的种类和名目进行统计。课文选文虽然是语文教学的重要载体，但课文练习和赏析却对教师教学和学生学习有着更重要的指导意义。因此本文的统计范围包括教材中课后练习、课后词句品味、课文鉴赏、单元综合练习，统计其中明确提出了某种辞格名称或具有某种辞格的典型特征的情况。统计结果见表1。

表1　各版本教材中各修辞格的种类

辞格种类 \ 教材版本	人教版 10	苏教版 12	北师大版 18	鄂教版 9
比拟	无	无	表	无
比喻	表＆题	表＆题	表＆题	表＆题
衬托	无	无	表	无
重复	无	无	题	无
重章叠句	题	题	无	无
叠字叠词	无	题	题	无
对比	无	题	表＆题	无
对偶	表＆题	表	表＆题	表
反复	表＆题	表＆题	表＆题	表＆题
反问	表＆题	表	表＆题	表
反语	无	无	表	无
借代	无	无	表	无
夸张	表＆题	表＆题	表＆题	表＆题
拟人	表＆题	表＆题	题	表＆题
排比	表＆题	表＆题	表＆题	表＆题
设问	表＆题	表＆题	表	表＆题
双声叠韵	无	无	题	无
通感	无	无	题	无
象征	题	题	题	题

（说明：表格中"表"代表该辞格只在该套教材的《常用修辞格简表》中列出，"题"代表该修辞格只在该套教材的课后练习中提到，"表＆题"代表该修辞格在《常用修辞格简表》和课后练习中都出现，"无"代表该套教材没有出现该修辞格。）

从统计结果可以看出：

第一，各版教材的修辞格数量情况。表1中版本名称后的数字表示该版教材中出现修辞格的数量，即教材附录中的"常用修辞格简表"、课文中文本赏析部分以及课后练习中的修辞格的数量。鄂教版出现了9种，人教版出现了10种，苏教版12种，北师大版18种，各版教材一共出现辞格19种。

第二，各版教材的修辞格种类情况。这里修辞格的种类也是指"常用修辞格简表"、课文赏析以及课后练习中出现的修辞格。其中有的辞格名目存在内涵重复及交叉的问题，此处不作具体讨论，只根据教材所提出的辞格名目进行统计。只要教材提到的就视作一个种类，不涉及具体辞格是否应该合并等问题的论述，以便客观还原中学语文教材的现状。4套教材总共出现19种修辞格类型，在教材附录部分，人教版、苏教版、鄂教版列出了"教学大纲"要求的"比喻、拟人、夸张、排比、对偶、反复、设问、反问"8种修辞格，北师大版列出了12种修辞格，包括"比喻、比拟、借代、夸张、排比、对偶、设问、反问、对比、衬托、反复、反语"。在教材正文部分，除"教学大纲"要求的8种修辞格之外，苏教版还出现了"对比、象征、重章叠句、叠字叠词"4种辞格，人教版出现了"象征、重章叠句"2种辞格，鄂教版还出现了"象征"1种辞格，北师大版还出现了"比拟、衬托、重复、叠字叠词、对比、反语、借代、双声叠韵、通感、象征"10种辞格。

通过表1反映的情况，可以看出4套教材一共出现了19种修辞格，各版本出现的修辞格的种类数量有较大差别，出现最多的北师大版与最少的鄂教版相差了10种之多。这意味着学习不同版本教材的学生所学到的修辞格的种类会相差很多。修辞知识是理解和运用汉语的重要基础，而教材是教师教学的主要依据。因此教材中修辞部分内容编写的合理性和规范性对语文教学有着重要意义。针对各版教材之间修辞格种类数量差距如此大的情况，建议出现辞格较少的版本适当增加一些常用的修辞格，以增加学生对该种修辞格的了解；而种类比较繁多的版本则应该简化重复的名目，删掉一些偏僻的辞格，比如北师大版的"重复"可以代之以"反复"，而"衬托、借代、反语"这些在教材正文部分完全没有提到的修辞格就不要在"修辞简表"中列举出来，以减轻中学生的负担。

2. 关于修辞格的学习顺序与分布考察

修辞格的学习顺序是修辞格在语文教材安排中出现的先后，分布是修辞格在不同版本教材的不同年级的出现情况。学习顺序与分布关系到学生学习新知识的效率和掌握程度，因此本文针对这一问题对4套教材进行一个封闭性的定量考察。

2.1 修辞格的学习顺序

本文中的修辞格学习顺序，是指在教材正文部分出现，并且有一定练习或讲解的修辞格的学习顺序。现按照教材顺序，按修辞格出现的先后（重复的不计入），统计出结果见表2。表格中的数字1到6表示这种辞格第一次出现在初中语文六册教材的第几册，没有出现的修辞格则统一标记为7。这样就可以考察各个修辞格在各版本教材中学习顺序的标准差。

表2 各版本教材中各修辞格的学习顺序

顺序 辞格	人教版	苏教版	北师大版	鄂教版	标准差
比喻	1	1	1	1	0
重复	7	7	2	7	2.165064
重章叠句	6	5	5	7	0.957427
叠字叠词	7	1	2	7	3.201562
对比	7	4	2	7	2.44949
对偶	2	7	2	7	2.886751
反复	2	3	1	3	0.957427
反问	4	7	2	7	2.44949
夸张	4	2	1	6	2.217356
拟人	1	1	2	1	0.5
排比	2	1	1	3	0.957427
设问	5	2	7	6	2.160247
双声叠韵	7	7	5	7	1
通感	7	7	2	7	2.5
象征	4	4	7	3	1.732051

标准差（Standard Deviation），数学符号 σ，在概率统计中最常用作为统计分布程

度（statistical dispersion）上的测量。标准差定义为方差的算术平方根，反映组内个体间的离散程度，其公式为 $\sigma = \sqrt{\frac{1}{N}\sum_{i=1}^{N}(x_i-\mu)^2}$。标准差越小说明这一组数据值差别越小，越稳定，标准差越大说明这一组数据值差别越大，越不稳定。因此修辞格学习顺序的标准差就可以反映该修辞格在各版本教材中学习顺序的差别和稳定性情况。通过表2中修辞格学习顺序的数据可以看出教材中修辞格学习内容安排的一些情况。

第一，标准差较小的几个辞格分别是"比喻、反复、拟人、重章叠句、双声叠韵"，说明各版教材对这五个辞格的地位有比较一致的态度。比喻和拟人，各版都将其安排在较前的位置；"重章叠句"和"双声叠韵"，各版都将其安排在较后的位置学习或不学习。所以这5种修辞格各版争议较小，不约而同地将它们的学习顺序安排在最靠前或最靠后。

第二，标准差较大的几个辞格分别是"重复、叠字叠词、对比、对偶、反问、夸张、设问、通感、象征"，说明不同版本对这些辞格的态度有较大的差异。其中"重复"和"通感"只在北师大版的第二册出现，其他的版本都没有提过。"叠字叠词"在苏教版第一册和北师大版第二册出现，其他两版没有提及。"对比"在北师大版第二册和苏教版第四册出现，其他两版没有提及。"对偶"在人教版和北师大版的第二册出现，其他两版没有提及。"反问"在北师大版第二册和人教版第四册出现，其他两版没有提及。"夸张"在四个版本都出现了，但出现顺序不同，分别是第四册、第二册、第一册、第六册。"设问"则分别出现在人教版第五册、苏教版第二册、鄂教版第六册，而北师大版则没有提及。"象征"同样分别出现在人教版和苏教版的第四册和鄂教版的第三册，北师大版没有提到。

通过以上观察到的情况，可以发现各版修辞格学习的顺序还存在一些问题：有的修辞格学习顺序分布异常，比如"重复、通感、双声叠韵"都只在个别版本提到，而"重章叠句、设问、象征"只有个别版本没有提到；有的修辞格在各版本教材中都有提到，但学习顺序差别较大，分布不稳定。针对这些不合理的现象，建议语文教材编写要注意结合对课文的理解需求和修辞格的实用程度，合理安排各修辞格的学习顺序和学习内容。同时各版本之间也要统筹兼顾，保证使用不同版本教材的学生学习修辞格的顺序和内容能够基本一致。

2.2 修辞格学习分布情况

考察各版本教材中修辞格学习顺序之后，接下来看各个修辞格学习的分布情况。

本文中修辞格的分布是指某一修辞格在某一版本教材中不同年级的分布情况，进而对其汇总，观察各修辞格学习的一个总的情况。这里的"分布"是指有一定练习或讲解的内容的分布，不包含附表。统计结果见表3：

表3　各版本教材中各年级的修辞格分布

辞格 出现		比拟	比喻	衬托	重复	重章叠句	叠字叠词	对比	对偶	反复	反问	反语	借代	夸张	拟人	排比	设问	双声叠韵	通感	象征
七年级上	人	0	9	0	0	0	0	0	0	1	0	0	0	0	5	0	0	0	0	0
	苏	0	8	0	0	0	1	0	0	0	0	0	0	0	4	3	0	0	0	0
	北	0	3	0	0	0	0	0	0	1	0	0	0	1	0	1	0	0	0	0
	鄂	0	3	0	0	0	0	0	0	0	0	0	0	0	1	0	0	0	0	0
七年级下	人	0	3	0	0	0	0	1	0	0	0	0	0	0	3	0	0	0	0	0
	苏	0	5	0	0	0	0	0	0	0	0	0	0	1	3	2	1	0	0	0
	北	0	5	0	0	0	0	1	3	2	1	0	0	1	2	1	0	0	1	0
	鄂	0	4	0	0	0	0	0	0	0	0	0	0	0	2	0	0	0	0	2
八年级上	人	0	1	0	0	0	0	1	0	0	0	0	0	0	0	0	0	0	0	0
	苏	0	4	0	0	0	0	0	0	1	0	0	0	0	0	0	0	0	0	0
	北	0	12	0	0	0	2	1	0	0	0	0	0	1	7	0	0	0	1	0
	鄂	0	5	0	0	0	0	0	1	0	0	0	0	1	1	0	0	0	0	0
八年级下	人	0	1	0	0	0	0	0	0	0	1	0	0	2	0	0	0	0	0	1
	苏	0	3	0	0	0	0	2	0	0	0	0	0	1	0	0	0	0	0	1
	北	0	6	0	0	0	1	0	0	0	0	0	0	0	1	0	0	0	0	0
	鄂	0	7	0	0	0	0	0	0	0	0	0	0	0	0	0	0	0	0	0
九年级上	人	0	1	0	0	0	0	0	0	0	0	0	0	0	0	1	0	0	0	0
	苏	0	7	0	0	0	1	1	0	0	0	0	0	1	3	1	0	0	0	0
	北	0	6	0	0	0	0	1	0	0	0	0	0	3	0	0	1	1	0	0
	鄂	0	2	0	0	0	0	0	0	0	0	0	0	0	0	0	0	0	0	0
九年级下	人	0	4	0	0	0	0	0	0	0	0	0	0	0	0	0	0	0	0	0
	苏	0	2	0	0	0	0	0	0	0	0	0	0	0	0	0	0	0	0	0
	北	0	5	0	1	0	0	0	0	0	0	0	0	0	1	0	0	0	0	1
	鄂	0	2	0	0	0	0	0	1	0	0	0	0	1	0	3	1	0	0	0
合计	人	0	19	0	0	1	0	0	2	1	1	0	0	2	5	3	1	0	0	1
	苏	0	29	0	0	1	2	3	0	1	0	0	0	2	11	7	1	0	0	0
	北	0	37	0	1	0	3	2	4	3	1	0	0	3	12	4	0	1	3	1
	鄂	0	23	0	0	0	0	0	2	2	0	0	0	1	5	4	1	0	0	2
共		0	108	0	1	2	5	5	6	7	2	0	0	8	33	18	3	1	3	5

表 3 中每一纵列代表 4 套教材总共出现的 19 种修辞格，每一横行分别是不同年级中各套教材出现该辞格的次数。最后 5 行是各版本和所有版本中出现次数的汇总。通过表 3 可以看出各版本教材中修辞格学习安排的一些情况。

第一，"比喻"辞格是分布最全、出现最多的一个辞格。四版教材的每册都出现了"比喻"的教学内容，人教版共出现 19 次，苏教版共出现 29 次，北师大版共出现 37 次，鄂教版共出现 23 次，四套教材合计一共出现 108 次，比其他所有辞格的次数加起来都要多。

第二，一些在教材附录中列出并且属于"教学大纲"要求的辞格，没有在教材正文部分出现练习题或赏析解读。比如苏教版和鄂教版没有出现"反问"和"对偶"的相关练习，北师大版没有出现"设问"的练习。

第三，一些较偏僻修辞格没有在课文出现练习，但是"附表"却列出来。比如北师大版在八年级下册教材后的"修辞常识"中列出的"衬托、对比、反语、借代"等。

根据以上情况，可以发现各版本教材在修辞格学习的安排方面还存在一些问题。一些修辞格仅仅在附表中列出概念，却不在课文中加以相应的训练，学生是无法将其掌握的。只有三言两语抽象的概念阐述和两三个例句，会让中学生觉得这些内容十分飘忽、难以捉摸。只有对出现的修辞格进行相应的阅读、理解、写作练习，才能为中学生揭开修辞神秘的面纱，提高学生的语言能力，实现语文教育的意义。因此针对这一问题，建议一些实用程度较低的修辞格暂不出现于中学课本，而实用程度较高的以及大纲要求的八种基本修辞格应该在练习中配以相应的训练。

3. 关于修辞格的教学类型和呈现方式考察

在教材中的修辞格教学类型可以分为三大类：第一类是基础学习，主要是"明确概念"和"朗读抄写"；第二类是基础能力训练，训练"辨识"和"体会"辞格；第三类是应用综合训练，训练修辞格的运用能力和综合能力。

通过统计各版教材出现的修辞格的教学类型，得到的考察结果见表 4，各种教学类型所占百分比见图 1：

表 4　各版本教材修辞格的教学类型

要求 次数	体会表达效果	辨识何种辞格	辨识辞格句子	运用修辞造句	体会形式特点	体会喻体含义	专题阐述	夸赞	明确概念	朗读、抄写	综合多个辞格
人	29	2	17	11	3	6	0	5	8	4	1
苏	29	5	5	5	0	3	0	22	0	0	1
北	39	5	6	7	5	4	7	31	0	0	1
鄂	29	3	9	8	1	8	0	3	1	1	6
共	126	15	37	31	9	21	7	61	9	5	9

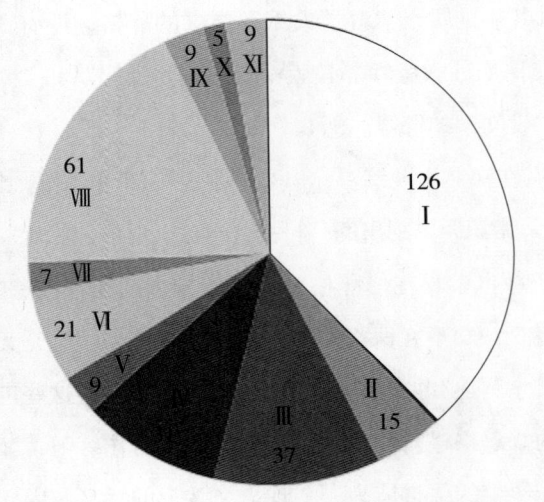

图 1　修辞格教学类型总量

Ⅰ □ 体会表达效果
Ⅱ ■ 辨识何种辞格
Ⅲ ■ 辨识辞格句子
Ⅳ ■ 运用修辞造句
Ⅴ ■ 体会形式特点
Ⅵ ■ 体会喻体含义
Ⅶ ■ 专题阐述
Ⅷ ■ 夸赞
Ⅸ ■ 明确概念
Ⅹ ■ 朗读、抄写
Ⅺ ■ 综合多个辞格

首先，第一大类"基础学习"包含了"明确概念"和"朗读、抄写"两种小类。这类的内容较少。其中第一小类"明确概念"是指通过练习题等方式介绍一个辞格的概念，共出现 9 次，占总量的 2.72%。其中人教版 8 次，分别对大纲要求的 8 个辞格在练习中明确了概念。鄂教版 1 次，阐述了"比喻"一个辞格的概念。其余两版只在附录中对修辞格进行了明确概念。第二小类"朗读、抄写"是一种比较陈旧的训练方式，共出现 5 次，只占总量的 1.52%。其中人教版 4 次，鄂教版 1 次。例如：

（1）文章用一江春水东流入海、一颗小树长大叶落归根来比喻一个人生命的全过程，并对人生的每一阶段都进行了形象的解说。反复朗读、体味有关文段、按照原文的思路，试着用自己的话描述一下快乐而痛苦的人生过程。（《谈生命》，人教版九年级下册）

其次，第二大类"基础能力训练"，包括"体会表达效果""体会形式特点""体会喻体含义""辨识何种辞格""辨识辞格句子"和"夸赞"。这一大类练习的类型最多、数量最大。其中第三小类是出现最多的"体会表达效果"，共出现了126次，占到了总量的38.18%，并且在每一个版本中也是数量最大的教学类型。这类练习主要要求学生体会修辞格的使用情况，大致有以下几种：

其一，体会作者的意图，例如：

（2）本文用一系列比喻来说理，既生动形象又有说服力。试找出文中用了哪些比喻，**表现作者什么情怀**。（《艰难的国运与雄健的国民》，人教版七年级下册）

其二，比较空泛地体会表达效果，这类练习题大多是比较空泛的要求学生品味、揣摩修辞句子的好处。并且这类练习题占"体会表达效果"的绝大多数。例如：

（3）a.试从课文中找出一段单用排比和一段综合运用排比反复的文字，仔细**体会它们的表达效果**。（《安塞腰鼓》，人教版七年级下册）

　　b.课文中多处运用了拟人的修辞手法。……仔细揣摩下面几个句子**品味拟人的写法好在哪里**。（《济南的冬天》，人教版七年级上册）

　　c.课文多用排比句可以加强语势，充分表达感情。把课文中的排比句画出来，**体会这些排比句的表达作用**。（《"神舟"五号飞船航天员出征记》，苏教版七年级下册）

其三，判断修辞格使用得是否贴切恰当，这实际上也是一种让学生品味修辞的表达效果的一种方式。例如：

（4）作者把人生比做攀高塔，你认为**这个比喻是否贴切？为什么？**（《人生》，人教版九年级下册）

其四，询问该辞格关键成分的作用，这类练习通过对这个句子的修辞手法使用的关键部分的作用提问，来引导学生体会修辞格的作用。例如：

（5）说说下面加点的词语对说明大熊猫的作用。有时背倚石头，坐在草地上悠然自得地啃着竹枝……（《国宝——大熊猫》，苏教版七年级下册）

其五，询问句子如何实现一种表达功能，这种练习可以使学生体会运用比喻把无形的东西描写出有形的美感。比如鄂教版七上《你一定会听见的》中为了让学生体会拟人的表达效果要求：

（6）品读下面的句子，说说作者是如何将平日听不到的声音写得有声有色的。蒲公英有一头金黄色的头发，当起风的时候，头发互相轻触着，像磨砂纸那样沙沙地一阵细响，转眼间，她的头发，全被风儿梳掉了！（《你一定会听见的》，鄂教版七年级上册）

第四小类是"体会形式特点"。它是指体会修辞格形式上的特点，主要针对的是排比、对偶等形式类的修辞格，共出现9次，占2.72%。例如鄂教版九下《论读书》这个练习就是典型的针对形式类修辞格，要求体会它形式上的特点。例如：

（7）说说下列句子的表达特点和表达效果：狡诈者轻鄙学问，愚鲁者羡慕学问，聪明者则运用学问。读史使人明智，读诗使人聪慧，演算使人精密，哲理使人深刻，道德使人高尚，逻辑修辞使人善辩。总之，读书能塑造人的性格。（《论读书》，鄂教版九年级下册）

第五小类是"体会喻体含义"。这主要针对比喻，由于课文选文的作家运用比喻所选取的喻体，往往非常精妙或者与本体的距离较远较难理解，所以就需要引导学生格外关注喻体的含义，才能很好地理解句子。这类练习一共出现21次，占6.36%，四个版本也比较平均。例如：

（8）表现天高地阔的比喻很多，诗人为什么选择穹庐？这其中包含了草原牧民的什么情感？（《敕勒歌》，北师大版八年级上册）

第六小类是"辨识何种辞格"，这是基础的练习，出现的次数不多，只有15次，占 4.55%，四版教材均出现 5 次以内。这类练习比较基础，基本没有难度，对提高学生的修辞水平和语文能力没有显著帮助。例如：

（9）杨朔的散文很讲究文采，他是把散文当作诗来写的。请你"吟哦讽诵"下面一段文字，要读出作者的情感，力求达到背诵的要求。读后想一想：这三句话分别用了哪些修辞手法？有什么好处？（《画山绣水》，苏教版九年级上册）

第七小类是"辨识辞格句子"，即给定辞格，要求学生辨识出课文中运用了该辞格的句子；或者给定运用修辞的句子，要求学生辨识出同类的句子。共出现 37 次，占 11.2%，其中人教版最多，有 17 次。例如：

（10）a. 找出文中三至五个你认为精彩的比喻句和拟人句，品味它们的表达效果。（《夏感》，人教版七年级上册）

b. 课文中有不少如诗如画的景物描写，如"月明风清的夜晚……像一片苇叶，奔着东南去了""弯弯下垂的月亮，浮在水一样的天上"等，找出并抄下来，仔细体味，再仿写几句，写写你家乡的景物。（《芦花荡》，人教版八年级上册）

第八小类是夸赞修辞格。"夸赞"就是指教材对使用修辞的句子进行赏析，解释句子的优美之处。单纯的"夸赞"类练习主要出现在课文鉴赏和课后词句积累中，课后练习往往是先夸赞并伴有其他练习类型。这一教学类型出现总数第二多，共有 61 次，占 18.5%，其中苏教版和北师大版比较多，分别是 22 次和 31 次，人教版与鄂教版较少，只有 5 次和 3 次。对课文中使用修辞句子进行"夸赞"，一定程度上有助于学生对修辞句子的理解和欣赏。例如：

（11）人教版七上《看云识天气》中的比喻句"天上的云像峰峦，像河流，像雄狮，像奔马……"配以练习：有些事物很难描摹，打个比方，就容易讲清楚，而且显得生动活泼，很有趣味。仿造下面的示例造句。（《看云识天气》，人教版七年级上册）

第三大类是应用综合训练，包括"运用修辞造句""综合多个辞格"和"专题阐述"。这类的内容也较少，其中：

第九小类"运用修辞造句"，即练习中要求运用某修辞格造句，以及写作中运用修辞手法。这类练习题共出现31次，占9.39%，四套教材分别出现11次、5次、6次、8次。值得一提的是四个版本中只有鄂教版是有5次在写作训练中要求学生运用修辞手法的，其他三版都只是在课后练习中要求学生造句。例如：

（12）a. 诗人给理想打了许多比方，异彩纷呈，含义深刻。**试模仿第一段也写几句。**（《理想》，人教版七年级上册）

b. 鄂教版的写作训练中的要求"叙述和描写时，适当穿插一些抒情文字，多用短句，**综合运用比喻、排比、夸张等修辞手法**，注意渲染气氛，效果会更好。"（鄂教版七年级上册第三单元写作训练）

第十小类是"综合多个辞格"，即一个练习中涉及多个辞格，或要求综合运用修辞手法，锻炼学生对修辞格的综合认识和运用能力，共出现9次，占2.72%。例如：

（13）鄂教版的写作训练要求"用通俗易懂的语言，采用**拟人、比喻、象征和夸张等常用的手法**，描述一个身边的故事，将花儿和人融为一体，写花儿也就是写人，要突出人情味。"（鄂教版七年级上册第六单元写作训练）

第十一小类是"专题阐述"，即对修辞格从各方面进行阐述，利于学生深入了解修辞格，共出现7次，占2.12%，都是在北师大版中，其余三套教材没有。例如：

（14）从修辞上说，"生活欺骗"是一种拟人化的表述。……学习语言，遵守客观的、公共的逻辑是必要的，但是光有这一手功夫还不够，这只能表达理性的思考。为了更好地表达情感，让自己的语言富有诗意，就需要有想象力，给心灵以更大的想象空间。这用修辞学的术语来说，叫作更加个人化的修辞手段。（北师版九年级上册第一单元语文趣谈《"假如……"背后的逻辑和修辞》）

根据以上对修辞格教学类型的观察，下面说说存在的一些问题和建议。

第一，在三大类十一小类的练习类型中，练习数量最多的教学类型是"体会表达效果"，占比达到38.18%。但它大部分只是空泛地要求学生"品味、体会、琢磨"，缺少具体的指导和方向的指引，使学生难以入手去理解修辞格的作用。建议增加对"体会表达效果"的一些具体指导，比如说可以采用"换词比较"的办法，如"像一只充血的独眼……瞪着我们"能否改为"像一颗耀眼的大红宝石，光芒四射的照耀我们"？这样可以让学生具体理解不同喻体的表达效果；可以去掉修辞手法，进行有无对比，让学生感受出使用了修辞的功效，例如将反问句换成陈述句、将拟人换成写实；也可以在修辞手法之内进行调换，让学生感受表达效果的差异，例如将几个排比句子的顺序调换、把暗喻换成明喻，等等。

第二，教材中单纯的"夸赞"太多，是总数第二多的练习类型，占18.5%，而运用"修辞手法造句、写作"太少，只占9.39%。学习修辞的最终目的是要学习运用语言增强表达和接受的效果，因此修辞教学应当在理解能力的基础上增加实践能力的培养，建议教材编写适当增加常用辞格应用性的训练。

第三，修辞的综合类练习太少，只占2.72%。辞格之间不是孤立的，想要较好地运用语言，需要融会贯通各个方面的技巧，修辞方面也是这样。因此建议辞格的实践练习中增加综合性练习的比重，特别是在八年级下册以后，学生已经学习了各个单独的辞格，就需要多一些综合性练习。

4. 结语

本文通过对人教版、苏教版、北师版、鄂教版4套初中语文教材中修辞格教学和练习的计量统计，发现各个版本中的修辞格情况大致符合"教学大纲"8种基本辞格的要求，但不同版本具体涉及的修辞格学习的种类、学习顺序与分布以及辞格的教学方式仍存在较大差异。因此各版教材对修辞格相关内容的选编应该注意科学性和平衡性。另外，目前修辞格教学的练习情况仍是"重体会轻实践"和"多孤立少综合"，要求运用修辞造句或写作的练习只占所有练习的9.39%，综合多种辞格的练习只占2.72%。中学语文教材的修辞格教学的内容直接影响学生的语文应用能力和综合能力，因此光纸上谈兵是不够的，需要增加实际运用训练。

主要参考文献：

陈望道（1997）《修辞学发凡》，上海：上海教育出版社。

崔应贤（2012）《修辞学讲义》，北京：清华大学出版社。

郭列罗夫（1988）《汉语修辞学》，王德春译，南京：江苏教育出版社。

黄民裕（1984）《辞格汇编》，长沙：湖南人民出版社。

刘凤玲、邱冬梅（2010）《修辞学与语文教学》，广州：暨南大学出版社。

唐松波、黄建霖主编（1989）《汉语修辞格大辞典》，北京：中国国际广播出版社。

王希杰（2004）《汉语修辞学》，北京：商务印书馆。

王希杰（2000）《修辞学论集》，广州：广东高等教育出版社。

王希杰（1996）《修辞学通论》，南京：南京大学出版社。

夏征农主编（2003）《大辞海·语言学卷》，上海：上海辞书出版社。

许钟宁（2012）《二元修辞学》，上海：复旦大学出版社。

张涤华、胡裕树主编（1988）《汉语语法修辞词典》，合肥：安徽教育出版社。

佐藤信夫（2012）《修辞感觉》，肖书文译，重庆：重庆大学出版社。

（蔡　斌，南京大学文学院硕士研究生）

中学语文教材中标点符号用法的符合性调查[*]

杨洎缘

0. 引言

由于九年义务教育阶段的教学大纲将标点符号的知识点讲解放在初中阶段，因此本文主要考察的语料范围是人民教育出版社、江苏教育出版社、北京师范大学出版社、语文出版社、湖北教育出版社、河北大学出版社6套目前全国通行的中学语文教材。其中每套教材选取的年级为初中三个年级，每个年级上下册，共6册。六套教材共36册。具体如下：人民教育出版社的《语文》教材（初中6册，顾振彪、顾之川、温立三主编，初审时间2009年3—10月，第1版，2011年4月—2012年11月，第3次印刷），以下简称"人教版"。江苏教育出版社的《语文》教材（初中6册，洪宗礼主编，初审时间2009年6—12月，第6—8版，2012年10月—2013年12月，第5次印刷），以下简称"苏教版"。北京师范大学出版社的《语文》教材（初中6册，孙绍振主编，初审时间2005年5月—2009年11月，第1版），以下简称"北师大版"。语文出版社的《语文》教材（初中6册，史习江主编，初审时间2011年6月，第1版，2011年6月，第1次印刷），以下简称"语文版"。湖北教育出版社的《语文》教材（初中6册，王先霈、徐国英主编，初审时间2009年12月—2010年7月，第3版，2012年7月—2013年7月，第4次印刷），以下简称"鄂教版"。河

---

[*] 本文选自作者的硕士毕业论文《2011版〈国家标准·标点符号用法〉的符合性考察及修改建议》的一部分，此次发表有修改。

北大学出版社的《语文》教材（初中 6 册，河北省教育科学研究所主编，初审时间 2005 年 6—12 月，第 1 版，2012 年 6 月—2013 年 6 月，第 8 次印刷），以下简称"河北版"。

调查的对象包括 6 套教材中的标点符号知识点介绍、现代文课文、课后练习、单元训练和总结，以及一些语文试卷等。其中，6 套语文教材中的现代文课文共 563 篇[①]。每套教材的课文数见表 1 所示：

表 1　各套教材的课文数

教材版本	现代文课文数	共有课文数
人教版	124	49
苏教版	125	45
北师大版	143	37
语文版	114	33
鄂教版	114	49
河北版	112	39
总计	732	252

（说明：共有课文指每套教材中的课文在其他教材中至少出现一次。）

1. 中学语文教材中标点符号知识点的符合性调查

本节主要考察语文教材中对标点符号所作的知识性介绍，与新标准中标点符号种类、用法等方面的符合度。由于本文选用的教材的印刷时间基本在 2012 年以后，因此采用新《中华人民共和国国家标准·标点符号用法》（以下简称新《标点符号用法》）作为考察的标准。

在调查的 6 套初中语文教材中，单独辟专题对标点符号的用法作整体知识性介绍的有四套教材，分别是人教版、苏教版、语文版和鄂教版。下面就这 4 套教材的标点符号内容与新《标点符号用法》做比较。

上述 4 个版本的语文教材对标点符号用法的知识性介绍情况见表 2 所示：

---

① 6 套教材之间存在大量的共有课文，共有课文只统计一次。

表2　4套教材关于标点符号用法的知识性介绍

教材版本	年级	册	知识点体现形式	标点种数	符号名称	存在问题
人教版	8	下	附录《标点符号用法》	16	句号、问号、叹号、逗号、顿号、分号、冒号、括号、引号、破折号、省略号、着重号、连接号、间隔号、书名号、专名号。	沿用GB／T15834—1995《标点符号用法》内容。
苏教版	8	上	单元专题《修改文章专题训练·标点符号的修改》（误用辨析；多加或漏加标点；课后练习）	7	句号、问号、叹号、逗号、书名号、破折号。	仅对几个标点作了误用辨析，知识点覆盖较窄，未对标点符号作全面介绍。
语文版	7	上	附录《常用标点符号用法》	15	句号、问号、叹号、逗号、顿号、分号、冒号、引号、括号、破折号、省略号、着重号、连接号、间隔号、书名号。	缺少专名号、分隔号的介绍；各标点的用法说明仅选取了一两个常见用法，没有穷尽式列举。
鄂教版	9	下	附录《标点符号用法表》	16	句号、问号、叹号、逗号、顿号、分号、冒号、括号、引号、破折号、省略号、着重号、连接号、间隔号、书名号、专名号。	缺少分隔号的介绍；用法说明简略，很多标点如顿号、冒号等用法说明不全。

从知识点的分布来看，4套教材对标点符号用法的介绍分别放在了七年级、八年级、九年级3个不同的年级，跨度较大。

从知识点的体现形式来看，基本是以附录简表的形式来介绍标点符号用法，形式单一，其中人教版语文教材是将GB／T15834—1995《标点符号用法》完全引入教材，未作任何删改。只有苏教版教材是在单元专题中从修改文章的角度介绍了"逗号误用为句号""逗号、句号误用为分号""逗号、句号误用为问号"和"逗号、句号误用为叹号"等几种标点的误用和辨析，指出文章中多加或漏加标点符号的问题，并安排了修改和添加标点符号的课后练习来帮助学生巩固提高。

从标点符号的种类来看，各套教材之间差异较大：人教版和鄂教版教材是16类，与新《标点符号用法》相比，缺少"分隔号"一类；语文版教材是15类，与新《标点符号用法》相比，缺少"分隔号"和"专名号"两类；苏教版教材未对标点作系统全面介绍，只是以句号、问号、叹号、逗号、书名号和破折号等 7 类标点为例，讲解标点符号的修改问题。

从标点符号的用法说明来看，几套教材目前仍是以 GB ／ T 15834—1995《标点符号用法》作为参考标准和编写依据，其中人教版内容与其完全一致，其余三套教材的用法说明有详有略，差异较大。苏教版的内容简略，只是重点讲解了几种标点（逗号、句号、分号、问号、叹号等）的误用情况，以及多加或漏加标点的问题，并未对所有的标点符号用法——说明，知识点覆盖面较窄；而且对标点的混用辨析，教材仅是通过一两个例子简单概括出区分条件，却没有作全面的分析和列举，如逗号与分号的区分是"分号表示复句内并列成分之间的停顿"，对于"句子短小，内部又没有逗号"的分句之间不用分号，而用逗号。语文版和鄂教版的用法说明比较详细，但是有些标点的用法说明不完整，与新《标点符号用法》差距较大，下面以分号、冒号、引号为例列表说明。见表 3 所示：

表 3 教材的标点符号用法说明与新《标点符号用法》的比较

符号名称	新《标点符号用法》	语文版	鄂教版
分号	表示复句内部并列关系的分句（尤其当分句内部还有逗号时）之间的停顿。	＋	＋
	表示非并列关系的多重复句中第一层分句（主要是选择、转折等关系）之间的停顿。	－	＋
	用于分项列举的各项之间。	－	－
冒号	用于总说性或提示性词语之后，表示提示下文。	＋	＋
	表示总结上文。	－	＋
	用在需要说明的词语之后，表示注释和说明。	－	－
	用于书信、讲话稿中称谓语或称呼语之后。	－	－
	一个句子内部一般不应套用冒号。在列举式或条文式表述中，如不得不套用冒号时，宜另起段落来显示各个层次。	－	－
引号	标示语段中直接引用的内容。	＋	＋
	标示需要着重论述或强调的内容。	－	＋
	标示语段中具有特殊含义而需要特别指出的成分，如别称、简称、反语等。	＋	＋
	当引号中还需要使用引号时，外面一层用双引号，里面一层用单引号。	＋	＋

续表

符号名称	新《标点符号用法》	语文版	鄂教版
	独立成段的引文如果只有一段，段首和段尾都用引号；不止一段时，每段开头仅用前引号，只在最后一段末尾用后引号。	—	—
	在书写带月、日的事件、节日或其他特定意义的短语（含简称）时，通常只标引其中的月和日；需要突出和强调该事件或节日本身时，也可连同事件或节日一起标引。	—	—

通过调查发现，无论是标点符号的分类还是用法说明，现行语文教材中关于标点符号的知识点介绍与新标准之间都存在较大的差异。其中的原因主要有两点：首先，2011 新《标点符号用法》的推广需要一个过渡期，而目前通行的语文教材的编审时间基本都在新标准推出以前，因此沿用了 GB／T 15834—1995《标点符号用法》。其次，语文教材的知识点讲解主要是针对语文教学的需要，是为了让学生正确使用标点符号，避免在写作中的混用、误用，因此一些教材（如苏教版）并没有单独介绍标点符号的知识点，而是专门针对修改文章专题训练来讲解标点符号的误用和修改问题，就是考虑到教学和学生的实际应用需要。

但是，这并不意味着语文教材中的标点符号知识点的分布和体现方式是合理的。事实上，只在附录中列表介绍枯燥的标点符号知识，或者只为了写作需要而对某几个标点做混用辨析，都是以偏概全的做法，不能让学生真正学以致用。

对于现行语文教材中的标点符号用法的教学，建议一方面全面完整地介绍标点符号知识点的内容，包括标点符号的名称、种类、符号形式和用法说明等，与 2011 版新《标点符号用法》保持一致，从而让学生对标点符号的概念、体系有一个整体的把握，让其认识到标点符号是语文学习系统中重要的一环。另一方面，知识点的分布和体现形式应当多样化，不仅要在课本中辟专题介绍标点符号用法，还应在课后练习、单元总结中分布一些标点符号填空、标点符号辨析的练习加以训练，将知识点学习与实际的阅读写作运用相结合，才能让学生寓学于用，真正理解和掌握标点符号用法。在这一点上，苏教版提供了一个很好的范例。

2. 关于中学语文教材中标点符号使用的符合性调查

本节主要调查新《标点符号用法》中的 17 类标点符号在中学语文教材的现代文

课文、课后练习等部分使用情况的符合度。据考察发现，语文教材中的课文、课后练习等部分，标点符号使用存在很多与新标准不一致的地方，有的尚未依据新标准加以规范，有的有问题或是错误，下面分别进行说明和讨论。

第一，标有引号、书名号的并列成分之间能否使用点号？

新标准中规定：标有引号、书名号的并列成分之间通常不用顿号，只有当其他成分插在并列的引号或书名号之间时，才使用顿号。可是在对语文教材的考察中发现，除人教版、北师大版、鄂教版三套教材用法规范外，语文版、河北版、苏教版等教材均有在并列引号或书名号之间使用逗号、顿号等点号的情况。例如：

（1）a. 这是何等可佩服的真率，自然，与热情！大人间的所谓"沉默"，"含蓄"，"深刻"的美德，比起你来，全是不自然的，病的，伪的！（《给我的孩子们（节录）》，苏教版九年级下册）

b. 现在公园里有"七曲桥"、"九曲桥"等，一段曲向左，一段曲向右，为的是点缀风景，并非使桥转弯。（《桥梁远景图》，语文版七年级下册）

c. 不一会儿，"王一生"、"棋呆子"、"是个知青"、"棋是道家的棋"，就在人们嘴上传。（《棋王》，河北版七年级下册）

在并列引号、书名号之间使用顿号等点号，只有当引语或书名号后存在括注或其他成分时才可以。显然上述例句中的逗号、顿号用法均与新标准不符，应当加以修改。

但是在什么情况下，并列的引号、书名号之间需要使用顿号，也应当注意。除了上面提到的存在括注时要用顿号外，当几个并列成分中同时存在标有引号的成分和未标有引号的成分时，需要用顿号隔开。例如：

（2）a. 中国政府将坚定不移地执行"一国两制"、"港人治港"、高度自治的基本方针，保持香港原有的社会、经济制度和生活方式不变，法律基本不变。（《中英香港政权交接仪式在港隆重举行》苏教版七年级下册）

b. 我们将坚定不移地贯彻"一国两制"、"港人治港"、"澳人治澳"、高度自治方针，严格依照宪法和基本法办事。（2015年《政府工作报告》）

此外，如果几个并列的引号或书名号之间有"和"等连词插入时，是否在并列成分之间使用顿号，各教材的处理也不同。例如：

（3）a. 我很小的时候，尽管老师严加防范，还是读了《精忠传》、《水浒传》、《隋唐》、《三国》和《西游记》。(《毛泽东的少年时代》，语文版七年级下册）

　　　b. 我非常喜欢《无头骑士》《皮袜子》和《最后一个莫希干人》。(《我的读书生活》，鄂教版七年级下册）

当并列的引号或书名号中有"和""或者""还是"等连词插入时，为了明确并列成分间的分连关系，应当在前几个并列书名号之间加顿号。如上述（a）句中，几个书名号之间加了顿号后，表明这几个书名号处于同一层次的并列关系中。而（b）句中，前两个书名号之间没有加顿号，就容易理解成"《无头骑士》《皮袜子》"是一个层次，然后再与"《最后一个莫希干人》"组合为第二个层次。如果把句中的连词"和"换成选择关系的"还是"，分连关系的层次性就更明显。

第二，双层引号引用的文字不止一段时应如何处理？

新标准中规定：独立成段的引文如果不止一段，每段开头仅用前引号，只在最后一段末尾用后引号。但在考察中发现还存在这样的情况，即引文为双层引用，且不止一段。这时单引号要如何处理？新标准中并未说明。目前考察语料的处理方式是：双引号的用法与新标准规定相同，即每段开头用前引号，仅在最后一段末尾用后引号；而单引号则在每段的开头用前引号，在每段的结尾用后引号。例如：

（4）我看到过西海固的作家王漫西的一段文字，是这样写的："1972年，西海固大旱，……他脱口而出：'天盖村。'在我准备告辞时，他说：'你是走州过县的人，咱这里人都说地球把把子（指把柄）快磨断了。'还说：'咱这里人说是苏联专家测出来的，正拿电焊机焊着哩。'

"'你还不相信么，电焊机把天都烧红了，山干火燎的，牛赶到山里只吃空气不吃草。'

"'咱这里人说焊住了我们就不迁了，焊不住还要迁走哩。'"

(《河与沙》鄂教版八年级下册)

第三，方括号是否可用于表示被注释的词语？

新标准中规定：标示被注释的词语时，可以使用六角括号或方头括号。可是在调查中发现，除人教版、河北版教材中的课文注释是用六角括号标示外，其余四套教材中对课文的注释均是采用方括号标示。例如：

（5）a.[百无聊赖]精神无所依托，感到非常无聊。（苏教版）
　　　b.[禀赋]指人先天具有的体魄、智力等方面的素质。（语文版）
　　　c.[木莲]一种蔓生的常绿灌木。（北师大版）
　　　d.[亚述]古代西亚的奴隶制国家。（鄂教版）

可以看出，方括号用于标示注释词语的范围较广，或许可以将该条用法作为对新标准的补充说明。

第四，戏剧剧本中舞台指示部分能否使用六角括号？

舞台指示是指戏剧剧本中用于标明插叙动作的词语或剧本中关于人物情态和环境的描写说明。在考察教材语料中发现，戏剧剧本中舞台指示部分一般用前半个六角括号"〔"来标示。例如：

（6）a.〔随着母的声音进来一个穿军装的男子。（《江村小景》，苏教版九年级下册）
　　　b.〔陶影很有把握地注视着这一切，自己的孩子到底有多高，每个妈妈都有数，当妈妈的心就是一把最好的尺。（《一厘米》，苏教版九年级下册）
　　　c.〔别的茶客依旧进行他们自己的事。王利发急忙跑过来。（《茶馆（节选）》，语文版九年级上册）
　　　d.〔杨长雄想用两手掩耳，则无手拿书，不得已，用一手把对着声浪的一耳掩上。（《三块钱国币》，冀教版九年级下册）
　　　e.〔沉香内喊"哎嗨！"上场，装束整齐，准备练武。（《宝莲灯（选场）》，冀教版九年级下册）

除中学语文教材外，田汉、曹禺、丁西林等剧作家的作品中的舞台指示部分也均使用前半个六角括号标示。关于这一点，新标准中应作补充说明。例如：

（7）a.〔鲁贵下。朴园拿出一支雪茄，萍为他点上，朴园徐徐抽烟，端坐。

（《雷雨》曹禺）

b.〔这时刘凤仙从妆阁走出来。（《名优之死》田汉）

c.〔任太太走进，任两手抱头，坐在椅上。（《一只马蜂》丁西林）

第五，破折号能否表示话题的转折，而非语义的转折？

新标准中规定，破折号可以标示话题的转换。《〈标点符号用法〉解读》中指出，"破折号标示的是话题的转换，而不是意义的转换"。但是在考察中发现，教材课文中有多处在破折号后使用"但是""甚至"等表转折、递进关系的句子，将破折号用作语义转折、递进的标示，都是不规范的，应当依据新标准加以修改。例如：

（8）a. 我也赶忙解释："我知道，我知道——**不过**你既然来了，就免得托人捎了。"（《老王》，人教版八年级上册）

b. 奥本海默和邓稼先分别是美国和中国原子弹设计的领导人，各是两国的功臣，可是他们的性格和为人却截然不同——**甚至**可以说他们走向了两个相反的极端。（《邓稼先》，人教版七年级下册）

c. 他既不关心他的军队，也不喜欢去看戏，也不喜欢乘着马车去游公园——**除非**是为了去炫耀一下他的新衣服。（《皇帝的新装》，苏教版七年级上册）

d. 我本来已经预备打发信差十万火急地把信送出去，——**可是**一种从来没有感觉过的好奇心制服了我。（《钦差大臣》，语文版八年级下册）

e. 最惹人注意的，房屋在山北都是灰色，忽然变为耀目的粉白色——**但**白色里处处透露着衰老腐旧，反不及北方的灰色那样新鲜。（《罗迦诺的乡村》，河北版七年级下册）

需要注意的是，教材中不仅存在破折号与"但是"类词语连用的不规范，同时也存在与"即""就是"等词语连用的不规范问题。例如：

（9）a. 千万年来人迹未至，或者说，太古以来从未被世人瞧见过的地球的南极点竟在极短的时间之内——**即**一个月内两次被人发现，这是人类历史上闻所未闻、最不可思议的事。（《伟大的悲剧》，人教版七年

级下册）

  b. 囿于语言的隔阂，洋人只能欣赏器乐。其实，更值得一提的是声乐部分——就是北京街头各种商贩的叫卖。（《吆喝》，人教版八年级下册）

破折号不能与"即""就是"等词语连用，因为两者都有解释说明的作用，连用重复，这一方面教材应当依据新标准加以修改。

第六，标示声音的延长是否只能用破折号？

新标准中规定：破折号标示声音的延长。但在考察中发现，教材中除使用破折号来标示声音的延长外，还常常使用省略号来标示声音的持续。破折号与省略号用于标示声音的持续主要有两种情况。

一个是用于拟声词后表示声音的延长。例如：

（10）a. 在众鸟默默之中，"咕——咕——"，从哪里传来的几声鹧鸪呢？（《空山鸟语》，苏教版八年级下册）

  b. 啾啾啾——！这是子弹从头顶掠过的声音。四名卫士呼啦一声围住毛泽东。（《黄河化险》，北师大版七年级下册）

  c. 乌鸦站在篱笆上，冻得只管"呱——呱"地叫。（《丑小鸭》，人教版七年级下册）

  d. 筷子头一扎下去，吱——红油就冒出来了。（《端午的鸭蛋》，人教版八年级下册）

（11）a. "什么呀？画家这幅画是专门为我画的，三个太阳，一个是我，一个是我爱人，还有一个是我儿子，哈哈……"（《三个太阳》，苏教版七年级下册）

  b. 呜呜……呜呜……这坏蛋生气了……好一条小狗……"普洛诃尔喊一声那条狗的名字，带着它从木柴厂走了。（《变色龙》，人教版九年级下册）

  c. 回来听着小狗子在他妈怀里"吱吁吁吱吁吁……"（《差半车麦秸》，语文版九年级上册）

  d. 外星人叉起蛋煎饼时，再次注视着叉子，四个叉尖发出咔哒……咔哒……咔哒的响声。（《外星人（节选）》，鄂教版七年级下册）

再一个是表示话语的不连续。例如：

（12）a. 我连忙去抢父亲的担子，他却很粗暴地一把推开我：不要你凑热闹，我连一担水都挑不——动么！（《台阶》，苏教版九年级下册）

b. "我的朋友们啊，"他说，"我——我——"但是他哽住了，他说不下去了。（《最后一课》，人教版七年级下册）

c. "她——她希望有一天能去画那不勒斯湾。"休易答道。（《最后一片叶子》，北师大版七年级上册）

d. 他几乎全部用颤音，先挑高了嗓子喊"行好的——老爷——太（哎）太"，过好一会儿（好像饿得接不上气儿啦），才接下去用低音喊："有那剩饭——剩菜——赏我点儿吃吧！"（《吆喝》，人教版八年级下册）

（13）a. "知……道……"她目光呆滞地低声喃喃着，无力地垂下脑袋，慢慢松开手，从大襟棉袄口袋里，掏出一包裹得很紧的、还带着体温的糖："大伯，麻烦……给孩子。"（《甜甜的泥土》，苏教版八年级上册）

b. 父亲说："就……就是我的弟弟呀。……"（《我的叔叔于勒》，人教版九年级上册）

c. 他笑了，从衣兜里掏出三本小人书扔给我，咕哝道："哟哈，还跟我来这一套……"（《慈母情深》，北师大版七年级上册）

d. "立业，我不会不要紧，不是还有……有你么？你……你会不就等于我会么？是不是呀，伙……伙计？"（《满腔热血已经沸腾》，北师大版七年级上册）

但仔细观察发现，使用破折号和省略号来标示声音的持续是有区别的：一般来说，当用于拟声词后表声音的延长时，单音节拟声词后用破折号，音节上是持续的，双音节及三音节拟声词后用省略号，音节上有短暂的停顿；当表示话语的不连续时，破折号多用于因情绪高亢或哽咽等而导致的声音的延长、拖拉，省略号则通常用于因害怕、犹豫而导致的说话的断断续续，或者表达话未说完而语意上有延伸。

第七，标示事项的列举分承是否只有破折号一种形式？

新标准中规定:破折号用于标示事项的列举分承。这种列举分承的事项,可以是列举说明的并列成分,也可以是语义上并列的几个段落。例如:

(14) a. 路——都市大动脉;立交桥——动脉栓塞通。岂止是动脉栓塞通呢,人们还说它是:

——跨越时间的桥。

——节油养车的桥。

——保障安全的桥。

——美化环境的桥。

(《北京立交桥》,河北版七年级下册)

b. 稼先逝世以后,在我写给他夫人许鹿希的电报与书信中有下面几段话:

——稼先为人忠诚纯正,是我最敬爱的挚友。他的无私的精神与巨大的贡献是你的也是我的永恒的骄傲。

——稼先去世的消息使我想起了他和我半个世纪的友情,我知道我将永远珍惜这些记忆。希望你在此沉痛的日子里多从长远的历史角度去看稼先和你的一生,只有真正永恒的才是有价值的。

——邓稼先的一生是有方向、有意识地前进的。没有彷徨,没有矛盾。

——是的,如果稼先再次选择他的人生的话,他仍会走他已走过的道路。这是他的性格与品质。能这样估价自己一生的人不多,我们应为稼先庆幸!

(《邓稼先》,人教版七年级下册)

但是,在考察中发现,教材中标示事项列举分承的除破折号外,还有另一种与间隔号形式相同的小圆点。例如:

(15) 听任热带雨林消失意味着人类会失去许多:

· 有四分之一的药物源于热带雨林的动植物。……

· 至少有2500种潜在的新水果和蔬菜生长在世界各地的热带雨林

中。……

· 雨林还向人类提供了轮胎用的橡胶，口香糖、油漆和化妆品用的树胶和橄榄油。……

（《雨林的毁灭——世界性灾难》，语文版八年级上册）

应当指出，这种用法是错误的，标示事项列举分承的只能采用破折号一种形式，而且使用小圆点的形式也容易与间隔号发生混淆，教材应当依据新标准加以修改。

第八，破折号是否可以表示语气的强调？

新标准中规定：破折号的用法共10项，分别是注释内容或补充说明，标示插入语，总结上文或提示下文，标示话题转换，标示声音延长，标示话语的间隔或中断，引出对话，用于事项列举分承，引出副标题，标示作者、出处或注释者等。但在考察中发现，破折号还可以用于标示语气的强调和语义上的递进，特别是当破折号后的句子使用问号叹号时。例如：

（16）a. 做了再说，做了不说，这仅是闻一多先生的一个方面，——作为学者的方面。（《闻一多先生的说和做》，人教版七年级下册）

b. 对了"他的胸部"，约上是这么说的；——不是吗，尊严的法官？——"靠近心口的所在"，约上写得明明白白的。（《威尼斯商人（节选）》，人教版九年级下册）

c. 这是在海角孤岛上奇幻的梦境。——是的，我知道这是梦，可是我多么喜欢重温！（《空山鸟语》，苏教版八年级下册）

d. 当然，今天我们还很年轻——但只不过是"还很年轻"！（《草莓》，语文版九年级上册）

e. 我觉得这种情形是诗的材料，可以拿来作诗。作诗，我要试试看——当然还要好好地想。（《一个少年的笔记》，鄂教版八年级上册）

f. 那始终是一件艰巨的工作，亲爱的朋友们——简直是件了不起的工作。（《麦琪的礼物》，河北版七年级上册）

上面例子中（16a）句破折号后"作为学者的方面"是对"闻一多先生的一个方面"在语义上的递进；（16b）句双破折号中间的"不是吗，尊严的法官？"是通过反问语气来强调契约上的规定；(16c)句破折号后的句子以"是的"引起，表强调；(16d)句破折号后以转折词"但"和感叹语气来表示强调；(16e)句破折号后用"当然"一词来表语气的强调；(16f)句破折号后用"简直是"来强调前面"艰巨的工作"。因此，关于破折号可以标示语气的强调，应该在新标准中作补充说明。

第九，诗行、段落的省略必须连用两个省略号吗？

新标准中规定：在标示诗行、段落的省略时，可连用两个省略号（即12连点）。可是在考察中发现，各套教材的用法不统一，除了语文版教材与新标准的规定一致外，其他教材在标示课文段落的省略时用法较随意，如苏教版中有的连用两个省略号来标示段落省略，有的只使用一个省略号（即6连点），又如人教版、北师大版、河北版、鄂教版等教材中均只使用一个省略号来标示。凡是像这样采用一个省略号来标示课文段落都是不规范的用法，应当依据新标准加以修改。例如：

(17) a. 这种遗传智能是一种第六感——融合了视觉、听觉、触觉于一体的灵性。
 ……………
 除了从容散步，我还喜欢骑双人自行车四处兜风。

（《享受生活》，苏教版九年级下册）

b. 只有在近处，一张孤零零的巨大的牛蒡叶还在固执地飘动，发出簌簌的声音。
 ……
 突然在它单调的暗蓝色背景下平稳而舒徐地闪过一件东西，宛如一块白色的手帕或是一团白雪。那是一只白鸽从村子里飞出来。

（《鸽子》，苏教版八年级下册）

c. 乐声在旷野中荡漾回响。钟声嘹亮。
 ……
 山麓下。
 峰环水抱的萨尔茨堡，高高低低的房屋鳞次栉比，庄严肃穆的修道院坐落在绿树浓阴中。

（《音乐之声（节选）》，人教版九年级下册）

d. 他却是去拦截了一辆小汽车，对司机大声说："把那个女人和孩子送回家去。要一直送到家门口！"

……

(《慈母情深》，北师大版七年级上册)

e."你担保人家没有相好的？"

……

(《哦，香雪》，河北版七年级下册)

f."为什么没有人和我一样，渴望飞上更高更远的蓝天呢？"

……

(《海鸥乔娜坦》，鄂教版七年级上册)

第十，着重号的形式是否只限于小圆点"."？

新标准中规定：着重号的形式统一为相应项目下加小圆点"."，不应使用文字下加直线或波浪线等形式表示着重。但是经考察发现，苏教版、北师大版等教材中使用的着重号形式除小圆点外，还有文字下加直线等，主要用于课后习题和单元总结中。例如：

(18) a. 下列画线的语句能删去吗？为什么？

啊，请你再定睛瞧一瞧吧，那上面还有人哩。布置一个，还有一个……一，二，三，四，五，六，一共六个人！

你看，雁滩近了，近了，筏子在激流上奔跑得更加轻快，更加安详。

(《筏子》阅读练习·探究，北师大版七年级下册)

b1. 结合课文内容理解下列句子，说说加点词语的表达作用。

暖国的雨，想来没有变过冰冷的坚硬的灿烂的雪花。

b2. 说说下列句子中的画线部分在表达思想感情方面的作用。

但是，朔方的雪花在纷飞之后，却永远如粉，如沙，他们决不粘连，撒在屋上，地上，枯草上，就是这样。

(《雪》探究·练习，苏教版九年级下册)

同时，几乎所有的高考试卷中，标示着重的形式也不仅限于小圆点一种，还有文字下加直线和波浪线等形式，用以区别不同的试题题型。例如：

(19) a1. 把文中画线的句子翻译成现代汉语。

a2. 请探究作品结尾画线句的意蕴。

（2014年江苏高考语文试题）

b1. 对文中画波浪线部分的断句，正确的一项是……

b2. 把文中画横线的句子翻译成现代汉语。

（2014年普通高等学校招生全国统一考试）

从上述的实际运用来看，着重号的使用分为两种情况：一是语文教材的课后习题中，由于着重号的使用范围仅限于思考练习题中的几个句子，因此应当依据新标准统一规范为小圆点的形式，如鄂教版、语文版等；二是在语文试卷中，着重号的使用范围常常覆盖一篇阅读文章，这时为了区分不同题型、题号和含义，仅使用小圆点形式的着重号是不够的，需要使用不同的标写形式来标示着重，以方便学生阅读和理解题义。这可以看作是着重号在特殊领域的使用，但应当注意，虽然着重号的标写形式不同，其表达的含义是一样的，即都是标示语段中某些重要的或需要指明的文字。

第十一，使用间隔号的地方能否省略或由空格代替？

新标准中规定：间隔号用于标示词牌、曲牌、诗体名等和题名之间的分界。但是在考察中发现，各套教材关于词牌、曲牌和题名间的标注存在一些差异。除语文版使用间隔号进行标示和分界外，其他几套教材基本都采用空格的形式代替间隔号。例如：

(20) a.《天净沙秋思》《山坡羊潼关怀古》《沁园春雪》《江城子密州出猎》《破阵子为陈同甫赋壮词以寄之》《卜算子 送鲍浩然之浙东》（人教版）

b.《沁园春 雪》《卜算子 咏梅》《破阵子 为陈同甫赋壮词以寄之》《天净沙 秋思》《江城子 密州出猎》《山坡羊 潼关怀古》（苏教版）

c.《天净沙·秋思》《山坡羊·潼关怀古》《南乡子·登京口北固亭有怀》《朝天子·咏喇叭》《菩萨蛮·书江西造口壁》（语文版）

d.《天净沙 秋思》《采桑子 重阳》《卜算子 咏梅》《沁园春 雪》《浪淘沙 北戴河》《水调歌头 中秋》（北师大版）

e.《沁园春 雪》《天净沙 秋思》《江城子 密州出猎》《破阵子 为陈同

甫赋壮词以寄之》《山坡羊 潼关怀古》《南乡子 登京口北固亭有怀》（鄂教版）

f.《沁园春 雪》《卜算子 咏梅》《天净沙 秋思》《山坡羊 潼关怀古》《破阵子 为陈同甫赋壮词以寄之》《江城子密州出猎》（河北版）

使用间隔号来区分词牌、曲牌等与题名的界限，可以避免因排版等原因将两者连写到一起，便于学生清晰地辨认词牌、曲牌等。因此，教材中采用空格的形式来标示词牌、曲牌、诗体名和题名的分界是不规范的，应当依据新标准加以修正。

第十二，分隔号前是否可与点号连用？

新标准中规定：使用分隔号时，紧贴着分隔号的前后可以用标号，通常不用点号；特殊情况下，可以使用问号、叹号、冒号等点号方便意义的准确表达。但是，考察教材的课后练习和单元总结部分，发现除鄂教版外，其他各套教材均存在大量分隔号前后使用逗号、句号等点号的例子。例如：

(21) a. 树上的鸟儿成双对，/绿水青山带笑颜，/你耕田来我织布，/你挑水来我浇园，/寒窑虽破能避风雨，/夫妻恩爱苦也甜，/从今不再受那奴役苦，/夫妻双双把家还。（综合性学习·写作·口语交际，人教版七年级下册）

b. 我愿摘下耀眼的星星，/给新婚的嫁娘，/作闪光的耳环；/我要挽住轻软的云霞，/给辛勤的母亲，/作擦汗的手帕。（《我骄傲，我是一棵树》探究·练习，苏教版八年级下册）

c. 对着死亡我放声大笑，/魔鬼的宫殿在笑声中动摇。（《我的"自白"书》词句品味·积累，北师大版八年级下册）

d. 原谅我愚蠢的泪水，/让那棵老橡树留着！当我还能伸手拯救它时，/你的斧子别伤着它。（《樵夫，别砍那棵树》思考与练习，语文版八年级下册）

e. 远远的街灯明了，/好像闪着无数的明星。/天上的明星现了，/好像点着无数的街灯。我想那缥缈的空中，/定然有美丽的街市。/街市上陈列的一些物品，/定然是世上没有的珍奇。（《牛郎织女》想一想、

做一做，《天上的街市》，河北版七年级上册）

分隔号与点号连用的例子在语文教材中大量存在，主要原因是很多诗句的原文就已经在每句结尾用点号标示停顿，再使用分隔号来标示诗行、节拍的分隔时，必然会出现分隔号与点号连用的情况。那么，这种情况下是不是可以不用分隔号，直接以原句的点号来标示诗行、节拍的分隔呢？不可以。因为有些诗句在一行诗的中间也会出现顿号、逗号以标示停顿。例如：

（22）理想是石，敲出星星之火；
　　　理想是火，点燃熄灭的灯；
　　　理想是灯，照亮夜行的路；
　　　理想是路，引你走到黎明。

（《理想》语文版七年级上册）

上例中每一行诗中间都有逗号标示停顿，这种情况下如果不用分隔号就会将句中停顿与诗行分隔混淆，造成理解上的错误。因此分隔号在分隔诗行、节拍，尤其是现代诗时，应当允许其与点号的连用。

第十三，现代作家作品中文末日期落款如何使用点号？

通过考察6套语文教材，发现现代文课文中的文末日期落款形式一般有三类：第一，以汉字的数字来表示年月日，如"一九七九年二月二十三日"；第二，以阿拉伯数字加汉字的"年月日"来表示，如"1928年11月17日""1995年春""1945年8月于延安"；第三，以阿拉伯数字中间加小圆点的形式来表示，如"1972.1.21"。

但是，在一些现代作家的作品中，文末的日期落款常常在年月日中间用逗号分隔，并用句号结尾。例如：

（23）a. 七，二一，一九二二（《往事之七》冰心）

　　　b. 一九二五年一月十八日。（《雪》鲁迅）

　　　c. 十九，十一，廿一夜。（《我的母亲》胡适）

　　　d. 1956年3月9日，延安（《回延安》贺敬之）

　　　e. 1928年10月13日，补记（《钱塘江的夜潮》钟敬文，北师大版八年

级上册)

f. 1925年11月7日，作于上海(《〈老残游记〉的文学技术》胡适，北师大版九年级上册)

g. 1961年9月，兰州(《筏子》袁鹰，北师大版七年级下册)

从规范的角度来说，这样的用法是不可以的，但是因为时代的原因，一般不对现代著名作家的作品随意删改，力求保持原貌。

从上述调查的十三个问题点来看，中学语文教材中标点符号的用法与新标准还存在一些不一致的地方。造成这种现象的主要原因本文认为有四点：一是目前各套语文教材的标点符号使用仍按原标准来编写，如破折号仍用于语义转折中，着重号存在多种书写形式等。虽然各版本的印刷时间基本都在新标准颁布以后，但教材对标点符号用法这一块的规范依据仍未改变。二是语文教材在标点符号的使用上还存在一些错误，如标示段落省略的省略号连用问题等。三是在语文教材的标点符号使用中，存在一些用法新标准中并未注意到，如六角括号在剧本中的用法，破折号标示强调语气等。四是因时代原因或作家的个人偏好而出现的一些特殊用法，如文末日期落款的点号使用等。

3. 小结

本文主要从中学语文教材中标点符号用法的知识性介绍部分和课文中的具体使用两个方面，调查了2011版《中华人民共和国国家标准·标点符号用法》在中学语文教材中的符合性情况。在知识性介绍方面，本文比较了6套教材之间、教材与新标准之间的异同，指出目前的各套教材在标点符号种数、标点形式、标点用法等方面均与新标准存在较大差异，应当尽快修订。在现代课文的具体使用方面，本文对其中发现的标点符号用法的具体问题、特殊现象，以及新用法都作了一一示例和说明。作为标准学习、规范程度较高的中学语文课本，其编写规范应当与国家标准保持一致。因此各套语文教材在标点符号的使用上要依据新标准尽快修订，对于错误也要及时更正。当然，新标准中未提及的一些用法，也应当尽快修订，或在《〈标点符号用法〉解读》这一类的辅助读物中补充说明。

主要参考文献：

国家语言文字工作委员会、中华人民共和国新闻出版署（1995）《中华人民共和国国家标准·标点符号用法 GB／T15834—1995》，北京：中国标准出版社。

中华人民共和国国家质量监督检验检疫总局，中国国家标准化管理委员会（2011）《中华人民共和国国家标准·标点符号用法 GB／T15834—2011》，北京：中国标准出版社。

教育部语言文字信息管理司（2012）《〈标点符号用法〉解读》，北京：语文出版社。

陈士法（2001）标点符号变异使用浅议，《山东教育学院学报》第2期。

丁　菁（2011）《基于2011版新标准的标点符号用法研究》，北京大学硕士学位论文。

丁俊苗（2008）不足与需要：论标点符号的语法功能，《安徽大学学报》（哲社版）第4期。

顾金元（2003）对《标点符号用法》的一些意见，《中国语文》第6期。

郭　攀（2004）标点符号的名与实，《语言研究》第4期。

郭　攀（2006）标点符号的新兴形式，《修辞学习》第3期。

兰宾汉（2006）《标点符号运用艺术》，北京：中华书局。

林穗芳（2000）《标点符号学习与应用》，北京：人民出版社。

苏培成（2010）《标点符号实用手册》（增订本），北京：外语教学与研究出版社。

岳方遂（2006）关于《对〈标点符号用法〉的一些意见》的几点质疑，《中国语文》第1期。

（杨洎缘，南京大学文学院硕士研究生）

轻声词读音的词典标注及若干疑难问题[*]

邵敬敏

0. 关于"轻声词"

"轻声词"是普通话教学和中小学语文教学中的一个重要内容,也是一个经常引起争议的课题。所谓"轻声词",从性质上来讲,有两种情况:第一,是词的内部问题,属于构词法范畴。它的特点是不能类推,某种结构的词中间有某个音节念成轻声,并不等于相同结构的词的那个音节也一定念成轻声。因此,它需要逐个来确定。第二,是词的语法问题,属于语法学范畴。它的特点是可以类推,即当这个词出现在某个句法位置时,它就需要念成轻声。当然,这两种情况也不是绝对没有关系的,比如"兔子、木头"的"子、头"要念轻声,既是构词法的问题,也是语法学的问题。

第一类词又有两种类型:

其一,在普通话中必须念成轻声,如果不读轻声,就不像普通话了。例如:

(1)a. 桌子、椅子、木头、砖头(带后缀)。
　　b. 弟弟、妹妹、星星、娃娃(重叠式)。
　　c. 葡萄、萝卜、玻璃、哆嗦(联绵词)。
　　d. 买卖、动静、裁缝、东西(正反词)。

这还包括一些汉字同形,就依靠念不念轻声来区别词义或词性的词语。例如:

---

[*] 本文曾发表于《语文建设》1999 年第 1 期。本次收入本书时有修改和补充。

（2）a. 地下、兄弟、眉目、大意（区别词义）。
　　　b. 报告、练习、公道、风光（区别词性）。

其二，作为北京话，应该念轻声，但是，作为普通话，念轻声还是不念轻声，应该都是允许的。如果说它的内部还有区别的话，那就是有一部分如果不念轻声，语感上会不大舒服，也就是说，大多数的人比较倾向于念轻声。例如：

（3）大夫　消息　豆腐　便宜

还有一部分，一般人特别是方言区的人基本上不念轻声的，或者说念不念轻声，既不区别意义，在语感上也没有什么不舒服的，这类词语，就不必鼓励或提倡大家去学念轻声了。这两部分词语的区别，应该作一个专门的研究，提出一个标准，列出一张词汇表格，以方便方言区人士的学习。

第二类词也有两种类型：

其一，在任何情况下，都要读轻声，这一类不必讨论。例如：

（4）a. 助词：了、着、过、的、地、得、们。
　　　b. 语气词：啊、吧、吗、么、呀。

其二，有时候念轻声，有时候不念轻声；有的地方要念轻声，有的地方不念轻声。不但标准不统一，而且常常还会有特例。而有关的词典、教材或论著则往往含糊其词，或者互相矛盾，甚至一本词典或著作内部也自相矛盾。现在根据在语文教材编写和语文教学过程中所碰到的问题，列举出来并且略作分析。

1. 方位词"下"

先来看看一些教科书和专业书是怎么说的：

第一，《现代汉语》（胡裕树）在列举有规则的轻声现象时，第5项特别指出："方位词或词素"。例如：

（5）家里　桌子　地下　那边

第二，《现代汉语》（黄伯荣、廖序东）对这个问题则认为："用在名词代词后面表示方位的语素或词有时读轻声"。例如：

（6）桌子上　屋里　山上　树上　地下　地底下　屋子里　这边

第三，《普通话的轻声和儿化》（鲁允中）也提到方位词常用的有"上、下、里、边儿、面儿"，指出"这些方位词，若接在其他名词的后边儿，一般都读轻声"。

以上三本书都提到方位词"下"如果出现在其他名词后面，应该念为轻声。但是另外几本词典以及有关文件却持不同意见。

第四，《现代汉语词典》（商务印书馆）"下"去声条目，举的例是"山下"。第五，《现代汉语规范字典》（语文出版社）"下"去声条目，举的例是"楼下"。第六，《汉语拼音正词法基本规则》（以下简称《正词法》）在1.2"名词和后面的方位词，分写"所举的例是"树下"（去声）。另外说明"已经成词的，连写"，举的例是"地下"（轻声）。

两本《现代汉语》所举的例子都没有错，问题在于不能进行类推。"下"念作轻声的词有"地下、底下、节下、乡下"，不过实际上"地下"有两个：一个表示"地面之下"，例如"地下铁路、地下商场"，"下"为去声。一个表示"地面上"，例如"钢笔掉在地下、地下一点灰尘都没有"，"下"为轻声。

要特别注意的是，这些念作轻声的"下"都是双音节词内部的一个语素。当"下"作为一个方位词附带在其他名词后面时，例如"山下、水下、蓝天下、书桌下"原则上都应该念去声，而不是轻声，这种组合则是开放性的。可见虽然《现代汉语》所举的例都对，但是说法却有误导的成分。

总之，"下"在构词法里，有的念轻声，有的念去声，这要根据具体的词语来确定，不可一概而论；但是作为方位词，跟其他的名词组合成为一个方位词组时，"下"只能念成去声。

2. 方位词"上"

方位词"上"的问题更加复杂。《现代汉语》(胡裕树)只举了一个念轻声的例"桌上"。《现代汉语》(黄伯荣、廖序东)举了三个念轻声例"桌子上、山上、树上"。《现代汉语词典》在"上"轻声的词条下,例举了三个义项。例如:

(7) a. 用在名词后,表示物体的表面:脸上、墙上、桌子上。
   b. 用在名词后,表示某种事物的范围:会上、书上、课堂上、报纸上。
   c. 用在名词后,表示某方面:组织上、事实上、思想上。

《现代汉语规范词典》念轻声的"上",所分析的三个义项大体上跟《现代汉语词典》相同,只是第一个义项是指"表示在某一事物的顶部或表面",所举的例是"山上、大门上、炉台上、脸上"。说明它已经注意到《现代汉语词典》的第1个义项的解释不够准确,所以特地加上了"顶部"这一词语。

但是,《正词法》则认为:"名词和后面的方位词,分写",举的例是"山上、永定河上","上"念去声;而"已经成词的,连写",举的例是"天上",并且念轻声。这给人一种错误的印象,好像"上"念不念轻声,是由"成词"或"不成词"来决定的。

但是,即使是成词的,实际上也有两种念法:第一,"上"念轻声的词有"春上、府上、柜上、皇上、路上、身上、晚上、早上、火头上、基本上、街面上、兴头上、桌面上"(《现代汉语词典》"天上"则标为去声)。第二,"上"不念轻声的词有"马上、圣上、世上、堂上、无上、以上、之上、至上、祖上"。问题在于,作为方位词"上",在别的名词后面出现时,到底念不念轻声呢?

第一,用在名词后面,表示范围或方面的引申义,一律念轻声(例见前),这没有什么争论。第二,用在名词后面,表示事物顶部的,例如"山上、树上、船上、河上、水上、楼上……",看来念轻声和念去声的都可以。由于在三个义项中,一、二两个义项已经念成轻声,而第三个义项的念法又是两可的,为了学习的方便,建议一律念成轻声比较好。

3. 量词"个"

《现代汉语》（胡裕树）在谈轻声时，指出包括某些量词。例如"三个"。《现代汉语》（黄伯荣、廖序东）则说"量词'个'常读轻声，如'这个、三个'"。

然而《现代汉语词典》却认为作为量词"个"，念去声的应该包括以下四种情况：第一，"三个苹果、一个理想、两个星期"；第二，"差个两三岁、一天走个百儿八十里，不在话下"；第三，"见个面儿、说个话儿"；第四，"吃个饱、玩儿个痛快、笑个不停……"。

《正词法》对此没有明确的说法，但是所举的例有两种读法：第一，读去声："鞠了一个躬、各个、两个人、一百多个、十几个人、八个、他一步一个脚印儿地工作着"。第二，读轻声："这个"。

可见，"个"如果单独作为量词跟别的词或词组组合，则应该念原声调去声；真正念成轻声的"个"只出现在以下4个词语中："这个、那个、哪个、些个"。

4. 趋向动词

所谓的趋向动词主要是指下面这些词。见表1：

表1　主要的趋向动词

趋$_1$	上	下	进	出	过	回	开	起
趋$_2$来	上来	下来	进来	出来	过来	回来	开来	起来
趋$_2$去	上去	下去	进去	出去	过去	回去	开去	

《现代汉语》（胡裕树）对此没有做具体的说明，只是笼统地说：表示趋向的动词念成轻声。例如"回<u>来</u>、出<u>去</u>、跑<u>出来</u>、走<u>进去</u>"。但是实际上，情况是相当的复杂。为了说清楚问题，这里把一般的动词简称"动"，把"上"类趋向动词简称为"趋$_1$"，把"来、去"类趋向动词简称为"趋$_2$"，把"上来"类复合式趋向动词简称为"趋$_1$趋$_2$"。

趋向动词念轻声的情况大致可以分为以下十二类：一、不论趋$_1$还是趋$_2$，单用一律读原声调。例如"他来了、上了一个台阶"。二、动+趋$_1$，趋$_1$读轻声。例如"走<u>上</u>、寄<u>出</u>、爬<u>下</u>、拉<u>开</u>"。三、动+趋$_2$，趋$_2$读轻声。例如"走<u>来</u>、寄<u>去</u>、飞<u>来</u>、抢去"。四、趋$_1$+趋$_2$，趋$_2$读轻声。例如"他没上来、下去一个人"。五、趋$_1$+宾+趋$_2$，趋$_1$读原声调，趋$_2$读轻声。例如"进教室去、上北京来"。六、动+趋$_1$趋$_2$，趋$_1$趋$_2$都读轻声。例如"走上来、跳下去"。七、动+趋$_1$+宾+趋$_2$，趋$_1$读原声调，趋$_2$读轻声。例如"走过一个人来、寄出一本书去"。八、动+得/不+趋$_1$，"得/不"读轻声，趋$_1$读原声调。例如"走得/不开"。九、动+得/不+趋$_2$，"得/不"读轻声，趋$_2$读原声调。例如"走得/不来"。十、动+得/不+趋$_1$趋$_2$，"得/不"读轻声，趋$_1$趋$_2$读原声调。例如"走得/不出来"。十一、介词结构+趋$_2$，趋$_2$读原声调。例如"到北京去、向这边来"。十二、动+宾+趋$_2$，趋$_2$读原声调。例如"骑马去、拉一个人来"。要注意："骑马去"实际上有两个意义：一是"怎么去？""骑马"指动作"去"的方式方法，"去"读原声调；二是"去干什么？""骑马"指的是目的，也可以说成"去骑马"，"去"在后面出现时读轻声。

以上讲的只是一般规则，但在事实上，趋向动词$_1$的内部还可以分出两类趋$_{11}$、趋$_{12}$：

第一，趋$_{11}$符合以上规则，一共有五个："上"（爬上山顶）、"下"（传下一道命令）、"出"（跑出大门）、"开"（把门开开）、"起"（抬起箱子往外走）。

第二，趋$_{12}$不符合以上规则，即当它单独在动词后面作补语时，只能读原声调，不能读轻声，这一共有三个："进"（走进会场）、"回"（送回原处）、"过"（从树下走过）。但是由以上三个词所构成的"趋$_1$趋$_2$"复合式趋向动词作补语时，全部读轻声。例如"走进来、扔过去"。

5. 方位词"边"

《现代汉语词典》的"边"有两个读音（儿化问题本文不讨论）：

第一，表示"边缘义或边缘的条状装饰"，不读轻声，读阴平。例如：

（8）海边　田边　马路边　金边　花边

第二，作为方位后缀，读轻声。例如：

（9）前边　后边　下边　东边

问题是"这边"和"那边"以及"哪边"中的"边"到底应该怎么读。大体上有两种处理方法：第一，"边"读轻声。例如，《现代汉语》（胡裕树，黄伯荣、廖序东）分别把"那边"和"这边"说成是读轻声的。《普通话水平测试手册》（上海教育出版社）"那边"的"边"读轻声。第二，"边"读阴平。例如，《正词法》"这边"和"向东边去"的"边"都标阴平。《现代汉语词典》在读阴平的"边"的第7个义项的举例是"这边那边都说好了"。可见，两种说法是矛盾的。根据北京人的语感，"这边、那边、哪边"的"边"都应该读阴平。

6. 否定副词"不"

"不"原读去声，但是在某些场合中要读成轻声。这主要是：

第一，"V不C"结构的词语。例如：

（10）了不起　大不了　受不了　巴不得　恨不得　怪不得　吃不消

第二，可能补语的否定式。例如：

（11）看不上　吃不下去

第三，出现在动词或形容词重叠式的中间。例如：

（12）去不去　吃不吃　了不了解　好不好　方便不方便

第四，出现在名词重复式中间。例如：

（13）人不人　鬼不鬼　什么钱不钱的

第五，在某些四字口语中间。例如：

（14）黑不溜秋　傻不叽叽

7. 方位词"里"和"面"

作为方位词"里",当它附在别的名词后面表示方位时,读成轻声,应该说没有什么问题。例如《正词法》举的例是"河里"(分写)、"那里"、"哪里"(连写)。

但是,还是要注意两点:第一,《现代汉语词典》"那里、哪里、头里"的"里"都标写为轻声,惟独"这里"的"里"标为上声。但是其他所有的词典,包括《现代汉语规范词典》都标为轻声,看来应该是轻声。第二,由"里"所构成的"里边、里头、里面","里"一律读为上声,但是它后面的语素读什么,却又有不同意见了。见表2:

表2 "里"后语素的不同读法

	里边	里头	里面
《现代汉语词典》	轻声	轻声	去声
《现代汉语规范词典》	轻声	轻声	去声
《正词法》			轻声

《现代汉语词典》把"上面、下面、前面、后面"的"面"标为轻声,却又把"右面、左面"的"面"标为去声,"外面"有两种标音:表示"外表"意义的"面"读去声,表示"外边"意义的"面"读轻声。《现代汉语规范词典》则不管是"下面、里面、后面、西面、右面",一律念成去声。《正词法》则把"门外面、河里面、火车上面"的"面"都标写为轻声。

这说明各家的看法相当混乱。从简化读音的原则出发,"面"跟单纯方位词组合时,不如一律读为轻声比较合理。

8. 动词的重叠

单音节动词重叠,第二个动词要读成轻声,这没有争议。但是需要注意的是:

第一,单音节动词重叠,中间又插入"一"时,"一"读轻声,但是第二个动词则要读原声调。例如:

(15)吃一吃　走一走　玩一玩　想一想

第二，双音节动词重叠根据《正词法》，应该有两种情况：其一，ABAB式，每个字都读原声调。例如：

（16）研究研究　尝试尝试　了解了解　调查调查

其二，AABB式，只有第一个动词的重叠音节读轻声，第二个动词及其重叠音节都读原声调。例如：

（17）来来往往　说说笑笑　拼拼凑凑　进进出出
　　　跌跌撞撞　哭哭啼啼　打打闹闹

这里要注意一点：其中第一行的AB式"来往"等本来就是动词，而第二行的AB不能成词。

主要参考文献：

国家教育委员会、国家语言文字工作委员会（1988）《汉语拼音正词法基本规则》，北京：中国标准出版社。
胡裕树（1986）《现代汉语》，上海：上海教育出版社。
黄伯荣、廖序东（1988）《现代汉语》，北京：高等教育出版社。
李行健（1998）《现代汉语规范字典》，北京：语文出版社。
李行健（2014）《现代汉语规范词典》，北京：外语教学与研究出版社，北京：语文出版社。
鲁允中（1995）《普通话的轻声和儿化》，北京：商务印书馆。
上海市普通话培训测试中心（1998）《普通话水平测试手册》（第3版），上海：上海教育出版社。
中国社会科学院语言研究所（1996）《现代汉语词典》（第3版），北京：商务印书馆。

（邵敬敏，暨南大学文学院教授，中国语言学会副会长）

新版《现代汉语词典》求瑕*

柳士镇

0. 引言

"求瑕"一词源于《魏书·崔浩传》,意思是寻找疵病或过失,有故意挑剔的含义。用在这里是为了表示对《现代汉语词典》(以下简称《现汉》)的尊重,比喻是在白璧上、明珠里搜寻微小的瑕疵。众所周知,《现汉》自问世以来,哺育了一代代读者,帮助一批批学人准确掌握运用现代汉语,已经成为社会公认的中型辞书的精品,赢得了广大使用者的尊重。

《现汉》是按照国务院指示编写的,以确定词汇规范为目的,以推广普通话、促进汉语规范化为宗旨。既然有如此宏大的旨趣,那么它也必将随着社会发展不断完善、充实和提高自己。《现汉》自试印本问世的半个多世纪以来,历经多次修订,质量不断提高,最近面世的新版《现汉》(第6版),又一次反映出参与工作的专家学者们的最新研究成果。

新版《现汉》的发行产生了很大反响,受到学术界和广大读者的普遍好评,这里不再赘述。当然也有人有一些不同意见,主要反映在收录字母词和收录新词两个方面。收录字母词是我国在当今时代,新事物、新概念、新术语大量涌入形势下的一种积极应对措施,无可厚非。只要对字母词的使用加以正确的引导和必要的规范,避免乱用、滥用,就会使它成为现代汉语词汇的必要补充。至于指责新版《现汉》字母词

---

* 本文原为2012年10月18日在南京师范大学语言信息科技研究中心所作的学术报告,后刊于《南京师范大学文学院学报》2013年第2期,此次收入本书时略作增补。

的安排违法的观点，实在是过甚其辞、牵强附会。新版《现汉》对收录新词的态度也是严肃认真的，在"守正拓新，与时共进"中显现出稳妥谨慎。从修订主持人介绍的工作过程看，每加入一条新词，都要经过编写释义、配例，严格审订、修改，反复校对、打磨等，并多次广泛征求专家学者意见，才最终与使用者见面，因而具有较高的权威性。

本文不准备议论上述宏旨高趣，只想谈几个可以进一步完善的细枝末节问题。由于新版《现汉》内容面广量大，白璧明珠也难免细微瑕疵；再则本人奉《现汉》为良师益友，受其教益数十年，理应有所回报。为让白璧更加白洁，明珠愈发明亮，所以不避佛头着粪之嫌，试作"求瑕"于后。文中提及的一些疑问，有的此前版次就已存在，新版因之而未改，故而依旧归为第6版。另外，语言的问题一般都较琐碎，所涉疑问数量又少，较难分门别类，这里只是按照《现汉》中的顺序逐个讨论。

1."被"

新版《现汉》58页：❻动词。用在动词或名词前，表示情况与事实不符或者是被强加的（含讽刺、戏谑意）：~就业｜~小康。

"被"字的这种用法是前几年我国语言生活中新出现的现象，也是新版《现汉》新收录的用法。不过释文指明"被"字"用在动词或名词前"，验之以语言实际，这一归纳是不完整的。至少与用在名词前相比，用在形容词前并不少见，例如常见使用的"被和谐"、"被富裕"和"被繁荣"之类。究其原因，这种新用法不可能完全摒弃传统用法的特征，而传统用法与"被"字搭配成被动句的主要成分为及物动词而非其他词类，动词（包括及物动词、不及物动词）和形容词均为谓词性词类，名词则是体词性词类。"被"字的新用法部分受到固有用法影响，以用于动词、形容词前为主，用于名词前为辅，就是易于理解的了。当然，这种新用法也有一些确实可以用在名词前，相应的配例如"被成员"、"被核心"和"被先锋"等。

此外，新版《现汉》在该用法后的配例也有欠准确，按照惯常的配例方式，这里的"被就业"和"被小康"应该是分承释文中的动词和名词这两类词性的，而不是分承"情况与事实不符或者是被强加的"这两种用简短配例难作区分的语意的。其中"被小康"中的"小康"并非名词而正是形容词。新版《现汉》1433页在明确标注"小康"的形容词词性后,释义为"指家庭经济状况可以维持中等水平生活",显然也是按照形容词来理解的。因而将"被小康"作为用在名词前的配例是不准确的。

"被"字的这一动词用法,在此前的现代汉语中从未出现过,实为颠覆传统规律的新用法。但是,这种用法自 2008 年"被自杀"出现后产生了较大的社会影响,同时这一句式本身简洁明了,具有深层的语义内容和特殊的修辞效果,受到众多使用者的喜爱。对于这种具有较好社会基础和语义、语用基础的新用法,新版《现汉》予以收录,是正视现阶段语言实际的表现。当然,倘若盛行一段时间后,这种用法的生存基础逐渐削弱、使用逐渐减少,以至于濒临淘汰,《现汉》此后版次完全可以再行将它删除。不过从总体来看,对极少数颠覆传统规律的新用法,尤其是来自网络的使用较为随意的非常规用语,它们毕竟不像某个词新生或消亡了某个义项那么单纯、常见,这类用法是否具有生命力应该取决于时间的检验,需要密切跟踪、从严考察后再决定是否收录。

2."东床"

新版《现汉》309 页:东晋太尉郗鉴派一位门客到王导家去选女婿。门客回来说:"王家的年轻人都很好,但是听到有人去选女婿,都拘谨起来,只有一位在东边床上敞开衣襟吃饭的,好像没有听到似的。"郗鉴说:"这正是一位好女婿。"这个人就是王羲之。于是把女儿嫁给他(见于《晋书·王羲之传》)。

这里的问题在于"这正是一位好女婿"的表述,与史籍原文的语意存在一定距离。《晋书·王羲之传》:"时太尉郗鉴使门生求女婿于导,导令就东厢遍观子弟。门生归,谓鉴曰:'王氏诸少并佳,然闻信至,咸自矜持。惟一人在东床坦腹食,独若不闻。'鉴曰:'正此佳婿邪!'访之,乃羲之也,遂以女妻之。"文中的"正此佳婿邪"乃是"这正是一位好女婿"的依据。再细察此事的来源,翻检南朝宋刘义庆《世说新语》中的记载就会更加清楚。该书《雅量》:"郗太傅在京口,遣门生与王丞相书,求女婿。丞相语郗信:'君往东厢,任意选之。'门生归白郗曰:'王家诸郎亦皆可嘉,闻来觅婿,咸自矜持,唯有一郎在东床上坦腹卧,如不闻。'郗公云:'正此好!'访之,乃是逸少,因嫁女与焉。"文中的"正此好"又是《晋书·王羲之传》"正此佳婿邪"

的源头。

仔细推究《晋书》和《世说新语》中两例副词"正"字，可知它们均不表示情态，而是表示范围，意思并非"正是"，而是"仅，只，就"。《王羲之传》"正此佳婿邪！"当理解为"就这个是好女婿吧！"《雅量》"正此好！"当理解为"就这个好！"再联系上下文语境，这样解释显然比《现汉》"这正是一位好女婿"一类表述更为准确、生动、传神，更加符合当时的氛围。

"正"字的这类例证在魏晋南北朝文献中还有很多。例如《世说新语·自新》："乃自（入）吴寻二陆，平原不在，正见清河。"同书《方正》："自过江来，尚书郎正用第二人，何得拟我！"《幽明录》："汝算录正余八年，若此限尽，死便入罪谪中。"《宋书·王懿传》："玄每冒夜出入，今若图之，正须一夫力耳。"各例中的"正"字都是表示范围的副词，均应理解为"仅，只，就"。再者，魏晋时期崇尚率性而为，直显本色者为人看重，矫揉造作者受人鄙弃，这正是郗鉴专选王羲之为女婿的主要原因。有鉴于此，对相关文献中词语的理解，还应该特别注意具体语境和时代特征，文中表现王氏子弟对"求女婿"的两类不同应对态度，唯有王羲之是最得时代风尚的。

其实，若就征引"东床"一词出处而言，《现汉》引《晋书》不如引《世说新语》。《晋书》成书后，就有人指责它"好采诡谬碎事，以广异闻；又所评论，竞为绮艳，不求笃实"（见于《旧唐书·房玄龄传》），"刘知几在《史通》里也批评它不重视史料的甄别去取，只追求文字的华丽"（见于中华书局本《晋书》"出版说明"），可见该书面世不久即备受非议。而据传世文献记载，"坦腹东床"一事恰恰又始见于《世说新语·雅量》。所不同者，除人物称谓、文字表述和语体风格多有差异外，具体叙事还有《世说新语》原本作"坦腹卧"，而《晋书》则易为"坦腹食"。所以无论是从故事源头看，还是从语料可靠性看，都以征引《世说新语》为好。

3."忌辰"

新版《现汉》614页：先辈去世的日子（旧俗这一天忌举行宴会或从事娱乐，所以叫忌辰）。【忌日】新版《现汉》614页：①忌辰。

据新版《现汉》1408页，"先辈"有两个义项：①泛指行辈在先的人。②指已去世的令人钦佩、值得学习的人：继承革命~的事业。而据"忌辰"条释文中括号内外的内容以及"忌辰""忌日"历来的使用实际看，这里的"先辈"应该以表示第①义项为主，后来有时也可表示第②义项。参合起来分析，《现汉》用"先辈"来限制"忌辰、忌日"的使用范围，特别是当"先辈"表示上述第①义项时，显然不够严密。尽管这两个词以用于先辈为主，但并不限于先辈。

《汉语大词典》"忌日"条下释文：①旧指父母及其他亲属逝世的日子。因禁忌饮酒、作乐等事，故称。下举书证有《初刻拍案惊奇》卷六："后二日我亡兄忌日，我便到院中来做斋。"这说明近代使用"忌日"时，并未限定为"先辈"。《汉语大词典》"忌辰"条下释文：忌日。下举书证有萧乾《一本褪色的相册·〈鱼饵·论坛·阵地〉》："另外还出过一些纪念外国作家诞辰或忌辰的专刊。"这又说明现代使用"忌辰"时，也未必用于"先辈"。

此外，明清文人笔记和白话小说中，平辈之间对于亡故的对方，均可使用"忌辰"或"忌日"。至于在现代语言生活中，使用更为灵活，父母对于子女或长辈对于晚辈，包括媒体报道中对于各类难以确定是否先辈的人物，只要对方已经去世，也均可用"忌辰"或"忌日"。其起源虽然是因悲痛而避忌举行宴会或从事娱乐的日子，其使用则甚至可以单纯表示亲朋好友或公众人物逝世的纪念日。更为新鲜有趣而语意贴切，虽难说规范却又不易替换的用法有，影视中负心男友将与其他女子成婚，女友以寻短见相威胁："我要让你每年的结婚纪念日，变成我的忌日。"这就更与"先辈"没有任何关系了。

词典应该反映时代的发展变化，其实《现汉》在很多地方都考虑到这种发展变化，反映出词语在语言实际中的后起用法。例如新版《现汉》383页增添了"坟起"的词条："像坟头那样隆起；凸起：沙丘~。"

《汉语大词典》"坟"（《广韵》房吻切，上声吻韵，奉母）字下释文：②高起。《国语·晋语二》："公祭之地，地坟。"韦昭注："坟，起也。"鲁迅《坟·人之历史》："每开辟前，必有大变，水转成陆，海坟为山。"《汉语大词典》"坟"（《广韵》符分切，平声文韵，奉母）字下释文：②墓之封土隆起者。后泛指坟墓。《礼记·檀弓上》："古者墓而不坟。"郑玄注："土之高者曰坟。"沈从文《从文自传·我的家庭》："还曾回到黄罗集乡下去那个坟前磕过头。"《汉语大词典》"坟起"（《广韵》房吻切，上声吻韵，奉母）条释文：凸起，高起。《书·禹贡》"厥土黑坟"孔传："色黑而坟起。"叶圣陶《欢迎》："搬运行李货物的工人，露出他们筋肉坟起的手腕。"

由此可知，古代"坟起"的"坟"和"坟墓"的"坟"不仅意义不同，直到中古读音也不相同。"坟起"的"像坟头那样隆起"的意义肯定是大大晚于"凸起，高起"义的后起义，而新版《现汉》为了反映词义的发展变化，收录了"像坟头那样隆起"的意义，并且置于固有的"凸起"义之前，是对后起义的认可，是正视现代语言实际的表现。研究者应该用这种动态的语言规范观来看待相应的语言现象，应该承认并反映"忌辰""忌日"在现代语言实际中不限于"先辈"的语用特征，更何况这种特征是早已有之的呢？

4. "难兄难弟"

新版《现汉》933页：东汉陈元方的儿子和陈季方的儿子是堂兄弟，都夸耀自己父亲的功德，争个不休，就去问祖父陈寔。陈寔说："元方难为弟，季方难为兄"（见于《世说新语·德行》）。意思是元方好得做他弟弟难，季方好得做他哥哥难。后来用"难兄难弟"形容兄弟都非常好。今多反用，讥讽两人同样坏。

《现汉》引陈寔的话及其意释均据《世说新语》刘孝标注。《世说新语·德行》："陈元方子长文，有英才，与季方子孝先各论其父功德，争之不能决。咨于太丘，太丘曰：'元方难为兄，季方难为弟。'"刘孝标注："一作'元方难为弟，季方难为兄'。"

如何理解"元方难为兄，季方难为弟"这两句话，应该特别注意联系具体语境和时代特征。上文既然是长文、孝先各自夸耀其父功德，陈寔说这两句话也是承袭其时习用的品评方式，回避对自己二子作高下优劣的比较，而认同他们均有功德。据此则完全可以承前理解为：弟弟有功德，元方做他哥哥难；哥哥有功德，季方做他弟弟难。表示兄弟二人都很好，功业德行难分高下。当然，单独地看这两句话，自可采用"元方难为弟，季方难为兄"；但联系前文看，陈寔的表述从元方而后季方，自兄而及弟，文脉甚为通畅、清晰。类似用法在魏晋南北朝时期还有书证，例如《北齐书·王晞传》："与其在洛两兄书曰：'贤弟弥郎，意识深远，……恐足下方难为兄，不假虑其不进也。'"正是表示"弟有才识，则为兄不易"，指晞之二兄很难做弥郎的哥哥，与《德行》中"元方难为兄"的语意完全相同。《现汉》选用刘孝标注"一作"说，释为"元方好得做他弟弟难，季方好得做他哥哥难"，也是据兄弟才识理应彼此匹配而作的释义，语意上也无任何滞碍，与上述理解并无实质性差异，而且同样有书证支撑。

例如《世说新语·规箴》刘孝标注引《续晋阳秋》曰:"珉有俊才,与兄珣并有名,声出珣右。故时人为之语曰:'法护非不佳,僧弥难为兄。'"意指法护并非不好,但僧弥好得做他哥哥难。据此,上述据原文和据"一作"的两种说法完全可以并存。只是《现汉》径引"元方难为弟,季方难为兄"而未作说明,似乎此即成语"难兄难弟"的语源,却有些不妥。首先,从结构形式上看,这个成语历来只说成"难兄难弟"而从未说成"难弟难兄",尽管后者符合刘孝标注"一作"异文的结构顺序,而且语音节拍停顿的前仄后平也很显和谐。其次,刘孝标注"一作"异文的影响面尚嫌不广,目前为止只见过各个版本中"元方难为兄,季方难为弟"的流行用法,而从未见过哪个传世版本径直采用"元方难为弟,季方难为兄"这一异文。由此看来,若就《德行》篇行文及语意而论,刘义庆原文与刘孝标"一作"均通;若就成语来源而论,则当为"元方难为兄,季方难为弟"。

《现汉》又说:"后来用'难兄难弟'形容兄弟都非常好。今多反用,讥讽两人同样坏。"这段话概括了"难兄难弟"的古今两类主要用法。但此处之前似应承前增添"难以分出高低"之类语意引申的枢纽,在此基础上才能顺理成章地表示兄弟都非常好,或者反用其意,讥讽两人同样坏。

词典编纂并非见仁见智的学术研究,而应该尽可能采用共识,采用通行版本的通行说法,不过也完全可以根据需要选用编者认为"义长"的异文。《现汉》选用"元方难为弟,季方难为兄"这一异文无可厚非,实际上不少专家学者也认可这一说法。只是从严谨的角度考虑,似不应为了简洁而省去采自刘孝标注"一作"的说明,因为出处单标为"见于《世说新语·德行》",通常是不应该包括相应注文及其所引异文在内的。

5."农历"

新版《现汉》955页:①阴阳历的一种,是我国的传统历法,通常所说的阴历即指农历。平年12个月,大月30天,小月29天,全年353天、354天或355天(一年中哪一月大,哪一月小,年年不同)。

《现汉》释文括号内所说的"年年不同",行文略显随意,表述不够严密。事实上并非如此,"月大月小"如何安排,过若干年后一定会有重复。尽管农历全年可能有三种不同的天数，但"月大月小"的组合方式却是有限的，换言之，其外延是封闭的；"年年"这种重叠形式倘若按照通常的表示"每一"的语法意义来理解，意思为"每年"，其数量是无穷的，外延是开放的。将有限的组合方式分配给无穷的年份数，要说组合方式不会重复，必定是不可能的。当然，"年年"这种重叠形式还可以表示"逐一"的语法意义，"年年不同"意为每年"月大月小"与上一年比较都不相同。不过，要证实这一点必须进行广泛的调查，看看使用农历以来是否每相邻的两年全都不同。由于我国早期历法较为粗疏，甚至在"置闰"时也会有为弥补"失闰"而形成的"一年再闰"的现象，殷商卜辞和西周金文中都有因"再闰"而一年长达十四个月的记载。在难以全面、精确调查清楚的情况下，就很难断言这一"传统历法"自古及今的"月大月小"，每相邻的前后两年全都不同。况且"年年不同"即便理解为"与上一年比较都不相同"，也仍然存在着与理解为"每年不同"形成的歧义。总之，从以上诸多角度看，"年年不同"的表述都是不够严密的。

此外，释文括号内的文字在表述风格上也与《现汉》行文不相协调。辞书用语当是平铺直叙的，精准、严谨最为重要，"年年"却常常适用于表示整齐划一等略带修饰意味的语境；这里的"年年不同"倘若改说成"并不固定"，看似语气不如前者果决，其实反比前者符合实际。而括号内的另一句话"一年中哪一月大，哪一月小"，也以说成"一年中哪几个月大，哪几个月小"更为准确、清晰。

顺便说及，新版《现汉》本条在旧版"全年354天或355天"基础上增添了"353天"一说，而1549页"阴历"条表述同样内容时却沿袭旧版未作补正。

6."是"

新版《现汉》1191页：动词。⑩用在选择问句里：你~吃米饭~吃面？【还是】新版《现汉》504页：④连词。表示选择，放在每一个选择项的前面，不过第一项之前也可以不用：你~去，~不去？

《现汉》相关词条中的词性认定参照了《现代汉语八百词》，将用于选择问句的"是"视为动词，"还是"视为连词。《现汉》不列选择问句"是……还是……"的例句；《现代汉语八百词》则在"是"和"还是"词条中各自列有"是……还是……"的例句，分别置于相应义项的简单说明语"选择问句的格式"和"用于选择"之下。而据两书的词性标注推论，选择问句"是……还是……"的格式中，"还是"为连词，"是"却为动词。

汉语中选择连词的发展经历了漫长的过程。上古用"将、且、抑"为选择连词，通常用于后一分句句首，例如《论语·学而》："求之与，抑与之与？"中古用"为、为是"为选择连词，通常用于各个分句句首，例如《南齐书·始安贞王道生传》："卿为欲朕和亲，为欲不和？"《隋书·何妥传》："有一人身上乃兼数职，为是国无人也，为是人不善也？"宋代以后用"是、还是"为选择连词，也是常用于各个分句句首，例如《朱子语类》卷一二四："寻看他禅，是在左胁下，是在右胁下？"同书卷四十："曾点是实见得如此，还是偶然说著？"

以配对使用为主的选择连词"为、为是"是中古新兴的语法现象，而"为"字的选择连词用法又是由它的判断词（有人称为判断动词或径称为动词）用法发展而来的。"为"字春秋时期已经用为判断词，并且广泛使用到后世。当它进入选择问句并置于句首时，则可以表示询问该叙述或判断是否确实，用之既久就自然能够体现分句之间的连接关系，并且自身也逐渐发展成为选择连词。而当判断词"为"字在口语中逐渐消失，而代之以广泛使用的判断词"是"字时，它在选择问句中的地位也由"是"字取代，逐渐形成以"是、还是"为选择连词的选择问句。

"是……还是……"是配对使用的表示选择意义的语法单位，其作用相当于同为连词而配对使用的"还是……还是……"。"是你去，还是他去？""还是你去，还是他去？"这两句话，无论从语义、语法和语用哪个方面比较，都不应该有什么质的差别。有鉴于此，前一格式中的"是"字也应该同两种格式中的"还是"一样，具有相同的连词词性。再者，还可从历史上追溯考察，选择连词自中古以来都持续具有配对使用的特征，"是……还是……"也长期具备这样的性质。因此，无论是从共时比较看，还是从历时承传看，都不应将这对起关联作用的"是……还是……"割裂开来，分别定性为动词和连词，否则是难以作出全面贯通的合理解释的。

7."首发"

新版《现汉》1199页：动词。③球类比赛中首先出场：～阵容。
《现汉》的释文稍显粗略，放大了此处"球类比赛"概念的相应外延。事实上，并非所有球类比赛中首先出场都可称为首发,应该是中途可以更换队员的单场球类比赛中首先出场才可以称为首发。例如一场篮球、排球或足球比赛中首先出场称为首发,比赛中途可以更换队员,被换上出场可以视为"继发","首发"则是相对于"继发"而言的。

有些球类比赛被安排为单场决出胜负,这常常指个人比赛中的淘汰赛,这类比赛中就无所谓首发不首发。例如网球"四大满贯赛事"的单、双打比赛就属于淘汰赛,比赛中队员倘若突发伤病,只能弃权而不可更换。还有些球类比赛被设置为多盘决出胜负,这常常指代表集体出战的团体赛,这类比赛中也无所谓首发不首发。例如乒乓球世界锦标赛男子团体、女子团体的比赛,各安排五盘单打,先胜三盘的一方获胜;比赛中充任先锋的男、女队员首先出场,这只能称为"当先锋"或"打头阵",而不能称为首发。羽毛球汤姆斯杯、尤伯杯的比赛,分别为男、女团体赛制,各安排总共五盘单、双打,也是先胜三盘的一方获胜;比赛的第一盘通常由世界排名最高的单打队员出场,也只能称为"当先锋"或"打头阵",而不能称为首发。

此外,"首发"还有名词用法,表示比赛中首先出场的队员,《现汉》却未予收录。例如:他的控球能力很强,是五名首发之一。

当然,对于《现汉》酌收的这类百科词不可能完全比照专科辞典的专业化程度来编写释文,而应遵循"通俗易懂,少用'行话'"的要求,对释文作"语文化"处理,用浅显晓畅的语言阐述,从而适当降低释文的专业性,最后达到"学科专家认为不错,一般读者能够看懂"的境界。显然,要做到这些,其难度之大是可想而知的。不过,上述做法都必须以释文准确无误为前提,否则就无从谈起。像本条"首发"的释文放大了"球类比赛"的外延,是应该避免的。其实,要防止"球类比赛"外延的放大,《现汉》本身就有现成的"语文化"的处理方式可供借鉴,新版《现汉》602页"激光"、649页"焦点"、651页"角质"和661页"节律"诸百科词条,释文中均用指代整体里一个部分的"某些"充任定语来限制外延的相应范围,话虽说得不很确定,但避免了科学性上的疏漏。

8."外援"

新版《现汉》1337页:②指运动队从国外运动队引进的选手:北京足球队添了

三名~。

新版《现汉》的表述偏离了问题的要害,"外援"的要害是所引进选手的国籍。"外援"中的"外"是与"内"相对的概念,能否称为外援,关键在于运动队引进的选手是否具有非本国国籍。

例如我国篮球运动员易建联,2011—2012 赛季在美职篮达拉斯小牛队效力,2012—2013 赛季加入中职篮广东东莞银行队,这是回归自己母队,当然不应称他为外援。但倘若他在与达拉斯小牛队合同在身时,要转会与广东东莞银行队以外的中职篮其他任何球队签约,虽然他来自国外运动队,但由于是中国国籍,这些队对他的引进并不算引进外援,而是引进内援。

美国篮球运动员斯蒂芬·赛维尔·马布里(Stephon Xavier Marbury)现在北京金隅队效力,但倘若他在与北京金隅队合同在身时,要转会与中职篮其他任何球队签约,虽然他来自国内运动队,但由于并非中国国籍,这些队对他的引进也不是引进内援,而算是引进外援。

此外,无论篮球或是足球,都会有少数从未与任何球队签约,或较多与球队签约合同期满、注册优先权期限已过,因而不再受转会保留条款限制的运动员,俗称自由身运动员,这两类运动员可以自由签约、转会。倘若要从国外引进这其中非本国国籍的运动员,他们都应该算是外援,但却不是《现汉》所说的"从国外运动队引进的选手"。

最后,本条的配例"北京足球队添了三名外援"也有可议之处。北京足球队是中国足球职业化之前隶属于北京市体委的一支专业足球队,因为受限于非职业化性质,是不允许引进外援的。1992 年北京市体育局与中信国安集团共同组建北京国安足球俱乐部,球队更名为"北京国安足球俱乐部队",简称"北京国安"。由于这是职业化体制的俱乐部球队,此后才得以以新的球队名称引进外援。尽管后来仍有人沿称这支队伍为"北京足球队",电视直播主持人偶尔也会误用这一称谓,但显然都属于非专业的不规范说法,是不足为据的。

9."锺(鍾)"

新版《现汉》1689 页:释文中仅列"姓"一种用法,以及"'鍾'另见 1689 页

'钟'"的说明①。

按照新版《现汉》的处理方式可以推论，只有单姓才可写作"锺"，而复姓"钟离"只能写作"钟离"，同页左栏也正是这样处理的；而"鍾"字除单姓外的其他用法，也只能写作"钟"。换句话说，"锺"是单姓的专用字。但同页左栏尚有一个"钟馗"，现实中的此人姓锺名馗，为唐代终南进士，后世认为锺馗的画像可以除邪驱祟，民间也有锺馗嫁妹的传说。新版《现汉》却将本应写作"锺馗"的词目写作"钟馗"，这或许是不经意间造成的疏漏。顺便说一句，新版《现汉》将复姓"钟离"仍写作"钟离"，不知是承着"锺馗"误作"钟馗"这一不经意的疏漏而来呢，还是坚持认为只有单姓才可写作"锺"，而复姓只能写作"钟离"呢？

其实出现这种不合理的处理方式，责任并不全在新版《现汉》，新版《现汉》只是按照2009年8月教育部公开征求意见的《通用规范汉字表（征求意见稿）》的相关精神处理的。而该表本身关于恢复繁体字"鍾（锺）"字的规定以及后来对于"锺"字的有关解释，显得较为笼统，可操作性不强。

需要说明的是，该表关于恢复繁体字"鍾（锺）"的说法，其实是另用简化偏旁类推的方式给作为单姓用的"鍾"新造一个简体的"锺"字。对此，这里想要说明两点看法。一是有关解释说"鍾"和"鐘"主要因为是不同的两个姓，所以必须区分开来，这一说法并不具有普适性。以历史上流传极广的宋代所编的《百家姓》而言，只有"鍾"姓而无"鐘"姓，其中倒是另有"郁、鬱"两个姓：一个是"郁单杭洪"的"郁"，一个是"池乔阴鬱"的"鬱"。这两个字原本表示不同意义："郁"表示香气浓厚，例如"郁烈"；"鬱"表示草木茂盛或忧思积结，例如"葱鬱""鬱闷"。汉字简化时，用同音替代的方式将后者并入前者，现在为何未因是不同的两个姓而将后者恢复或为它另造一个简化字呢？显然，主要用这条理由来新造"锺"字，是难以令人信服的。二是新造"锺"字时，仅仅赋予它作为单姓的用法，这实际上是一种资源浪费。以至于新版《现汉》在处理复姓"钟离"时都不敢写作"锺离"，而仍是写作"钟

---

① 本文"锺（鍾）"字条撰写时正值《通用规范汉字表（征求意见稿）》公开征求意见，字表夹注中说明"锺"字"仅用于姓氏或地名"，故而有钱锺书先生的"名字不但不应用'锺'，甚至无法用'锺'，而只能仍旧用'钟'字"之说。而据2013年6月5日正式公布的《通用规范汉字表》"'鍾'用于姓氏人名时可简化作'锺'"的修正意见，本文的上述说法当然也应随之变动。只是字表的这一最终确认仍然不够妥帖，例如"钱锺书先生一岁抓周时抓到一本书，取名锺书，人如其名，他一生钟情于书"；再如"《庄子发微》的著者锺泰先生是南京人，因家乡的钟山而号锺山"。这两个用例并非生造，语意连贯流畅，其中"锺、钟"二字分用，虽然合乎规范，但是悖于常理。

离"。当然，如前所述，这也可能与"钟馗"一样，是不经意间的疏漏。最具戏剧意味的是，钱钟书先生一直坚持用"鍾"字而拒绝用"钟"，报刊等媒体也迁就着另造一个"锺"，对"锺"字的出现和使用起了很大推动作用。但按照目前的规定，他的名字不但不应用"鍾"，甚至无法用"锺"，而只能仍旧用"钟"字。"锺"字倘若最终获准使用，合理的做法应该是将"钟"作为"鐘"的简化字，"锺"作为按照简化偏旁类推方式得来的"鍾"的简化字，将"鍾"字的所有用法都交由"锺"字承担，以避免"钟"表示"鐘"字以外意义时容易引起的混淆。目前的做法是繁体字"鍾"有两个简化形体，一是作单姓用，作"锺"；二是用于复姓"钟离"中的首字和其他用法，作"钟"。这不禁令人想起，汉字简化过程中的"餘"字起初简化为"余"，后来引起许多纠缠，"余音绕梁""年年有余""不遗余力""流风余韵"等，在理解时极易混淆。无奈之下，只能在 1964 年编印的《简化字总表》中加上注释说明："在余和馀意义可能混淆时，仍用馀。"1986 年重新发表《简化字总表》时，又在上述注释后增添"如文言句'馀年无多'"一语以作示范。这表明，简化字中出现了一种不该出现的情况，即一个繁体的"餘"字对应"余"和"馀"两个简化字。这种情况早已让使用者感到疲于应付，现在又出现另一个更为典型的"一繁对二简"的实例，这实在是有悖于汉字简化的主旨。当然，这些问题均与新版《现汉》无关，只是放在这里说说。

主要参考文献：

洪　诚（2000）《洪诚文集》，南京：江苏古籍出版社。
江蓝生（1988）《魏晋南北朝小说词语汇释》，北京：语文出版社。
柳士镇（1992）《魏晋南北朝历史语法》，南京：南京大学出版社。
王海棻（1992）《古代疑问词语用法词典》，杭州：浙江教育出版社。
杨　勇（1976）《世说新语校笺》，台北：宏业书局。

（柳士镇，南京大学文学院教授，博士生导师）

中编:
社会语文生活中的语言文字规范问题

从网络流行语看网络文化生态的建设与治理

张 蕾

0. 引言

流行语能如实地反映社会生活变化的过程，也能反映出人们的观念转变，是名副其实的社会生活的"晴雨表"。不仅如此，流行语在被动地反映社会变化的同时，其实也反过来主动地影响着社会发展的进程。特别是在网络全方位普及的今天，流行语透过互联网的传播，开始越来越多地侵入和干涉公共空间领域，有时甚至会出乎意料地起到决定性作用。

网络普及之初，人们对其快速、便捷由衷赞叹，但随之而来的困扰也与日俱增，正如于尔根·哈贝马斯（Jürgen Habermas）所说："网络促进了平等主义的蔓延，我们也为此付出了代价，分散的读者面对的是没有经过筛选的信息。曾经沟通了读者和信息的知识分子，在这样的社会中越来越失去了创造焦点的权力。"尤其是在 Web2.0[①] 日趋成为当下网络构建的主流模式的今天，"互联网上的任何帖子不管其作者的目的如何，都会成为全球传播海洋里的漂流瓶——一种容易被接受和以不可预料的方式重新处理的信息。"每一台电脑背后的任何一个人都有成为网络世界焦点的可能，而这种可能根本无法预计和预防。

[①] Web 2.0 是一种新的互联网方式，通过网络应用（Web Applications）促进网络上人与人间的信息交换和协同合作，其模式更加以用户为中心。http://zh.wikipedia.org/wiki/Web_2.0

1. 话语权的不断下移

流行语是一个特殊的语言类别，它的形式多样、内容丰富、意义复杂。底层话语系统是其主要的土壤，流行语在普通民间使用和传播，有广泛的群众基础，是"自发的"，它们的流行没有政令性的规定，而是由使用者自主推而广之，并进而影响到了媒体传播，引发了媒体对这些词及其背后社会现象和事件的关注。

在网络这一媒介尚未出现并普及之前，底层民众对社会现象的看法和评价主要通过人际传播间的各种"段子"以及将这些段子进行艺术加工后通过电视、电影、小品、相声等方式扩大受众影响而形成流行语。比如20世纪80年代中后期就有"十亿人民九亿赌，还有一亿在跳舞""外国有个加拿大，中国有个大家拿"等说法在老百姓口中流传；社会还有"上眼药""好处费""人情风""打秋风"等流行语来针砭不正之风；一些社会问题则通过小品、相声等艺术形式被揭露了出来，如"超生游击队"和"红眼病"，前者是1990年央视元旦晚会上的一个小品，小品反映的是逃避计划生育、一心求男的超生现象，后者是著名相声演员马季的相声，讲的就是当时社会上对其他人的财物、名誉、才干、地位产生忌妒的现象，因为当时对"万元户"和致富者的忌妒比较集中，那些忌妒者自己没有致富的本事却也不希望别人超过自己，因而只能通过诋毁、讽刺等不健康的态度来表达不满，被形象地形容为眼睛都"红"了。借助于电视的传播，这些反映底层人们态度和判断的流行语有的也进入到了报纸媒体的视野中。

网络平台出现并普及以后，出现了大量以网络为单一来源的流行语，人们的观点经由BBS、博客、微博等平台，快速地发表出来，并通过某一特定使用群体的积淀，得到了广泛传播，一度成为某一领域的"通用语"，再借助媒体进入到大众语域中。像网络红人"凤姐""犀利哥"，无厘头地发泄"你妈喊你回家吃饭"，艺人八卦"艳照"，"很傻很天真"等等，无一不是通过网络流行语在极短的时间内传遍神州大地的。近年来，网络流行语在涉腐、涉富、涉黑、涉纪、涉恶法、涉公权等一系列的事件中，成为人们争取话语权并行使监督权的有力武器。网民热衷于通过自主的分析、解读来追索真相，这就最终在网友的"质疑"和官方的"答疑"往复过程中，促使事实真相得以呈现。在"质疑"的过程中，会伴随产生一些关键的表述方式，这些表述方式的流行反过来会影响对事件的关注度和调查。

比如"躲猫猫"与"喝水死"就是典型的例子。2009年2月，一位名叫李乔明

（也有媒体写作李荞明）的云南青年死在了云南省晋宁县看守所，据当地公安部门通报，其在与狱友玩"躲猫猫"游戏时头部受伤，后经医院抢救无效死亡。事件被报道后，迅速在网上引来各方对"躲猫猫"能致死的怀疑。无独有偶，2010年2月，河南鲁山县一名叫王亚辉的男青年在因涉嫌盗窃被拘留三天后，其亲属被告知他在提审时喝开水而死亡。"喝水死"的离奇说法也受到了广泛的质疑，在网上引起了热烈讨论。相类似的事件还有"睡觉死""做梦死""摔床死"等，都直指看守所的牢头狱霸和渎职现象，因而对于相关部门给出的这些离奇的死法，网民们坚决要求力查到底，还原真相。伴随着"躲猫猫""喝水死"这些词在网络上的迅速传播，相关的事件细节也被更多地讨论和披露，包括死者的身份背景、家庭情况、事发时在场人员的详细描述等，主要来自于媒体记者的追踪报道，同时也有各种真假相掺的网上消息。从网上到网下，"躲猫猫""喝水死"成为大众关注的热点，也引起了职能部门的高度关注。为调查"躲猫猫"事件，云南省委宣传部迅速组织事件真相调查委员会，并邀请网民和社会人士参与到委员会中，以示公开透明；王亚辉"喝水死"事件则因其家属质疑尸体多处伤痕瘀青而提请会同第三方尸检。在相关部门的干预下，"躲猫猫"和"喝水死"的真相终于大白于天下，"躲猫猫"尸检结果认定其系多次钝性外力打击致严重颅脑损伤死亡，而"喝水死"的王亚辉则在其肺动脉内发现血栓的栓塞，明确了是由于外伤、体位固定约束形成血栓，由此引发猝死。事实证明，所谓的"躲猫猫""喝水死"只是公权部门为开脱罪责而使用的托辞，受害人分别受到了来自牢头狱霸和刑讯人员的暴力威胁，并死于非命，为了以示国法，这些涉案的相关人员都受到了不同程度的追责和严惩。在强大的网络舆论的干预下，民众要求伸张正义的呼声得到了回应。

又如"表叔"事件。"表叔"杨达才得名于2012年"8·26"延安特别重大道路交通事故的"微笑"事件，时任陕西省安监局局长的杨达才在视察事故现场被在场记者拍下了一张微笑着的照片，这看似无心的举动在照片被作为新闻照片公布后，引发了网民们的强烈反感，这次车祸致36人死亡、2人重伤，但身为安监局局长的杨达才却能在事故现场轻松地微笑，让人们倍感愤怒，当时他被网民封为"微笑局长"。鉴于对这个微笑的厌恶，网民开始对他进行"人肉搜索"，意外的是，却发现此人的手表极多，而且还都是世界名表，截至2012年8月31日，已被网友发现的名表总数达11块之多，因此得名"表叔"。随着"人肉"的进一步升级，他所使用的皮带、眼镜框、手镯都被网民证实是名牌货，一度被网友笑称"全身都是宝"。人们关注

"表叔"的这些"宝物"实际上是对他的清廉度深表怀疑,他的这些名牌饰物都价格不菲,不由得使人们联想到贪腐问题。带着这样的疑问,2012年9月1日下午,湖北三峡大学在校生刘艳峰向陕西省财政厅寄送政府信息公开申请表,申请公开杨达才2011年度工资。种种不利的证据指向这位"表叔",陕西省纪委介入了调查,9月21日省委研究决定撤销杨达才陕西省第十二届纪委委员、省安监局党组书记、省安监局局长职务,并被"双规"调查。2013年2月22日,在调查取证的基础上,省委又做出了对其开除党籍处分的决定,对其涉嫌犯罪问题移交司法机关依法处理。"表叔"这个看似玩笑的称呼,竟最终抓出了一个贪官,这与民众通过网络等手段不懈地追索分不开。"表叔"的手表大多是由微博上一位叫"花果山总书记"的网民鉴定出来的,之前他就以在微博上为官员"鉴表"而出名,号称已经为90多位公仆鉴表,所以就有网友请他为"表叔"鉴表。尽管他本人一直声称自己鉴表是出于"无聊",不是为了"反腐",但当他鉴定到第5块表的时候,他的微博ID还是被封号了。在涉腐的事件中,民众往往要面对的是极大的来自官方的阻力。现在"表叔"已然成为贪官的代名词,各地都出现了"表叔",遭到网民的"扒皮"(网络用语,意指盘查家底)。

"躲猫猫""表叔"这些网络流行语的出现,打破了媒体固有的预设框架,以及单一阐释和统一口径的局面,强化了来自底层的对话语的操控意图,也迫使传媒或精英阶层开始不得不处处考虑网上可能会出现的舆论。我们知道,信息媒介的掌握对"话语权"的控制有举足轻重的作用,因而是各利益集团的争夺焦点,包括信息传播的主体和各种媒介,而位于传播路径最底层的普通受众在各种"话语权"的争夺较量中是没有任何胜算的,在传统的媒介手段里,诸如报纸、广播和电视,受众没有机会触及掌控"话语权"的阶层。反映在语言上,来自下层的流行语很少会引起更广泛的注意。直到互联网的出现,从真正意义上改变了"话语权"的分配,网络的虚拟平台提供了丰富的形式给人们,从最初的BBS、新闻组、电子邮件,延伸至公共论坛、在线游戏和电子商务,再拓展至各种贴吧、博客、SNS、微博等各种新兴的网络社区形态,让人们得以全方位地体验数字化生存。就我国的互联网发展来看,伴随虚拟社区形态的成熟,通过前期平台的日渐开放,再到私人化网络社会关系构建,"话语权"也随之出现了"下移"。无论是对官员,还是对公权执法部门,在遇到相关事件的时候,网民习惯于首先站在公家的对立面,抱着不确定、怀疑,甚至是否定的态度来对抗,他们不轻易相信官方给出的结果，更愿意自己亲手找出事实真相。这种对知情权的不懈追索，体现了网民个人的独立姿态和难能可贵的执着精神。

2. 网络民主的兴起

从表面上看，网络流传的流行语层出不穷，近年来又有向舆论监督加强的趋势；从深层看，伴随人们对掌控话语权的要求日益强烈，体现出的是网络对政治生活带来的深刻影响。网络社区为人们提供了这样一个空间：在这里他们可以以个人的、独立的姿态，自由地参与到政治活动中去，所以吸引了越来越多的个体以个人或团体的面貌来利用互联网宣传政治主张，进行政治评论，开展政治辩论等。美国学者马克·斯劳卡（Mark Slouka）认为，（虚拟现实的政治）将给政治带来影响，因为"数字革命在它的深层核心，是与权力相关的"。网络的出现开始对人们参与政治生活的观念和方式起了影响，不仅是从技术上为人们提供了参与政治生活的新的信息通路，而且提升了个人作为参政主体的地位，"网络民主"也随之应运而生。对"网络民主"的内涵，国外学者倾向于从技术的角度入手，如马克·斯劳卡（1999）认为网络民主是"以网络为媒介的民主，或者是在网络中渗入民主的成分"。美国学者克里夫（Clift）则把网络民主看作政治互动，是"利用因特网加强民主过程，为个人或社群提供与政府互动的机会，并为政府提供从社群中寻找输入的机会"；莫里斯（Morris）认为网络民主是"公众与政府的沟通可以直接透过计算机及网络的运用，创造新的互动空间，以实施民主的理念"。

就目前我国的网络民主进程来看，主要有以下几个因素促使其发展。

一是"新意见阶层"的出现。在2008年《社会蓝皮书》"2008年中国互联网络舆情分析报告"中，提出了一个全新概念，把"关注新闻时事、在网上直抒胸臆的网民"定义为"新意见阶层"。该"分析报告"指出，"新意见阶层"的主战场是论坛/BBS，他们"具有巨大的舆论能量，对中国社会发展的不健康现象，他们不平则鸣，特别是遇到突发事件时，从民间反日风潮、奥运火炬传递，到汶川大地震、瓮安群体性事件，他们往往激情四溅，会在极短的时间内凝聚共识、发酵情感、诱发行动，影响社会稳定"。也有学者认为，可以把"新意见阶层"改称为"新公民阶层"，因为从他们近年来的作为来看，网络舆论已经告别了"口水社会"，进入了问政参政、干预公共事务的"公民社会"阶段。无论如何定名,这个特殊的群体日趋成为社会舆论的主要力量之一,时至今日,谁都不能小觑这些"新意见阶层"的能量。

二是网络舆论的影响力变大。"2009年中国互联网络舆情分析报告"中指出,"人民网舆情监测室对2009年77件影响力较大的社会热点事件的分析表明,其中由网络爆料而引发公众关注的有23件,约占全部事件的30%",约三成的社会舆论因互联网而兴起,像"杭州飙车案""最牛身份证号""最牛团长夫人"等都引起了广泛的关注。由于网络的介入,这些事件都得到了迅速的处理,像打人的新疆建设兵团的"最牛团长夫人"最终夫妻双双被免职,北京经适房公布的身份证号则得到了有关部门的解释,"杭州飙车案"则在网友们"70码"的追问下进行了公正公开的审理。这些热点事件主要涉及社会秩序的维护、公民权利的保护、对公权的监督和对公共道德的伸张等社会公共问题。

三是政府等相关机构的积极回应。有鉴于近年来重大突发事故和群众关注的热点问题在社会上造成的巨大影响和反响,2011年8月,中共中央办公厅、国务院办公厅印发《关于深化政务公开加强政务服务的意见》,强调了深化政务公开、加强政务服务的重要性。要求"各地区各部门要高度重视解决这些问题,坚持保障人民群众的知情权和监督权,加大推进政务公开力度,把公开透明的要求贯穿于政务服务各个环节,以公开促进政务服务水平的提高,创造条件保障人民群众更好地了解和监督政府工作","及时、准确、全面公开群众普遍关心、涉及群众切身利益的政府信息",提出了"坚持问政于民、问需于民、问计于民,依靠群众积极支持和广泛参与,畅通政府和群众互动渠道,切实提高政务公开的社会效益"。这表明了中央对重大事故的处理态度,不是以包庇、隐瞒为首要手段,而是要让人们关心的问题能得到正面的回应,让社会上出现的批评声音浮出水面,从各个方面推进和监督政府的工作。

从1999年开始,我国就开始推行电子政务建设,以"政府上网"工程为典型代表,各级党和政府官方网站成为政府面向社会的窗口和公众与政府互动的通道。中共中央政治局2007年1月23日下午进行了内容为"世界网络技术发展和我国网络文化建设与管理"的第三十八次集体学习。胡锦涛总书记在会上提出,各级领导干部要重视学习互联网知识,提高领寻水平和驾驭能力,并亲自于2008年6月20日,与强国论坛网友聊天,表明了国家、政府对网络民意的尊重和重视程度。回顾近年来的各个由网民质疑引发的事件,从"周老虎"到"天价香烟",再到"躲猫猫"事件,政府都及时地采取了对应的措施,对错误的判断予以纠正,对于涉及违法乱纪的人和事,给予了应有的处理。由于"躲猫猫"事件在政府调查阶段吸收网民调查团的参与，有人因此将2009年定义为"问政元年"，政府对网民参与调查、表达民意予以了极大的肯定和支持。

从话语权的争取到网络民主的实现，网络流行语也起到了不小的作用，借助网络平台的推广，民意通过流行语作为渠道之一渗透到了社会的各个层面，并进而对主流媒体等产生了深刻的影响，以至于改变了传统媒体多年来形成的搜集新闻素材的习惯，转而都以网络平台作为首选。网络流行的表述方式会成为媒体关注的焦点，以此来作为挖掘新闻的契机，也由于各类媒体的扩大与放大效应，使得一些突发事件、公共事件得以直达决策层，快速地接受相应的公平处理。从这个层面上看，这不能不说是网络和流行语带来的积极的作用。

3. 从"人肉搜索"到"网络暴力"

以网络为基础的全民监督既有积极的一面，也存在着负面的影响。随着网络信息的公开化程度加强，私人领域的信息安全受到了极大的威胁，首当其冲的就是"人肉搜索"带来的极大困扰。一些存在争议的人或事件在网上通过流行语的传播而形成受关注的热点后，其中的关键人物的身份、背景，甚至家庭成员都被一一公开身份。

网民使用"非此即彼"的二元对立的道德标准作为衡量事件和人物的准则，伸张正义、替天行道是他们集结起来共同出力参与"人肉搜索"行动中来的初衷，"人肉"成为他们动用的"私刑"手段。然而，在启动所谓的"网络通缉令"的时候，几乎没有人对他们接收到的信息提出疑问，都不约而同地认定发布出来的消息就是准确的，并且有一种极端化的倾向，即通过各种信息的叠加把事件推向符合群体预设的模式中去，流行语在这里就起到了推波助澜的作用。2010年10月河北大学发生的李启铭醉驾撞人逃逸事件中，李启铭的一句"我爸是李刚"引发了网民的极大不满，他们一边通过各种渠道来补充"李刚"的身份背景，一边在猫扑网等发起了"我爸是李刚"的造句大赛，"我爸是李刚"成为万用句："床前明月光，我爸是李刚""试问卷帘人，却道我爸是李刚""不是所有牛奶都叫特仑苏，不是所有爸爸都叫李刚"等等，"我爸是李刚"瞬间在事发一周之内成为家喻户晓的流行语。李刚身份的"人肉"结果也在不断被刷新，但其中真假掺杂，很多信息无法核实。事后也有人证实，当时肇事人李启铭是在向学校保卫科长求情时说的"叔叔，我爸是李刚"，并非传闻中的"有本事你们告去,我爸是李刚!"。在这句流行语传播的过程中,当时的语境已经无法还原,只被凸显了其"官二代"的本质,使得事件的发展出现了一边倒的情况,这句流行语也成为肇事者罪加一等的有力证据,人们更愿意相信李氏父子确实在背后做了手脚,为了防止特权干涉,要加重处罚,让他们永远无法翻盘。无独有偶,2007年北京的一位叫张殊凡的中学生,在接受CCTV关于净化网络视听环境问题的采访时说:"上次我查资料,突然蹦出一个窗口,很黄很暴力,我赶快给关了。"短短几秒的出镜,让这位中学生和"很黄很暴力"成为搜索的热点,"很A很BC"的流行形式也被大量地复制,成为新生的流行语框架。伴随着"很黄很暴力"的流行,话语发出者张殊凡本人也成为了"人肉"的牺牲品,还有人甚至制作了色情漫画来影射她,这对一个十几岁的中学生来说,无疑是残酷的。然而,在众多的"人肉"事件中,所谓的"肇事者"都被强大的网络势力打击得没有丝毫反击之力,只能任由自己的私生活被彻底地公布于众。这种状况更加触发了网民对"人肉"力量的崇拜和依赖,天下似乎再也没有比"人肉"更能惩恶扬善的行动了。

"人肉搜索"已经开始发展成为暴力的曝光、谩骂、诽谤和侮辱,在群情激愤中,网民失去了应有的冷静,投入到了"狂欢"式的"人肉"过程中,当事人的个人信息被肆无忌惮地"挖"出来并昭告天下,使原本的"肇事人"成了"受害者"。这种出于正义和道义的手段最终沦为受人诟病的"网络暴力",打着道义的旗号,却触及伦理道德的底线,不能不说是一种倒退。

上述在网络上展开的行为,被有的研究者在社会学上归入"集群行为"(Collective Behavior)的范畴,其主要表现是在一些特殊的情境中,产生一些不受通常的行为规范所指导的、自发的、无组织的,同时也是难以预测的群体行为。集群行为的特征主要有自发性、不稳定性、无组织性和情绪性、易受暗示性等,这些特征在展开"人肉搜索"的行为中都能找到相同的因素:第一,"人肉"行为是自发的行为,没有明确的指令要求参与者必须参加,而是大家受到他人的影响自愿加入到"人肉"的行为中去;第二,"人肉"的行为总是因事而起,一旦事件淡出视线,大家的注意力马上又都转移到别的事件上去了,因此转瞬即逝、来去匆匆;第三,在网络社会里,网民之间没有明确的组织结构,没有既定的分工,大家来去自由,随时可以加入或退出;最后,"人肉"的行为以强烈的感情因素为支撑,参与者会因为极小的暗示而一触即发,比如上文提到的"我爸是李刚"这样的一句普通话语,因为触动了人们长久以来对跋扈的所谓"官二代"的积怨和不满,迅速将之列为李启铭的头号罪状,并排斥接受真实事件的原始版本。最后导致"人肉搜索"行为走向"网络暴力"的是"群体极化"（Group Polarization），这个概念由美国当代法哲学家、芝加哥大学法学院讲座教授凯斯·桑斯坦（Cass R.Sunstein）提出的，他说："群体极化的定义极其简单：团体成员一开始即有某些偏向，在商议后，人们朝偏向的方向继续移动，最后形成极端的观点。"他注意到，"在网络和新的传播技术的领域里，志同道合的团体会彼此进行沟通讨论，到最后他们的想法和原先一样，只是形式上变得更极端了。"在集群行为中对已有的态度或认知上的倾向性通过彼此的影响而加强，使得一种观点向更极端的方向延伸开去，像在互联网上，受到了海量信息的渲染，人们接受类似的观点，又沟通频繁，就容易产生"极化"的情况。特别是有了网络流行语的传播和固化效应，使得这种"极化"现象可以在极短时间内最大限度得到散播，并被框架化，出现了一系列"我爸是XX""很A很BC"式的流行语。

从我国社会的实际情况来看，造成人们在网络聚集，并形成"极化"的原因比较复杂，总的来看可以从以下三个方面来分析：

第一，从外部条件来看，社会的变革导致了矛盾的激化。随着改革开放的深入，近年来我国加速进入包括经济转型和政治转型在内的社会转型期，并出现了由此引发的一系列政治、经济、文化、观念等诸多方面的变化。原有的计划经济体制被以市场为中心的经济体制取代，国家对社会资源的分配和规划固有模式已经被打破，取而代之的是经济利益格局的大调整，其中也涉及对广大社会公众的经济利益的重新分配。"让一部分人先富起来"的号召，加大了沿海发达地区与中西部欠发达地区、城市与乡村、城市中一部分人和大多数人之间的差异，带来了巨大的贫富差距。根据西南财经大学中国家庭金融调查数据，2010年中国家庭收入的基尼系数[①]为0.61，城镇家庭内部的基尼系数为0.56，农村家庭内部的基尼系数为0.60。这一系列的数据显示出中国无论是从全国、城镇还是农村来看，贫富差距都过大。在失业率方面，大量农村剩余劳动力的压力释放转移到了城镇，加上"下岗"带来的历史遗留问题，导致各年龄层的失业率增高，以2011年7月的调查数据显示，我国城镇整体失业率为8.0%，按2010年我国第六次全国人口普查的数据比例计算，2010年我国城镇劳动人口为

[①] 基尼系数（或称洛伦茨系数）是20世纪初意大利经济学家基尼根据洛伦茨曲线提出的衡量收入分配差异程度的一个指标，其值在0和1之间。越接近0就表明收入分配越是趋向平等，反之，收入分配越是趋向不平等。按国际一般标准，0.4以上的基尼系数表示收入差距较大，当基尼系数达到0.6时，则表示收入悬殊。

34,624万人，2011年7月的失业人数将超过2,770万人[①]。在国家经济建设成效和成绩显著的同时，社会失范也在加剧，经济利益的不平衡导致了腐败的滋生、社会风气的滑坡，对利益的追求失去了道德约束，不同利益集团间的矛盾、对立和冲突日渐突出。

第二，从内部条件，即网络主体的因素来看，网民的整体素质决定了其在网络中的表现。根据2013年1月15日中国互联网络信息中心（CNNIC）在京发布的第31次《中国互联网络发展状况统计报告》，截至2012年12月底，（1）我国网民规模达到5.64亿，男女比例为55.8：44.2，性别差明显；（2）网民的年龄分布中，10—19岁的占24%，20—29岁的占30.4%，10—29岁之间的网民占上网人数的一半以上；（3）学历情况中初中水平为35.6%，高中/中专/技校占32.3%仅次于初中水平比例；（4）职业比例前三名的分别为学生25.1%，个体户/自由职业者18.1%，无业/下岗/失业9.8%；（5）网民中收入在3000元以下的占71.3%；（6）网民中使用手机上网的人群占比为74.5%，较2011年的69.3%增幅明显，人数规模为4.2亿。通过这些统计数据的叠加，直接勾勒出了中国当下网民的群像：男性，30岁以下，中等文化水平，没有固定经济来源，收入不高，爱用移动通讯设备随时上网。这就是目前活跃在网上的网民主体，他们普遍文化水平不高，但有很多时间泡在网上；年轻冲动，容易被煽动，独立思考的能力较差；他们处于社会的中下层，政治地位和经济地位都很低。所以，在面对一些涉富、涉权、涉公权等信息时，他们会从自身的处境出发，偏爱站在弱势或反抗的一面，质疑公权、反对一切权威。他们往往是"Listen half"（听一半），"understand quarter"（理解四分之一），"think zero"（零思考），却做出了"react double"（双倍反应）。

第三，在应对机制上，政府和相关部门的反应确实有不尽如人意的地方。针对一些突发事件，比如重大的事故、严重的群体事件，一些当地部门首先做的是遏制传播通路，对网民自发的信息的发布一味地删帖、禁言，但自身又做不到及时跟民众有效地沟通，因而导致了更多的猜疑和反弹。早几年的SARS传闻、乌坎事件、艾滋针事件等，虽然其中有真有假，但每次事件在初现网络的时候，政府都授意媒体集体禁声，同时加大在网上遏制住传播的势头，但收效甚微，直到事态严重到不得不公开时，才匆匆出面做出解释，但此时民心已失。所以，现在但凡遇到政府出面说明的情

[①] 中国家庭金融调查与研究中心、西南财经大学（2012）中国家庭金融调查报告。

况，网民第一时间反应首先是怀疑其真实性。比如2012年轰动全国的重庆悍匪周克华事件，尽管警方一再申明被击毙的是周克华本人，但网上仍然认为是警方为平息事件，随便找了替罪羊来应付人们的质疑，甚至对于死者身份可能是湖南便衣警察的推测都被认定极有可能是真的。更令人哭笑不得的是，2012年6月河南省委书记卢展工在洛阳山区考察时下车割麦的新闻得到了网民一边倒的讥讽，认为书记亲自下田割麦的行为是"作秀"。这种情况被称为是"塔西佗陷阱（Tacitus Trap）"[①]，意指"当政府不受欢迎的时候，好的政策与坏的政策都会同样得罪人民"。然后再引申为：当一个政府失去公信力时，无论说真话还是假话，做好事还是坏事，都会被认为是说假话、做坏事。在应对人们对邵阳沉船、红十字会丑闻等问题提出批评时，政府及相关部门就会以"塔西佗"来解释，且不论这个"塔西佗陷阱"的真伪，但就目前公信力屡屡受到挑战的现实，颇值得玩味。

4. 基于语言政策的网络治理

针对网络存在的种种不健康、不利于社会团结进步的现象，我国政府很早就开始了相关的治理。"网络治理"按联合国网络治理工作组（Working Group on Internet Governance）的定义，是"由政府、私营机构和公民社会从他们各自的职责出发，共同形成、发展和运用的原则、规范、章程、决策程序和制度安排，以此影响推进互联网的使用"。从1996年起，我国就开始着手制定和发布涉及互联网的接入、信息服务、网站的管理以及信息发布等方面的监管措施。就单从对网络语言的管控上，为了杜绝网络上的言论污染，在2000年颁布的《互联网信息服务管理办法》中，明确要求不得在网上出现以下九类内容："（一）反对宪法所确定的基本原则的；（二）危害国家安全，泄露国家秘密，颠覆国家政权，破坏国家统一的；（三）损害国家荣誉和利益的；（四）煽动民族仇恨、民族歧视，破坏民族团结的；（五）破坏国家宗教政策，宣扬邪教和封建迷信的；（六）散布谣言，扰乱社会秩序，破坏社会稳定的；（七）散布淫秽、色情、赌博、暴力、凶杀、恐怖或者教唆犯罪的；（八）侮辱或者诽谤他人，侵

[①] 有关塔西佗的身份一般认为是指罗马的历史学家，历史上确有其人，不过有关专家经过考证，发现在他的《历史》《编年史》等著作中并未发现相关的论述，而且在有关的罗马史料中也没找到。一些国外的政治学者也表示不知道有这样的政治学定律存在。

害他人合法权益的;(九)含有法律、行政法规禁止的其他内容的。"各个大小网站都根据此要求,采取了相应的技术手段,对网上发布的内容进行"敏感词过滤",但凡遇到发帖内容中涉及上面九条中内容的,一律以"*"显示,不同网站的敏感词设定标准宽严不定,有的把国家领导人的名字也设为敏感词,有的网站连"公安""警察"这类词也都是敏感词,而且有的敏感词会"与时俱进",2008年奥运前由于火炬在境外被藏独分子抢夺的事件,引起了国内民众的愤怒,被曝有资助达赖喇嘛行为的家乐福也由此受到了冲击,网民在网络上大骂家乐福,因而在一段时间内,"家乐福"也变成了敏感词,待事件平息后,才又恢复解禁。然而,这种机械的过滤方式,并没有太大的效果,网民会通过改变词语的形式来绕过敏感词的管控,比如在词中加入空格或各种标点符号,如"疆-独""藏独";也有使用拼音首字母来表示的,如"JC(警察)""FLG(法轮功)",还有索性改用其他词语表示,如"天朝(中国)""胡core(胡锦涛)"等。在这种过滤机制下,不少流行语也应运而生,比如最初"瓮安事件"发生的时候,各大网站被要求封口,不许网民传播和谈论案情,"瓮安"一度被列为敏感词,网民则另辟蹊径,以"做俯卧撑"为代号,并以调侃的方式质疑和施压。很多流行语,如"反正我是信了""楼倒倒""被自杀"等都是在这样的环境下流行起来的,可谓是一种在严格监管下的曲线的民主的实现手段。

网络的介入不仅带来了网络民主的兴盛和网络暴力的出现,同时也深刻地影响了流行语的形式和内容变化,这其中有积极的一面,比如推动话语权的下移、知情权的追索,当然也伴随有不少的问题,诸如参与网络暴力、过多的隐喻涉及语言规范问题等,这些问题不仅仅是语言问题,而且关涉到我国网络治理政策的内核。

第一,管控手段的升级不应该成为政府管理的唯一手段。上面我们提到过,1996—2000年间,从国务院到下属直管部委颁发了网络相关的管理办法、条例,规范了发布内容、发布资质等,以图从来源上遏制住互联网上的不良风气。然而,事实是网络环境并没有就此得到彻底的整治,相反,伴随着接入网络终端的方式多元化,越来越多的人参与到网络信息交流的平台中,网民对事件的反应速度也好,对国内外局势的见解也好,都呈现出前所未有的复杂性和严峻性。2002到2003年间,政府又先后出台了若干涉及规范互联网络管理的法律和规定,如2002年3月26日中国互联网协会的《中国互联网行业自律公约》、同年5月17日文化部出台的《关于加强网络文化市场管理的通知》、6月27日新闻出版总署和信息产业部联合下发的《互联网出版管理暂行规定》、9月29日国务院颁布的《互联网上网服务营业场所管理条例》(第

363号令)以及2003年5月10日文化部发布《互联网文化管理暂行规定》。这些政令的颁布建构起了网络发布和审查的"天罗地网","敏感词"的设置、网络管理员实名认证上岗制度,这些措施都在一定范围内控制住了网络的"无序""无政府"状态。但是我们看到,光使用禁止和删除的手段,无法从根本上杜绝网络上所谓的不健康、反党、反社会等内容。相反地,过多的限制反而激发了网民的反弹和反抗,各式迂回、曲折、隐喻的表达方式层出不穷,久而久之使得网络平台成为一个语言的"特区",拥有其独特的编码方式。如在一些大城市中有来自新疆的维吾尔族偷盗犯罪团伙专门在闹市以尾随的方式盗窃行人的财物,人们对此行径深恶痛绝。一些群众在网络上诉说自己被新疆维族小偷"光顾"的经历,会言语过激,论坛管理员为了平息众怒,就会把他们发言中的"新疆人""维族人"等作敏感词处理。这样的做法引起了受害者和旁观者们的不满,他们不明白为什么明明自己的个人财产受到了损害,偏偏连个说理的地方都没有了,于是为了绕过敏感词的过滤,就出现了"XJR""新疆人"等形式,而当这些形式也被圈入过滤范畴后,人们就求助于更加隐晦的表达方式,一些论坛上以"哈密瓜"为代号,专门指代来自新疆的小偷。在类似的情况下,人们在受到了发言的种种限制后,会将对不平、不公之事的愤怒叠加在网络的审查制度上,因而聚积了大量的不满和情绪,一旦有机会发泄,将会如涌出闸口的洪水般泛滥开来,这也是为什么容易出现"极化"情况的诱因之一。"防民之口,甚于防川"就是这个道理。对敏感词的过滤设置应以文明、健康的网络氛围为出发点,而不是以某个阶段某些特殊的情况为基准,否则就违背了网络最初向所有阶层敞开传播和获取信息之门的初衷。像上面例子提到的将"新疆"列为敏感词的做法就欠妥,管控阶层认为出现"新疆"等词就有煽动民族矛盾、破坏民族团结的危险,这种认识和做法细究之下,颇为可笑。事实上,在网上关于新疆维族小偷的讨论中,网民意见大都能一分为二地看待民族问题,他们憎恶小偷的行径,也承认大部分人是善良普通百姓。过度地设置"敏感词"、滥用"敏感词"带来的往往是副作用,甚至是"负作用"。

第二,监督机制的完善应有成熟的公共管理机制相配合。人们在新媒介的帮助下,拥有多方位的信息通路,各种消息真假掺杂,但是大家情愿相信捕风捉影的传言,也不愿相信政府给出的解释,使得管理者和管理部门陷入了尴尬的境地。回顾近年来催生各类流行语的事件,大多是由于有关部门的官僚作风和效率颇低的应急机制,引起了民众的不满。2008年3月,举报人李国福因多次进京举报问题,在监狱医院内死亡后，被检察机关认定其属于自缢身亡，但其家属不认可李自杀的结论，面对诸多的疑点，公权机关还是在事实面前坚决不松口，最后不了了之。人命关天，到头来被轻描淡写地定义为"自杀"，据说这是某些机构处理棘手的人或事的一贯伎俩，因而深谙个中规则的人用"被自杀"点出了整个事件的关键所在，"被自杀"也由此流行开来。再比如2011年的"7·23甬温线特别重大铁路交通事故"中，铁道部发言人王勇平的那句"反正我是信了"流露出的十足的官僚气让关心事故救援真实情况的民众出离愤怒。在事故发生后最宝贵的48小时生命救援黄金期，铁道部所做的不是尽一切努力迅速救人，相反则是就地掩埋事故车体残骸，这种做法受到了国内外舆论的质疑，然而面对质疑，铁道部拿不出一个合理的解释，索性用"至于你信不信，反正我是信了"来答复，这种说法既有悖于发言人的职责，同时也反映出了个别部门在应急能力上的缺陷。这句"反正我是信了"被大肆传播，放到各种对话场景中，用来讽刺铁道部的官僚做派，还由此诞生了"高铁体"的流行语段子。越来越多的突发事件，暴露了政府机构在处理这些事件上的问题，网络舆论的反应速度往往快过政府的应变速度，由此产生了两方掌握信息量的差异，一旦这种差异没有得到及时的沟通和理解，就会造成更严重的对立，而所带来的矛盾将会无限地向各个层面扩散出去，从就地掩埋联想到对高铁提速的质疑，再到历年春运的老大难问题，昔日威风凛凛的"铁老大"瞬间成为众矢之的，一败涂地。在当下快速的信息更新的节奏中，拖沓、扯皮的老一套官僚作风显得极不合适，这也给政府和职能部门在处理舆情危机上提出了更高的要求：一方面，要设立有效、高效的舆情预警机制，通过新技术手段对海量信息进行相关的监测和分析以及过滤，通过预测敏感话题、判断舆情倾向等，做到预先准备、提前部署，将负面因素降到最低值。如可以设立日常的关键词语的跟踪和分析，通过对语言使用情况的追踪，特别是流行语、热词的实时监控，迅速掌握各种媒介的舆论动向，真正掌控住主导权。另一方面，对已发生的突发事件，应该及早介入，如人民网的舆情监测室提出了"黄金四小时"的法则，认为政府信息发布的及时性与事件舆论走向之间有着密切的关系。政府应该把握好新闻发布的节奏，在第一时间发声，并给出积极处理的态度，而不是一味地推诿、避让和遏制消息的传播。政府积极主动处理的姿态，得到的不仅仅是减少民众对公权的指责，更多的是会赢得理解和信任，重塑政府和政党在老百姓心目中的形象。所以说，只有有了成熟的公共管理应对机制，才能真正地处理好舆论监督与网络治理间的关系，化对立为对话，共同促进社会的和谐与发展。

5. 结语

近年来，对网络文化生态的治理成为决策层和民众都关心的问题，如何保护好网络环境？怎样真正实现民主社会的网络自治？以及如何营造健康积极的网络互动氛围？这些都是亟须解决的问题。笔者仅从流行语的角度入手，提出了一些自己的看法，也许观点有失偏颇，缺乏对网络治理的大局观念和宏观的把握，不过希望借此提供给研究者们一个新的角度，从网络生态问题的表象来倒推出可操作性较强的措施来。

主要参考文献：

Steven Clift（1996）Democracy is Online, *Internet Society*.

安德鲁·基恩（Andrew Keen）（2010）《网民的狂欢：关于互联网弊端的反思》，丁德良编译，海口：南海出版社。

郭小安、虞崇胜（2011）国外网络民主研究述评，《新视野》第5期。

凯斯·桑斯坦（Cass. R. Sunstein）（2003）《网络共和国——网络社会中的民主问题》，黄维明译，上海：上海出版集团。

马克·斯劳卡（Mark Slouka）（1999）《大冲突——赛博空间和高科技对现实的威胁》，汪明杰编译，南昌：江西教育出版社。

曼纽尔·卡斯特尔（Manuel Castells）（2010）网络社会里的传播、权力和反权力，《都市文化研究·第6辑：网络社会与城市环境》，叶涯剑编译，上海：上海三联书店。

莫里斯（Morris）（2000）《网路民主》，台北：商周出版社。

徐百柯（2012）网上行事切忌"智力递减"而"暴戾递增"，《中国青年报》6月5日。

张跣（2009）想象的狂欢："人肉搜索"的文化学分析，《文艺研究》第12期。

张卓、王瀚东（2010）中国网络监管到网络治理的转变——从"网络暴力"谈起，《湘潭大学学报》（哲学社会科学版）第1期。

（张　蕾，上海师范大学语言研究所副教授）

网络语言新兴名动形词类转化现象分析

王艾琳

0. 引言

一个词在使用过程中词性的变化，是汉语的一个普遍现象。从历时角度看，古代汉语和现代汉语都存在词类转化；从共时角度看，词类转换也不单单存在于汉语中。词类是研究语法的基础，研究词类转化，可以了解其运作机制，有助于加深对词类本质的理解。

当下，网络语言进入人们的日常生活，影响人们的日常交际，已成为不可否认的事实。作为社会语文最主要的组成部分，网络语言在某种程度上也在影响着现代汉语的发展方向。通常一个新用法最先在网络上出现、流行，此时的使用者，还仅限于活跃在网络上的年轻人。之后一些媒体如报纸、电视，为了吸引读者观众的眼球，也开始使用这些新用法。逐渐地，更广泛的人群开始接受并运用此类语言现象，网络语言就以这样的方式影响着现代汉语。

本文的研究对象是网络语言中的新兴词类转化现象。由于文章希望尽可能全面地收集新兴的词类转化，因此语料来源并不仅限于封闭的语料库，而是从网络各大贴吧、论坛等广泛搜集。词类转化，是指原本属于某一词类的词，具有了其他词类的用法。例如：

（1）雷：
  a. 幽默笑话精选：佛门爆笑，这个师傅很雷人。（新华网安徽频道）
  b. "很雷很创意"：山寨机的现实与未来。（新华网重庆频道）

"雷"在现代汉语里本为名词,没有"雷人"的用法,也没有"很雷"的用法。这里就可以认为名词"雷"改变了词性,具有了动词和形容词的用法。

但网络语言中的词类转换还有广义和狭义之分。狭义也就是指的上述这种情况,广义的词类转化还包括了由省略造成的形式上的词类转化。例如:

(2)团了两张电影票。(百度贴吧)

此处的"团"实际上就是"团购"的省略,即一个字承载了两个字的语素意义。此类情况没有太多的研究价值,本文主要讨论的是狭义的词类转化。

词类转化涉及多个词类,但本文的讨论范围仅限于名词、动词、形容词三类,原因如下:一、名动形是词类转化中最主要的类别,数量也最多;二、名动形作为三大实词类,自成系统,本身就具有千丝万缕的联系,研究三者之间的词类转化,对于深入理解名动形之间的关系,了解它们的变化生成机制,有极为重要的意义。

张伯江(1994)认为,"临时活用→常见活用→兼类→同形词"是一个连续的过程,并且提到"其实现代汉语里哪些是活用哪些是兼类也不太容易分清"。但是,兼类和同形词在语言系统里较为固定,并且广为人们所接受,因此也就不是本文研究的重点。本文的研究范围,主要是那些新出现的词类转化的现象,观察它们的发展轨迹,分析它们出现的原因,以及预测它们未来的发展前景。

1. 现代汉语的名动形词类转化现象

网络语言虽然具有自己的特点,但仍属于现代汉语的一部分。研究网络语言的词类转化,首先要了解现代汉语本身词类转化的特点。

传统语法学将名词、动词、形容词分立为三个独立的词类,各自有不同的位置和功能。但同时将形容词和动词划为谓词一类,承认它们之间存在的共性。邓思颖(2010)等认为,传统语法所讲的区别词(非谓形容词)应该被归为形容词,而传统语法所讲的形容词应该被归为动词一类。沈家煊(2009)认为动词包含形容词,而名词包含动词。不论以上哪种分法,需要注意的是,名词、动词、形容词还是存在用法上的差别,无法混为一谈。本文采用传统语法学的观点,认为三者间存在根本的差异,并以这些差异作为判断词类转化的依据。

朱德熙在《语法讲义》中总结出了名词、动词、形容词的用法特点,并以此作为判断词类的标准,具体如下:名词受数量词修饰,不受副词修饰;形容词受"很"修饰,不带宾语;动词不受"很"修饰,或带宾语。本文以此为判断词类的主要标准,再辅以其他的方法,作为判断词类是否发生转化的依据。

第一,名词转化为形容词。名词转化为形容词数量多,涉及的名词范围广,是非常重要的一种词类转化形式。名词转化为形容词的主要形式是副词修饰名词。

总的来说,修饰名词的程度副词,"很"最为常见,其他的还有"太、挺"等,多是表示程度高的。而被修饰的名词,既有指人名词,如"英雄",又有动物名词,如"驴";既有具体事物,如"古董",又有抽象概念,如"正义"。

其他的名词转化为形容词的结构还有否定副词"不"修饰名词。通常否定副词"不"既可修饰形容词又可修饰动词,那么如何判断此处的名词是形容词用法而不是动词用法呢?当"不"修饰形容词时,表示性质上的否定,即某物不具有这样的性质;而"不"修饰动词时,表示动作的未然。因此,只要确定受"不"修饰的名词表示性质而不是动作,就可判断其转化方向了。否定副词"不"可以修饰的名词数量也比较多,如"不传统、不女人"等,主要视表达需要而定,不再一一赘述。

此外,还有"这么/那么"修饰名词,"越来越"修饰名词等结构,因为数量少,不具有能产性,也就不作为讨论重点。

第二,形容词转化为动词。根据《语法讲义》,形容词的典型用法是可以受"很"修饰,且不带宾语;动词的典型用法是不受"很"修饰,或可以带宾语。其实,动词的这两点特性分别对应了不及物动词、及物动词跟形容词的区别。不及物动词与形容词一样不能带宾语,但同时却不能受"很"修饰;有的及物动词与形容词一样可以受"很"修饰(有的不可),但却同时可以带宾语。

由于上述区别,可观察到的形容词转化为动词只能是转化为及物动词,也就是形容词带宾语的形式。如果要向不及物动词方向转化,既没有结构上可观察到的形式,在语义上也解释不通,这在后文还会谈到。有的学者认为,形容词加上动态助词即是具有了不及物动词的用法,在这一点上我们不能同意。因为形容词中的一大类(变化形容词)都可以加上动态助词,表示一种性质或状态的改变,此处的形容词的确具有了动词的性质。但这是这部分形容词本来就具有的特点(不是典型句法功能),因此说此处的形容词转化为了动词,会造成形容词类别归属不清的问题。

因此，形容词转化为动词主要是形容词带宾语的结构。第一类是形容词直接带宾语，这一类在现代汉语里非常常见，多以"2+2"的组合方式出现。不过这类形式中的形容词，由于生命力强，使用范围广，多已变成形容词动词兼类，如"方便群众、繁荣市场"。只有少数形容词仍保持原来的词性，如"健康、牢固"。除了形容词带宾语外，另一种形容词转化为动词的结构是形容词加动量结构，如"潇洒一回"。

第三，名词转化为动词。王冬梅（2010）将名词转化为动词按照语义进行了分类，不过因为她讨论的名词动化在汉语中发生的时间较早，现在这些词大多已经是兼类词甚至同音词了，本文也就不多作讨论。除此以外的名词动化还有"名词+动量结构"，如"权威一把、雷锋一次"，以及"名词+补语"结构，如"英雄起来、艺术下去"。

第四，形容词转化为名词。形容词转化为名词主要是受数量词修饰，形容词的表述功能由修饰变为指称，如张勇（2009）提到的"浪漫是一种热、电影是一种快"。这些例子多是作为一种修辞手段，是一种临时活用，通常没有太强的生命力。

第五，动词转化为名词。表示一种由陈述到指称的转化，分自指和转指两大类。动词的自指也就是指称其动作本身，表述功能由陈述转为了指称，如"影响、准备、研究"等。这一类也就是朱德熙《语法讲义》所说的名动词。不过，它们与一般在主宾语位置上的动词不是一回事。上文提到过，主宾语位置上的动词在句法层面上具有了指称的表述功能，但也就仅此而已，词汇层面它们仍然是动词。但名动词有其特殊的用法，如可以充任准谓宾动词的宾语，如"有影响、有准备"，可以受名词直接修饰，如"政治影响、思想准备"。转指又分转指施事，如"领导、导演"；转指受事，如"摆设、花费"；转指工具，如"补助、扶手"。

第六，动词转化为形容词。张勇（2009）列举了不少例子，如"太讽刺了、很独裁、很热销、很显摆、很刺激"，多是程度副词修饰动词。动词向形容词的转化，隐藏了动词的动作义，凸显了其性状义，在现代汉语中的情况也比较多，但多为活用，很少能固定下来，成为形容词。

总的来看，现代汉语名动形词类转化的六大类别，彼此之间各有不同。名词转化为形容词数量多，范围广，生命力强。形容词到动词的转化，自古就有，在现代汉语里也比较容易发生，但大多数词语现在已完成转化，成为兼类词，正在发生的转化较少。名词向动词的转化，是现代汉语大量兼类词的产生途径，但同样转化过程已经结束，现在仍有少数个别现象。动词向形容词的转化，数量较少，没有成批的现象，发生比较偶然。形容词向名词的转化，多为临时活用，是一种修辞的用法，没有生命力，因此也不会有真正词性的变化。动词向名词的转化较多，通常表述动作的抽象概念由陈述直接转化为指称，或是转指动作论元，但绝大多数已完成转化，现在比较少见。

这样的分布特点也是有原因的。张伯江（1994）提出了一个词类分布的序列，即"名词——非谓形容词——形容词——不及物动词——及物动词"。观察名动形的位置功能，发现上述序列的确存在。综合上文总结出的词类转化的特点，可以发现从左至右的转化都是比较常见的，这里称为词类转化的谓词化方向。不过，体词化方向里，动词向名词的转化也比较常见，这是因为，随着交流的深入，语言的复杂化，名词需要更多表示抽象意义的词项的加入，而作为表示陈述意义的动词直接指称化，加入名词的词类，是没有什么困难的，因此这一类词类转化也非常常见。

2. 网络语言新兴名动形词类转化现象介绍

网络语言有自己独特的环境，因而也具有自己独特的特点，但同时也可以在一定程度上反映现代汉语的发展方向。人们在网络上交流，可以跨时间，跨地域，并且交互性强，再加上网络信息量大，匿名性的特点允许网民们畅所欲言，因此网络语言呈现出了各地方言甚至语言的融合性；新语言现象的传播速度更快，对语言表达能力的要求也更高。只要我们可以正确地剥离掉网络语言本身的那些特点，就可以从中窥见现代汉语的发展轨迹。

名动形之间共有六种转化，但不是这六种在网络语言中都有体现。其中，名词转化为形容词、形容词转化为动词、名词转化为动词以及动词转化为形容词比较突出。下面就分别介绍这四类转化。

第一，名词转化为形容词。与现代汉语相同，名词向形容词的转化主要是受程度副词的修饰。例如：

（3）宅：
    a. 袁珊珊：曾离家出走网吧过夜，生活中很宅。（环球网娱乐）
    b. 刘翔老婆很宅很低调，丈母娘是"女强人"。（中国网）

c. 特别**宅**，不想出去。（快速问医生网）

　　d. 还单身？你可能是太**宅**了。（重庆晚报数字版）

（4）山寨：

　　a. "很雷很**山寨**" 2008 网络流行语。（中国网）

　　b. 语言很雷人节目很**山寨**，"山寨春晚"很雷很草根。（人民网）

　　c. 厨师自费 5000 元造**山寨**"悍马"。（搜狐新闻）

　　d. 风度广场上演**山寨**"非诚勿扰"。（BBC 语料库）

（5）悲剧：

　　a. 自己真是太**悲剧**了。（百度知道）

　　b. 千万别把自己的照片放到网上不然很**悲剧**。（新浪网）

　　c. 这就是我们的社会阿（啊），真**悲剧**。（百度贴吧）

　　d. 我突然发现保定挺**悲剧**的。（百度贴吧）

（6）暴力：

　　a. 宝宝很**暴力**，家长很头疼。（亲宝网）

　　b. 史上十大很黄很**暴力**的美剧。（凤凰网财经频道）

　　c. 现在的女生都挺**暴力**的！真的！（百度贴吧）

　　d. 这是什么，好血腥好**暴力**。（百度知道）

（7）垃圾：

　　a. 你太**垃圾**了！（百度知道）

　　b. 某银行系统设计得太**垃圾**（BBC 语料库）。（百度贴吧）

　　c. 对！真的很**垃圾**。（BBC 语料库）

　　d. 今天的焦糖巧克力奶茶很**垃圾**。（BBC 语料库）

（8）废物：

　　a. 感觉自己很**废物**。（百度知道）

　　b. 感觉自己太**废物**了。（百度贴吧）

（9）专家：

　　a. 有木有爱情方面很**专家**的，我现在很困扰，很困扰。（百度知道）

　　b. 很**专家**、相当**专家**。（天涯社区）

　　c. 发展改革委员会，很专业很**专家**。（网易博客）

　　d. 做人不能太**专家**。（百度贴吧）

（10）真相：

　　a. 鹤舟先生你果然给力，太**真相**了！（百度贴吧）

　　b. 这句话很经典，很**真相**。（百度贴吧）

　　c. "牙科真相贴"是不是很**真相**？（网易新闻）

　　d. 喜欢胡彦斌的进来，很事实很**真相**！（百度知道）

（11）中二（中学二年级的简称）：

　　a. 怎样才能变得很**中二**？（百度贴吧）

　　b. 每个月总有那么几天很**中二**。（豆瓣读书）

　　c.《复仇者联盟》做神不能太**中二**。（丢豆网）

　　d. 你印象中最经典的最**中二**的男性主角台词是什么？（虎扑体育网）

（12）科学：

　　a. 这不**科学**。（萌娘百科）

　　b. 破除不**科学**的月子禁忌。（果壳网）

　　c. 几十项评定标准很**科学**。（东方早报网）

　　d. 这些其实很**科学**。（百度贴吧）

（13）良心：

　　a. 搜狐视频真是太**良心**了。（百度贴吧）

　　b.IE 发紧急补丁：微软对 XP 真是太**良心**了！（驱动之家）

　　c. 屏幕效果很**良心**。（电脑之家）

　　d. 暴雪很**良心**，网易很讲究。（百度贴吧）

（14）渣：

    a. 知道真相以后我肠子都悔青了啊，觉得自己很**渣**啊！（天涯论坛）

    b. 我同学说我这电脑配置很**渣**是不是？（百度知道）

    c. 碰到这么**渣**的女人怎么办？（天涯社区）

    d. 猪猪字幕组为什么这么**渣**？（百度知道）

（15）菜鸟：

    a. 很**菜鸟**的问题，呵呵。（百度知道）

    b. 男主角太**菜鸟**了。（百度贴吧）

    c. 今天看了你的游记才第一次知道还有这么个报告书也，是不是太**菜鸟**了？（蚂蜂窝网）

    d. 江苏考生真**菜鸟**！（百度知道）

（16）花瓶：

    a. 有没有人觉得女主很**花瓶**？（百度贴吧）

    b. 长得不花瓶但其实很**花瓶**的红毯。（新浪博客）

    c. 苏醒还不太**花瓶**。（BBC语料库）

    d. 有人说学姐太**花瓶**了。（圣诞之吻吧）

    名词受程度副词修饰，转化为形容词是现代汉语中仍在进行的一个过程。网络语言中的名词转化为形容词，数量多，生命力强，可以说是现代汉语在网络语言中的一个延续。

    第二，形容词转化为动词。最主要的形式是"形容词+宾语"，其次还有被动句，"形容词+动量结构"等。例如：

（17）黑：

    a. 又**黑**我大四川。（百度贴吧）

    b. 想**黑**我，不可以。（欧莱雅广告语）

    c. 想**黑**谁就**黑**谁？（凤凰网）

    d. 欢迎来到"被**黑**"时代。（人民网）

e. 说出你最喜欢，最不允许别人黑的明星。（百度贴吧）

（18）山寨：

a. 山寨你没商量。（酷6视频）

b. 海涛，我突然很想山寨你，怎么破？（百度贴吧）

c. 假如你的id被山寨了，你会怎么办？（百度贴吧）

d. 我也来山寨一下。（百度贴吧）

（19）和谐：

a. 我要和谐你。（百度贴吧）

b. 谁赢了和谐谁。（百度贴吧）

c. 百度影音被和谐了吗？（百度知道）

d.Twitter：我们想进入中国，但不想被和谐。（驱动之家）

第三，名词转化为动词。名词用作动词的结构更加多样化，有"名词+宾语"，有"名词+动量词组"，还有"介词词组+名词"等。例如：

（20）水：

a. 容我水一下。（百度贴吧）

b. 只是水一下。（百度贴吧）

c. 朋友们！来点真实的回答吧！别水了！（百度贴吧）

d. 快来水一水。（百度贴吧）

（21）雷：

a. 雷死人不偿命的20对荧幕情侣。（扬子晚报网）

b. 历史其实很雷人。（书名，豆瓣读书）

c. 我承认我被雷到了！（酷6视频）

d. 前两集就雷到我！（豆瓣网）

（22）汗：

a. 神吐槽，我汗了……（暴走漫画）

b. 令人狂**汗**的词语。（百度贴吧）

c. 有没有类似"让人狂**汗**的声音"这样的搞笑 MP3？（百度知道）

（23）百度 / 谷歌 / 微博 / 博客：

a. **百度**一下，你就知道。（百度）

b. 为什么说**百度**一下，你就知道。**谷歌**一下，你就知道得太多了？（百度知道）

c. 昨天，我修改了下账号，呵呵，可以**微博**一下。（红豆博客）

d. 领导也**博客**一下如何？（人民网）

（24）音乐：

QQ 音乐，**音乐**你的生活。（QQ 音乐）

（25）视频：

a. 没左眼，不**视频**。（暴风影音）

b. 一大早和爸爸妈妈**视频**。（丫丫网）

c. 跟家人**视频**时，如何录制下视频？（搜搜问问）

d. 美女和网友**视频**被家里人看到。（人人网）

（26）粉：

a. 怎么才能让别人**粉**我？（百度知道）

b. 新浪微博怎样查看别人**粉**没**粉**你？（百度知道）

c. 百度贴吧怎么互**粉**？（百度知道）

d. 微信求互**粉**。（百度知道）

（27）墙：

a. 这些 sb 整的这 GFW，你特么**墙**了 Facebook 我忍了，**墙**了 Youtube 我忍了，现在把各种重要工作都要依赖的 Gmail 也**墙**了，我们真特么不能再忍了。（人人网）

b. 没有任何违规的东西，域名为什么被**墙**了。（百度知道）

c.Android 开发主页为什么被墙了？（百度知道）

第四，动词转化为形容词。网络语言中动词用作形容词数量较多，较现代汉语更为常见，比较特殊。例如：

（28）水：
　　a. 一个很水很水的帖子。（百度贴吧）
　　b. 长水机场问题不断，网友调侃：长水"很水"。（民航资源网）
　　c. 我发现了一个特别好玩儿的学长，还特别水。（百度贴吧）
　　d. 质量很差，拉链特别水。（京东网）

（29）雷：
　　a. 怎么形容一个人很雷？（百度贴吧）
　　b. 很雷很雷的图片。（百度贴吧）
　　c. 雷言雷语。（网易新闻）
　　d. 2013 经典雷人雷语。（百度贴吧）
　　e. 经典雷文重温。（百度贴吧）
　　f. 爆笑雷文赏析。（百度文库）

（30）汗：
　　a. 很汗很真实。（新浪博客）
　　b. 提个很汗的问题，怎么用 QQ 听歌。（百度贴吧）
　　c. 我汗，很汗，非常汗。（百度贴吧）

（31）赞：
　　a. 这样的说说很赞。（百度文库）
　　b. 一些本人觉得很赞的电影。（百度贴吧）
　　c. 你的回答太赞了。（百度贴吧）
　　d. 用雪糕棍制作工艺品，太赞了！（凤凰网）

这里还要讲一下网络语言词类转化的方向问题。由上可知，网络语言中同一个词常常有不止一个转化方向。例如,"水"在现代汉语里本为名词,近期在网络语言里出现了词类转化,既有形容词的用法,如前面(28)的例子;又有动词的用法,如前面(20)的例子。比较:

(28)a. 一个很水很水的帖子。(百度贴吧)
　　 b. 长水机场问题不断,网友调侃:长水"很水"。(民航资源网)

(20)b. 只是水一下。(百度贴吧)
　　 c. 朋友们!来点真实的回答吧!别水了!(百度贴吧)

　　上述例子,体现了网络语言的自由性、灵活性。在网络上交流时,需要表达的信息更多,而正规语言的束缚更少,催生了更多词类转化的用法,同时也使得词类之间的界限更加模糊。而我们要关注的问题是,这两种用法,彼此之间是什么关系?是同时发生的,还是有时间先后?还是先从名词转化到形容词,再从形容词转化到动词的?

　　同样有上述问题的词有"雷、宅、山寨、汗"。通过分析发现,同一个词的多次词类转化还是有方向与序列的。网络语言中词类界限的模糊使得词类转化现象的可能性增大,一个词类转化方向的语言现象还没有稳定(或者只能说在现代汉语中还没有稳定),就又朝着下一个方向转化。当然,在这样一个快速变化的前提下,判断词类转化的方向与时间顺序有一定的难度,但这些信息可以帮助我们发现它们变化的轨迹,从而总结特征,预测轨迹,对于我们深入了解网络语言甚至现代汉语的词类转化,都大有帮助。

　　本文采用的方法是,当不清楚一个词的词类转化现象的先后时,则依靠对该词来源的解释。一般来说,对于新兴用法来源的解释指向了其最初的转化方向,而另一词类性质则可以认为是之后进行的词类转化。

　　先看名词"水"的转化。"水"的新兴用法来自"灌水",据百度百科,灌水最开始是来自英语的"add water",后来经台湾引入大陆。据维基百科,灌水最开始为商业用语,指不良商人于货品如肉类灌入水分以谋暴利。不论哪种解释,可以知道的是,"灌水"是动词用法"水"的最初来源,意思是"向论坛中发大量无意义的帖子"。例如:

（32）我**灌水**来啦。（百度贴吧）

后来，"灌水"的使用范围扩大，可以出现在论坛以外的地方，意义就只保留了"发无意义的内容"这一点，甚至可以表示写无意义的学术论文。例如：

（33）内心经常鄙视别人**灌水**，现在轮到自己也发水文了。（小木虫网）

之后"水"作为动词"灌水"的省略，也具有诸多动词的用法，如"别水了、水一下"；又如"每日一水、水他一水"。不过，转化的进程并没有停留于此，"水"继续向形容词方向转化，可以受程度副词"很"修饰，表示内容无意义，如"水文、水帖"。还可以表示水分高，质量不过关，如"长水'很水'"。因此，"水"的转化轨迹是，最初是因动词"灌水"的省略而具有了动词的用法，之后又继续转化为了形容词。

再看名词"雷"的转化。"雷到"本出自江浙地区的方言，本字为"落倒"，表示倒在地上。另一说出自日本动漫，最初作动词用，可以带宾语，或用于被动句中，如"雷人、被雷到"。之后，具有了形容词的用法，可以单独受"很"修饰，或者作定语修饰名词，如"很雷、雷言雷语、爆笑雷文"。

再看名词"宅"的转化。李伟（2009）提到，"宅"本来自日语"御宅族"，表示ACG狂热爱好者。后来由台湾引进，多用于"宅男、宅女、很宅"等。此时，"宅"具有了典型的形容词用法。之后又有了"宅在家里"这样的说法，可以作动词用。此外，"宅"还有一种演化方向，即在"技术宅""游戏宅"中表示"狂热爱好者"这一语义。可以说，两个方向的"宅"分别吸收了日语"御宅族"中不同的语义。

最后是名词"山寨"的转化。武和平（2010）提到，2005年以前，"山寨"只有作定语修饰名词的用法，如"山寨厂"。可见，山寨最初是转化为形容词的。直至后来出现"山寨你"，"被山寨"的用法，又开始向动词方向转化。

3. 网络语言新兴名动形词类转化特点分析

从总体上来说，网络语言的词类转化特点，符合现代汉语的整体规律，但同时也具有自己独特的发展特点。

首先，名词向形容词的转化依然数量很多，在语义类型上，既有表示人物的（如"专家"），又有表示事物的（如"垃圾"）；既有具体的（如"花瓶"），又有抽象的（如"良心"）。因此，网络语言名词向形容词的转化，与现代汉语的特点是相符合的。在用法上，除了多受程度副词修饰以外，还经常后加动态助词"了"，如"悲剧了、真相了、渣了"，表示该性质/状态的完成（虽然表示完成，但仍属于形容词用法）。在网络上，这一类"名词+了"的用法已经成为一种固定格式，生命力非常强。

其次，形容词向动词的转化，虽然数量较少，但一直比较稳定，时有发生，这与现代汉语的特点也是相符合的。虽然在现代汉语的发展过程中，形容词转化为动词的语料数量非常多，但这一进程到现在已经告一段落，大部分词现在已经被视为兼类了（并不是说转化以后不会再发生，而是现阶段这一进程已经基本结束）。但由于形容词向动词的转化自古已有，具有很强的历史基础，在现代汉语中的转化也比较容易发生，所以此类现象一直持续发生。不过，网络语言还是有自己的特点。现代汉语中的形容词转化为动词，与古代汉语中的"使动"用法是基本一致的，即形容词带宾语表示的是"使宾语怎么样"的含义。然而在网络语言中，情况却略有变化。如"山寨"一词，做形容词时表示假的、仿冒的；做动词带宾语时，不是表示使宾语变成盗版，而是对宾语进行盗版、仿冒。这样的变化，与跟山寨相联系的动词含义密不可分。

关于名词转化为动词，在现代汉语中曾经很常见，但同样已经完成转化，成为兼类词，具体见王冬梅（2010）。其余的仍在发生的在现代汉语中属于少数，并且多为临时的活用，生命力不强，难以发展成为固定的用法。在网络语言中，名词的动词化现象也比较常见，生命力较强，语义类型也比较多样。如"水、汗"在语义上属于动词的受事；"百度/谷歌、视频"属于工具；另外还有像"音乐、墙"这样难以判断语义类型的词。同样，这些用作动词的名词后面所带的宾语的语义类型，因为与名词本身的类型有关，也呈现出多种多样的特点。

动词转化为形容词，数量虽然不多，但生命力较强，使用的范围较广。表现为不单单受程度副词修饰，有的还可以做名词修饰定语。此外，用作形容词的动词所修饰的名词的语义类型也很多样，如"雷、汗"修饰的名词为动词的施事，"赞"修饰的名词为受事，"水"修饰的名词在语义上属于方位。

最后，形容词转化为名词，以及动词转化为名词，因为在现代汉语中本来就比较少见，在网络语言中都未曾见到。

4. 结语

总的来说，作为现代汉语的一种社会方言，网络语言的名词、动词、形容词之间的转化，大体与现代汉语的特点相一致。但由于网络的匿名性、自由性，以及网络语言的求新、求异等特点，网络语言中的词类转化呈现出更加自由、随意的特点。词类之间的界限对于语言的使用者来说更加模糊，甚至故意打破词类界限以追求与众不同。同时，在使用上不考虑转化的规律，语义的搭配比较随意。

网络语言词类转化的以上特点，是否会影响到现代汉语，甚至模糊整个汉语词类的界限，还需要以后进一步研究。

主要参考文献：

蔡镜浩（1985）关于名词活用作动词，《语言教学与研究》第4期。
郭　锐（2002）《现代汉语词类研究》，北京：商务印书馆。
胡明扬（1995）现代汉语词类问题考察，《中国语文》第5期。
胡裕树、范晓（1994）动词形容词的"名物化"和"名词化"，《中国语文》第2期。
李宇明（1986）所谓的"名物化"现象新解，《华中师范大学学报》（哲社版）第3期。
陆俭明（1994）关于词的兼类问题，《中国语文》第1期。
沈家煊（2009）我看汉语的词类，《语言科学》第1期。
沈家煊（2010）从演员是个动词说起——名词动用和动词名用的不对称，《当代修辞学》第1期。
谭景春（1998）名形词类转变的语义基础及相关问题，《中国语文》第5期。
王冬梅（2010）名词动化的类型及特点，《语言科学》第6期。
王　薇（2008）《名词动用的认知修辞研究》，上海外国语大学博士学位论文。
吴长安（2006）"这本书的出版"与向心结构理论难题，《当代语言学》第3期。
姚振武（1996）汉语谓词性成分名词化的原因及规律，《中国语文》第1期。
张伯江（1994）词类活用的功能解释，《中国语文》第5期。
张　勇（2009）《现代汉语名、动、形词类活用情况考察》，首都师范大学硕士学位论文。
张煜林（2011）《现代汉语动词和形容词相互转化认知研究》，扬州大学硕士学位论文。

朱德熙、卢甲文、马真（1961）关于动词形容词"名物化"的问题，《北京大学学报》第 4 期。
朱德熙（1983）自指和转指——汉语名词化标记的、者、所、之的语法功能和语义功能，《方言》第 1 期。
邹立志（2009）论古今汉语词类活用的不同本质，《语言研究》第 2 期。

（王艾琳，南京大学文学院博士研究生）

网络新兴副词的词义分布模式

韦司乐

0. 引言

新事物的出现会带来新名词、动词、形容词的产生,但是副词所表示的内容一般是相对固定的,所指不因时代的不同而改变。像程度、时间副词概念意义固定,使用习惯根深蒂固,已有副词应该能对新副词造成词汇阻遏效应。然而根据对网络语言的观察,事实并非如此。网络上新副词层出不穷,百花齐放。

以新兴程度副词群"超、巨、暴、狂、神、严重、无敌……"为例,这些词在时间上是先后产生的,到目前为止并没有出现明显的衰替现象,而是作为词群共存。例如[①]:

(1) a. 我只猜中了开头没有猜中结局,我猜到了巴西会输,却没猜到会输得这么惨。7:1这个在巴西的历史上应该是一个很深的耻辱吧……对于**无敌**弱的中国队,是否应该庆幸,世界杯没有在中国举办?

b. 哎哟,笑死……这个广告真是**神**蠢……

实词虚化为语法成分以后,多少还保持原来实词的一些特点。在微博搜索结果里,新兴的"狂、暴"等词都没有跟"安静"搭配的用例,其他新副词则可以。这就

---

① 本文所引语料,如无特别注明,均来自"新浪微博搜索"。

是词义保留的影响。"狂、暴"类词本来是形容人的，生命度高，本身含有的"不稳定"义素阻碍了这种搭配。相较之下，"超、巨、无敌"虚化水平最高，可以搭配多类词语。表示力量强的"无敌"可以和力量弱的"弱"搭配，褒义词"神"可以和贬义词"蠢"搭配，证明了它们的虚化。

新兴程度副词之间虽在具体搭配上各有分工，虚化程度上有高有低，但总体上都是表示程度高。一种语法功能同时有多种语法形式来表示（且这样的新形式还在持续增加）。众多基本同义的词并存，违背了语言经济性、系统性的要求。那么出现这种情况的原因是什么呢？这些暂存词，现有词典是否有必要加以收录？对于这些问题，本文把网络副词的分布模式分为替换模式、包蕴模式、并存模式三类，并分别加以考察。

1. 副词新义的发展路径

以新程度副词"果断"为例。网络新程度副词"果断"包蕴"绝对、毫无疑问、毫不犹豫"等意义，那么这些意义是怎么发展起来的呢？"果断"在《现代汉语词典（第6版）》中的注释是"形容词：果敢决断，不迟疑"。而"果断"一词后来在网络上出现了大量新用法，但网络语境缺乏监管与规范，使用情况繁杂不一，因此只能就使用频率最高、流传范围最广的几种意义来描写。

首先是从"果断"的本义"毫不犹豫、不迟疑"引申出新的词义$_1$"迅速行动"义，用于未然情况。这时"果断"仍是形容词，是"果断"副词化的中间阶段。下例（c）中用在句首，已经有了高层评注副词的倾向。例如：

(2) a. 废话不多说，也不吊大家的胃口，**果断**为大家上几张我装备的图啦。
  b. 旅行必备！！这个必须**果断**收藏啊！早晚用得到！
  c. 貌似京东要比卓越划算，这不科学。**果断**你还是在京东买吧，还有海报。

"果断"的新词义$_2$"毫无疑问"用于推断，说明推测、判断的结果。可在其后补

充出"是",已有副词性。可用于未然也可用于已然。例如:

(3) a. 这大眼睛……出门**果断**能吓到人的。
b. 我**果断**是悲剧了。
c. 小王,今天老师上课点名了,你**果断**"中奖"了。
d. **果断**是爱上了。

经过"果断"的新词义$_2$引申出的表"必然"意义的传信副词用法,即新词义$_3$。例如:

(4) a. 用完灼热感很大,而且头疼,不舒服,**果断**垃圾箱,各位慎重。**果断**是会的越少越好,会的越多就要做得越多啊。
b. 好吧,十二月初趁着去北京面试,**果断**得安排再去哈尔滨一趟。
c. 获得一次粉丝头条的机会,**果断**不能浪费啊!

"果断"的新词义$_2$和新词义$_3$这两种用法是受了近义词"断然"的影响而产生的。"断然"的意义有两个:形容词,坚决、果断,例如"断然拒绝";副词,断乎。例如"思路不通,断然写不出好文章来"。"果断"与"断然$_1$"意义相近,通过"同步引申"获得了"断然$_2$"的副词意义。例如:

(5) 新浪军事:【论涂装重要性!泰国精锐部队中国85式装甲车很洋气】4月上旬,泰国陆军精锐第一骑兵中队在国王卫队基地里进行了一次战备检查。检查现场,第一骑兵中队开出了美制悍马军车及大量中国制85式装甲车。换了暗色数码迷彩涂装的85式,**果断**比绿皮涂装的时候洋气多了。

包蕴模式的新词使用混乱的概率很高,一词多义导致网民一时间不能理解词义,盲目跟风滥用,导致词义繁杂难解,比如"果断"除了主要的"绝对、毫无疑问、毫不犹豫"意义外,还有被当作"果然"用的。"果断"的词义发展路径见下图:

（6）

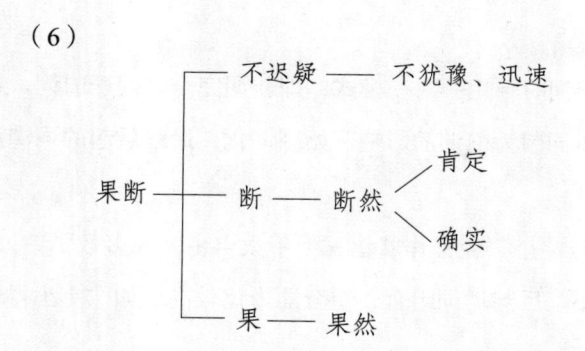

```
果断 ─┬─ 不迟疑 ── 不犹豫、迅速
      │
      ├─ 断 ── 断然 ─┬─ 肯定
      │              └─ 确实
      │
      └─ 果 ── 果然
```

副词新词义的诞生有两种路径，一种是词义路径，在基本义的基础上进行引申，与传统词义发展路径并无二致。另一种是语素路径，在构词语素的层面进行词义引申，最终语素义上升到了词汇义。

副词词义走语素路径更新的现象与网络语言的视觉性特征分不开。口语交际中以声音来传播信息，音义的结合更加直接。汉语是音、形、义三合一的语言，字形上受到忽略（在二语习得时尤为明显）。网络平面文字中语音缺失，同时汉字从视觉上给人以冲击，形、义的结合就被凸显了。网民在面对双音节词时以一种拆分语素重新分析的眼光来考虑副词的词义，同时构建新的副词词义。

2. 副词的词汇更新模式

传统副词中一词多义现象很多，例如副词"白"得到公认的至少有两种义项，多的分类可达四种。在同一副词内部已经可以分出若干义项，同时这些义项都是相关的。而新兴副词则出现了一个新副词涵盖多个类别原有副词的现象。而这些新义是由不同的发展路径产生的，有的义项相互间毫无联系，可视作同形词。某一新词在一段时间内大量出现，网友也会尽量在发言里使用该词显示自己紧跟时尚。这种情况下他们往往随意引申，只要有一点联系的地方就运用上该词，导致词义多向度不规范发展。

传统上新词的产生方法主要有三种，副词也是这样：一是创新，即从无到有的，创新在更新方式上就是替换模式。二是利用旧有语素另造复合词，经过广泛使用而定型。三是增加固有词的义项，多跟包蕴模式相关。

2.1 替换模式

替换模式是新词在替换旧词时采用一对一模式，即新词完全等同于旧词。新旧词之间往往有语义引申关系，新词因为旧词的影响开始副词化，最终后起的词淘汰了原有的词。

例如"小"替换"有点"。"小"经常作状语，但不太自由，大多数是熟语性的，适用范围很窄。重叠成"小小"后与动词组合，组合能力比较高。如"小小得逞、小小地诉了一下苦"。

近年来网络上流行着一些含有"小"的新型表达式："小 X 一下""有点小 XX"。在这些构式里"小"都是作为表示程度低的状语使用的。形容词"小"本来是表示数量、体积、强度等方面的小，这是一种评价。副词"小"演变为对程度的评价。此外还可用于弱化动作量或表达委婉情态。"小"的程度副词用法在古汉语里一直存在，保留在现代汉语的一些词组中，比如"小坐、小睡、小跑、小住、小有 XX"。这些句式中"小"的用法是古汉语"小"的副词用法的复兴，现在日渐可以用在各类词前面作为低程度副词独立使用了。

网络上"小"的流行主要是通过"有点小 XX"展开的：

（7）a. 有点 / 小感冒——有点小 / 感冒
　　　b. 有点小 / 难过——有点 / 小难过

在句法层面看，"小"在新兴构式"有点小 XX"中经过句法结构的重新分析，不断夺取"有点"的低程度意义；同时在词组搭配层面，词缀"小"的搭配能力不断扩大。两个层面的"小"同时发展，最终殊途同归，共同造就了"小"的程度副词用法。

"必须"的本义$_1$表示事理上和情理上必要。即"一定要"：学习～刻苦钻研。词义$_2$则是"加强命令语气"：明天你～来。"必须"的否定是"无须、不须"或"不必"。现代汉语否定式，一般要用能愿动词，是真的"必须"。例如：

（8）从那以后我要求我自己**必须**不能再跟她有什么关系，甚至在一个单位里，我开始有意识地回避她。（北大 CCL 语料库）

网络上"必须"的新用法基本等同于"必定"。例如：

（9）a. 电视剧《来自星星的你》不但让"都叫兽"成为万千剧迷的追捧对象，剧中女主人公的时尚造型也**必须**地吸引着女性观众的眼球。

b. 问：钢化膜多少钱？
答：**必须**不便宜，但是基本用到手机坏也不会有事。（百度贴吧）

c. 这么正气凛然，**必须**不是坏人。

d. 从前不是胖子，以后也**必须**不是胖子！

e. 尤加利可以刺激思维，让你才思泉涌，和茶树配合，**必须**是恢复头脑活力的好法宝。

f. 问：你答应他的请求没？
答：**必须**不答应啊！

网络否定式中的"必须"多为假性的"必须"。即并非真的强制要求，只是主观上的可能性大的推测或期望。表示的是语气上的肯定，反映的是说话人主观希望，而非客观的要求。我们认为新用法是来自于"必须"的词义$_2$。在古代汉语中"必须"就有过"必定"的意义，表示判断或推论的确凿或必然。例如：宋苏轼《相度准备赈济第一状》"又本州岛须籴常平米二十余万石，诸州亦各收买，似此争籴，必须踊贵"。又如《水浒传》第十八回"不知那六个是甚么人，必须也不是善良君子"。

再比如"貌似"替换"好像"也是这种情况。例如：

（10）a. **貌似**是该管管了。

b. 突然觉得**貌似**有一阵子没见到工资了，便开始期待下个月的发薪日。

《现代汉语词典》（第5版）中解释"貌似"是表面上很像，如："貌似公允、貌似强大"。上述这些网络例句中的"貌似"用法和词典中的动词用法不同。它用在动词短语、形容词短语或小句的前面，表示不大肯定的推测判断或感觉，词义接近"好像"，是副词。这一用法词典中未收录。副词"好像、似乎、仿佛"主要是用在基于感官所作的推测；副词"大概、也许、可能"主要是用在基于内省所作的推测，"貌似"属于前者。

根据原创微博的搜索结果，2010年含有"貌似"的微博有75,808条，"好像"有

173,040 条。2014 年含有"貌似"的微博有 337,069 条,"好像"有 2,068,178 条。"好像"是一个基本词,它的使用一直占据优势。从下面的图表上可以看出,"貌似"与"好像"的差距越来越大,"貌似"在诞生之初的使用比例最高,之后不断下降,发展趋势趋于稳定。照此发展,将来"貌似"可能不再是流行词。

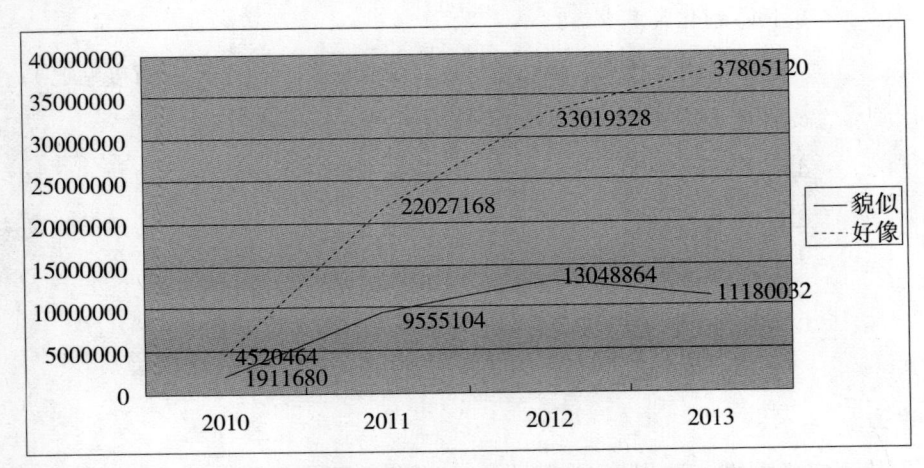

图 1　2010—2013 新浪微博中"貌似"与"好像"使用次数对比图

替换模式下所产生的新词是最多的。这些词在更新时虽然词汇变换,但是意思上一一对应,没有太大的深层区别。新词替换一个固定的传统词时,网民只需要简单地换用新词即可。不必辨别近义词,可以笼统地相互替代,便于更换使用。

2.2　包蕴模式

包蕴模式是新词替换旧词时采用多对一模式,即一个新词吸收了以往若干个词的词义。

例如新程度副词"真心"就包蕴了"真、真的"。"真心"的本义:名词。如"真实的心意"。例如:

(11) a. 这首歌**真心**美。

b. 宝宝爱看这个,**真心**理解不了哇。

c. Mx3 真的比 iPhone5 好看多了,**真心**的。

"真"类词肯定的是事物在性质上达到了百分之百,以此确认其程度之高。由于"真"类词一般与高程度词共现,所以一般认为句中的高程度是由程度词而来,"真"类词主要是从语气上加强肯定。根据李宇明(2000),"量"包括语势量,"真"类词加强的是语势上的程度量级。"真、真的、真个、真正"这类副词常常从语气上加强肯定。"真心"也感染了这种用法。现在的"真心"包括了"真"和"真的"两个词的意义和用法。既能展现一定的程度义,又能展现说话者对真实性的判断。

对副词"真"的词性有多种看法,如朱德熙、张斌认为是程度副词,表示程度的加深,张谊生认为是评注副词,吕叔湘认为是用来加强肯定的副词。"真"同时具有多种功能,"真心"的变异分担了"真"和"真心"的语义。

再如"各种"替换"百般"也是这种情况。网络流行语中的新程度副词"各种"可以简单归纳为以下两类:

第一类,表示种类、数量、方式多。例如:

(12) a. 最近**各种**倒霉。

b. 一到冬天我就**各种**不舒服。

c. 一中16号考场求扎,求考神附体,求监考近视,求监控失灵,求私信各科标准答案,**各种**求。

d. 儿子不想上幼儿园,**各种**撒娇,**各种**无赖,爸爸一急,把儿子扔给了老师,拉着老婆的手扭头就走了。

(12a)和(12b)的词义和本义差别不大,但搭配不同。(c)和(d)中的"各种"则是由"种类多"发展出了"方式多",进而引申为"千方百计地"。

第二类,表示程度高。例如:

(13) 这孩子**各种**折腾人。

(13)中的"各种"是用来加强程度。"各种"本是一个词组,从它的构词上来看。"各"有两个义项,一是指示代词"各$_1$",表示不止一个并且彼此不同,二是副词"各$_2$"。表示不止一人或一物同做某事或同有某种属性(《现代汉语词典》(第6版))。新兴的"各种"应是从"各$_1$"发展来的。在之前的一些研究文章中都把

"各种"的这类用法看作新现象,其实传统用法中一直就有复数指代词表示程度的词存在。

"百般"与"万般"意义接近,以"千般"为中间过渡阶段。"百般"做副词表示采用各种各样的方法,如"百般阻挠、百般刁难";做数量词可以表示各种各样,如"百般花色"。"万般"做数量词表示各种各样、多种多样;做副词表示极其、非常,如"万般无奈"。"百般"可以替换"各种$_1$","万般"可以替换"各种$_2$"。"百般"和"万般"两词过于书面化与文言风,"各"和"千、百"都表示数量多,"种"和"般"也是近义词。因此现在网上出现了"各种"的新用法来代替这两个词。

储泽祥(2014)认为"各种"的语法化路径是从指量短语到数词,再到副词。这一语法化过程体现了网络语言语法化的主要特征是"共时强度"突出,而现实语言的语法化则是"历时厚度"突出,二者互为补充。那么在共时高强度的使用下,"各种"的几种新义间是否会形成竞争关系呢?

从2014年1月、3月、5月每月的前200条微博搜索结果来看,"各种"的三个义项之间的比例相对稳定,比较了2013年的结果也大致相当。可看出"各种"一词的常规词义占了绝对优势,主体地位不会受到影响。新兴的义项分工大致完成,不再相互竞争。见下表所示:

表1　2014年1月、3月、5月每月前200条微博"各种"词义分布对比表

各种	程度副词	方式副词	常规词组
1月	16	35	149
3月	24	25	151
5月	18	28	154

2.3　并存模式

一般认为,词语的词义并存状态只是词汇竞争发展中的一个阶段,任何新旧词汇的竞争都存在这样一个阶段,最终将会从并存的几个词语中择取其一。但是固有的理念在选择不同的词汇形式来表达时有一个新旧更新过程。新义项转变成同形词的过程与这种更新过程交杂,延长了新词确立的时间。这种情况下并存模式就从新词的发展过程变成了新词的存在方式了。现有情况也是如此,即事实上新兴程度副词群已经与原有的程度副词并存了相当长的一段时间,且使用频率都很高。

并存模式是新词替换旧词时采用一对多模式,即同一个旧词的意思用多个新词

来表示。更新发生以后,通过大量的使用,新形式固定下来,语法化得以完成。

经典的例子就是新兴高程度的副词群"超、巨、暴、狂、神、严重、无敌"等和新兴强调语气的副词群"果断、必须、妥妥、无疑"等,这两类副词就是并存的。例如:

(14) a. 小郭子的花衣服太给力了。**暴**帅了。

b. 寝室一哥们用 HTC,**巨**羡慕用苹果的。

c. 一道**狂**简单的题,看看你能否做出。

d. 热,**巨**热,**暴**热!额滴神啊!明后天更热,怎么活呢?是不是水里办公算了?

e. 客观点来说,剧情还是有点弱,推理挺牵强,除了一两个中心人物外都有点浮夸,但都不及那个**神**丑性格又**神**恶心的大姐讨人厌!

f. **严重**喜欢这一组!我擦干眼泪问一句:这是胶片拍的吗?色调怎么能那么有味?

g. 护发素涂完挺了三分钟左右,洗掉以后**无敌**顺滑!

"超、超级"是该类词群中最高频、最高接受度的;"巨、暴、狂、无敌"属于第二梯队,使用频率与接受度都是次高;而"神、严重、N"搭配能力有限,使用度也有限。其中,第二等级的词数量最多,彼此甚至常常共现。

共存的词群有可能长期共存,因为它们已被作为一个集合整体记忆下来。使用时首先激活最高频程度词(在新兴程度副词里最高频的是"超、超级"),在频率相对等同的词里使用者可以任意选择,甚至同时使用集合里的多个词语。作为整体被记忆的词之后会发生成员典型与非典型的区别,非典型程度高的成员会渐渐退出使用,这种消失的过程比普通新旧词汇竞争后竞争失利词消失过程要漫长得多。

新兴程度副词在好恶搭配上有频率上的显著差异。见表2和表3所示:

表2 2014年7月8日新浪微博"暴"类副词"好""差"搭配情况表

暴好	131,974	暴差	148,384
超好	43,568,558	超差	959,096
巨好	1,833,380	巨差	736
狂好	176,604	狂差	123,667
无敌好	863,327	无敌差	359,265

表3 2014年7月8日新浪微博"暴"类副词喜厌搭配情况表

暴喜欢	109,479	暴讨厌	3,698
超喜欢	32,911,723	超讨厌	1,043,452
巨喜欢	308,069	巨讨厌	821
狂喜欢	172,843	狂讨厌	6,110
无敌喜欢	313,497	无敌讨厌	140,415

新浪微博中搜索"喜欢"和"讨厌"的结果分别是1,000,004,242条和335,398,708条。在微博上，程度副词搭配说话者期望结果远远大于不期望的结果。新程度副词大多用于说话人所期待的结果。期待结果与说话人的立场同一朝向。

网络新兴语气副词"妥妥、必须、果断、无疑、真心"等在强调作用方面有共性，但内部差异要大大高于程度副词群。像"果断"就是用法繁多，"必须"和"真心"用法也完全不同。石毓智（1992）认为语义程度小的词语较多的用于否定结构，语义程度高的词语较多的用于肯定结构。但"程度义"和"确认义"的副词之间的关系比较密切，像"真"等一类副词就都兼有这两种含义。例如：

(15) a. 他们**妥妥**会用朋友圈的……

b. 从前不是胖子，以后也**必须**不是胖子！

c. 由于下雨，大批虫子躲进室内，**无疑**教室和宿舍成了它们理想的避雨之所。

d. 陈睿力：快要被我们楼里的三个约克夏萌死了。一只体型超级小，很乖很文静，10岁多了，看到我要摸摸它的时候它会轻轻往我这里站一点让我摸头。一只比较正常，很友好跑过来玩耍。还有一只只有三条腿，但是**超级**皮，巨可爱巨热情，**疯狂**喜欢舔人，拦都拦不住，跑起来重心不对所以会跑歪掉。心都要融化了。

人们频繁地使用某种语言形式，容易导致语言产生磨损现象，包括形态简化和语音弱化。新兴词语的流行主要就在于其新奇性，而新兴词语每出现一次，带给受众的冲击力就减弱一次。当新鲜感的冲击力减弱到一定程度，语言使用者又会转而寻找新的词语。此过程循环往复，语言不断更新。只有核心词、基本词、历史悠久的传统程度词能保持根深蒂固的地位。无论什么语境，还是基本词的使用频率最高。新词只是更加引人注目,当有特殊的表达需要时,会优先被激活。在一般情况下时,基本词的地位不可能被新词动摇。新词不断产生,同时相对较旧的新词也不会立即消亡。

在语言中,用于正向强调和提高程度的词的两类副词都很容易发生语言磨损现象。可能正因为语言使用者对这类副词强化作用要求更高。强化作用一旦弱化,使用者就会更换用词。正向语气副词和正向程度副词的一个共同点是都有强化的作用,语气类副词从说话人的确认语气上来增强肯定性态度。程度类副词通过提高程度来增强对命题的态度,也是为了表达对个人判断的肯定。使用者可能觉得此类语言多多益善,所以网络强化词数量多,使用也多。这两类词的一个特点是新兴程度副词和语气副词的数量都比较多,并且不断有新成员加入。语义上互相重复,大量新词都表示同一个意义。

网络副词又有语用上的重复现象。网络语言中堆叠同义词的现象很多。网络语言是平面型的视觉语言,视觉上面积大的更容易吸引注意。所以字数越多,所占用面积越大,也就越容易引起网民的关注。网民喜欢一长串同义词连用,这也与并存模式下新兴词群的存在互为因果。例如:

(16) a. 宇宙**超级无敌狂巨暴**可爱!
b. # 最帅校服男生 # **果断必须妥妥**的我们 exo 啊,不要太帅哦好么。
c. 明天**果断必须妥妥**滴滚去洗衣服。
d. 土豪兄弟虾尾,**超级无敌巨**好吃!吃了一次又一次!

故意的冗余除了强调作用,还带来了夸张的表达效果。由于网络的匿名性与自媒体性,网络信息的可靠性其实不高。网络语言具有夸张性,表述常常是低真实性的,说话者的肯定程度不能作为信息准确度的参考。

3. 副词的词汇更新与竞争

对于词汇竞争的研究一般是从基本词汇与一般词汇、书面语和口语、通用语和方言、本国词与外来词、传统词与新兴词竞争的角度展开的。除了第一点未涉及之外,网络语言的词汇发展涵盖了其他几个方面。

网民在网络生活中必须把想说的话输入为文字才能传达出去，因此网络语言形式上是书面语，而内容却是口语。打破了以往口语一闪即逝、只能以录音材料保存的界限，使口语和书面语有了网络形式的统一。同样的，网络语言还打破了空间的制约，使得原本小范围流传的区域方言得以展现在全国人民面前。在以往的方言与通用语的竞争中，只有经济文化发达、政治影响力大的地区的方言才有可能压过通用语，网络消弭了这一倾向。有表现力、有新鲜感的方言词都有可能被广泛使用，在所有使用汉语的网民之间流传。随着中国人英语水平的提高，英语国家外来词已经大量进入汉语。网络中的一个新的潮流是日语词进入汉语网络语言。东亚文化圈在文化底蕴上有很大的相似性，日本的流行文化在网络上大为流行，再加上日语的部分汉字写法上和汉语相同或相近，为日语词的进入提供了便利。很多网民已经把"XX控、逆袭"等日语语源词误作汉语原有词了。

新兴副词既不断新陈代谢，也有一定的滞后性。网络新词竞争激烈，竞争带来了更新。但被淘汰的新词并没有立刻退出。

对网络新语言的基本观点应是不干涉它们在网络语境的使用，但在正式语言环境中使用应当有所规范。这样的规范也不适合在网络上强行推广，建议从中小学语文教育、词典编纂、新闻媒体用语的角度进行软规范。

替换模式下的新旧副词一一对应，对规范语法没有太大影响。网民出于不同偏好选择不同的词在网络上使用，不必太过关注。比较这类词新旧之间的频率较为容易，可以监测新旧词的使用频率，择取适当的收录进词典。

包蕴模式所含有的几种词义都是联系密切的。意义有重叠的旧词之间原本就形成竞争关系，新词产生后没有分化旧词义项，反而延续了这种词义交错。比如"真"与"真的"都有强调语气和确认语气的作用，新副词"真心"主要也是起这种作用。旧词"真"还另有程度副词作用。这种情况下，"真心"偶尔也被部分人当作程度副词用。这些混乱交错的用法不太符合我们对新词发展的期望。混乱的成因主要就在于网络语言是缺乏官方规范的。新词产生后网民在不太了解新词义的情况下，很自然地就会选择套用相似的旧词词义和用法。不同网民选择的参考旧词不同，使用上也出现分歧。

不难想见，一批词语表现同一种含义，会造成语言的冗余现象。因此对于大量的新副词，在正式语言场合还是应该慎重使用。并存模式的新词最好是能等词群之间的竞争完成后，选择竞争力最强的词收入词典。目前看来，新程度副词"超、超级"无论是虚化程度、搭配能力，还是使用广度和心理接受度，都已经具备了进入正式语言的资格，我们建议词典收录这一新词。而对其他的"狂、暴、巨"等词可以继续观察。而包蕴模式的新副词使用混乱情况最严重，很容易发生误导和误解现象。所以在词义相对稳定之前不适合让包蕴模式的新词进入正式媒体和正规词典。

主要参考文献：

雷冬平、胡丽珍（2011）说说程度副词"暴"和"超"，《汉语学习》第 5 期。
李如龙（2006）词汇系统在竞争中发展，《词汇学理论和应用（三）》，北京：商务印书馆。
王耿、刘云（2014）"貌似"的语法化及其传信义的演变，《语言教学与研究》第 2 期。
赵　芳（2007）试论当代新兴的程度副词"巨，恶，狂，超，暴"，《海外华文教育》第 4 期。
中国社会科学院语言研究所词典编辑室编（2012）《现代汉语词典》（第 6 版），北京：商务印书馆。

（韦司乐，南京大学文学院硕士研究生）

浅析网络中的新生句末语气词

孔庆霞

0. 引言

纵观学者们对语气词的研究可以发现,语气词的研究一方面侧重对典型的"啊、吧、的、了、吗、呢"等语气词的研究,内容主要集中在语气词的来源、发展历程以及语法化等方面;另一方面集中在方言中的语气词的研究。这些研究当然都极大丰富了普通话的虚词系统。

但随着社会经济和网络技术的发展,出现了一批新的表达语气的词,如"炸金花怎么这么好玩涅"中的"涅"。这类词在网络中以前所未有的速度蔓延,并逐步深入人们的生活。然而这些词至今鲜有学者涉及并研究。语言是社会生活的反映,这些词是怎样出现又有什么样的表达效果是我们应该注意并加以研究的。

1. 新生句末语气词的表现形式

"新生语气词"这个名称在一般的语法书或者研究著作中鲜有学者提及,因此本文运用"新生语气词"这一名称和判断标准依据的是齐沪扬(2002)的观点,"对所谓的'新生语气词'的认定,应该持以下观点:其一,新生语气词只能在一个共时的平面里才能加以确定,因为所谓的'新生',这是相对的概念;其二,新生语气词一般都有其产生的'母体',语音变化是新生语气词从'母体'进化过来的最主要的原因之一;其三,新生语气词在用法和语法意义上都与已有的语气词有不同之处;其四，新生语气词一般应有相应的汉字表示，不能只在少数方言区流通。"上面这四条观点可以作为我们认定一个词是不是新生语气词的标准。此外，一般语法书中出现的典型的"啊、吧、的、了、吗、呢"等语气词和方言中的语气词之外的放在句末表达一定语气的也是我们新生语气词的判定标准。

本文对语气词的研究基于口语语料库系统，侧重探索网络中新生语气词的用法。这些语气词可以是语音形式的变化也可以是意义方面的发展。文章的主要语料来源是新浪微博和北京口语语料查询系统、CCL北京大学中国语言学研究中心语料以及由情景剧《爱情公寓4》转写的口语语料库十万字。

1.1 语音方面的变化

从齐沪扬（2002）对新生语气词的认定标准可以看出，语音变化是新生语气词的重要表现形式之一，这在网络中的表现非常明显。以新浪微博为例，笔者利用其自带的搜索引擎功能，统计出了前五页（大概100条微博）网页出现的新型语气词的数量，结果如表1所示：

表1 网络新出现语气词及频次

新出现的语气词	捏	涅	咩	滴
出现的频次	17	30	60	11

通过这个表格可以看出，这几个语气词在网络中的使用比较多，尤其是"涅"和"咩"的使用数量居于前列。先看一下"捏"的相关用法。例如：

（1）a.咦，今天不是教授生日么，怎么没人刷屏**捏**？
　　b.身子果然很有肉感**捏**。

经过在新浪微博的统计发现，"涅"比"捏"的使用频率要高很多，但它们的用法是否因此而不同呢？在《现代汉语词典》（第6版）中，"捏"的读音为"niē"，词性都是动词，义项主要是"用拇指和别的手指夹""握""用手指把软东西弄成一定形状""使合在一起"等。而"涅"的读音为"niè"，它的主要义项是"可做黑色染料的矾石""动词染黑"。这两个词在词性中根本没有语气词这一用法，但是在网络语言中，它们却都被广泛应用。从历时角度来考虑，它们并不是"捏"和"涅"失去理性意义而语法化的结果,可以说现在的感叹词意义跟它们本来的意义毫无关系。以上例句的"捏"或"涅"可以完全替换成"呢"。例如:

(2)a. 咦,今天不是教授生日么,怎么没人刷屏呢?
　　b. 身子果然很有肉感呢。

"呢"作为语气词,用法主要是两方面:一是用在陈述句的末尾,表示确认事实,使对方信服,如例(2a);二是可以用在疑问句的末尾,表示提醒和深究的语气,如例(2b)。"捏"和"涅"完全继承了"呢"的语法功能,除了"呢"本身的功能,它们没有发展出任何其他的语法功能。所以,"捏"和"涅"在本质上并没有区别。

但是从语用上来看,用"捏"和"涅"的句子,还是可以表达其独特的作用。语言学中的反馈信号主要是听话人对说话人所提供的言语信号或者非言语信号做出的反馈,它对于会话的"互动过程"产生直接的影响,是推动会话过程得以顺畅进行的重要因素。通过使用者在微博的个人资料可以发现,"捏"和"涅"的使用群体主要是年轻的女性。曾经有人在网络上总结了年轻女性的特点,例如"绝对热爱网络,从开始的挂QQ热追逐到踩空间热,QQ名字和QQ空间一定搞得非常花哨;喜欢运用各种符号和各种错字来表达某种娇嗔和可爱,比如'他肿么(怎么)阔以(可以)仄么(这么)帅气!';她们喜欢以互联网为平台,迅速腐蚀中国文化……"。所以在微博上出现这样的"咦,今天不是教授生日么,怎么没人刷屏捏"这样的句子就不足为奇了。一方面这类人群用错别字的频率比一般人都高,"南京的春天好美腻哦",谓语动词都会用错别字来代替,那句末的感叹词用错字也在情理之中。另一方面,用"捏"和"涅"做出了反馈信号——这是年轻女性,她们的可爱、娇嗔等形态就会出现在大脑中,充分彰显出她们的个性,同时如果要进一步交流的对话必须要融入她们的对话中。

下面再看一下"咩"在网络中的使用状况以及它们的意义和用法,上面的统计显示,它在网络中使用频率较高。例如:

(3)a. 你们不要再黑处女座了好咩?
　　b. 南方人都喝椰汁,北方人大多喝杏仁露,是这样咩?

"咩"在《现代汉语词典》(第6版)中只有"miē"一个读音,是拟声词,形容羊叫的声音。此外"咩"在粤方言中的读音是"me",如"咩事?做咩?可以咩",再如"鬼唔知阿妈系女人咩(谁都知道妈妈是女人)?",这个词在粤方言中是很常见的疑问语气词。在客家话中也是读作"me"。从历时方面来看,拟声词本身很虚,很难再发生语法化,不过作为语气词的"咩"运用时还保留了羊叫时的那种细腻、可爱的意义。从语音上来看,它是"吗"的变异形式。以上的例句换成"吗",在语法作用上并没有发生改变,用在疑问句中表示疑问或反诘的语气。例如:

(4)a. 你们不要再黑处女座了好吗?
　　b. 南方人都喝椰汁,北方人大多喝杏仁露,是这样吗?

但是,在语用上用"吗"就显示不出语言主体本身的特征和主体的个性,通过调查,"咩"也是20岁左右的女生所使用的,让人感觉有点嗲,像小绵羊一样声音可爱、甜美。换成"吗"后,这种效果荡然无存。

下面再看"滴"在网络中的使用状况以及它们的意义和用法。例如:

(5)a. 我和小殇殇也会找时间给大家更新微博*滴*!
　　b. 电影有看过哦,是蛮感人*滴*!

"滴"(dī)在《现代汉语词典》(第6版)中有动词、名词和量词三个词性。用在网络语言中,除了以上三个词性外,还有句末语气词的功能(但语音为"di")。通过调查,这个词的使用对象不仅仅是女性,很多男性也会使用。从语法角度来讲,也是"的"的变异形式,以上例子同样可以换成"的"。"滴"的主要功能是用在陈述句的末尾,表示一种肯定的语气,同时也有一种俏皮、可爱的功能。说话主体通过用"滴"能缓和语气,拉近与对话者的距离。

所以以上的"捏、涅、咩、滴"在语法功能上跟典型语气词"吗、呢、的"没有本质的差别。它们在语言的社会功能与交际功能上发挥了自己独特的优势,尤其是表达了一个特定的群体的话语运用的特点,较好地满足了交际的需要。这也让原本"冷冰冰"的语气词变得形象、生动和富有个性起来。

但这几个词在语音方面是如何发展,发展的规律又是怎样的呢?

"捏"作为语气词,它的国际音标是 [niɛ⁵⁵],"涅"也是 [niɛ⁵⁵],"咩"是 [miɛ⁵⁵],"滴"是 [ti⁵⁵],而原来的"呢、吗、的"的音标分别是 [nɤ⁵⁵][mA⁵⁵][tɤ⁵⁵]。通过音标可以看出,原来的"呢、吗、的"在韵母上属于开口呼,在元音舌位图上它们的元音属于央元音或者后元音,而"捏、涅、咩、滴"在韵母上属于齐齿呼,且都有了韵头。在元音舌位图上,都属于前高元音。[i] 是普通话口腔通道最窄的前元音,用高元音作韵腹,整个音节比低元音听上去更"嗲"、更"萌"。这不是语言学上的语流音变,这是一种个人的、有意为之的语音行为。这极大地符合一部分年轻人"卖萌"的需要。这跟传统的自由音变或者不自由音变有着本质的区别。这种语气词的音变是个人的,随语言环境的改变而变化,因此它们只不过是传统的语气词的语音变异形式而已。

1.2 语法意义方面的发展

除了以上提到的语音形式改变发展出来的新生语气词外,还有一类是由于语法意义的发展而出现的新生语气词。这其中又分为两种,一种是原有的词或词组在语法功能方面发展出了新的语气词的语法功能,这些词或词组本身有语气词的语法功能;另一种是以前没有语气词用法的词或词组发展出了语气词的用法。

1.2.1 语法意义的发展

这些语气词有其常用的意义,也具有语气词的用法,但随着社会的发展和网络传播产生了更多的意义,即具有了新的语气意义。同样利用新浪微博的搜索引擎功能,统计前五页(大概 100 条微博)语气词(只考虑它们是语气词的情况)出现的频率。如表 2 所示:

表 2　各语气词的出现频率

表示语气	好吧	好吗	有木有	好不好
出现的频率	4	14	62	7

以"好吧"为例来做进一步的分析。"好吧"作为一个词(不等于词组"好吧"),基本是有四个方面的功能:一是表示疑问;二是跟英语中的"well、then、I mean"等有类似作用的话语标记;三是叹词,表应答;四是语气词。通过单纯统计"好吧"新浪微博前 5 张网页的不同义项,结果如表格所示:

表 3 "好吧"功能及意义

功能或意义	出现的频率	例句
表疑问	2	你明天和我去一趟青岛,好吧?
话语标记,无实意	65	看电视剧居然惹姐哭得七荤八素,好吧,我承认是写不出东西来的借口。
叹词,表应答	3	我对佛许愿让所有的朋友永远健康、幸福。佛说:"好吧,以后你所有的朋友都将永远健康、幸福。"
语气词	4	只是胖了一点点而已,可是人家在减肥好吧!

关于"好吧"表示话语标记的功能,刘娟娟(2013)已有详细的研究和论述。此外她还构拟出了"好吧"的发展路径:"性质形容词'好'→功能词'好'→应答小句'好吧'→具有情态功能的固定语'好吧'→话语标记语'好吧'",对此本文不再赘述。本文主要探讨的是"好吧"的第 4 个意义,作为语气词的功能和意义。例如:

(6) a. 其实国内一点不矜持好吧!
　　b. 天主教和基督教才不共戴天好吧?!

"好吧"主要用在句末,而且一般不能单独成句。余光武、姚瑶(2009)在讨论语气成分"好不好"的表达功能时,曾经概括"好不好""表达的是辩驳语气,在言语行为类别上应属于"阐述宣告类"(Representative Declaration)。就"好吧"而言,它确实具有辩驳的功能,而且辩驳的语气非常强烈,当然除了辩驳之外,还有强调说话人所说的命题的肯定性的作用,即充分改正别人的观点而认同自己的观点。比较:

(7) a. 我觉得国内的电视剧反映出我们的国民很矜持。
　　b. 其实国内一点不矜持好吧!
　　c. 其实国内一点不矜持。

(7b)是对(7a)观点的辩驳,他认为国内的人并不矜持,但是有了"好吧"之后,这种与(7a)不同的观点更加凸显,并且一定程度上加深了(7b)对自己的观点"国内一点不矜持"这一命题的肯定程度。否定别人观点的同时非常强烈地肯定了自己的观点,这是(7c)所没有的功能。(7c)只是单纯叙述一件事实,并没有强烈辩驳对方的观点。除了辩驳功能之外，"好吧"还有一点是强调功能，例如"只是胖了一点点而已，可是人家在减肥好吧！"这句话并没有辩驳隐含的"最近胖了"的命题，而是单纯强调自己在减肥。再如《爱情公寓4》里面，张伟每次出场都是在厕所里，众人不解，便问张伟原因，张伟说"我在厕所出现也是有原因的好吧？"他没有辩驳自己在厕所出现，而是强调自己在厕所出现有原因，"有原因"才是他想表达的重点。

这种语气词的辩驳与强调的作用是以前"好吧"所没有的，是"好吧"在网络语言中的新发展。与之类似的还有"好吗""好不好"。例如：

（8）a. 从小在韩料店看到的真露韩国烧酒今天第一次喝。卧槽根本不是烧酒**好吗**！是洋酒的味道。
　　　b. 你艾特我是神马意思，我是每次都是被挤在后面的**好不好**啊！！

这种在网络中运用的新生语气词在影视作品中也有，例如笔者统计了情景喜剧《爱情公寓4》的10万字口语语料，发现类似于"好不好、有木有"的语气词已经广泛运用，如女主角胡一菲说："哦，你转行做中介啦？"曾小贤回答说："我的热心肠是与生俱来的好不好？""好吧、好吗、好不好"在语法功能和意义上并没有多大差别，表达的都是辩驳的语气和强调的语气。

下面再看"有木有"的一些用法和意义。例如：

（9）话说南广的图书馆真的很美腻，**有木有**！

"有木有"主要用在句末，还可以单独成句。它表达一定的语气，但是没有辩驳的成分，主要是强调的语气，这也是跟上面"好吧、好吗、好不好"的不同之处。例如上面的例子"话说南广的图书馆真的很美腻，有木有"，用上"有木有"表面上有询问的成分，但实际上只是强调自己的观点，肯定自己的观点，"南广图书馆很美丽"这个命题是成立的，希望听话者要认同这一观点。

余光武、姚瑶（2009）对"好不好"的形成作了语用方面的解释"我们认为，同一形式的各种不同功能是一个共时层面上不同'语用识解（Pragmatic Construal）'的结果，属于语用变体，并非真的存在这样一个历时演化过程。"虽然"好吧、好吗、好不好、有木有"跟它最初和最常用的意义有差异之处，但真的很难证实它们跟这个词最初的意义是一种发展或演化的过程,这些词表达辩驳或强调的语气跟这些词的其他意义是同时存在、处在共同的平面内。这一类"好吧、好吗、好不好、有木有"以前或者作为疑问语气词或者作为叹词而存在,但随着社会的发展,发展出了新的意义,即成了表示辩驳或强调的语气词。因此可以列入新生语气词的行列之中。

1.2.2 语法意义的出现

除了原有的具有语气词意义的词(也可以看作原来就是语气词)的发展之外,新的语法意义出现的词也值得进行深入的研究。通过新浪微博(统计方法与前相同)的调查发现,新的句末语气词的产生,主要是"喔、噢、哦"3个语气词。如表4所示:

表4 "喔、噢、哦"出现频率

新生语气词	喔	噢	哦
出现的频率	90	84	92

通过上表可以发现,这3个语气词在网络中的使用数量不相上下,都有着较高的使用率。再看一下相关的用法。例如:

(10) a. 别总是吃一样的啦,试试别的做法,说不准是你的新宠喔。
　　　b. 很多女生卸妆时胡乱抹一通就算卸完了,其实正确的卸妆手势也是有护肤效果噢!
　　　c.【聚力大讲坛】即将开始,你们做好准备了吗?在场的同学们记得把手机调为振动或静音哦!

"喔"在《现代汉语词典》(第6版)中的解释是"ō,同'噢';wō,拟声词,公鸡叫"。这个词的叹词用法在普通话和一般方言中很难见到,但是在微博上,在网络语言中却广泛存在。方清明(2013)研究过普通话与台湾地区国语语气标记的差异之处,指出"国语口语里已经到了无'喔'不成话,无'啦'、无'耶'不成剧的程度。从语气方面来看,'啦、喔、耶'是国语语用标记的特色,是台湾腔调的代表。关于'喔'普通话多写成'哦、噢',国语多写成'喔',偶尔写成'哦'。""喔"常用于陈述句和感叹句,方清明(2013)将其功能概括为"表示缓和的不太肯定的语气,并起到明示与提醒作用"。近年来,随着两岸交流的加深,也随着一些台湾影视、文学作品等的传入,越来越多的人开始接受台湾地区国语的说法,对于年轻人来说,这种学习的欲望尤其强烈,因此国语中的"喔"广泛出现在微博上也不足为奇。"噢"

在汉语普通话中主要是作为叹词或者作为方言语气词，上海话中就有语气词"噢"。但目前在微博上广泛使用还是受台湾地区国语影响的用法，只不过跟"喔"写法不一样而已，在运用上则与"喔"完全相同。它们都比"啊"更具有缓和的作用，给人一种说话温柔、不温不火的感觉。

"哦"在普通话中主要作为叹词存在，但最近在这3个词里面运用频率最高，不仅在网络语言中，在人们实际的语言交流中也频繁出现，例如笔者统计的《爱情公寓4》10万字的语料中，作为语气词用的"哦"出现了15次，"喔"出现了1次，"噢"则没有出现。"哦"多用于与关系亲密的同辈或晚辈之间的交流，以保持相互间的亲密关系。在某些情况下，语气词"哦"也可以用来拉近彼此的距离，建立亲密关系，这点尤其明显，甚至出现了网络"淘宝体"，例如"亲，包邮哦""给个好评哦"等。这种用法主要出现在祈使句、陈述句、感叹句中，用于祈使句时不会给人命令或压迫的感觉，反而能拉近彼此的距离。张谊生（2000）认为，"哦、噢"都可以看作是典型的语气词"啊"的变体，但是通过何种形式发生变异，张并没有详细论证。

陈启萍（2011）认为"哦、噢、喔""三者的读音、分布、意义及功能基本一致，甚至出现在同一句话中混用的情况，如"大家明天早点来噢，还有记得带上学生证哦！"因此，我们有理由相信，三种书写形式共存，是因为使用者书写时比较随意或书写习惯不同而造成的。

总之，"喔、噢、哦"这3个语气词在普通话书面语中的运用是极少的。而且在普通话中大多数情况下是以叹词的形式存在。但随着不同语言环境相互交流与融合，这些词的语法意义和语用意义有了极大的发展，发展出了语气词的意义和用法，同时也具有缓和语气的功能，这是这几个词以前所没有的，因此也属于新生语气词。

2. 新生语气词的产生方式

通过上文对新生句末语气词的用法的考查可以发现，它们主要的产生方式是派生和分化。下面我们来看一下这类新生语气词派生和分化的具体方式。

2.1 新生语气词的"派生"过程

"派生"在《现代汉语词典》（第6版）中的解释是"从一个主要事物的发展中分

化出来"。派生在汉语词汇中是一个常出现的字眼,合成词的派生方式一般是加前缀、加后缀、加中缀等。齐沪扬(2002)提到了语气词派生有很多因素,有语流中语音发生变化,从而产生音变形成的派生形式;有书写上的不同习惯造成"一词多字"的派生形式;有受方言语气词的影响,以方言的读音作为语音标记,再以汉字作为书写标记形成的派生等等。例如:

(11) a. 啊→呵、呀、哇、哈、哟、唉、哪、吆、哦、噢、呕、那、阿、哑……
　　 b. 了→啦、咯、嘞、啰、喽……
　　 c. 吧→罢、霸、呗、啵……
　　 d. 呢→呐、哩、咧……

但上述例子有的是语气词"啊"的语音变体,有的是语气词连用形成的合音语气词。它们都不能算是真正的派生语气词。

社会的发展是词汇不断发展的重要条件,也是语气词不断派生的重要条件。尤其是随着网络技术的发展,网络语言不断兴起,出现了一批新生语气词,通过前面的分析,可以把其中的一部分归为语气词的派生,它们是丰富语气词系统的重要手段。这些词主要是以下几个。例如:

(12) a. 呢→捏、涅
　　 b. 吗→咩
　　 c. 的→滴

这几个新生语气词在网络语言和人们的日常语言中,出现率极高。但归根到底都只是基本的语气词"的、了、吗、啊、呢、吧"的派生形式。这几个语气词跟"啊"的语音变体以及语气词的连用是不同的。从语法上来讲,它们的语法功能和语义功能跟原有的基本语气词是一样的,它们的独特功能主要表现在语用方面,而且具有共性:都是一部分年轻人追求个性而用的,都可以表现出说话者娇嗔、活泼的一面。在形式上,它们的语音跟之前的语气词非常相近,在书写形式上有了较大的变化,音、形都有了变化,因此可把它们看作是派生形式。虽然现在这些词的使用有人群的限制,主要集中于年轻人,但不得不承认,这些词在语用方面的作用还是很大的。或许与之类似的其他的语气词"了、啊、吧"等,随着网络传播和人们追求个性的心理影响,也会派生出相应的新生语气词。

语言的接触是新词产生的重要途径。由于不同语言环境的接触、交流也会产生语气词。受方言或者台湾地区国语的影响而产生的新生语气词也可以归为派生语气词。例如:

(13) a. 喔(拟声词)→喔(语气词)
b. 噢(叹词)→噢(语气词)
c. 哦(叹词)→哦(语气词)

这几个语气词的来源和用法在前面的论述中已经进行了探讨。它们或者是受汉语方言的影响或者是受台湾地区国语的影响,原先不具有语气词的词性发展出了语气词的词性。这是语言接触的结果。它们保留了原来的书写形式,在意义上产生了语气词的用法。所以广义上也是语气词的派生形式。

2.2 新生语气词的"分化"过程

通常意义上语言的分化主要是语言的地域变异(方言)以及语言的社会变异等。这里仅仅借用"分化"这一名称来表示在语气词中存在着自身演变的现象。它跟语言接触和融合是相反的方向,即从原有的实词意义分化出新的语法意义,形式上没有变化,也不是语言接触的结果。例如:

(14) a. 看她吃的我眼泪都要流出来了**好吗**!
b. 居然有人问我可以试驾有没有问题,本王是有证的**好吧**!
c. 现在很多人工资加提成才3千多一点!租个单间就7百了!吃饭还要自己出钱!人还不能生病!央企工资高太多了**好不好**!
d. 忙忙叨叨又一年,还没回家愁绪已浮现心头**有木有**?

刘娟娟(2013)构拟出了"好吧"的发展路径:"性质形容词'好'→功能词'好'→应答小句'好吧'→具有情态功能的固定语'好吧'→话语标记语'好吧'"。

但其中并没有作为语气词的"好吧"。或许可以进一步假设它是由话语标记"好吧"位置后移而形成的。比如下面（15a）中的"好吧"是话语标记，用在句中；但"好吧"一旦移到后面，就赋予其强调和辩驳的语气，即下面（15b），或许就是今天看到的语气词"好吧"的由来。比较：

（15）a. 看电视剧居然惹姐哭得七荤八素，好吧，我承认是写不出东西来的借口。

b. 看电视剧居然惹姐哭得七荤八素，我承认是写不出东西来的借口好吧。

"好吧、好吗、好不好、有木有"作为强调与辩驳的语气词都是由最初的实词词组发展而来，可以说是保存了书写形式的内部的分化。这也符合语言经济、简明的特点。

3. 新生语气词的出现原因及发展趋势

新生语气词产生有多种原因。

第一，语言的发展主要受外部语言环境的影响，经济社会的发展是促进语言发展的外部条件。随着科技的日益进步，尤其是网络的发展，人们在网络虚拟语言环境中有了更大的话语自由权，而且网络促使很多语言现象以前所未有的速度传播。就拿"捏"来说，一旦这个词在网络中出现之后，很多人就会效仿，然后在微博、微信等社交平台上就会广泛运用，进而扩展到整个网络生活。这是语言发展的极大的推动力。

其次，从地域上来讲，不同民族语言也有相互影响，如英语对汉语的影响；同样地，同一民族由于地域、经济等方面的影响，也会造成语言的发展与变化，例如台湾对大陆语言的影响、方言对普通话的影响等等。上文提到的"哦、噢、喔"或者是受台湾地区国语的影响或者是受汉语方言的影响，总之它们的出现是不同语言环境相互交流与融合的结果。

第三，语言的发展跟社会生活的主体——人有着密切的关系，很多人为了彰显自己的独特个性，自觉地接受语言带给人们的这种"时尚感"，这极大地促进了新生语气词的出现和使用,例如"捏、涅、咩"等这类词就是为了彰显个性和特征而出现的。前面也提到过,运用"捏、涅、咩"等语气词的群体主要是年轻人,他们为了显示自己走在网络和社会生活的前头,就会非常热衷选择此类词。

第四,语言在发展的同时,也会本着经济和简明的原则。这就能解释为什么"好吧、好吗、好不好、有木有"等语气词出现的原因。这些词本身有自己独特的用法。但语言中如果想表达辩驳和强调的语气,不可能再重新造出一批新的词语。让原有的词发展出新的意义既满足了人们交际的需求同时也符合了语言经济和简明的需要,这是一举两得的事情。

语言的发展受社会的影响,但也有自身的发展规律。不可否认,新生语气词的出现,使得词类系统中数量相对较少的语气词得到了丰富,同时在交际与运用中也发挥了极大的作用。可以通过"百度指数"[①]来实地看一下这些网络语气词在人们生活中的运用,以"捏"为例,通过在"百度指数"中输入关键词"捏",可以看到"整体趋势""PC趋势""移动趋势",这三个趋势都是以2012年为转折,2012年后它的运用呈现不断上涨的趋势,并且2014年呈现更快的增长。通过"需求图谱"可以看出来,句末语气词"捏"在"捏"的所有用法中占了很大的比例。"我老上火,一下子嘴巴就起泡,咋办捏""炸金花有什么绝技捏"之类的用法在网络中运用越来越多。虽然百度指数作为语言学统计工具其准确性有待考察,但它反映出来的单个词的发展趋势还是有一定的科学道理。仍然运用"百度指数"搜索其他的单个句末语气词,除了"喔"没有相关搜索之外,其他的"涅、咩、滴、哦、噢"都是呈现不断增长的态势。从现在这些语气词的运用来看,正是不断上升的时期,在很长的时期内应该还是为人所使用。

语言的规范化主要是通过语言研究的著作如语法书、词典、语言学著作等明文规定下来,推广那些合乎规范的现象,限制并淘汰不合规范的现象。但对于语法方面的规范,实在是非常困难。这也不是说语法就可以随便运用。像本文中的新生语气词"捏"和"涅"意义和用法完全相同,从文字角度来看,"捏"和"涅"属于异体字,

---

① "百度指数"是以百度海量网民行为数据为基础的数据分享平台,是当前互联网乃至整个数据时代最重要的统计分析平台之一,自发布之日便成为众多企业营销决策的重要依据。百度指数能够告诉用户某个关键词在百度的搜索规模有多大,一段时间内的涨跌态势以及相关的新闻舆论变化,关注这些词的网民是什么样的,分布在哪里,同时用户还搜了哪些相关的词,帮助用户优化数字营销活动方案。

意义和用法完全相同并且能相互代替，是不是该保留用的数量相对较多的一个而不用另一个呢，这是一个值得讨论的问题。此外，对于类似语气词"咩、滴、哦、喔、噢"之类的词，是不是应该扩大使用范围，而不是仅仅局限于网络语言中使用呢？毕竟适当地吸收进现代汉语普通话中也是促进普通话发展的有效途径，而且事实证明已经有越来越多的人接受和使用这类新词。它们有其独特的使用功能，极大地满足了社会交际的需要。至于"好吗、好吧、好不好、有木有"这些词意义发展的部分，符合语言自身经济、简明的要求，也是丰富语言发展的重要手段，它们在表义方面的作用也是其他语气词所不具备的。

因此对于新生语气词的规范问题，还得采取具体问题具体分析的方法。毕竟新出现的语言现象会因为很多人的使用而出现暂时很"繁荣"的景象，这种"繁荣"能持续多久还要看时间的检验。不能因认为它们与传统的用法不同而扼杀，更不能不分语体、语言环境的变化而乱用。规范的目的是为了使语言更好地为人们服务。因此对这类新生的语气词，我们认为应该采取宽容的态度，同时也不能滥用。

5. 结语

本文以新浪微博和《爱情公寓4》口语语料为基础，以北京口语语料库和北大CCL语料库为参考，探讨了网络中的新生句末语气词，从它们的表现形式、形成以及规范化方面进行了宏观的探讨。新生句末语气词的表现形式是研究重点，本文把新生的句末语气词分为两类，分别从语音方面的变化和意义方面的发展对它们进行了研究。但在规范化的问题上，这些新生语气词还是存在很多问题。是应该采取规范化的措施还是放任其自由发展，怎样规范它们的用法，等等，都是一些很棘手的问题。有关语气词的研究近年来得到了迅速发展，但对于新生语气词的探讨却微乎其微。只希望随着网络的发展，能有更多的人重视和研究语气词。

主要参考文献：

陈启萍（2011）《新生语气词"哦"的多维研究》，暨南大学硕士学位论文。
方清明（2013）基于口语库统计的两岸华语语气标记比较研究，《华文教学与研究》第3期。
刘娟娟（2013）《微博中话语标记语"好吧"研究》，华中师范大学硕士学位论文。

卢小军（2011）也谈礼貌的相对性——兼评Brown和Levinson的"面子保全论",《上饶师范学院学报》第4期。

齐沪扬（2002）《语气词与语气系统》,合肥：安徽教育出版社。

余光武、姚瑶（2009）"好不好"的表达功能及其形成的语用解释,《语言科学》第6期。

中国社会科学院语言研究所词典编辑室编（2012）《现代汉语词典》（第6版）,北京：商务印书馆。

（孔庆霞，南京大学文学院硕士研究生）

网络新兴称谓语生命力情况探析

陈 颖

0. 引言

称谓在现代汉语中是指人们用来表示彼此间各种社会关系及所扮演的角色等所使用的名称，它作为人们日常交际活动中不可缺少的一部分，是人际关系在语言中最系统、最直接的反映，折射出社会、政治、经济、文化等多种因素，从中可以窥视一个社会人际关系的种种面貌，乃至社会生活的方方面面。

进入21世纪，国际交往频繁、政治变化、经济发展、科技进步导致现代汉语产生大量新词。随着社会不断的进步与发展，新事物、新概念、新思想层出不穷，人类的交际方法与交际内容也发生了很大的变化，社会的信息化使网络成为人们日常生活中必不可少的一分子。由于社交环境发生改变，网络中产生了大量的新兴称谓语，这些新兴称谓语的出现引起了学者们的普遍关注，在此过程中，也出现了许多新兴称谓类词缀。如以"哥"为类词缀而形成的新兴称谓语"犀利哥、举牌哥、环保哥、忧民哥、浮云哥、齐全哥"等，以"族"为类词缀产生的"打工族、上班族、蹭奖族、恐会族、走婚族、奔奔族"等，以"客"为类词缀产生的"背包客、绿V客、换客、追客、刷书客、拼饭客"等，其他还有"X男、X女、X哥、X姐、X霸、X货、X奴、X帝、X客、X党、X漂、X替、X粉"等。这些新兴称谓被频繁使用，有的还被词典收录，它们符合汉语词语构词规则，具有很强的生命力，极大地丰富了言语词汇，它们被人们普遍接受，已经进入语言的一般词汇系统，使用频率较高，有着极其重要的研究价值。

据统计,在国家语委编写的2006—2013年《中国语言生活状况报告》所发布的新词语表中,8年共收录3223个新词语,新兴称谓语共有891个,约占新词语总数的27.65%,其中围绕类词缀而形成的共有624个,约占新兴称谓语总数的70%;在《咬文嚼字》发布的年度十大流行语中,2008年收录了新兴称谓语"宅男、宅女",2009年收录了"蚁族",2010年收录了"二代、控、达人、帝",以上数据反映了新兴称谓语在现代汉语新词语中的重要地位。新兴称谓语是时代发展、社会进步的产物,不仅能折射出人们生活和思想的变化,也是我国社会发展、语言变化进程中所留下的历史痕迹。

由于网络语言更新换代比较快,有的被词典收录,它们符合汉语词语构词规则,具有很强的生命力,极大地丰富了言语词汇,它们被人们普遍接受,已经进入语言的一般词汇系统,使用频率较高;有的接受度并不高或流行时间比较短,使用比较随意与混乱,没有太多规则可寻,生命力比较弱,不能引起大家的高度重视。针对以上情况,本文主要从流行时间长短、主流媒体使用情况、词典收录情况以及衍生词汇情况四个方面来考察某个网络新兴称谓语或类词缀的生命力强弱,并提出规范化建议。其中单个新兴称谓语的判断主要从流行时间长短、主流媒体使用情况以及词典收录情况三个方面;针对某一个新兴称谓类词缀生命力的判断主要从词典收录情况和衍生词汇数量两个方面来判断类词缀的生命力情况。由于网络新兴称谓语每年产生的种类繁多,数量庞大,所以将以个别新兴称谓语和类词缀为例进行生命力强弱情况的分析。

1. 新兴称谓语的流行时间长短

由于网络语言产生快,传播速度也快,随着层出不穷的新的网络语产生或者大家对某个事件的关注度发生改变,网络新兴称谓语在使用频率上也会随着时间的推移而改变。本文以百度指数[①]的数据统计情况为基础,来判断某个新兴称谓语从产生到流行直至今日的大众搜索情况。图中"搜索指数"是以网民在百度的搜索量为数据基

---

① 百度指数是以百度海量网民行为数据为基础的数据分享平台,是当前互联网重要的统计分析平台之一。

础，以关键词为统计对象，科学分析并计算出各个关键词在百度网页搜索中搜索频次的加权和。根据搜索来源的不同，搜索指数分为 PC（Personal Computer）搜索指数和移动搜索指数。由于移动指数只有 2011 年以后的数据，而有的新兴称谓语产生于 2011 年以前，因此移动指数的情况不能全面反映词语的流行时间长短情况，所以这里主要统计的是 PC 搜索指数。

以《咬文嚼字》发布的"2008 年十大流行语"之一"宅男"和"2009 年十大流行语"之一"蚁族"以及 2009 年度新词语"寂寞党"为例，在百度搜索中"宅男"在 2008 年 4 月开始被网民高度关注，虽然期间搜索量随着人们对这个词的关注度有所波动，但搜索量一直在 400—1000 范围内（参见图 1），直到 2014 年 12 月 31 日搜索量还是很高；2009 年《咬文嚼字》出现的十大流行语之一"蚁族"被大家关注是在 2009 年 9 月，11 月搜索指数达到最高，其中 2009—2010 年处于 900 以上，其余时间除了偶尔比较高，其他搜索量都比较平稳，徘徊在 300—900 之间（参见图 2），说明"蚁族"一直在人们的视线之内。2009 年度新词语"寂寞党"开始被大家关注是 2009 年 8 月，之后到 2010 年初关注度一直超过 200，从 2010 年以后关注度一直不高，低于 200（参见图 3），从 2013 年底到 2014 年关注度很低，大部分时间关注度几乎为零（参见图 4）。

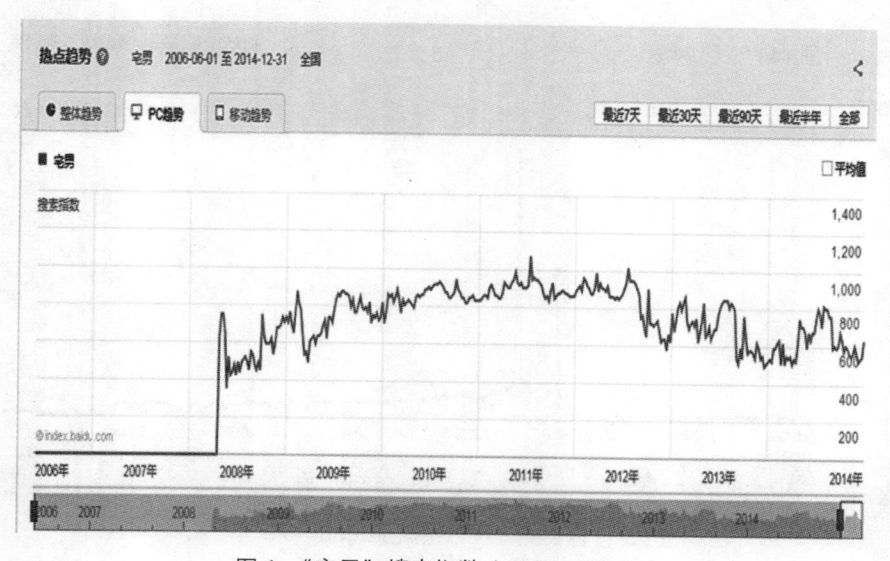

图 1 "宅男"搜索指数（2006—2014）

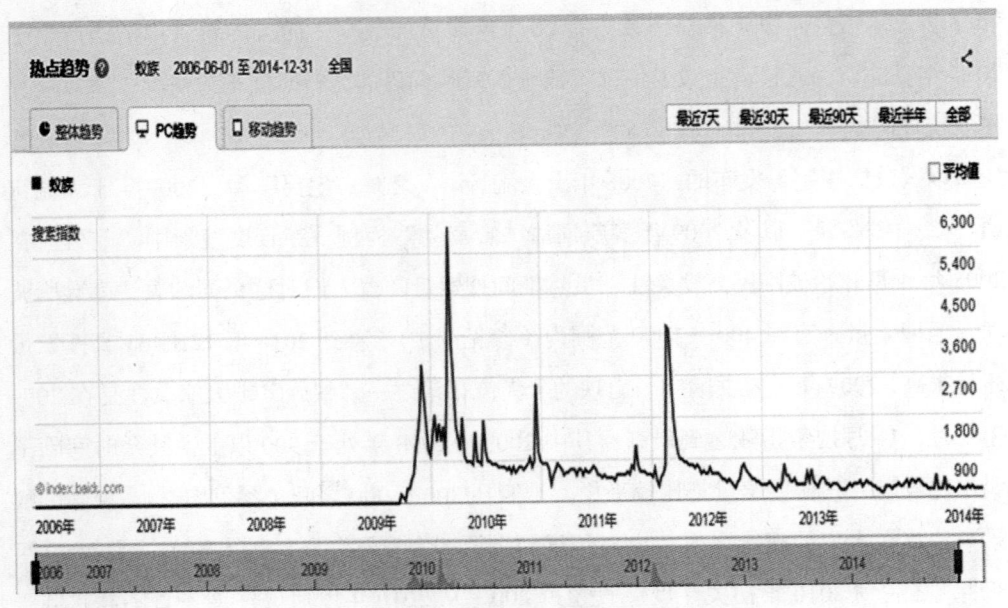

图 2 "蚁族"搜索指数（2006—2014）

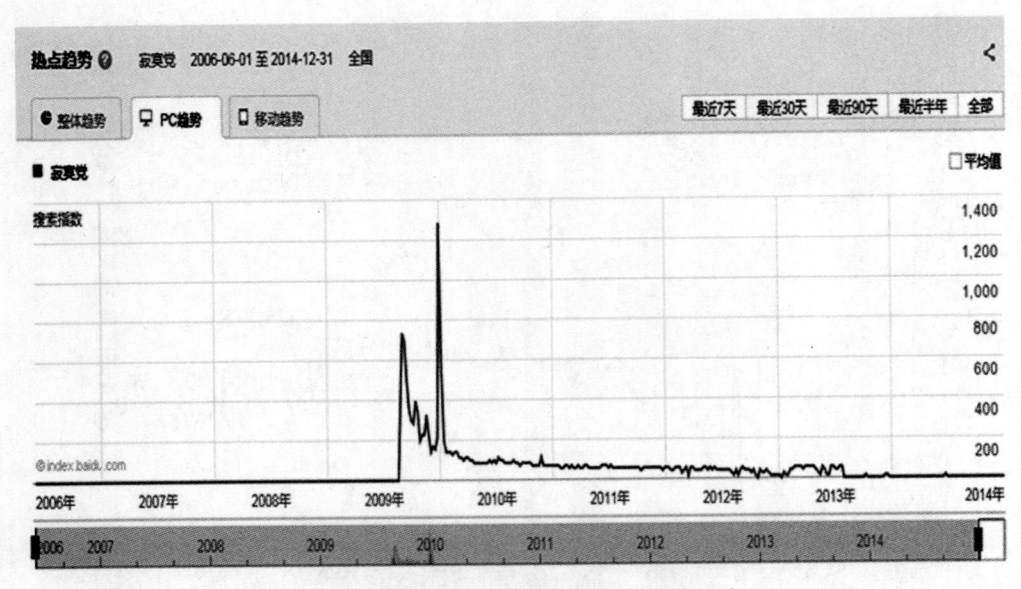

图 3 "寂寞党"搜索指数（2006—2014）

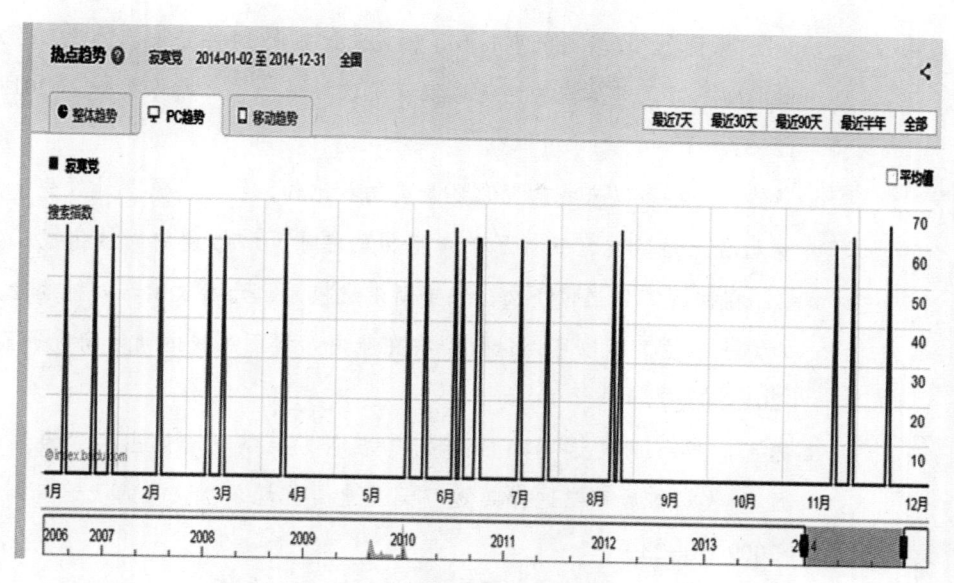

图4 "寂寞党"搜索指数(2014)

2. 新兴称谓语在主流媒体的使用情况

主流媒体对网络新兴称谓语的使用,从很大程度上证明了其存在及流行的合理性,为其规范化和合法化提供了有力的证明。表1是从《人民日报》《中国青年报》《光明日报》三家报纸对"宅男""蚁族"与"寂寞党"的使用数值情况和例子统计(统计时间截至2014年12月31日),括号内是标题数:

表1 "宅男、蚁族、寂寞党"使用情况

	人民日报	中国青年报	光明日报
宅男	36(2)	128(7)	18(2)
蚁族	60(1)	183(32)	41(4)
寂寞党	0(0)	5(0)	1(0)

《人民日报》收录"宅男"有关的新闻共36条,其中标题2条。例如:

(1) a."给力""高富帅""宅男"等网语现在已经被广为接受。(2014-05-22)

b. 社会心态也变得娱乐化——许多新词汇被创造出来:"宅男""剩

女""太囧"。许多传统事物有了新说法：即便14年不变质的麦当劳汉堡引发热议，电脑前的宅男也仅仅是改订另一种低脂炸薯条。（2013-12-31）

c. 当然，一年多以来我的变化还是有的。比如，我"骄傲"地领先于其他几名未婚队友，摘掉了单身**宅男**的帽子，和心爱的女孩组成了家庭。在回到工作岗位不久，我重新走进校园，开始攻读认知神经专业的博士学位，希望可以借此解决在舱内始终困惑我的诸多研究问题。（2013-02-27）

d. 你可能接到朋友这类短信："别总当**宅男**，今晚请你出去'撮'一顿。"收短信后可能这样回复："只要老哥你埋单，我打的飞速赶到。"（2009-10-23）

e. "宅男宅女"入词典（2012-11-29）

《人民日报》收录"蚁族"有关的新闻共60条，其中标题1条。例如：

（2）a. 为了这19元，"蚁族"们省吃俭用，有人甚至一天三顿都吃方便面……日复一日，这样的场景正在今天中国的许多城市上演。（2014-05-12）

b. 认真研究工人、农民、干部、知识分子等不同群体的利益诉求和政策诉求，包括注意关注**蚁族**、北漂、海归、海待、散户等社会上新出现的人群，分析哪些是共性需求、哪些是个性需求，有的放矢地开展工作。（2013-11-19）

c. 梁鸿的《出梁庄记》对农民、农民工、城市"**蚁族**"、城中村等诸多层面的考察，贯穿着对乡土、对农民的深情和对社会建设的深入思考。（2013-04-23）

d. 壮大中产阶层，还要培养好后备军。近两年，刚毕业的大学生就业困难，很多流入"**蚁族**"。（2010-09-16）

e. 应该关注"**蚁族**"什么（2010-05-27）

《中国青年报》跟"宅男"有关的新闻共计128条，其中有7条标题。例如：

（3）a. 高峰表示，儿童教育有其自身规律，如果剥夺孩子的情感体验，也会产生个人及社会问题。比如人际交往中高度自我、不会合作，**宅男**宅女、啃老族不断增多。（2014-06-02）

b. 希望同学们把脚步从宿舍楼迈出去，从校园迈出去，少一些**宅男**宅女，多一些活力活气，少一些电子游戏，多一些篮羽乒足，少一些纸上谈兵，多一些躬身实践，少一些浮躁骄奢，多一些扶贫助困，依靠扎扎实实的实践，磨砺自己的意志品质。（2013-09-07）

c. 日前出版的《现代汉语词典》（第6版）收录了大量新词潮语，"**宅男**、**宅女**"入选。有趣的是，商务印书馆总经理于殿利带着新出版的《现代汉语词典》去给101岁的杨绛先生拜寿，说到"宅男、宅女"时，杨先生幽默地说："我就是宅女。"（2012-07-19）

d. 今年3月14日《南方都市报》上的相关报道引起众多网民讨论，很多人担心年轻的**宅男**宅女们沉溺网络，沟通能力退化。（2008-03-31）

e. 黄金周11年旅游达人变"**宅男**"（2010-10-08）

《中国青年报》共收录"蚁族"183条，其中标题32条。例如：

（4）a. 培训期间还召开了城市两类青年群体服务引导试点工作座谈会，对进一步做好城市"**蚁族**"、新生代农民工等青年群体的联系、服务、引导工作，进行了深入研讨和工作部署。（2014-09-23）

b. "**蚁族**"的提出，第一次以学术调查的视角，揭开了大都市里庞大的"高知、弱势、聚居、陋居"的大学毕业生群体的面纱，掀起了"何处安放我们的青春"的热议。（2013-05-13）

c. 天津财经大学教授李炜光接受《中国青年报》记者采访时说，一些大学生毕业后工资仅够生活，都混成了"**蚁族**""鼠族"，这些中产阶级的源头一旦断了，对社会发展极为不利。（2011-01-04）

d. 那些毕业之后找不到工作的**蚁族**，真要有哪怕一个机会摆在眼前，肯定一下子冲上去紧紧抓牢，哪还顾得上左右摇摆犹豫不决呢？（2010-08-10）

e. 过度热炒"**蚁族**"无助年轻人发展（2010-12-16）

《中国青年报》共有 5 条与"寂寞党"相关的新闻（无在标题中使用的情况）。例如：

（5）a. 因为第一句流行语出来时，跟风的网民就有大概 2000 万人了。这些网民还称自己是"**寂寞党**"。（2010-04-01）

b. 有评论认为，这一代年轻人无处不在的虚无感催生了"**寂寞党**"，但有网友感叹："现实乏味无聊，又不能说话，才去上网恶搞的，这是多好的平台啊。"（2009-12-29）

c. "2009 年度最热门网络现象"的调查中，"**寂寞党**"首屈一指。而其一直在寂寞，从未被超越的理念，也和体坛一些项目的境遇有些雷同。（2009-12-27）

d. 但她认为，在"**寂寞党**"横行、宅男宅女丛生的时下，桌游为年轻人提供了一个彼此交流和了解的新颖方式，让人们在情感意义上实现了某种程度的"零距离"。（2009-12-22）

e. 热衷于此的网友被称为"**寂寞党**"——继"贾君鹏"之后，引领着新一轮网络流行语的风向。（2009-07-28）

《光明日报》共有 18 条与"宅男"相关的新闻，标题 2 条。例如：

（6）a. 在中国科普网上，网络科技周如约启动，科普微视频大赛、科普漫画大赛等各项网络活动异彩纷呈，"**宅男宅女**"们足不出户，点点鼠标，就能全程参与感受现场活动。（2014-05-25）

b. 盲道本是方便盲人出行的，但乱停乱占、摆卖停车的现象屡见不鲜，残疾人上不去车、进不了楼的情况时有发生，使得残疾人视外出为"畏途"，无奈成为"**宅男**""**宅女**"。（2012-12-03）

c. 无论是青春朝气的在校大学生，还是"传道授业解惑"的教师；无论是写字楼中的企业职员，还是流水线上的打工一族；无论是崇尚自主的自由职业者，还是尝试改变的**宅男**宅女，都在这片乐土上找到了创业的激情。（2009-12-17）

  d. 美国壮年失业"宅男"激增（2014-02-11）

  e. 钦州学院里有群"技术**宅男**"（2013-11-14）

《光明日报》收录"蚁族"共41条，其中标题4条。例如：

 （7）a. 习近平总书记要求我们高度重视青年人的问题，特别是社会上出现的一些新的人群，如"**蚁族**""北漂""海待"等，大部分是青年人。（2013-11-22）

  b. 2010年两会前夕，张礼慧来到北京市海淀区唐家岭，对"**蚁族**"聚居地进行考察。这一年，她提出了"加快公租房建设，改善'蚁族'居住条件的建议"。（2012-03-12）

  c. 这几日，随着北京唐家岭白领公寓构想浮出水面，唐家岭的"**蚁族**"已经开始陆续搬走，去往下一个青春驿站。（2010-04-02）

  d. 青年教师廉思在完成了影响深刻的"**蚁族**"调研之后，率领他的团队，于2011年，又完成了《中国高校青年教师调研报告》，引起相关部门高度重视。（2012-03-19）

  e. 数万"**蚁族**"：无处安放的青春（2011-07-28）

《光明日报》共收录"寂寞党"1条，标题0条。例如：

 （8）在互联网上，每天都会有许多网友创建新词，据全球最大中文百科网站互动百科负责人介绍，互动百科每天收录大量由网友自发创建、编辑的新词，其中不乏"犀利哥""**寂寞党**""独二代"等新锐词汇。（2010-05-16）

  从上述统计可以看出，"宅男"和"蚁族"在三家主流媒体的使用率都比较高，但"寂寞党"使用率却没那么乐观，除了《中国青年报》有5条新闻，《光明日报》有1条新闻外，这三家媒体引用"寂寞党"例子很少，这证明以上三家主流媒体对"寂寞党"的合理性认可度并没有那么地高，所以其词语的合理性和规范性还有待考察。

3. 新兴称谓语在词典中的收录概况

作为国内普通话用词权威的《现代汉语词典》，2012年6月第6版对10多年来的所有争论有了阶段性总结。《现代汉语词典》历时5年修订，增加单字600个，新增词语3000个。这次修订，收录的网络词语主要包括四种情形：一是和计算机、互联网有关的专业术语，比如"云计算、超媒体、电子书、电子商务"；二是由网络衍生出来的新生活语言，比如"网购、网聊、网评、网瘾"；三是一些在网上常被赋予新含义的传统词语。例如"灌水（在网上发表长篇大论而又内容空洞、水分含量高的文章）、下线（网站等断开互联网，停止运营。有时也指下网）"；四是网民利用现实生活中的许多具体可感的事物，创造地性地产生新比喻义的词语。如"菜鸟（指初级网民）"；五是增加了很多新词和新义项，比如"宅、雷、奴、门、纠结、山寨"等。

这些新词语的收录，证明了网络语言的正规化和合理化，成了规范的现代汉语词汇，其中也收录了一些网络新兴称谓语和新兴称谓类词缀，如《现代汉语词典》（第6版）中收录了"族、奴"等指人义项，"族"称具有某种共同属性的一类人，如"打工族、上班族、有车族、啃老族、追星族"；"奴"称失去某种自由的人，特指为了偿还贷款而不得不辛苦劳作的人（含贬义或戏谑意），如"洋奴、守财奴、车奴、房奴"等。此外词典还收录了"宅男"，指整天待在家里很少出门的男子，多沉迷于上网或玩电子游戏等室内活动。收录了"蚁族"，指受过高等教育、聚居在城乡接合部或近郊农村、在大城市就业打工的年轻人。《现代汉语词典》（第6版）对"蚁族、宅男"等的收录，说明了这些词不论是在词义还是使用上都符合现代汉语规范化特征，也证明了其生命之顽强。然而《现代汉语词典》（第6版）没有收录新兴称谓"寂寞党"，也并未收录"党"用来表示"具有相同志趣或做着相同事情或有相同点的一类人"的指人义项，虽然已有"X党"称谓形式出现，但由于其大众关注度以及主流媒体使用情况并不是那么的高和稳定，还没被收入词典，相较于"宅男、蚁族"来说，"寂寞党"生命力并不是那么地高。

4. 新兴称谓语的衍生词汇数量

衍生词汇数量主要是证明某一个新兴称谓类词缀的生命力情况，衍生词汇总量越多,每年产生词汇数量不断增加,都可以说明其生命力情况,以2006—2013年度《中国语言生活状况报告》中收录的"X客、X族"为例,从下面表2的数据对比看,类词缀"族"每年衍生的词汇数量都多于"客",说明"族"生命力更强一些,具体例词如表3所示:

表2 "X客、X族"数据统计情况

年份	新词语	称谓语	X客	X族
2006	171	75	6	16
2007	254	69	7	16
2008	359	86	5	26
2009	579	151	3	71
2010	501	149	5	31
2011	593	159	4	30
2012	585	134	2	12
2013	365	89	2	24

表3 "X客、X族"具体词例

年份	X客	X族
2006	换客、掘客、拼客、晒客、威客、印客	奔奔族、吊瓶族、飞鱼族、合吃族、急婚族、啃椅族、赖校族、乐活族、慢活族、陪拼族、捧车族、试药族、网络晒衣族、洋腐族、洋漂族、装嫩族
2007	职客、试客、群租客、淘客、绿客、心理黑客、刷书客	代排族、毕婚族、晒黑族、掏空族、拒电族、爱邦族、难民族、晒卡族、考碗族、转存族、试客族、淘券族、晒一族、帮帮族、炒鸟族、懒婚族
2008	追客、叮客、布客、思客、拼饭客	泡良族、抢抢族、抠抠族、土食族、酱油族、山寨族、恐年族、职业敲族、啃薪族、宅内族、Emo族、固贷族、抛抛族、闪闪族、脑残族、QQ隐身族、爱券族、背奶妈妈族、单眼族、蛋壳族、飞单族、卧槽族、宅生族、MSN脱机族、论坛潜水族、枪迷族
2009	秒杀客、帖客、拆客、X客	背卡族、保湿族、毕漂族、飚爱族、草食族、蹭暖族、抄号族、朝活族、车缝族、车车族、吃网族、揣证族、倒分族、抵触族、地铁快餐族、短漂族、赶园一族、搞手族、鬼旋族、好高族、后备厢族、胡萝卜族、换乘族、换客族、婚活族、捡彩族、啃楼族、老公族、理车族、庐舍族、裸婚族、麦兜族、秒杀族、蘑菇族、捏捏族、趴网族、泡泡族、拍板一族、骗保族、飘摇族、抢卖族、悄婚族、闪玩族、上班走私族、时彩族、试衣族、刷刷族、说话一族、司马他一族、死抠族、速食族、偷菜族、脱网一族、玩卡族、无火族、午动族、虾米族、咸鱼族、向日葵族、虚客族、学租族、蚁族、隐车族、英漂族、智旅族、逐日族、装忙族、准老族、桌游族、字幕族、X族

续表

年份	X客	X族
2010	拜客、切客、慢拍客、高端剩客、毕剩客	刹那族、卖折族、敲章族、汉堡族、淘课族、草族、花草族、闭关族、锚族、淘婚族、边边族、飙爱族、蚕茧族、草莓族、刹那族、存钱族、跑腿族、傍傍族、海豚族、滞婚族、快炒族、密码族、网课族、半漂族、啃嫩族、全漂族、拧盖族、淘港族、伪婚族、阿鲁族、摆婚族
2011	趴客、代扫客、怕死客、淘职客	背黑族、水母族、攒贝族、恐会族、飙薪族、打烊族、孤河狸族、闪辞族、混族、反潮族、替会族、恐聚族、BMW族、乌魂族、蜂族、退盐族、隐离族、考拉族、偷供族、自给族、财盲族、梅丁族、电萤族、媚皮族、未富先奢族、装装族、円族、喜会族、浮游族
2012	创客、欠客	低头族、失陪族、蹭奖族、走婚族、被催族、工漂族、刷夜族、初薪族、弄族、恐生族、怨士族、H族
2013	绿V客、毕租客	房族、光盘族、占票族、空怒族、弃炮族、剁手族、挂证族、求嫁族、夜淘族、节孝族、扫码族、炫食族、NINI族、安安族、紧绷族、蛋白族、微信族、wifi族、坚丁族、拾惠族、抬头族、叹老族、晚点族、指尖族

从以上分析可以看出，有些新兴称谓语和类词缀生命力较强，从开始产生直到2014年12月31日大众关注度还很高，并且得到了主流媒体的认可，有的还已经收入了《现代汉语词典》（第6版），如"蚁族"和"族"，"房奴"和"奴"；有的刚开始产生时大众对其关注度很高，但随着时间的推移，由于新词的代替或者是大家的追新求异心理已经过去，大众对其的关注度已经消失，主流媒体对其使用也比较少，更不用说被收录词典了，如"寂寞党"和"客"。

5. 结语

本文主要从四个方面分析了网络新兴称谓语和新兴称谓类词缀的生命力情况。针对网络新兴称谓语既能产而其流行和使用又比较混乱的情况，以下是对网络新兴称谓语规范化提出的一些合理化建议：

一、在长期语言发展过程中，一些网络新兴称谓语和类词缀在语义和语用上都逐渐成熟，并且其产生和使用都得到了大众和主流媒体认可，那么就可以尽快收进《现代汉语词典》，并对其词义和使用进行合理化规范，让人们使用时有章可循。

二、对于最终有可能回归到词根语素的类词缀和不再使用的新兴称谓语来说，可以建立网络称谓语语料库和网络称谓语类词缀语料库,将每年新产生的网络称谓语和新兴称谓类词缀都收入其中,这样每年新兴的网络称谓语和曾经发展为新兴称谓类词缀最终却回归词根语素的网络称谓类词缀也不会丢失,这也是词汇随着社会不断发展变化的一种证明。

主要参考文献:

曹　炜(2005)现代汉语中的称谓语和称呼语,《江苏大学学报》第 7 期。
陈　原(1980)《语言与社会生活》,上海:三联书店。
陈　原(1983)《社会语言学》,上海:学林出版社。
国家语言资源监测与研究中心(2006—2013)《中国语言生活状况报告》,北京:商务印书馆。
郝铭鉴(2008)《咬文嚼字》,上海:咬文嚼字杂志出版社。
刘叔新(1990)《汉语描写词汇学》,北京:商务印书馆。
孙常叙(1956)《汉语词汇》,北京:商务印书馆。
沈光浩(2011)《汉语派生词新词语研究》,河北师范大学博士学位论文。
沈梦璎(1986)汉语新的词缀化倾向,《南京师大学报》第 4 期。
宋子然、杨小平(2011)《汉语新词新语年编 2009—2010》,成都:巴蜀书社。
王德春、孙汝建、姚远(1995)《社会心理语言学》,上海:上海外语教育出版社。
王铭玉(2005)《语言符号学》,北京:高等教育出版社。
叶蜚声、徐通锵(1981)《语言学纲要》,北京:北京大学出版社。
杨晓黎(2003)以性别语素"男""女"构成的词语及其类推问题,《语言文字应用》第 11 期。
邹晓玲(2006)《现代汉语新兴类词缀探析》,华中科技大学硕士学位论文。
张敏、姚良(2010)X 男 X 女类新词语探析,《现代语文》(语言研究)第 6 期。
张谊生、许歆媛(2008)浅析 X 客词族词汇化和语法化的关系新探,《语言文字应用》第 4 期。
中国社会科学院语言研究所词典编辑室编(2012)《现代汉语词典》(第 6 版),北京:商务印书馆。

(陈　颖,南京大学文学院硕士研究生)

新时期动词新义考察

罗琭昕

0. 引言

现在正处于新词语的高产时期,不管是在网络生活中,还是在社会生活当中,动词新义的使用比比皆是,极大地丰富了现代汉语动词系统。

本文对没有转变词性的动词进行新义新用的考察与探讨。语料来源于各大网站与社交媒体,如百度贴吧、百度知道、新浪微博等。通过《现代汉语词典》(第6版)有无收录对语料进行排查、筛选,并参照《汉语动词用法词典》看其意义及用法是否是新出现的。

有些词看似新词,实则不是。比如谐音类、别字类就不包括在本文讨论范围之内,谐音类的词如"走开"偏偏写成"肘开"或"奏凯",这种为新奇而新奇的生造自然不包括在讨论范围内。别字类的词如"涨姿势",实则是以"涨(长)知识"的别字方式求新猎奇的产物,这类也不纳入本文讨论范围。动词新义现象有的是从句子缩略出来的词,如"躺枪";有的是从短语缩略而来的词,如"失联";有的是从词省略出来的单字,例如"我们的行程在时间上冲了"中的"冲",可以当作是"冲突"的省略;再如"小心老板把你开了","开"可以看作是"开除"的省略。由词省略出的单个字也不在本文讨论范围内,因为它只是单纯的省略。因此,作为本文讨论的动词新义指的是词性没变,依然是动词性的,且意义确实产生了变化,词典中现有的释义不足以概括它的意思,或者词典中仍未收录其新义与用法。

1. 动词新义的类型

简而言之，本文讨论的动词新义的类型有三种：第一类是现代汉语的词典还未收录的；第二类是现代汉语词典收录了，但却没有记录的新义；第三类是没有收录的新用法。这三类换个说法就是全新动词、旧词新义、旧词新用。

1.1 全新动词

全新动词不仅词形新而且词义新，它们的出现往往与瞬息万变的社会事件与网络生活紧密联系。例如：

（1）a. 双红会前夜，球迷纷纷**爆照**为主队攒人品。

b. 数量有限，送完为止，微店支付好评还**返现**哟。

c. **卡文**了，饮茶去。就算写的东西全无萌点也有我所想表达之物。

d. 女神淡出许久，又回来写文。问她为啥突然又文思如泉涌了，她说炒股赔了，只好回来**码字**赚点零花钱了。

e. 速7是别人看的，陪伴我的只有电脑和一堆英文字母。还有5天就是deadline，加速**码字**不能停！

f. 肚子疼，我还是回寝室去**拖档**好了，但是这么大的档，我得拖几天啊！

例（1a）中"爆照"指的是发出自己的照片，爆出照片。例（1b）中"返现"即"返还现金"，是一种促销手段。例（1c）中的"卡文"指的是网络写手写文章写不下去，没有灵感。（1d）中的"码字"开始使用于网络文学写手圈内，指写文章，"码字"的"码"有堆叠的意思，写文就像建房子要码砖，一个个文字堆叠，一块块砖瓦堆叠。现在"码字"也渐渐泛化，不再只用于网络文学写手圈，一般生活中指打字，写文章、材料，如例（1e）。（1f）中的"拖档"表示从网上下载资源，因下载条从左到右，慢慢填满，才能把资源下载下来，再加上网速不够快，常常下载耗时久，只能慢慢"拖"下来。

类似的全新动词还有"霸屏、保钓、爆吧、补刀、插刀、蹲直播、海淘、截团、裸捐、裸考、裸辞、闪退、失联、脱单、挽尊、洗白、秀恩爱、置顶、坐等"等等。其中，"保钓、失联"与国际政治事件相关，"裸捐、裸辞"与社会现象相关，"爆吧、挽尊、置顶"是网络生活中的常用词语,"海淘、截团"是网上购物领域的专用词语,等等。全新动词的产生总是跟新事件、新现象相关。

1.2 旧词新义

词典收了此词,词形未变,但未收新义,此新义是旧词新义。例如:

(2)a. 她俩互相给对方踩空间,加人气。
b. 我心塞仅仅是因为一些跟风乱踩的人而已。
c. 强烈排右,点开主页来看也是个三观特别正的博主。
d. 没忍住,昨天又入手了一套蓝光碟。
e. 这店家人太好了,我一定会回购的!
f. 春节是全家团圆的日子,但留守福建过年的外来务工人员并不孤单。

"踩"可以是中性的,只是指留下脚印、痕迹,表示来过、到过,如(2a);"踩"也可以是贬义的,如(2b),用于表示反对,表示抱持厌恶、不满的态度,如"踩一踩",表示故意抹黑、贬低他人。通过"踩"这个由上向下的脚部动作表示一种负向的态度或行为,与之相对的就是表示支持、同意的"顶"。在社交网络交流对谈状态下,表示赞同、同意这个观点,多用"排",组成"排楼主"。这之间多与社交网络的输入格式相关,大多是由上至下一层层一条条铺下,仿佛排队似的,赞成者就在提出论点者后面排着队,像站队一样,表示同意、赞成、支持。偶有微博一类是由右向左排列的方式,即便不是直观的上下铺排,网友们还是没有放弃了"排",而是根据实际变化了的情况在后面加工,出现"排右边、排最右"这类短语。"排"亦可单用,直接表示赞同。这些足以说明单个字的"排"在网络交流领域,其表示赞同、同意的意思及其相关用法都极受欢迎,如例(2c)。"入手"在词典中的解释是"着手;开始做",而现在生活中常常有"我昨天入手了一块手表"的情况出现。这个"入手"就产生了新的意义,它指的是进入手中,也就是购入、买入、使拥有的意思,如例(2d)。从语法位置上来看,更是不同,在出现新义之前,"入手"一般放在句尾,多有"从……方面入手",后面搭配可以是"功夫、的方法、研究"等,组成偏正结构或联合结构,而出现了新义表示买进的"入手"后面则总是跟着具体的事物,构成动宾结构。"回购"在词典中的释义是卖方把已经卖出的产品、证券重新买回,其新义是顾客回头继续购买这家店的东西，如例（2e）。"留守"在词典中释义一是"皇帝离开京城，命大臣驻守，叫作留守：平时在陪都也有大臣留守"，二是"部队、机关、团体等离开原驻地时留下少数人在原驻地担任守卫、联系等工作"，现在也常有"大量儿童留守农村"的说法，现在为了适应新时代的变化而出现了新义，如例（2f）。

旧词新义是旧形赋新义，它的旧义与新义之间联系是不定的。有的新旧义之间有引申关系，如表示负向的"踩人"和"留守"，意义深化，搭配范围变广；有的新旧义之间并无明显联系，如"入手"，或者没有联系，纯借形，需要联想，如表示赞同的"排"。

1.3 旧词新用

新用常常与修辞相关，指词形是旧的，但因为修辞手段而出现的新用法。例如：

（3）a. 那些一开始纯粹只为了记录分享的 po 主，勿忘初心，别想着粉丝多了就开始商业化好吗，不然下一个被**扒皮**的就是你。

b. 她昨天信誓旦旦地说死也不来，今天又来了，这不是**打脸**吗？

c. 他否认吸毒遭**打脸**，警方证实其吸毒是真。

d. 最近心不定，上班总是在**摸鱼**。

e. 你们说你们的呗，扯上我干嘛！我真是莫名其妙就**中枪**了。

f. 继封杀支付宝、快的后，微信再度出手，大开杀戒，虾米音乐、天天动听、网易云音乐纷纷**中枪**。

g. 来看看睡不好觉的六大原因吧，你**中枪**几条？

"扒皮"以前指剥削他人，现在更多的可以指扒下伪装，还原真实，形象比喻褪下全身伪装，展现为人不知的真实，如例（3a），在网上这种揭露某人真面目的帖子，叫作"扒皮帖"，"扒皮"也同样还可以省略，有"扒一扒那些极品 ex"。"打脸"除了本义表示用手打脸之外，现在"打脸"可以指口是心非，一边这么说，一边那么做，自己打自己脸，如例（3b），"打脸"还可以指之后的事实证明之前的说法、做法是错的，如例（3c）。"摸鱼"比喻不好好做事，偷懒，如例（3d）。"中枪"可以用来比喻无辜受到牵连，声誉等受到伤害，如例（3e），可以表示受到影响，如例（3f），还可以指被说中了、被点名，如例（3g）。

除此之外，还有网上群聊使用的"冒泡"和"潜水"，前者指出来说几句，后者表示只看别人聊天，自己不说话。"爬墙"原本比喻的是偷情，现在也指在很喜欢某个明星的情况下，又喜欢上了别的明星，而不那么喜欢之前喜欢的明星了，这种行为叫作"爬墙"。"拍砖"在网络上指的是反对、不同意对方观点，通过开帖、回帖等方式进行批评与回击，也可以广泛地指表达一种反对、消极的情绪，提出意见来批评指正。旧词新用由于通过修辞手段产生新变，故而常常有专业用语的泛化。

动词新义的类型以形与义的关系区分，逻辑上应有四种：新形新义、旧形新义、新形旧义、旧形旧义。作为新词的讨论而言，最后一种自然不存在。本文划归的类型是全新动词、旧词新义、旧词新用。对照来说，就是新形新义、旧形新义两种。新形旧义的类型，本文暂不做归类式的讨论，后续研究会加上这一部分。

2. 动词新义的特点

动词新义包括词义扩大、范围扩大、一词多义，随之带来的还有词群的产生与扩散，情况丰富多样，使用灵活。

常有因为某个名词出现新意义，而与其搭配的动词共同组成一系列具有新义的词群。在查找到的词典未收的全新动词中，双音节占绝对优势，三音节相对较少，后者"拗造型、戳泪点、打酱油、蹲直播、接地气、拉仇恨、领便当"等。

有一些动词是因为搭配的名词性事物产生了新变化、出现了新情况，得以一起作为整个词出现了新义、新用，比如"点赞"和"挖坟"。例如：

（4）a. 我是来给最后一句话**点赞**的！
　　　b. 最近吧里怎么回事，天天有人**挖坟**，是新人太多了吗？

"点赞"作为一个新出现的词语，指的就是网络上点击赞这个按钮，尔后逐渐泛指支持、喜欢、赞许、表扬，如"为青春点赞"。"点赞"中的"赞"开始并非动词，本身其实就指的是"赞"这个按钮，"点赞"的"点"也本就是"点击"的省略，"点赞"最开始指的就是点击"赞"这个按钮的动作，表示喜欢、同意的态度，后来才逐渐出现了泛指。这个新词便是因为动词搭配的对象"赞"出现了新情况，它作为一个名词性的事物而使得整个词有了新的意义。

"挖坟"是网络用语，指的是回复很久以前的帖子，使之重新被翻阅出来出现在首页。很早以前的帖子叫"坟帖"，把它弄回首页的行为被比喻为"挖坟"。即"挖坟"的新义是指把很早以前发的帖子、说的话，找出来给别人看。"挖坟"也主要是后面的"坟"有了新变化，有了修辞色彩，指的是很久之前说过的话、做过的事、发过的贴，这么一来才使得"挖坟"作为一个词具有了新义。同样因为后面名词有新变化而使得整个词产生新意义、新用法的词还有"翻墙"等。

不仅仅是出现个别新词，更有由于名词出现新义，使其搭配而成的动词也具有新义，并且扩散为词群的情况。例如：

（5）a. 夏季防晒，不要胡乱被**种草**！
　　　b. 现在对小黑瓶疯狂**长草**中。
　　　c. 看了买家秀，我瞬间就**拔草**了。
　　　d. 最近资金吃紧，忍痛**拔草**。
　　　e. 宝贝打折了，是时候**拔草**了！

例（5）是以"草"为中心，出现的一系列专门用于购物的新词汇，表示购物，尤其是网上购物时的心态与过程。"草"的新义指的是涨势凶猛的购买欲，"种草"指的是某人推荐了某样产品，让别人心里喜欢得不得了，某人的这种行为就叫作"种草"，别人则是"被种草"了，如例（5a）。"长草"指的是对产品产生了购买欲，如例（5b）。"拔草"就是消除购买欲，它可以指取消购买计划，如例（5c）（5d），它还可以指通过购买来结束此次购买欲的疯涨，如例（5e）。这一系列生动的词汇，目前虽说多是活跃在网购领域，但随着购物方式的日益新潮化，必将扩大使用范围。

同样因为名词出现新义而产生的动词词群还有一些。例如：

（6）a. 开坑、挖坑、掉坑、填坑、弃坑
　　　b. 拍单、接单、拼单、凑单、截单、跑单、退单
　　　c. 圈粉、吸粉、涨粉、掉粉
　　　d. 攒人品、败人品、求人品

例（6a）是以出现新义的名词"坑"为中心的动词词群，"坑"的新义新用出现在网文写手领域里，指的是文章。"开坑"就是某位作者新建贴子或栏目开始写新的故事了，"填坑"就是作者写文发布，像填坑一样用文字把开的坑填满，没有写完就跑了的行为就叫作"弃坑"。例（6b）是以出现新义的名词"单"为中心的动词词群，"单"指"订单"，这一组词都是交易双方出现与商品订单相关的一系列行为活动而新产生的词。例（6c）是以出现新义的名词"粉"为中心的动词词群，"粉"即"粉丝"，"圈粉、吸粉、涨粉"都是指吸引粉丝，人气升高，"掉粉"就是减少、失去支持者。例（6d）是以出现新义的名词"人品"为中心的动词词群，"人品"在这里不再是指人的品质或者仪表，而是指运气。"人品"是守恒的，消耗、浪费了人品，就得通过帮助他人做好事来积攒人品。遇上不顺心的事情敷衍一句"时运不济"，戏谑为都是"人品问题"，常作"RP"。

还有一些新出现的动词，具有极强的能产性，以它为中心扩散、产出了的新的动词词群。例如：

（7）a. 刷机、刷分、刷下限、刷三观、刷票
　　 b. 刷屏、刷版、刷微博、刷好评、刷票、刷题
　　 c. 刷夜

以"刷"组成的词语为例，不仅体现了造词方式的多样，还部分反映了有些词的多种解释和词义的变化。例（7）采用的都是"刷新网页"的"刷新"之意。"刷票"有两个含义，一是一种反复投票的行为，如例（7a），二是通过不停地刷新页面来等待票类出现的情况，如例（7b）。"刷屏"用的是用刷子涂抹的原义，使用修辞，形象比喻了整个屏幕都是一样事物的情形。"刷屏"和"刷票"的第二个意思都是指整个屏幕都是一个事物的情形，"刷版""刷好评"亦是如此。"刷微博"开始是指狂写微博，狂发微博，和"刷屏""刷版"的"刷"义项一致，都是指做这件事频率很高，现在逐渐意义发生了变化，一般地指刷新微博首页来翻看微博内容，也是可以用的。"刷夜"原本指晚上不回家，在外面消遣娱乐，现在词义扩大，指熬夜，有"刷夜读书""刷夜打游戏"。

同"刷票"一样包孕两种并无直接联系的行为，还有"凑单"一词，"凑单"也是网上购物领域中新生的词，它兼有"凑份子"与"凑数"两种情况。"凑单"不

仅可以指两个人或几个人在一笔交易中一起购买，类似于"拼单"，它还可以指为了达到满减优惠活动或者包邮的要求而另外添加别的商品的情况，这种为了凑齐而添加的商品就是所谓的"凑单商品"。

动词产生新义的整个趋势与方向是具有多义性，词义扩大，范围扩大，向双音节靠拢。动词需要产生新义，而动词有限，除了生造之外，更便捷的方法是将旧词赋予新的意义，这就使得目前存在的动词词义必然扩大，一词多义也自然很多，加之新词生灭速度十分迅速，相似的行为拥有几种说法，不同的状况也可以因为一词多义而使用同一种表述。而语言的经济性总是要求简略，多音节的短语和词总会变为双音节，当这种意义凝固到一定程度时，双音节的词也会寻求着只是用其中一个音节，留下动词性的部分，或者留下名词性、形容词性的部分，同时它们必会转类为动词性。

3. 动词新义产生的方式

动词新义的产生方式多种多样，光是前面以"刷"组成的新词的讨论就展现了冰山一角，一词多义是新词产生的必然结果，反过来，一词多义也反映了动词新义产生方式的多种多样与组合性。

3.1 撷取式

撷取式即撷取一个词中某个语素，利用该语素的某个义项来表义。语素表义是利用语素的义项直接表义或引申表义。短语缩略是在两个词组合的情况下，分别撷取语素，产生了表面上的短语缩略。

撷取式中的语素表义，即直接使用语素的某一义项表义，进行新搭配，产生新词语。如新出现的"拉仇恨"是指某些行为招来别人的羡慕嫉妒恨。"拉仇恨"多是一种主动招来、引来、招揽仇恨，和"拉生意、拉买卖、拉客"的"拉"是一样的，表示招揽，直接撷取语素义。

在撷取语素表义时，多有引申才能使达意圆满。以"戳"组成的新词为例，例如：

（8）a. 就有不少网友通过支付宝的"打地鼠"游戏抢红包，只要猛戳屏幕数分钟，就有可能抢到一两个带有现金的红包。不过，有不少网友反馈，戳了老半天，却一分钱都没抢到。

b. 具体地址请戳评论。

c. 日本马桶盖戳中了中国制造的痛点，却也是一个启发点。

d. 而中译本还意犹未尽地将出现于《流动的圣节》中海明威笔下、但没有出现于本书的一句话印在封面："我多希望，在还只爱她一个人的时候就死去。"特别戳人。

e. 被这张图戳到了！

"戳"引申了"用力使长条形物体的顶端向前触动或穿过另一物体"的意义，"戳"的工具变了，从具体的长条形物体变化为手指、鼠标，如例（8a）（8b）。"戳"词义有了新的变化，指点开、点击，"戳"的工具甚至可以完全虚化，它的词义也愈加宽泛，表示刺激，如例（8c）（8d）（8e）。同时，它的搭配对象范围也扩大了，不仅仅可以是具体的事物，还可以是"泪点、痛点、情感点"，有时甚至不搭配受事，如例（8e）。

再如，"挂"作为单个字单用时，如"电驴已挂"，表示"死"；组成新词时，有"（考试）挂科、（QQ）挂机、（微博）挂人"等。"挂"表示死，与绞刑相关，"挂科"利用"挂"的新义项，表示科目未达标，不及格；"挂机"是旧词新义，词典义是挂电话，新义是人不在的情况下，保持机器或程序继续工作，"挂"有"搁置、放着"的意思；"挂人"就是在网络上将某人的评论单独拎出来，目的一般是让大家批判他，"挂"用的是基本义，将这个评论挂出来给大家看。

借由短语的缩略组成全新动词的情况也十分多见，而且十分便于理解。这种缩略既有对表示动作行为的动词的简略，也有对动词搭配的名词性事物的省略。例如：

（9）失联、定档、脱单、截图、返现、取关、复关、扫码、解压、催婚、网购、网聊、躺枪、拉黑、侵删、转需

"失联"缩略于"失去联络"，"定档"缩略于"定下档期"，"脱单"缩略于"脱离单身"，"截图"缩略自"截取图片"，"返现"缩略自"返还现金"，"取关"由"取消关注"缩略，"复关"由"恢复关注"缩略，"扫码"是由"扫描二维码"缩略得

来,"解压"由于缩略的"压"的不同,既可以解读为"解除压力",又可以解读为"解除压缩"。多音节的短语总是倾向于紧缩为双音节的词语,这也反映了语言经济性原则的一般规律。

"催婚"也是从"催促结婚"缩略来的,但它不是"催熟、催产、催眠、催泪"的类推。因为"催熟、催产、催眠、催泪"是利用了语素表义的,它们的"催"使用的义项是加速事物的产生与变化,是促使的行为,重点是促成、达成预期结果。"催婚"更多的只是停留在催的层面上,有语言上的催逼和行动上的表示,但仍是催大于促,和"催办"是一致的,是缩略得来的。

还有由句子缩略成词的情况出现,例如"躺枪"由"躺着也中枪"缩略得到,"拉黑"由"拉进黑名单"缩略得到,"侵删"由"如果侵犯版权,那么删除资源"缩略得到,"转需"由"转发给有需要的人"缩略得到,等等。

由短语到词再省略成单字独用的情况亦有之,例如"推新人大赛""今年春季推波点""他是我们公司力推的新人","推"其实是由"推选"简略而来,"推选"又缩略自"推荐选用",它也是从短语到词再到单个字。

3.2 连锁式

连锁式即一词扣一词,一步步类推得到。这之间有意义之间的连接关系,往往会保留同一个语素,横向序列式连续类推得到一系列词汇。例如:

(10) a. 续编→续摊、续费、续杯
  b. 卖俏→卖萌、卖蠢、卖腐

有些词是在动词原有意义上进行类推产生的新词,例如"续摊","续"的义项有"接在原有的后头","续摊"的"续"跟词典中所列的"续编""狗尾续貂"的"续"是同一个"续",同样类推出现的一系列新词还有"续费、续杯"等。

"卖萌"一词虽也未入词典"法眼",同样,"卖"本身就有"故意表现在外面,让人看见"的意义,组成的词语在词典中有"卖俏",组成的成语还有"装疯卖傻"。这些"卖"也是相同的,同样类推出现的一系列新词还有"卖蠢、卖腐"等。

还有由一个序列中被某成员插入导致序列变化的"插队"类推出来的"插楼","插楼"表示楼主在网上发帖连着发了几层楼,还没发完的情况下,却被别人在其中占了一层楼，使得楼层序列出现断裂，这点与"插队"相似，可以类推得到。又如，由"圈地"的"圈"类推出来表示吸引、吸收粉丝的"圈粉、圈饭"，再如，表示电脑死机，运行不畅的"卡机"，类推出来"卡文、卡视频"等，它们都是动词词义通过类推衍生出来的众多新词中的一员。

构词方式的组合性在这也有所体现，有的词是先简缩再类推"两步走"得到的。例如"接档"一词，应是先由"定下档期"简缩至"定档"，再从其词群中找到表示有前后关系的连接、接续、接着的"接"，如此两步走才类推得到"接档"。

3.3 联想式

修辞的形象化作用总使得词汇的使用活灵活现，妙趣横生，甚至入木三分，它也是我们造词的重要手段之一。

有的词动词性部分活用了，组成的词语也会产生惟妙惟肖的效果。例如：

（11）a. 美国 **ABC** 电视网疯狂**砍剧**，三部新剧惨遭"腰斩"。
　　　b. 晚上回去 **QQ 敲**你也是一样的。
　　　c. 好开心，下班回去之后就可以**蹲直播**了！

例（11a）表示突然结束一部剧集的"砍剧"，用"砍"形象地表现了遭受外力而被腰斩，被迫结束之意。某些聊天软件，如 QQ 一类的社交聊天软件，联系对方时会有类似于"嘀嘀嘀、咚咚咚"之类的声音提示或振动提示，像敲门一样。正因为这种相似性而出现了表示联络时"敲"的使用，可以说成例（11b）。还有"旺旺敲我"，指的是通过阿里旺旺这个软件工具来取得联系。例（11c）中"蹲直播"指的是守着看直播，为了表达不能错过一丁点儿的节目内容，这种情况我们完全可以简单地说"看直播"，也可以清楚地说明"守着电视看直播"，或者就说"守直播"，与此三者相较，新词"蹲直播"在形象度上绝对是更胜一筹。"蹲直播"选用了"蹲"来表示"蹲守"的意思，有种扎根于电视前绝对不放过一分一秒的强烈感染力，十分生动形象。

有些词通过修辞、借用产生，修辞有了词汇化的结果，有些词则仍需加上引号，表示临时借用，如"（高考志愿）撞车、（小偷）蹲点"，这些仍需打上引号，并联系上下文的词语还是临时性的修辞使用。生动形象的修辞使得词汇既准确又有趣，极大地满足了人们求新求异的好奇心理与玩味好笑的网络风格，为语言增色许多。

3.4 植入式

植入式就是借用，有从古代汉语中汲取、借用，有方言词进入通语，还有从外来语中吸收并改造化为己用。

第一，古汉语的影响。受古汉语影响指的是因为古义的"死灰复燃"再次出现在新词之中，而我们生活中潜移默化保留下来的古义与现有意义一致，这种是保留、延续了古义，成了我们现在所熟知的新义。在分析动词新义产生的原因时，古汉语的影响反而是不大容易发觉的，除了古汉语意义的保留沿用之外，原先可能"备受冷落"的某一古汉语意义由于时代的原因，再次受到了重视，其意义出现在了新词中或者新用上，或许因为是古汉语意义容易让人联想推测到，所以令人难以察觉。

古汉语意义的保留很多，我们现在日常常用的意义也多是古汉语意义中直接继承、沿用下来的，且十分精炼。例如：

（12）a. 没什么事那我就先**遁**啦！
　　　b. 他什么也没说，默默地**匿**了。

"遁、匿"的新义表示离开十分常见，不少年轻人表示我先走了，我先离开了，我先下线了，会用到新潮一些的说法如"我遁了、我匿了"，"遁"和"匿"的新变化就值得注意。这里言及古汉语意义的使用，可以从成语来举证，两者分别与"遁出红尘、遁世、销声匿迹"相联系，前者表示逃跑、遁走，后者表示隐藏、消匿，这两句都可以用来表示自主地离开，但其中也有差别。"我匿了"更侧重悄无声息、安安静静地离开，所以常在前面加上"默默地"，组成"默默地匿了"这样的句子。

第二，方言的强势进入。一直以来，强势方言词汇进入共同语的情况并不鲜见，方言的影响在动词领域也是一样，它们为现代汉语注入了更多的活力。例如：

（13）a. 几年前，洪晃让"**凹造型**"这句上海话红遍大江南北。据说这三个字的意思就是在天生条件不足的情况下，靠后天对美的理解来修饰自己。

b. 女星**拗造型**比性感，仅仅露出个"事业线""马甲线"就逊掉了，因为现在**拗造型**已进入"几何"时代，必须弄出个独特字母几何图形来，才能成功突围。

c. 花展中，首次来中国进行展示的韩国小品盆栽协会副会长俞惠春会通过300多盆"山野草"来告诉游客，巴掌大的苔藓也可以经过修剪、**拗造型**，成为精致的园艺作品。

d. 此人是个**喷**子，今天**喷**这个，明天骂那个，满嘴**喷粪**，**喷来喷去**有意思吗！

e. 文化祭的时候，两个妹子吵架，儿子去劝架，被人**反喷**："你算个啥啊！矮子！"

"拗造型"① 借用方言词，指人为地弯曲出不同的姿势与造型，上声的"拗"有使弯折的意思。通过弯曲身体的部位，展现人体之美，摆出适当的动作、姿势与造型，也就是通过拗出线条的方式展现出身体，如例（13b）。随着使用的愈发频繁，"拗造型"去除了刚成为新词语时表示通过用力拗出不同造型来引人注目的贬义，如例（13a），现在更多的只是表示字面上的动作义，指有意使形体、姿态变化达到某种效果，其贬义已逐渐消失，如例（13c），已完全不携带刚成为新词语时的贬义，只是指做出造型，不管是自主的，还是被动的，其结果都是出现一种造型达到某种效果。例（13d）中，网络上常把自以为是，又到处掀起骂战的人叫作"喷子"。"喷"单用就表示骂的意思，也有方言本身就把"骂"说成"喷"。"喷"与成语"含血喷人"的"喷"不谋而合。词典中收录了"喷粪"一词，比喻说没有根据的话、说粗话，而作为单字独用的"喷"，则是自"喷粪"省略秽语得到。

另外，还有"扯证"，即领结婚证，来自四川方言。"扑街"，表示死了，来自粤方言，是诅咒人的话。"恨嫁"，表示渴望出嫁，来自粤方言。"死磕"和"作死"词典都已收，前者表示拼命争斗，后者表示自寻死路，但它们进入了通语，就不仅仅是方言词了。"踢爆"是揭穿的意思，来自粤方言，常有"踢爆XX的消息/秘密"。"献世"也来自粤方言，指的是丢人现眼。"歇菜"来自北京话，指的是打住，后来引申

---

① "拗造型"借用方言词，指弯曲出不同的姿势与造型，"凹造型"是方言词进入通语之后的变种，指通过凹凸弯曲的方式摆出不同的姿势与造型。两者音相近，义相同，用法也一样，经常混用。

为完蛋，状态差，情况很不好。

方言的影响力较之前港台影响十分强大之外，现在由于经济因素以及娱乐影响力，像上海话、四川话、东北话等等都能够对共同语词汇产生丰富的振荡，不再是港台方言的"独大"，各种方言的渗透、进入更加使得共同语充满活力。

第三，网络生活下，外来语的迅速传播蔓延。网络本就是四通八达的互联世界，社会生活中也吸纳了不少外来语成分。除去词典中已经收录的"秀"取自"show"和"晒"源于"share"，我们不难发现大量的外来语影响，表示正在上网的"上线、在线"都与英语的"online"有关，"离线"来自于"offline"，"解锁"也跟"unlock"相关。还有一些比较新兴的来自于外来语的新词。例如：

(14) a. **艾特**你们那么多次，居然都不理我。
b. 昨天的演唱会十分给力，**安可**了六七次。
c. 由于开放注册当晚数据库故障导致访问异常，为避免**当机**导致数据丢失，12日全天注册申请全部直接通过审核转为正式用户。
d. 生个病脑子都**当机**了。好多事情想不通，一团乱。
e. 我不喜欢看为了**壁咚**而**壁咚**的情节，感情并不是一定要通过这些来表现。
f. 东莞空气质量**逆袭**，摘掉全省倒数第一的帽子。

(14a) 中"艾特"是对符号"@"的读音"at"的音译，指提到或通知。(14b) 中"安可"是"encore"的音译，指返场，再来一次，多用于演唱会之类的表演节目。"encore"在英语中既是名词，又是动词，作为外来语进入现代汉语词汇系统之后，词性上也是可以既做名词，又做动词。"当机"来自英语"shutdown"，表示电脑、服务器不能正常工作，如例 (14c)，之后使用范围扩大，出现"手机当机、大脑当机"等搭配，泛指坏了，不正常工作，如例 (14d)。例 (14e) 中"壁咚"来自日语的"壁ドン"，是直接借用汉字"壁"加上拟声词"ドン"的音译"咚"构词，指的是以撞击墙壁的方式将对方逼到无处可逃的状态。再如"逆袭"作为近两年出现的新词，其热度真可谓是实践了这个词本身的意思，成功逆袭大量新词，颇为引人注目。"逆袭"作为新词从日语当中吸收而来，由游戏动漫领域扩大到社会生活中使用，表示反击、还击，常用于弱小的、不被看好的一方成功反击了强大的一方，在逆境中成功反击，如例

(14f)。

同时，在吸收外来义时，我们常常也会根据自己的情况而做出些许词义的改变，以满足需要。例如：

(15) a. 受不了了，我要吐槽！
b. 大家一起来吐槽吐槽那些年你看过的神剧。
(16) a. 具体细节方面，大家可以各取所好自行脑补。
b. 至于故事最后的结局到底是怎样，你不妨自己脑补一下，也算是皆大欢喜了。
c. 自从学了日语，我看到英语都能脑补成日语。

在吸收使用外来语的过程中，会有相应的变化，意义较其在外语中的意思会有变化。来自日语的词，因其本身有汉字，常常直接借形，意义一般相同，但有时会出现变化，"吐槽"和"脑补"的情况就是如此。"吐槽"意义取自日语中的"ツッコミ"，来源于日本漫才表演，指的是找到别人句子或行为上的某个切入点进行一番揶揄，类似于拆台、抬杠，但字形上使用的是固有的闽南方言的字形。然而，在使用过程中，词义明显有了扩大，包括抱怨、吐苦水、八卦，都可以使用"吐槽"一词，如例（15）。"脑补"一词同样来自日语，是漫画用语"脑内補完"的简缩，指的是在头脑中对某些情景加以补充想象，可以是自己单方面补充加上的虚拟情节，如例（16a），也可以指在头脑中补充故事后续发展，甚至结局，如例（16b），广泛而言，就是说想象、想成，如例（16c）。

撷取式可以直接利用语素表义，可以通过缩略短语来用语素表义；连锁式通过类推的方式推出一系列具有相同语素的词汇；联想式主要就是通过修辞达到旧词新用；植入式则更多是一种借用、改造，通过古汉语、方言和外来语的多面吸收来满足新词的需求。

4. 动词新义产生的原因

动词新义产生的原因包括对表达新时代新事物的新需求，以及语言自身保持鲜活的要求。这些词义的吸收与改变,都是词汇系统的潜与显中的常态。

第一,在新时代应运而生。新时代的大环境下,新事物、新信息爆发式地产生,急需相应的表达。新时代涌现的新事物对新词的催生力量是不可忽视的。最典型的就是"淘宝"一词,它本身已经作为方言词收录在词典之中了,但仍局限在古董市场的淘货。随着网购的强势,淘宝网深入生活,它还赋予了"淘宝"一词与之相应的时代意义,可以用来指在淘宝网上购物,甚至泛指网上购物这一行为。

新事物对新词的催生推动极大。以语言的经济原则而言,首选的产生方法自然是旧词赋新义。这样一来,使得词语的义项更加丰富,多义性更强,一方面使得旧词增加了新义,一方面新义也推动了旧词的发展,比如搭配的对象可以增多,语法位置出现变化,甚至词性也会发生变化。但是,由于义项过多,导致误解误用的情况也时有发生,为避免这种状况,造词时干脆使用新的词形,这样既避免了旧词形可能带来的误解,又在词形上提醒了新词的产生,缺点是接受之初没有使用旧词形让人易于理解。

新时代的大环境下,人们求新求异的好奇心理更是获得了最大程度的满足。每个人都是"自媒体",每个人都可以自己生造词语,也热衷于尝试新的词语表达。在人云亦云的情况下随波逐流,于是仿佛约定俗成一般,开始使用一些新词,灵活运用一些新义与新用。每天都有大量的新词产生,在语言的自动挑选与使用者的约定俗成习惯下,久而久之有些新词就固定下来了,而有些新词则淹没在下一批新词中,不见踪影。一方面,新时代的新事物与新信息强烈需求新词汇,另一方面,社会群体的积极参与,好奇、热衷尝试,大量创造出新词汇。在大浪淘沙般的一次次的选择当中,留下来的新词就成了反映社会生活的一面镜子。

第二,语言自身的需求。为了直观地展现社会生活的新变化,语言一直是忠实的记录者。一方面新事物新信息有了表达的新需求,另一方面语言自身也要求紧跟时代步伐,保持语言自身的鲜活。词汇层则是最能够对这些新信息有迅速反应的部分,新词的产生与旧词的新用都恰好证明了这一点。

除了新事物的要求和使用者的追新猎奇心理,语言自身在这中间也不断做着调节,新事物的出现,动词与之搭配,就注定和之前的意思不可能一模一样,这之中总是伴随着动词与其搭配对象之间的"磨合"。比如"拍单"与"拍砖","砖"是本来就能"拍"的,本义则是用手抓起砖头狠狠地砸,一方面,新时代下,不仅能"拍砖"还能"拍单"了,"拍单"的"拍"既不是实在的手部动作,又不是取其"拍卖"

255

的含义,另一方面,"拍砖"这个词也不单指实在的动作了,更可以引申指反对、批评。包括前面讲到的词群,都是为了适应时代的需求,词汇也在以各种方式自主地做着改动与进化来满足日益增长的表达需求。

创造新词、仿造类推、修辞、借用,等等,许多方式一齐进行,词义本身也在不断地改变或扩大。作为使用者与新事物的中介,不可能无限量地创造新词,我们常常更青睐于旧词新义。为了使有限的词汇表达足够多的信息量,一词多义是必然结果。但也由于各种因素,我们不得不选择创造新词形赋予新意义的方式作为造词手段之一,以满足大量产生新词的需要。

5. 结语

本文通过对词典中动词性词语的排查,根据其收录情况分别讨论作为单个字与整个词的动词新义,分类考察说明动词新义的词义扩大、具有多义性,并向双音节靠拢的特点与趋势。动词新义通过缩略、类推方式产生新义与新用,并且在新时期的需求下,语言自己调节,使用者求新求异,并受到古汉语、方言、外来语的影响,有的词语还借由修辞的手段或者带有修辞色彩为词汇增色。

新时代里人人都是"自媒体",不乏大量的生造新词的出现,而大部分都如过眼云烟,红极一时便销声匿迹了。新词大量产生,旧词也裹上新义、新用,从出现在某一领域渐渐扩大范围到进入一般日常生活。词典收录词汇的标准是通用性和生命力,又因为词典的规范化要求,社会效果方面也得纳入考虑。新时期面对喷涌而出的新词,词典是审慎的,同时也是具有滞后性的。新词语的收录任重而道远,这里只是对新出现的动词新义做一次分类考察,献言献策。

主要参考文献:

符淮青(2004)《现代汉语词汇》,北京:北京大学出版社。
刘一玲(1993)新词语产生的主要途径,《语言文字应用》第1期。
孟琮、郑怀德、孟庆海、蔡文兰(1999)《汉语动词用法词典》,北京:商务印书馆。
苏新春(1997)《汉语词义学》,广州:广东教育出版社。
王 洁(2010)试论新词语中的多新义行,《语言文字应用》第1期。
夏中华(2002)语言潜显理论价值初探,《语言教学与研究》第5期。

姚汉铭（1994）试论新词语的界定，《徐州教育学院学报》第 2 期。
姚汉铭（1995）试论新词语与规范化，《语言教学与研究》第 1 期。
杨振兰（2003）词的色彩意义历时演变特点试析，《山东大学学报》第 3 期。
张小平（2008）《当代汉语词汇发展研究》，济南：齐鲁书社。
中国社会科学院语言研究所词典编辑室编（2012）《现代汉语词典》（第 6 版），北京：商务印书馆。
周洪波（1996）新词语中潜义的显义化，《汉语学习》第 1 期。
周　荐（2003）论词的构成、结构和地位，《中国语文》第 2 期。
周　荐（2007）新词语的认定及其为词典收录等问题，《江苏大学学报》（社会科学版）第 3 期。
周　荐主编（2007）《20 世纪中国词汇学》，北京：中国人民大学出版社。

（罗璟昕，南京大学文学院硕士研究生）

新兴詈语的非詈化考察

魏 晨

0. 引言

詈语,《说文·网部》:"詈,骂也,从网从言。""骂,詈也,从网马声。"可见二字互训,且意义相同。

"詈语"[①],即骂人的话,它主要指一些词和词组,也包含一些现成的短句。近年来,许多原本难登大雅之堂的詈语悄然扩散,甚至进入正式媒体。《人民日报》在2011年十八大专刊使用了"屌丝"一词,随后多家媒体纷纷使用;《成都晚报》2013年2月又刊登了"亚洲杯预选赛,卡马乔大SB!";同时,一系列剧集,如《极品女士》《屌丝男士》《废柴兄弟》,也迅速流行开来,一时激起讨论无数。

其实,詈语还有丰富的文化内涵,语言学习者和研究者都不应该回避它。与传统詈语相比,新兴詈语的对象和内容均有很大的变化,从二十世纪三四十年代的国骂"他妈的",到个别人物的口头禅"娘希匹",到现在流行于网络的"很好很强大、很黄很暴力",从"orz"到"囧、雷",从"呆"到"槑",詈语经历了一个巨大的变化过程。新兴詈语侮辱程度大大降低,有时还变得诙谐幽默,甚至亲密,人们在表达情绪的时候,也多了一些选择,这种现象称为"非詈化"。本文就将针对这一问题进行探讨。

本文语料主要来自平面媒体(以《人民日报》为主)、有声媒体语料库、网络新

[①] 周荣(2000)认为"骂詈语是指语言中规约性的,侮辱性的粗野或恶意的话,它主要指一些词和词组,有时也包括一些现成的短语。"

闻报道以及中国基本古籍库。

1. 新兴詈语的构成

新兴詈语主要由两部分构成：一是传统詈语的变体，二是新生的网络詈语。二者主要通过析字①构造新兴詈语，具体可分为借形、谐音、转义。

1.1 传统詈语的变体

传统詈语的多种变体主要靠谐音构造。谐音这一方式由来已久，我们所熟悉的传统詈语"靠、操、日、吊、逼"即是本字"尻、肏、入②、屌、屄"的谐音字，甚至已经基本取代了它们的本字。新兴詈语借助网络传播，谐音的方式日益多样化。除了同音字，还有数字式、字母式、汉字式、混合式等，一个詈语拥有相当多的变体。如"操"一词，可以写作"草、艹、CAO、次奥、擦、（我）去"等多种形式，人们愈来愈难以看到它原本的样子。再如国骂"他妈的"，也拥有"TMD、MD、特么"等多种变体。"一个詈语具有多种变体"正是新兴詈语与传统詈语的区别之一。例如：

(1) a. 数字式：748、674
　　b. 字母式：TMD、MLGB、MPJ、SB
　　c. 汉字式：我擦、特么、滚粗、碉堡、喵了个咪
　　d. 混合式：2B、傻X、傻B、牛B、QU4

1.2 网络新生詈语

网络新生詈语主要通过借形，转义以及自造构造新兴詈语。例如：

(2) a. 借形（形）：雷、蠢、槑、夭
　　b. 转义（义）：偶像、天才

---

① 陈望道《修辞学发凡》对析字的解释为："把所用的字析为形、音、义三方面，看别的字有一面同它相合相连，随即借来代替或推衍上去，名叫析字。"
② 李荣（1982）《论"入"字的音》指出，"入"读作"rì"，后被"日"取代。

c. 自造：屌丝、坑爹、我了（勒）个去

"雷"本是自然现象，却被用来指"吓人"，"靐"取"特别雷"之意；"槑"本为"梅"，如今却被用来指"特别呆"，取"呆上加呆"之意；"偶像"意为"呕吐的对象"，"天才"意为"天生的蠢材"。

2. 新兴詈语的非詈化

与传统詈语相比，新兴詈语总体呈现一个趋势：非詈化。具体来说，即侮辱度降低，意义虚化，逐渐成为一个表示情绪的符号。所谓非詈化，主要包括三层含义：一是转写形式多样，侮辱意味淡化；二是意义虚化，戏谑色彩增强，成为话语标记；三是词语色彩向中性转变，甚至积极化。

2.1 转写形式多样化

一个詈语拥有多种变体，总的原则是避免本字或本字的读音。同音字优先于本字，字母和数字优先于汉字，古汉语优先于现代汉语，方言优先于普通话。由于网民对传统詈语的改造，很多詈语在视觉上呈现出"求雅避俗"的特征，削弱了这些词的侮辱功能。

以"我肏"为例，有"我操、我草、我艹、我中艹茻蕚、卧槽、我次奥、WC、我cao、我擦、我去"等多种变体。再例如：

（3）a. 科比的"狂草"体一如他的性格：很狂，你只能摇头赞叹：**我草**！（看看新闻网 2013-08-07）

b. **我艹**，谁把手机调成震动了，吓死劳资了！（看看新闻网 2013-07-02）

c. **卧槽**！导演，你这么机智，投资方知道咩？（看看新闻网 2014-05-06）

d. **我擦**……霍芬海姆打空门被后卫挡出去了……（看看新闻网 2014-05-03）

根据王明珏（2013）的侮辱度调查可以看到：在侮辱度上，他指的低于面指的，省略了动词的低于保留动词的，字母式的低于汉字式的，转写式又低于字母式。也就是说，距离本字越远，转化次数越高，委婉化程度越高，侮辱度就越低，使用范围也越广。一个总的趋势是逐渐地削弱直接的指向，本字改成同音字，或者错别字，甚至没有意义的其他字。

"我肏"拥有"我操、我草、我艹、WC、卧槽、我擦、我去"等一系列变体，最终，经历了多次转化的"我去"甚至出现在了春晚的舞台上，表达对事件或人物的不满。例如：

（4）——潘长江：喂喂！（打电话）老王大哥，我，小陀螺，你们的千手观音还缺人吗？太好了我去我去我去！

——蔡明：我去！（2013年春晚小品《想跳就跳》）

2.2 意义虚化

新兴詈语意义进一步虚化，侮辱色彩减弱。新兴詈语最典型的特征就是侮辱减弱，戏谑、调侃和话语标记功能加强。詈语最重要的功能之一是侮辱[①]，但新兴詈语的侮辱功能却呈现出减弱的趋势。

网络时代，年轻人追求轻松愉悦的环境，詈语在传播的过程中，最初的侮辱功能逐渐减弱，成为人们的一个幽默表达，甚至成了没有任何实际意义的一个话语标记。詈语的意义进一步虚化，丧失了原本的意义，逐渐成为表达情绪的符号。关于詈语的虚化，张谊生（2010）有具体的论述。他以性詈语为对象，指出詈语的变化经历了三个步骤，分别是词汇化、标记化、构式化。词汇化的詈语伴随着主观性的增强，有些只能充当插入语而叹词化，有些需要插入词语内而标记化，有些类推定型而构式化。新兴詈语，尤其是新生网络詈语仍然沿袭着这一模式，这里以"坑爹、你妹、我了（勒）个去"为例。

第一，词汇化，"坑爹"为典型代表。例如：

（5）a."坑爹"现象层出不穷，应该说那些当父母的有一定的责任！（《人民

---

① 江洁宝（1999）《詈骂的动机和作用》中提到詈骂主要有以下几个功能：伸张正义，指引正道，伤人是非，宣泄情绪，保护自己，关爱他人，兴奋取乐，口头禅，无意生骂，特殊原因。

日报》2013-09-24）

b. **坑爹**！武进某楼盘两三年前样板房竟当精装房卖。（报业网 2014-05-14）

c. 西安希尔曼卫浴的**坑爹**售后让人伤心让人忧。（腾讯网 2014-05-13）

d. 这**坑爹**式的虚假宣传，反映出的则是企业对待食品安全的态度大有问题。（中央人民广播电台 2011-07-29）

e. 假币举报邮箱 76 字符，最**坑爹**投诉邮箱。（中央人民广播电台 2011-11-01）

f. 地铁 1 号线勉强可以，但春运"**坑爹呢**"，完全上不去。（凤凰卫视 2011-05-19）

"坑爹"一词从句到词，并可以与其他词语搭配使用，完成了词汇化。虚化后的意义主要用来表达埋怨、自嘲等态度。

第二，标记化，"你妹"为典型代表。

这个词最初的使用来自国内某 ACG 论坛，而其流行实际来源于日和漫画《西游记，旅途的终点》中，孙悟空的一段中文配音"买你妹啊，这破烂玩意"。"你妹"一词作为"你妈"的隐晦版，可以与形容词和动词组合，作为一种略带戏谑的否定，如"看你妹、好你妹、萌你妹、可爱你妹"。随着使用的扩大，可以带助词，如"你妹的、你妹啊、去你妹的"等，当然也可以单独使用。例如：

（6）a. 找不到女朋友，怨**你妹**啊！（网易新闻 2014-04-01）

b. 呵呵！决赛票砍半再摇号，摇**你妹**！（环球网体育频道 2014-03-25）

c. 时尚**你妹**！萌妹子都爱小清新众星都好重口味。（人民网 2014-03-26）

d. 近日海归创业者叶剑飞在大街上举着写有"抄**你妹**"的旗子，用这样的行为艺术抗议国内针对原创软件的山寨行为。（《人民日报海外版》2013-03-28）

e. 如何扭转网友热议的"郭美美、捐**你妹**"等公众不信任感，赵白鸽直言"必须改革"必须有这份诚意，才能让更多人看到"公开透明"的希望。（《国际金融报》2012-10-31）

f. 都火烧眉毛了，还输**你妹**的验证码！（看看新闻网 2014-04-29）

g. 伦敦奥运？去**你妹**的！（新浪视频 2014-04-18）

h. 过**你妹**的情人节！（腾讯网 2014-02-14）

i. 美国空军和陆军集体开挂！**你妹**的鼓都敲成这样了！（新浪视频 2013-10-14）

"你妹"一词从 2010 年出现在搞笑漫画日和中，2011 年大红大紫，到 2012 年进入主流媒体，逐渐从网络媒体渗透到生活中。在使用过程中，意义逐渐虚化，成为一个语气词符号。

第三，构式化，"我勒个去"为典型代表。

2011 年，"我勒个去"频繁出现在搞笑动漫日和《平田的世界》。此后，迅速风靡网络，成为当年的网络流行语。"我了（勒）个去"这个詈语，由最初的谩骂和攻击，后来转变为网络发泄不满情绪的一个表达，再到现在很多人使用的口头禅，它的话语标记特性已经十分明显。例如：

（7）a. 一个镜头野马就改好了？我去！全程没有氮气增压，**我勒个去**！（看看新闻网 2014-03-20）

b. **我勒个去**，这个才是真正的功夫熊猫啊！（看看新闻网 2013-09-24）

c. **我勒个去**，敢不敢再浪漫一点你想不到的都出现了。（新浪视频 2012-08-29）

d. 这个"**我勒个去**"我都不太明白。（凤凰卫视 2011-01-03）

和"我了（勒）个去"一起流行起来的，还有"喵了个咪（的）"这个词。前者大多是男性网友使用，后者大多是女性网友使用。"喵了个咪"生气中略带埋怨，多指纠结的心情。例如：

（8）a. **喵了个咪**的我就不信我上不去！（看看新闻网 2014-05-11）

b. 扬州扭扭哥，**喵了个咪**！绝对是位哥。（新浪视频 2012-02-10）

c.《**喵了个咪**》：猫有乐人亦有乐生活更有乐（光明网读书频道 2012-10-24）

d. **喵了个咪**的！2010 年度的足坛写满无奈和遗憾（腾讯体育 2010-12-21）

此后产生了许多类似的结构，如"我嘞个擦、不了（勒）个是吧、我了个槽、我

263

了个去、果了个然",称为"A 了个 B"构式,表达的主要是说话人的主观态度。

2.3 意义的积极化

传统詈语本身也经历了一些转变,原本使用了脏字或带有贬义的字眼的词语,逐渐转向中性,甚至向积极的方面转变。比较有代表性的当属"货"族词。例如:

(9) a. 即使时下的禽流感让人心慌慌,也丝毫不能挡住"大黄鸭"的风头。这个被大家昵称为"大黄鸭"的巨型**萌货**,使得整个香港沸腾了。(《人民日报海外版》2013-05-10)

b. 大伯和大妈也会每年想着法儿添几个新菜,这让我这个"**吃货**"也过足了瘾。(《人民日报》2013-02-09)

c. 一**二货**同学跟同桌轻声谈论自己早上被狗追的糗事,同桌听后淡定地评价了句"狗咬狗,一嘴毛",二货同学急忙解释道"我没咬它!"(《生命时报》2013-08-23)

"货"最早是金钱珠玉布帛的总称,最早的贬义是贿赂义。《韩非子·亡征》:"官职可以重求,爵禄可以货得者,可亡也。"将人比成物是古人致詈的方式之一,"货"由中性词演变成贬义词,正是源于这一点,许多带"货"的词都是詈语。如:"蠢货"是骂人愚蠢;"懒货"是骂人懒惰;"软货"是骂人没主见;"骚货"是骂女子行为不端。

随着网络的流行,一方面"货"的感情色彩发生了变化,"货"不再是一种贬称,它可以用来表达积极的意义。另一方面,调查发现其使用范围也开始扩大,从 2011 年开始,平面媒体开始出现表达积极意义的"货"族词。

另外,还有一个值得注意的现象,一些美好意义的词语,在使用过程中,被赋予了新的意义,从而向中性意义,甚至负面意义转变,如"奇葩、极品、五毛"等,历史上此类例子不在少数,限于文章的篇幅,在此不做讨论。

3. 古代詈语的非詈化

新兴詈语的这种变化并非当代独有,古代汉语的詈语非常丰富,其发展变化也经历了一个过程。刘福根曾经专门著书讨论自秦汉以降，直至明清的詈语，蔚为大观。许多詈语求雅避俗，同时在长期使用中，逐渐虚化，侮辱意义逐渐磨损，成为一个话语标记。这里以"鸟"和"蛋"为例说明。

3.1 关于"鸟"的非詈化

鲁迅曾在《导师》中骂过胡适是"鸟烟瘴气的鸟导师！"，在《故事新编·起死》中写道"就是你真有这本事，又值什么鸟"，且"鸟公理、鸟趣味、鸟相干"在其文章中层出不穷。胡适也曾经在《胡适杂忆》中说过"最好闭起鸟嘴""推翻这鸟政府"。至于"林子大了什么鸟都有"更是许多人的口头禅。但是这"鸟"字另有深意。

曹德和（2006）曾经专门讨论过这个问题，说"鸟"，原为"屌"的本字，读作"diǎo"，后期专门造了"屌"来表示"鸟diǎo"，二者就此分开。成语词典的"吊儿郎当"，据曹德和（2006）的研究，也源自"屌（鸟）儿啷当"。尽管如此，从古至今，许多作家仍倾向于使用"鸟diǎo"字。这就是"求雅避俗"的心理在作用。

刘福根（2006）也曾经具体论述过这个问题。他认为，"鸟"的在古代用法灵活多样，以《水浒传》为例。例如：

（10）a. 这鸟是个公人，不知甚么鸟事哪？
　　　b. 却恨撞着那驴鸟，我如何敌得他过？
　　　c. 兀那林子里的撮鸟快出来。
　　　d. 你那伙鸟人①，休要瞒洒家，你等都是什么鸟人？来这里戏弄洒家。
　　　e. 没事又来鸟乱！我们自凑钱买酒吃，干你甚事！
　　　f. 喝甚么鸟采！你且说第二件是甚么？

例子中的大部分"鸟"字，均可以看作插入语，其作用主要是是加强语气、表达情感，最初的性色彩已非其主要含义。可见，随着使用的扩大，"鸟"已经虚化成为一个标记，最初的侮辱意义已经淡化。这也是"鸟"大行其道的原因之一。

---

① 同类还有"鸟大汉、鸟男女、鸟汉子、鸟蠢汉、鸟婆娘、鸟女子、鸟官、鸟官人、鸟主人、鸟师父、鸟将军、鸟先生、鸟道童、鸟头陀、鸟大虫、鸟头、鸟嘴、鸟眼、鸟脸、鸟气、鸟命、鸟晦气、鸟话、鸟子声、鸟兴、鸟寺、鸟刀、鸟斧、鸟飧棒、鸟火、鸟书、鸟关、鸟店子、鸟村、鸟路、鸟庙门、鸟位、鸟水泊、鸟庄、鸟知府"等。

3.2 关于"蛋"的非詈化

又如"蛋",本义为男性生殖器。而在使用中"蛋"早已不具有了性意味,它常常和其他字词搭配,组成了一系列"蛋类詈语",如"坏蛋、傻蛋、滚蛋、笨蛋、混蛋、怂蛋、屎蛋、完蛋、臭蛋、王八蛋"等。在这些一般詈语中,"蛋"虚化成了詈语的附加语。以《二十年目睹之怪现状》为例。例如:

(11) a. 真正是谁见谁爱谁见谁疼的了,却碰了我妹子那么个**糊涂蛋**的婆婆,一年到晚我看你受的那些委屈,我也不知陪你淌了多少眼泪。

b. 那人大怒回头,叫两个底下人道:"你们怎么都同木头一样,还不给我撵这**王八蛋**出去?"

"蛋"族词中,"糊涂蛋、王八蛋"等词的"蛋"似乎有一定实义,但其主要意义仍然在"蛋"所附着的实词素上,"蛋"主要强化相应的情感倾向。

4. 方言詈语的非詈化

相似的例子不仅可以从古代汉语中得到印证,方言中也不乏此类例证。这里以"哇塞"和"A 得一 B"为例。

4.1 关于"哇塞"的非詈化

"哇塞"原本是闽南语,随着港台文化的流行,传入大陆,人们多用它来表达惊讶、叹服等意义。例如:

(12) a. **哇塞**,那种感觉真的像,电麻了全身,好痛苦,保安把我的钱也抢了,什么也没了。(中央电视台 2010-11-11)

b. 我觉得,**哇塞**,你竟然愿意从你的这个财产里面的某个比例,拿出这样的比例来买一条。(凤凰卫视 2010-02-02)

c. **哇塞**,坐了趟火车从北到南,身价竟然涨了十倍。(中央电视台 2009-

05-16）

d. 妈妈：哇，**哇塞**，可以这么，我的天啦，哟（笑了）。（北京电视台2008-01-17）

e. 服务员：**哇塞**，快帮我接一下，我坚持不住了。（北京电视台2008-03-08）

f. 我就想，我说**哇塞**，怎么会啊，跟章子怡合作。（北京电视台2008-04-17）

g. 我都觉得**哇塞**，这帮人都真的很棒。（凤凰卫视2011-01-07）

但是，在闽南语中，"哇噻"相当于普通话的"我肏"，是地地道道的脏话。但由于许多人并不知道来源以及用法，而把它当作和"哎呀、哇"类似的词，其意义已经脱离了本意，成为一个表情达意的符号。

4.2 关于"A得一B"的非詈化

南京人喜欢使用"吊得一逼"表示程度的夸张，但这个表达其实是"屌得一屄"的委婉版。"A得一屄"格式，由避讳发展出"A得一逼"和"A得一米"两种格式，还有"A得一塌、A得一腿"等。经过长期的使用后，"A得一屄"渐渐被净化为"A得一B"，其使用也到了妇孺不忌的地步。例如：

（13）a. **牛得一逼**的柳州城管，有本事来打我啊！（优酷视频2014-05-05）

b. "青奥版"南京旅游花车，"灯光效果"**摆得一米**。（中国江苏网2013-10-09）

c. 南京2路公交车用方言报站市民："**亲切得一米**"。（腾讯网2013-01-01）

d. 什么叫型男！**帅得一米**，一切明星都靠边站！（新浪视频2012-04-14）

e. 寒潮席卷而来，一下子把南京的气温从"不算太冷"推到了"**冷得一米**"。（扬子晚报网2012-12-08）

f. 这些女人"**呆**"**得一米**，玉墨摇曳风情的背影美极了……（网易新闻2011-12-16）

g. 便宜得一腿，HTC8S 深圳低至 1550 元。（中关村在线 2013-02-27）

h. 钓到小毛鱼也快活得一塌。（和讯 2014-03-25）

5. 结语

综合以上分析来看，语言不是静态的，詈语也一直处在变化中，然而这些变化依然有迹可循。从古代汉语，到方言，再到新兴詈语，可以看到，詈语非詈化是詈语发展的一个方向。露丝·韦津利（Ruth Wajnryb，2008）也以英语中的脏话为例指出："人们愈常听到某个字，其禁忌就愈弱，震惊值也因而愈低。若一个字被过度使用，会导致几乎所有震惊力都流失。语言频繁使用带来磨损，一个委婉语，包括委婉詈语的宿命必将不再委婉，而这时另一个替代者即将诞生。"

社会在进步，语言在发展，詈语的内容日益多样化，詈骂的意味逐渐淡化，变成幽默搞笑。无论是恶意的嘲讽还是善意的玩笑，都释放了使用者的情绪，也使被骂者在更具娱乐性的骂声中很快平息了愤怒，甚至转怒为笑。詈语有效地辅助了汉语的叹词系统，增强了汉语的生动性。

由于人们表达情绪的需要，作为发泄的一种途径，詈语不可能消亡。但是，我们不能因为詈语的负面作用而否认詈语的积极作用，应该看到变化中的詈语，看到其非詈化的倾向。引导其积极的转变，对精神文明建设和社会语文规范无疑也是有利的。

主要参考文献：

曹德和（2006）詈辞演变与雅化倾向——从"鸟"等的语音、语义和字符演变说起，《汉语史学报》第 1 期。

胡士云（1997）骂人话及骂人话研究杂谈，《语言教学与研究》第 3 期。

江结宝（1999）詈骂的动机和作用，《安庆师范学院学报》（社会科学版）第 1 期。

江结宝（2000）詈骂的构成与分类，《安庆师范学院学报》（社会科学版）第 1 期。

姜明秀（2007）《汉语詈骂语研究》，吉林大学硕士学位论文。

焦恩红（2014）詈语失詈的语用探析，《景德镇高专学报》第 1 期。

李青杨（2013）《网络骂詈语的考察与评析》，华中师范大学硕士学位论文。

李　荣（1982）论"入"字的音，《方言》第 4 期。

刘福根（2007）《古代汉语詈语小史》，浙江大学博士学位论文。

吕文蓓（2009）小议南京话中的"A 得一 B"格式，《语文学刊》第 6 期。

露丝·韦津利（Ruth Wajnryb）(2008)，《脏话文化史》，北京：文汇出版社。
王俊杰（2010）《网络骂詈语研究》，青海师范大学硕士学位论文。
王明珏（2012）《中文网络语言中脏话的使用情况研究》，上海外国语大学硕士学位论文。
张谊生（2010）试论骂詈语的词汇化、标记化与构式化——兼论演化中的骂詈语在当代汉语中的表达功用，《当代修辞学》第4期。

（魏　晨，南京大学文学院硕士研究生）

指人名词与个体量词新兴搭配情况考察

王思程

0. 引言

指人名词在现代汉语中常与"个、位、员、名、口"等个体量词进行搭配。例如：

(1) a. 炎炎夏日，几乎每一个女孩子都喜欢喝冷饮、吃冰淇淋。
  b. 美国队有一位好教练。
  c. 这个人是项羽手下的一员大将。
  d. 他毕业后想当一名公务员。
  e. 一家三口人能平平安安的，比什么都强！

但是近年来在网络语言中与指人名词搭配的量词突破了上述五个量词，还经常与"枚、只、朵、款、坨"等个体量词进行连用。例如：

(2) a. 做一枚任性的吃货吧！
  b. 看电视发现三只可爱小萌娃。
  c. 我是一朵明媚又忧伤的女子。
  d. 本人女汉子一坨，有着一颗走遍全国的心。
  e. 武大国民校草出没，两款男神樱花树下不同气质。

这些新搭配突破了量词原有的常规用法，并开始在网络语言与日常口语中频繁使用。本文将对近年来指人名词与个体量词的新兴搭配进行全面的考察与分析。

1. 新兴"量—名"搭配的个案描写

本部分语料全部来源于网络自媒体与社区论坛中的用例①。其中自媒体包括新浪微博、人人网和豆瓣网；社区论坛包括天涯论坛、猫扑社区和百度贴吧。本文的语料搜集有两种方式：一种方式是利用谷歌（Google）搜索②，搜集了当时③谷歌（Google）网站可以显示的全部用例；另一种方式是利用网站的站内搜索，对于新浪微博和人人网，本文所搜集的用例全部来自于站内搜索，搜集了当时④可以显示的全部用例。通过这两种方式总共搜集了 89,961 字符数的用例用于自建语料库，归纳出"枚、只、朵、坨、款"五个量词所组合的新兴搭配的范围与类型。文章中例句的语料出处都在例句末尾的括号中标出。

下面我们具体来看各个量词所能组合的新兴搭配的情况。

1.1 "枚"类

在现代汉语中"枚"作为量词常常搭配形体较小的物品，例如"钱币、徽章、奖牌、戒指、纽扣、针、钉、邮票、明信片、枣、蛋、出土简牍、砝码、棋子、玺印"；"枚"还能与弹药武器类名词搭配，例如"导弹、火箭"等。而近年来"枚"的用法大大扩张，出现了一番新面貌，不仅可以搭配较具体的物品名词，还能广泛搭配各类抽象的指人名词。"枚"与指人名词搭配的对象主要有以下类型：

第一，性别词。在新兴搭配中"枚"既可以与指代男性的性别词搭配，也可以与指代女性的性别词搭配。男性性别词包括"帅哥、男神、渣男、丑男、欧巴"等，女性性别词包括"美女、妹子、宅女"等。例如：

---

① 网络语言的使用有很大的随意性，为了便于理解，文中所引用的例句的标点符号和部分错字略有修改。
② 例如统计量词"枚"在猫扑社区的用法，则在谷歌引擎中输入："site：dzh.mop.com 枚"进行搜索。
③ 以 2014 年 5 月 1 日至 2014 年 5 月 14 日收集的语料为准。需要说明的是，尽管我们搜集的时间是 2014 年 5 月 1 日至 5 月 14 日，但是所搜集的语料包括 2014 年 5 月 14 日以前的所有可以显示的用例。
④ 同附注 3。

（3）a. 校会网络部优质帅哥一枚。（人人网）

b. 在机场遇到一个身高起码一米八八的长腿欧巴一枚。（新浪微博）

c. 老天赐我一枚好男人吧！不求多帅，对我好就行！（百度贴吧）

（4）a. 优质软妹子一枚求解救！（豆瓣网）

b. 现求一枚妹子做家教，有意向的速来联系。（人人网）

c. 我也是宅女一枚啊。（新浪微博）

第二，表示角色义的指人名词。这一类名词是指能够扮演某一类具体的角色、代表某一种特殊身份的指人名词，包括表示职业角色的指人名词、表示校园生活角色的指人名词、表示论坛或者贴吧中的角色的指人名词等。例如：

（5）a. 奔驰采购部招聘实习生一枚。（人人网）

b. 这里兜售一枚优质女设计师，快来抢购！（新浪微博）

c. 招聘出纳一枚，工作地点顺义空港开发区，有班车早午餐等。（豆瓣网）

（6）a. 出售小学弟一枚，求学姐带走！（百度贴吧）

b. 捡到的可以领走学妹一枚。（人人网）

c. 我作为一枚纯粹的学渣，我一不出国深造，二不对外交流，我干嘛非要学好英语呢？（人人网）

（7）a. 刚刚来到这个贴吧，挽尊党一枚。（百度贴吧）

b. 招募大吧主一枚，小吧主数名。（百度贴吧）

c. Ellen，男，尚友雅思版主一枚。（新浪微博）

第三，标签类的称谓语。标签化是指将人物定型化或归为某一类，突出其群体特征而非个体特征。"枚"经常与标签类的称谓语进行搭配，如"吃货、路痴、高富帅、小清新"等。例如：

（8）a. 活泼爱笑，脾气不好！标准的吃货一枚！（天涯论坛）

b. 学生党，路痴一枚，有住的地方不知道怎么去。（百度贴吧）

c. 图文记录一枚小清新的生活。（豆瓣网）

d. 起点时的隋炀帝实是高富帅一枚。（天涯论坛）

第四，表示新生婴儿的词语。例如：

（9）a. 小女子于4月25日顺产一枚男宝宝，体重7.32斤，谢谢大家的关心和加油！（新浪微博）

b. 报喜啦！男宝一枚，靓照楼下有。（新浪微博）

c. 黄同学于昨晚顺利产下一枚女婴。（人人网）

第五，代表人物关系类的称谓名词。人物关系包括：普通朋友关系、男女朋友关系、家庭关系等。表示"普通朋友"类的称谓名词如"小伙伴、发小、舍友、死党、闺蜜"等，表示"男女朋友"类的称谓名词包括"男友、女友"等，表示"家庭关系"的称谓名词包括"媳妇、老婆、新成员"等。例如：

（10）a. 求华南理工大学的小伙伴一枚，有木有介绍的？（人人网）

b. 本人有一枚奇舍友。（猫扑大杂烩）

c. 本人高中死党一枚！男，175cm，64kg，性格温和，内向，有上进心，一直单身，想找一个女朋友，有意者联系我，非诚勿扰。（人人网）

（11）a. 本人乃学霸萌妹子，温柔腼腆，贤良淑德。现求男友一枚。（新浪微博）

b. 帮室友王艺霏征男友一枚，请大家踊跃报名！（人人网）

c. 求女友一枚。有兴趣的加微信。（百度贴吧）

（12）a. 跟老婆好好交流了一个小时，又有活下去的勇气了。全是正能量啊，好老婆一枚啊！（新浪微博）

b. 560万边境男寻真爱媳妇一枚！（百度贴吧）

c. 家有新成员一枚。（猫扑大杂烩）

第六，轻度贬义类指人名词。轻度贬义的指人名词在评价人物时带有贬义和戏谑的倾向，但没有强烈的贬斥情绪。这一类词本来属于贬义称谓，但在网络语言中又有着非詈化的倾向，如"屌丝、炮灰、傻子、死胖子、奇葩"等。例如：

(13) a. 傻子一枚，就只有你才会纵容迁就我，我希望会是一辈子，谢谢你！（新浪微博）

b. 小炮灰一枚，真心真意的爱上二哥也有五年了。（百度贴吧）

c. 他是二货一枚。（新浪微博）

d. 我是一枚死胖子。（豆瓣网）

1.2 "只"类

量词"只"在现代汉语中经常搭配飞禽、兽类和昆虫，如"一只大鸟"；或者计量某些成对的器官或器具中的一个，如"一只耳朵"；或者搭配某些个体器物，如"一只手表"；或者用来计量船只，如"一只小船"。而近年来在网络语言中"只"的搭配对象突破上述四种情况，可以与指人名词进行搭配，主要有以下类型：

第一，性别词。量词"只"可以与表示阴柔男性和典型女性的指人名词搭配，表示阴柔男性的词语包括"懦夫、美男、小受"等，表示典型女性的词语包括"X妹、X女、姑娘"等。例如：

(14) a. 五只IT美男合租一套公寓，欢乐萌文，请戳。（百度贴吧）

b. 男小受一只（百度贴吧）

c. 林义雄这只懦夫，我是看不起的。（天涯论坛）

(15) a. 一只大脸妹总结了一些单反使用感想。（豆瓣网）

b. 腐女一只求gay蜜，坐标青岛。（豆瓣网）

c. 路过一只小菇凉，求鉴定是不是潜力股，我到底会不会长好看呢？（新浪微博）

d. 俺是只善良姑娘。（新浪微博）

第二，孩童。例如：

（16）a. 大家都爱《爸爸去哪儿》第一季的**五只**，说实话他们参加第二季的可能性确实不大。（天涯论坛）

　　　b. 由于我大三交换一年，所以求靠谱同志接手**两只**超级萌娃，有木有想做家教的呀？（人人网）

第三，表示角色义的指人名词。量词"只"可以与表示动漫角色、职业角色、影视作品角色和贴吧角色的名词搭配。例如：

（17）a. 湘北四只萌物，主要以流川花花为主。（百度贴吧）

　　　b. 其中一只高中生黄濑和另一只中学生黄濑同时攻略中学生小黑子。（新浪微博）

（18）a. 两只妆娘接妆啦！（新浪微博）

　　　b. B型血金牛身高172，人事助理一只。（新浪微博）

（19）2014年度25部古装剧（目前知道的），有你喜欢的一只吗？（百度贴吧）

（20）a. 这里有一只落单的楼主，我们可以尝试捕捉它。（天涯论坛）

　　　b. 我是一只可爱的小水军，你们喜欢我吗？（百度贴吧）

　　　c. 大神戳进来好吗？这里有一只小新人。（百度贴吧）

第四，标签化人群。标签化的指人名词如"高富帅、小清新、吃货"等。例如：

（21）a. 发现一只小清新。（豆瓣网）

　　　b. 作为一只高富帅，我在着装上一直非常讲究。（新浪微博）

　　　c. 陈登，11级英语专业，外院院草，萌物一只，攻受兼备，身材傲人。（人人网）

　　　d. 一只在广东上学的重庆吃货的记录帖（人人网）

第五，轻度贬义类指人名词，包括"逗比、2B、死胖子"等。例如：

(22) a. 小黑胖好好干,不愧是一只灵活的死胖子。(新浪微博)

b. 我们小子是纯洁美好的清新逗比一只,除了偶尔丧病半夜在球馆出没外没有邪的歪的,求轻虐。(人人网)

c. 嫁了只2B老公。(豆瓣网)

1.3 "朵"类

"朵"在现代汉语中常用于计量花朵或者计量云彩或类似花朵的东西,如"一朵玫瑰、一朵浪花、一朵云"。而近年来在网络语言中,量词"朵"超越了搭配花朵或云彩的限制,还可以同指人名词搭配,主要有以下类型:

第一,奇葩。"奇葩"本意是指奇特而美丽的花朵,网络语言指非常特殊、行为举止特别另类、超出大众习惯的一些人,多带有调侃和讽刺意味。因此本文同样将"奇葩"归入指人名词。例如:

(23) a. 有时候深深地觉得自己是一朵奇葩。(百度贴吧)

b. 现在愈发觉得间丘露薇变成了一朵奇葩。(新浪微博)

c. 披马甲吐槽朋友圈那爱自拍的一朵奇葩。(天涯论坛)

第二,性别词。量词"朵"常与表示女性和男性的性别词搭配。表示女性的词语包括"女子"及其衍生词"女纸"等;表示男性的词语包括"男子"及其衍生词"男纸"等。例如:

(24) a. 以后我每天就转转心灵鸡汤、星座物语好了,要做一朵优雅的女子。(新浪微博)

b. 后宫甄嬛传里哪朵女纸最让人心痛?(天涯论坛)

c. 发个自拍照我是中学老师,美女一大朵。(新浪微博)

(25) a. 好一朵忧郁男子。(人人网)

b. 偶遇一朵帅到没朋友的男纸。(百度贴吧)

c. 你是一朵小帅哥。(百度贴吧)

第三，轻微侮辱度詈语。詈语是带有冒犯性的语言，轻微侮辱度詈语的冒犯性较低，在网络语言中有非詈化的倾向，使用较为频繁。包括"傻逼"及其字符缩略"SB"等。例如：

（26）a. 那些在你面前说自己前途渺茫的人，最后都身家过亿，只有你在无知堕落里淬炼成一朵盛开的SB。（人人网）
b. 笑成了一朵灿烂的傻逼。（百度贴吧）
c. 大半夜笑成一朵傻逼。（新浪微博）

1.4 "坨"类

"坨"在现代汉语中通常用来计量无生命的成块状或团形的东西，常用于湘方言等，如：一坨泥巴，一坨药膏。但近年来在网络语言中"坨"的搭配对象扩大，甚至可以与有生命的指人名词搭配。"坨"在搭配指人名词时有两种用法。一种是用作集合量词，类似于"群、堆"；一种是用作个体量词搭配指人名词。

先看"坨"用作集合量词用法。例如：

（27）a. 一坨科学家的集合相册（人人网）
b. 被一坨女生包围的感觉真是逊爆了！（百度贴吧）
c. 但在留言中，有疑似"研究僧"们纷纷反驳："这真的不是个案！50%以上的博士都掉头发，有我们实验室一坨男博士为证好么？"（人人网）

再看"坨"作为个体量词与指人名词搭配的情况，这一点更值得关注。"坨"作为个体量词与指人名词搭配对象多种多样，划分搭配类别时很难与前几个量词的新兴搭配的划分标准一致，我们从感情色彩上来进行划分。"坨"可以与轻度贬义或者中性的指人名词搭配。

第一，轻度贬义类。量词"坨"搭配的轻度贬义类指人名词包括"极品、神经病"等，轻度贬义类词语在评价人物时带有贬义和戏谑倾向。例如：

（28）a. 突然看了自己以前的相册……好想全删掉啊，一坨杀马特！（人人网）

b. 现在每天回家打开门的一瞬间都是担惊受怕的,因为家里有**四坨**神经病。(豆瓣网)

c. 宿舍有**三坨**极品肿么办?(豆瓣网)

d. 我是**一坨**矮胖丑。(新浪微博)

第二,中性类。量词"坨"搭配的情感倾向为中性的指人名词包括"妹子、女汉子"等,这类指人名词没有明确的褒贬情感倾向。例如:

(29)a. **两坨**妹子来青岛求沙发,谢谢!(豆瓣网)

b. 女汉子**一坨**(新浪微博)

c. 本人美院平面设计毕业生**一坨**,免费帮人做标志。(百度贴吧)

1.5 "款"类

"款"在现代汉语中一般用来计量法令、规章、条约等的款项,或者计量服装、食物的品种、式样,如"一款新装、一款饮料"。近年来网络语言中"款"突破搭配法令规章与无生命物的品种式样的限制,甚至可以扩展到修饰有生命的人物。"款"在与指人名词进行搭配时,仍然是用作"类型"义。例如:

(30)a. 人生必须拥有的几种朋友,你的朋友是哪**一款**?(新浪微博)

b. 万能的豆瓣,有没有喜欢**这款**妹子的?快把她领走!(豆瓣网)

c. **这款**大叔会有人喜欢咩?(百度贴吧)

d. 中韩85后**同款**男神全方位大PK。(新浪微博)

2. 新兴"量—名"搭配的来源探析

通过以上对新兴搭配范围与类型的细致描写与观察,可以总结出指人名词与个体量词新兴搭配的一些来源。

第一,吸取现存量词历史上的用法,使现存量词的搭配范围扩大。

新兴搭配并非完全是"新兴",而是具有趋新与复旧并存的特点。指人名词与个体量词的新兴搭配中的"新兴"并非指新量词的产生,"新兴"二字主要体现在两方面:一方面是指能够与指人名词搭配的量词突破了原有的"个、位、员、名、口"等,扩展到可以与其他量词相搭配;另一方面是指搭配中的五个量词"枚、只、朵、坨、款"与现代汉语中的惯常用法相异,它们扩展了搭配范围,可以与较为抽象的指人名词进行搭配。

"枚、只、朵、坨、款"五个量词都由来已久,并且在现代汉语中有着明确的职责和功能。近年来开始与指人名词搭配是"旧瓶装新酒",它们突破了在现代汉语中的功能,扩展了搭配对象,并在搭配中凸显了新的语义特征。

尤其值得注意的是量词"枚"。张万起(1998)指出"枚"产生于汉代,从名词发展为量词,本义是指"树干",一开始用于计量树木,经充分的发展之后,"枚"的意义虚化,淡化了名词和量词之间的选择关系,可以搭配树木之外的其他事物,成为泛用量词,活跃于魏晋南北朝。"枚"是第一个发展出的通用量词,早于现代汉语中的通用量词"个"。"枚"在历史上也存在与指人类名词搭配的例子。例如:

(31)如此硬穷汉,村村一两枚。(王梵志诗《贫穷田舍汉》)[①]

在现代汉语中,"枚"已经不是魏晋南北朝时期通用量词的景象,搭配范围大大缩小,只与形体小的物品与弹药武器相搭配。而近年来在网络语言中,"枚"的搭配范围再次扩大,与指人名词搭配的类型也非常之多。因此我们认为"枚"的用法是有复旧的趋势的。

第二,对地域方言个体量词的用法进行了吸收。

"只"和"坨"都是存在于南方方言中的个体量词,在普通话中的用法和方言中的用法不尽相同。

"只"在现代汉语中通常只能搭配飞禽、兽类和昆虫,或者计量某些成对的器官或器具中的一个,或者搭配某些个体器物,或者用来计量船只。而在很多的南方方言中,"只"的搭配范围很宽泛,可以作为通用量词而存在。罗昕如(2004)和姜国平(2005)指出在长沙方言中,"只"是和"个"并列的通用量词,搭配对象非常广泛,甚至可以计量人物,例如"一只木匠、一只学生"等。陈泽平、秋谷裕幸(2008)指

---

① 引用自张万起《量词"枚"的产生及其历史演变》文中的例句。

出在福州话中"只"也可以与指人名词搭配，如："只"可以与以"侬、囡"为词根的指人名词搭配，也可以与亲属称谓词搭配，或者与表示职业、社会关系或社会身份的词语搭配。温美姬（2014）指出在客赣方言中"只"同样可以作为通用量词而与指人名词进行搭配。

"坨"在现代汉语中通常只与粪便搭配，并且有贬义和厌恶的感情色彩。但是在湘方言中"坨"可以用来计量无生命的成块状或团形的东西。郭瑜（2012）总结了长沙方言中名量词"坨"的搭配范围，包括"肉、蛋糕、棉花、姜、橡皮擦"等，并没有任何消极的感情色彩。

网络语言的使用者突破了一时一地的时空限制，不同地域、不同背景的人们都可以在网络中畅所欲言、互相交流，这样区别于书面语和日常口语的网络语言就会不可避免地带入地域方言的一些影响，形成网络语言变体。因此可以推断网络语言中"只"和"坨"突破与无生命物的搭配，扩展到可以搭配各式各样的人物的用法很可能是对地域方言中个体量词的用法的吸收，是共时平面下地域方言的影响增加了这样使用的可能性。

第三，借鉴文学语言中名量超常搭配的方法。

量词的变异搭配是能够表达特定的修辞效果与感情色彩的，因此在文学作品的语言中经常出现量词变异搭配的现象。

网络语言中与指人名词搭配时放弃使用现代汉语中惯常使用的量词"个、位、员、名、口"，而使用"枚、只、朵、坨、款"等量词，这与网络语言求新求异的表达诉求密切相关。量词"枚"在现代汉语中的典型用法是与形体较小的物体搭配，量词"只"的典型用法是与宠物搭配，因而在使用这两个量词时，通常能够表达可爱、年轻等语义；量词"朵"在现代汉语中的典型用法是与花或者云朵搭配，因而在使用"朵"时，头脑中容易联想到花朵娇艳的属性特征；"坨"在现代汉语中是一个表形量词，使用量词"坨"与名词搭配时，自然与块状、团状等形状或者厌恶的心理感受相联系；量词"款"在现代汉语中用于计量品种或样式，因此可以凸显"类型"义。

恰当地使用量词，能够启发联想，突出事物特征；还能抒发情感，增加感情色彩。指人名词在网络语言中与"枚、只、朵、坨、款"五个量词进行搭配，实际上与现代汉语中量词的超常搭配用法的修辞功能是一致的。例如：

（32）a. 那雨点又粗又大，砸在地下啪啪作响，溅起一朵朵灰尘。（徐成淼

《少年穿过广场》,《散文》2002 年第 9 期)①

b. 采一朵古典的媚笑,得一袭幽香。(周蓬桦《红莲处处》,《散文》1993 年第 1 期)②

量词的变异搭配能够起到化虚为实的作用,使表达更加形象生动;同时在非常规用法中可以表明情感态度,使得褒贬倾向适宜。指人名词与个体量词新兴搭配同样能够因为量词的不同而表达出不同的感情色彩和修辞效果。因此可以认为,指人名词与个体量词新兴搭配同样有出于修辞表达的诉求,这种新兴搭配的现象和文学语言中名量超常搭配的方法是一致的,是出于语用的目的而借鉴自文学语言的一种修辞方法。

3. 新兴"量—名"搭配范围的梯度解释

从前面对新兴搭配的个案描写中,可以看出"枚、只、朵、坨、款"五个量词与指人类名词的搭配范围是有大有小的。五个量词搭配范围从大到小的排列是:枚＞只＞朵＞坨＞款。搭配范围呈现梯度,为什么同样是新兴搭配,有的量词搭配范围更广,而有的量词搭配范围相对较窄呢?

3.1 量词在历时发展与共时地域分布中的地位

在新兴搭配中量词搭配范围的大小和量词在历时发展与共时地域分布两个系统中的地位密切相关。

第一,量词搭配范围的大小与量词在历时发展中的地位有关。

"枚"是历史上很早就发展出来的通用量词,也曾经有与指人名词搭配的用法。"枚"作为名词产生于汉代,经充分发展后作为泛用量词活跃于魏晋南北朝,在唐代仍广泛使用;到了近代汉语中其用法呈现出一种萎缩的趋势;现代汉语只继承了古代的某些用法,其使用范围也大大缩小。"枚"一般指具体事物,指称人的用法并不多见。从历时发展来看,量词"枚"的使用范围是由窄变宽,又由宽变窄的。

在网络语言中,"枚"重新活跃,变得可以与指人类名词搭配,这与历史上曾经

---

① 引用自程国珍《现代汉语量词的变异使用现象探析》第 10 页的例句。
② 引用自程国珍《现代汉语量词的变异使用现象探析》第 8 页的例句。

存在这样的用法有一定的关系。"枚"在五个量词中搭配范围最广,所组合的新兴搭配接受程度也最高。

第二,量词搭配范围的大小与量词在地域方言中的地位有关。

"只"在湘方言、客赣方言、闽方言中都是通用量词(详见上文对于量词"只"的分析),都可以与指人类名词进行搭配。"坨"在湘方言中也可以广泛计量无生命物(详见上文对于量词"坨"的分析),而不仅仅是搭配"粪便",地域方言中的用法并没有贬义的感情色彩。

网络语言的使用者遍及各个地域,网络语言这种不同于书面语和口语的第三种语体有着自身的特点:一方面不同于书面语,表达更自由;另一方面也不同于口语,仍然依赖于文字表达方式。网络语言必然会受到语言使用者本身地域方言的影响,因此"只"与指人名词的搭配也更容易出现与传播。

3.2 量词本身的语义虚化程度

在新兴搭配中量词搭配范围的大小还与量词本身的语义虚化程度有关。

与"枚"和"只"的搭配范围比较,"朵、坨、款"的搭配范围更窄,这与三个量词所携带的具体的语义信息有关。公认的通用量词"个"的语义信息最虚化,搭配范围也最广;反之,语义信息越具体,搭配范围就越窄。

"款"在现代汉语中通常用来计量品种和式样,在新兴搭配中仍然凸显"类型"义,只有在表示指人名词的类型分类时用"款"。例如:

(33)a. 前一**款**车是马萨诸塞州韦斯特伯勒的美洲洛科莫比尔公司1899年至1929年间的产品,由斯坦利兄弟设计。(CCL语料库)

b. 东一**款**高档男士西服,西一**款**新潮女士套裙,左一个珠宝首饰展销,右一个电器产品专店,在宝贵的黄金时间里,刺激着青年人的物欲。(CCL语料库)

(34)a. 总有一**款**总裁替我爱你!开扒各种最佳小言男主。(天涯论坛)

b. 水浒功夫大揭秘,总有一**款**男人适合你!(天涯论坛)

而"坨"在现代汉语中属于表形类量词,计量块状或团状的事物,"坨"的表形特征使得语义信息较为具体。"坨"用在新兴搭配时，还保留了部分"形状义"，量词"坨"前可以受"大、小"等形容词修饰，也经常搭配能够表示体型义的"胖子"等。例如：

（35）a. 我们才知道烧鸭片是怎么回事，那是一大块膏，要把它烧软了，弄成**一坨一坨**的放在签子上。（CCL 语料库）

b. 头夜里艳春趁着母亲打盹，往她耳朵塞了**两坨**药棉。（CCL 语料库）

（36）a. 纯情骚年**一大坨**。（豆瓣网）

b. 我是**一坨**失控的胖子。（新浪微博）

量词"朵"没有表形作用，也没有像"款"一样传达具体的语义信息；因为惯常与花朵搭配，因而在提及"朵"时，会联想到花朵的属性，如"傲娇"等。例如：

（37）a. 佛教是讲因缘的，**一朵**花很美丽，美的不只是花的自身，还有绿叶的衬托。（CCL 语料库）

b. 它宛若**一朵**漂浮在蔚蓝色海面上的莲花，又如一块镶嵌在碧绒上的宝石。（CCL 语料库）

（38）a. 记录我剃光头养发的日子，发誓要做**一朵**秀发如云的女纸。（天涯论坛）

b. 这样**一朵**奇异的女子，我已加好友，2333333……①（人人网）

"款"有很明确的"类型"义；"坨"虽然本身没有很明确的意义，但是它在现代汉语中是一个表形量词，携带了"块状"或者"团状"的意义；"朵"本身没有明确的意义，也不是表形量词，只有在惯常用法中获得的名词意义的"转移义"。三个量词的语义虚化程度从高到低依次是：朵 > 坨 > 款。因此，搭配范围与语义虚化程度呈现

---

① 来源于猫扑论坛中表情符号的第 233 号，原本是一张捶地大笑的表情。在网络语言中经常加在句末，表示"狂笑"，数字 3 的个数随意。

正相关性，搭配范围从大到小排列依次是：朵＞坨＞款。

因此，可以认为"枚、只"搭配范围广泛与它们在历时发展和共时地域方言中的地位密切相关；而"朵、坨、款"的搭配范围梯度与其自身所携带的语义信息的虚化程度有关。

3.3 新兴量词所搭配名词的生命度

除了量词在历时发展与共时地域分布中的地位以及量词本身的语义虚化程度，量词所搭配名词的生命度也是影响搭配范围大小的因素之一。

生命度本来是生物学领域里的一个概念，后来引入到语言学当中。按人类对生命的认知，生命度存在着一个等级序列。

伯纳德·科姆里（Bernard Comrie，1989，2010）在《语言共性和语言类型》一书中对世界语言生命范畴的表现和规律进行了探讨，该书给出了一个生命度从高到低排列的等级序列，即：人＞动物＞无生命物。威廉·克罗夫特（William Croft，1990，2009）在《语言类型学与普遍语法特征》一书中介绍了常见的语法等级，其中包括生命度的等级，该书给出了一个更为详细具体的生命度等级序列，即：第一、二人称代词＞第三人称代词＞专有名词＞指人名词＞非指人名词＞无生名词。国内也有对于生命度的研究，王珏（2004）的《生命范畴初论》也给出了一个详细的生命度等级排列，即：第一人称＞第二人称＞第三人称＞专有名词＞称谓名词＞人＞动物＞微生物＞植物＞无生物，并指出这个等级序列的排列并非是离散的、有明确界限的，而是一个逐渐变化的连续统。

谈及"生命度"时，因为是人以自己为中心进行的等级排序，因此"人"的生命等级最高。在现代汉语中"枚、只、朵、坨、款"从前都是与非人名词搭配，其中的差异在于"只"经常搭配动物，"枚、朵"经常与植物搭配，而"坨、款"一般只与无生名词搭配。不论是按照前面提到的哪一种生命度序列排法，很明显地看出：动物的生命度等级高于植物，而植物的生命度等级高于无生命物。

从前面的描写得到五个量词搭配范围从大到小的排列是：枚＞只＞朵＞坨＞款。可以看出，除了"枚"以外，"只、朵、坨、款"搭配范围从大到小排列，这正是和它们惯常所搭配名词的生命度等级从高到低排列情况相吻合的。"只"经常搭配飞禽、兽类、昆虫和宠物，这一类名词生命度最高，相应的在搭配范围从大到小的排序中也最靠前；"朵"经常与植物（即花朵）搭配，植物的生命度较动物低，较无生命物高，因此在搭配范围从大到小的排序中也位列中间位置，比搭配动物的"只"的搭配范围小，比搭配无生命物的"坨"和"款"大；而"坨"通常用来计量无生命的成块状或团形的东西，"款"一般用来计量法令、规章、条约等的款项，或者计量服装、食物的品种、式样，同样是无生命物，因此"坨"和"款"这两个量词的搭配范围也最小。

这其中的例外是"枚"。"枚"虽然一般用来计量植物（树木），但搭配范围最为广泛，这与生命度无关，而与"枚"的算筹功能有关。由于"枚"是从"树木"义演变而来，和"个"一样具有算筹的功能，所以可以搭配广泛的名词。除了"枚"以外，其他四个量词基本遵循常规搭配对象生命度越高，其与指人名词搭配时范围越广，反之越窄的规律。

4. 结语

本文观察了社会语文生活中新出现的指人名词与个体量词的搭配，在自建语料库的基础上，详细地总结了个体量词"枚、只、朵、坨、款"和指人名词组成的新搭配的范围与类型。同时本文归纳了这些新兴搭配的来源：第一是吸取了量词在历史中的用法；第二是吸收了地域方言个体量词的用法；第三是借鉴文学语言中名量超常搭配的方法，表达特定的修辞效果与感情色彩，实际上与现代汉语中量词的超常搭配用法的修辞功能是一致的。最后从量词在历时发展与共时地域分布中的地位、量词语义虚化的程度以及量词惯常所搭配名词的生命度三方面解释了"枚、只、朵、坨、款"五个量词与指人名词搭配范围呈现梯度的现象。

主要参考文献：
伯纳德·科姆里（Bernard Comrie）（2010）《语言共性和语言类型》（第二版）沈家煊、罗天华译，北京：北京大学出版社。
陈泽平、秋谷裕幸（2008）福州话的通用量词"只"与"个"，《方言》第4期。
程国珍（2004）《现代汉语量词的变异使用现象探析》，暨南大学华文学院硕士学位论文。
董秀芳（2013）从现代汉语个体量词的名性特征看其内部差异，《世界汉语教学》第1期。
郭先珍（2002）《现代汉语量词用法词典》，北京：语文出版社。
郭　瑜（2012）《长沙方言名量词研究》，湖南师范大学文学院硕士学位论文。

姜国平（2005）《湘语通用量词"只"研究》，湖南师范大学文学院硕士学位论文。
金福芬、陈国华（2002）汉语量词的语法化，《清华大学学报》（哲学社会科学版）第1期。
罗昕如（2004）湘语的通用量词"只"，《汉语方言语法研究——第二届国际汉语方言语法学术研讨会论文集》，华中师范大学出版社。
邵敬敏（1993）量词的语义分析及其与名词的双向选择，《中国语文》第3期。
王　珏（2004）《汉语生命范畴初论》，上海：华东师范大学出版社。
威廉·克罗夫特（William Croft）（2009）《语言类型学与语言共性》，龚群虎等译，上海：复旦大学出版社。
温美姬（2014）客赣方言的通用量词"只"，《嘉应学院学报》（哲学社会科学版）第4期。
叶桂郴（2004）汉语中量"人"量词的历时考察，《社会科学家》第6期。
张万起（1998）量词"枚"的产生及其历史演变，《中国语文》第3期。
曾　柱（2010）"枚"的扩张，《语文建设》第10期。
周　芍（2006）《名词量词组合的双向选择研究及其认知解释》，暨南大学文学院博士学位论文。
宗守云（2011）量词范畴化的途径和动因，《上海师范大学学报》（哲学社会科学版）第3期。

（王思程，南京大学文学院硕士研究生）

新词群"聚群成分"中的新语素

吕　娜

0. 引言

要研究新词群聚群成分中的新语素，首先要说明两个概念，或者说确定本文的研究范围。一个概念是"新词群"，另一个概念是词群得以实现的"聚群成分"。

顾名思义"新词群"是由新词语构成的词群。本文厘定的新词语，从时间上说是改革开放至今，特别是以近五到十年为研究重点，这样选择是为了同时照顾到新词语的相对稳定性和新鲜感；从范围上说，既包括新词，也包括词汇性新语。

而本文所要研究的"词群"则是一种非语义词群，即同一聚合群中的词要有共同的构词成分，称之为"聚群成分"。因为本文的研究范围包括新词和新语两部分，聚群成分势必也包括语素和大于语素的单位，如"山寨机"中的"山寨"、"富二代"中的"二代"等。那么，如何认定这种词内的双音节成词成分就成了一个问题。陆俭明（2004）认为，"语素组是包含在词内部的、作为词的组成成分的一种语素的组合"，如"形声字"的"形声"、"林阴道"的"林阴"等。这一定义准确地反映了词内的结构关系，又因为这种语素组本身也是成词的，因此大于语素的成分也可称为"凝固语素组"。另外，聚群成分在词中的位置并不作要求，但意义上要有相关性。

1. 来自外来词的单音节新语素

根据对《中国语言生活情况报告》(2006—2013，共8本)提供的年度新词的统计，新词群中的单音节聚群成分占聚群成分整体的78.65%，是聚群成分的主体，这些单音节聚群成分有10%左右来自外来词。单音化了的外来语素也可以作为词群的聚群成分，以它们为中心形成了众多的词群，说明近些年来这些外来语素无论是在语音形式上，还是语义和所指的概念上都更加"汉化"，逐渐成为汉语词汇系统的一部分。从语言符号系统角度看，充分汉化了的单音节外来聚群成分可以看成是汉语语素系统中的新语素，具有独特的研究价值。

外来词的传统的转借方式主要有音译和意译两大类。音译方式着眼于语音层面，音和意都借自外语的词，又分为纯音译（德律风 telephone）、音译加意译（啤酒 beer）、音译兼意译（黑客 hacker）三种方式。意译着眼于词义层面，如"电脑 computer"，意译的实质为根据民族语言习惯对词义的重新命名，所以在语素的选取、发展上与一般汉语语素无异，这不是本文研究的新词群所要关注的。本文的研究焦点集中于音译词的汉化方面，即音译外来词的音节减缩及外来语素的词群化。

上述三种音译外来词可以进一步分成两类，一类是纯音译词和音译加意译词，另一类是音译兼意译词。这样做是因为前者中音译成分都比较纯粹，而后者的音译成分不纯，虽是表音的，也透露出表意的倾向。

1.1 纯音译词和音译加意译词

苏新春（2003）认为外来单音语素经历这样的演化过程："复音外来词——单音节式简化——独立运用、重复构词——单音语素的完成。"我们比较赞成这一观点，但仍可以从更细的角度探究"复音外来词"到"单音语素的完成"这一过程中外来语素究竟是怎样一步步变化的。另外则还需要补充一下外来词本身就以单音节词形式介入汉语的情况。

第一种情况：多音节外来词的单音节语素化。

这里指的多音节外来词，是说进入汉语后的音节形式，即包括外来词本身就是多音节词的，如"telephone 德律风"；也包括本身是单音节，但进入汉语后变成非单音节的，如"bar 酒吧"。

我们认为，多音节外来词的单音节语素化经历了三个阶段：首先开始单音化，由多音节语素或词到定位不成词语素，这是由于构词能力上升所致；再从定位不成词语素到不定位不成词语素，新生的单音节语素位置开始松动，语素的灵活性上升，可以独立使用（指脱离原多音节词，不是作为词独立使用）并聚集词群；最后再获得更多的语法特征，变为单音节不定位成词语素，也就是又一个新单音节词产生。这样的外来语素汉化过程可表示如下：

多音节语素/词——定位不成词语素——不定位不成词语素——单音节不定位成词语素
　　第一阶段　　　　　第二阶段　　　　　第三阶段

处于第一阶段的单音节外来聚群成分有"啤酒"的"啤"、"巴士"的"巴"、"咖啡"的"咖"等。"啤"起初只有"啤酒"作为音译词进入现代汉语词汇系统，而后又产生了"干啤、冰啤、果啤"，"啤"从前定位的剩余语素变为具有构词能力的后定位语素。"巴士"的"巴"目前也只有"大巴、中巴、小巴、快巴"等几个词在这一词群中。"咖啡"整体作为词的用法还比较普遍，但也出现了以"咖"聚群的"奶咖、黑咖、热咖"等词。如果这一阶段的小词群继续向前发展，可期待会有"啤（酒）花""咖（啡）馆"这样的词出现。

处于第二阶段的单音节外来共同语素有"的士"的"的"、"迪斯科"的"迪"等。以"的"为例，它来自外来词"的士"，是英语"taxi"的纯音译外来词。后来以前字"的"为核心，相继出现了"面的、摩的"等用法，现在"的哥、的姐"的用法也相当普遍。"的士"从双音节纯音译词，到以单音节"的"为语音形式，并指称"的士"的概念（出租的小汽车），"的"获得了成为语素的最基本条件——音义结合，这都归功于"X的"词语群的高频使用和广泛分布，使"的"可以迅速语素化。而单音节的语素形式与一般的汉语固有语素形式相同，所以它变得更加能产，在"的哥""的姐"中已可作为修饰性语素。"的"从表音成分的一部分，发展到后定位语素，再到不定位语素，这可以说是很大的进步。与之经历了相似发展轨迹的还有以下几个，例如[①]：

---

① 例句（1）—（7）、（12）引自百度网页搜索。

(1) 吧（bar）：酒吧——水吧、氧吧（后定位不成词）——吧台、吧凳
　　a. 找**酒吧**设备，上阿里巴巴。
　　b. **水吧**靠什么赚钱？
　　c. 打造**氧吧**，让您的营业额更进一步。
　　e. **吧凳**高度、尺寸浅析。

(2) 迪（Disco）：迪斯科——迪厅、迪吧；蹦迪、跳迪、中老年迪
　　a. 幼儿园小朋友的所有舞蹈，其实都是**迪斯科**节奏吧！
　　b. **迪厅**以舞蹈为主，和 KTV 最大的区别就是，迪厅都是蹦迪的，KTV 是唱歌的。
　　c. **迪吧**现场，MC（控制麦克风的人）视频喊麦现场。
　　d. 留一手教你如何去夜店**蹦迪**。
　　e. **中老年迪**视频在线观看。

甚至处于惰性状态已久的"玻璃"一词也开始了单音节语素化。例如：

(3) 玻：玻璃——彩玻、毛玻、钢玻、清玻；玻管、玻壳、玻棒
　　a. 优质**彩玻**批发采购。
　　b. 请教大家怎么才能清除**毛玻**上的油迹？
　　c. 产品以**清玻**、磨砂玻璃、三聚氢氨板、双玻百叶等材质为主。
　　d. 中华玻璃网**玻管**频道，提供大量的玻管产品。
　　e. **玻壳**生产是技术密集型产业。
　　f. **玻棒**是一种常见的化学仪器，用于搅拌和导流。

处于第三阶段的单音节外来聚群成分有"脱口秀"的"秀"，"粉丝"的"粉"等。以"秀"为例，它最早来自英语合成词"talk-show"，译为"脱口秀"，是一种语言艺术表演形式。后来表示其他表演的"时装秀、模仿秀"等大量产生，"秀"迅速地脱离原词"脱口秀"，并聚集了自己的词群。现在"秀"已经有了动词的用法，如"秀才艺"（可加宾语），"别秀了、快秀秀"（受副词修饰），"秀一秀、秀秀（帽子给大家看看）"（重叠）等，词性的转化和动词语法功能的取得可以作为其词汇地位巩固

的标志。再如"粉"来自"fans"译成的"粉丝",在"果粉、僵尸粉、活粉"中也是一个名词性的语素,现"互粉""粉我一下"的动词用法也很流行。

可见"秀、粉"基本已完成了各自的汉化过程,它们从纯音译的多音节词中脱落出来,最终发展成单音节成词语素,并随着使用频率的提升逐渐获得更多句法用法;另外单音节较之双音、多音节词更符合语言经济性原则,这种变化也使得原来的多音节词使用频率逐渐降低,有被完全替代的可能。可以说,完成了单音节语素化的外来语素已经彻底融入汉语词汇、语法系统,实现了质的飞跃。

第二种情况,单音节外来词的语素化。

有些音译词本身就是单音节的,介入汉语之后也可能直接用单音节语素表示。也就是说,从语素的角度看,这类音译词自进入汉语就是单音节成词语素,这和以上多音节外来语素的发展变化有些不同,似乎是一下子到达了"进化"的终点。

如"派",指一种西式的带馅的点心,最初常以"xx派"的形式出现。这样本身就是单音节音译词的,就谈不上什么单音节语素化,它们直接向取得构词能力、语法特征发展。"派"已经开始脱离原始的"xx派"的形式,出现"派皮、派馅"等词。

再如"酷",来自美式英语"cool",本意是"凉爽的,淡漠的,冷静的",介入汉语后保留了形容词词性,但语义有所调整,形容人时多表示"外表英俊潇洒,表情冷峻坚毅,有个性",形容事物时多表示"时尚、刺激、独特"等。后者慢慢发展出"酷评、酷车"等词语,"酷"开始向不成词语素发展,即开始获得构词能力,聚集了"酷x"词群,但这时它仍是形容词性质的语素。后来又发展出副词性质,如"酷爱",和名词性质,如"炫酷、扮酷"等。和"派"相比,"酷"的语法特点更突出,汉化也就越深。"派"和"酷"这两个新语素已经收入《现代汉语词典》。

但需要指出的是,无论最初是多音节还是单音节外来词,最后能否汉化形成符合汉语语言系统的音义结合的单位,还是要看语素的活性程度。所谓语素的活性,参照朱德熙(2010)的观点,认为结合面较宽,能和许多语素组合构成词或词组的语素,称为活性语素。也就是说,定不定位、成不成词都是语素活性的外在表现。这两个特征比较而言,定位与否尤为重要,对于外来词的语素化来说,形成"定位成词语素——虚词和定位不成词语素——附加成分"的可能性极小,我们主要考虑的还是"能否用单音节的能指形式凝固住特定的语义所指",也即排除成不成词,只考虑定位与否和活性的关系即可。

朱德熙(2010)指出,一个语素是活性还是惰性,跟它的自由还是黏着有一定关系,但不完全一致。总体来说,汉语中黏着且惰性的语素最多,其次是自由且活性的,再次是黏着且活性的,最后是黏着且惰性的。而就常用字(三千个以内)而言,自由且活性的多于黏着且惰性的。也就是说,就使用频率来说,汉语中最活跃的是自由且活性的语素。自由,指的是可以独立成词,具有更多的语法功能;活性,正如上文所述,指的是语素结合能力的强弱。

回过头来看单音节外来词的语素化状况。通过查阅1984年版的《汉语外来词词典》,可以发现,单音节外来词的数量本来就比较少,其中语素化后结合能力比较强的多是化学元素,如"钙、氨"等。还有许多单音节外来词已经被更符合汉语表达习惯的其他词代替,如"品"曾经是英语中"pin"的音译词,"排"曾经是英语中"bar"的音译词。从语素层面上讲,它们虽然是自由的成词语素,但是结合能力很差,最终难免被淘汰。

所以,综合以上多音节、单音节音译外来词汉化的过程,最主要以语素构词能力的提升和语法功能的多样化为标准,构词能力越强、语法功能越灵活,语素的汉化就越成熟。

1.2 音译兼意译词

音译兼意译词因为每个音节所翻译过来的汉字在表音的同时,又兼顾了意义与原词的相似性,所以在单音节语素化的过程中,首先就涉及哪个汉字能得到使用者的肯定,最终定型为单音节语素,并再获得更强的聚群能力的问题。

某个语素胜出后,其单音化过程和纯音译词以及音译加意译词是相似的,这里不再赘述。但需要指出的是,目前来自音译兼意译词,并表现出单音化趋势的外来语素为数不多,它们都处在刚刚脱离原多音节词,向定位不成词语素发展的过程中。

虽然音译兼意译词也存在本身就是单音节的问题,但根据语素构词能力和语法功能的标准以及上述的研究目的,单音节音译兼意译词(如2008年产生的来自日语的"控")不算在研究范围内。

汉语中典型的音译兼意译词有"可口可乐(Coca-Cola)、黑客(hacker)、基因(gene)、引得(index)、绷带(bandage)、媒体(media)、乌托邦(Utopia)、苦力(coolie)、嘉年华(carnival)、模特(model)、芭蕾(ballet)、博客(blog)"等,这类词本身就比较少,能单音节语素化的就更少。据我们目前的统计只找到了"媒、模、芭、博"几个可以聚集词群的聚群成分，其构成的词群如下。例如：

（4）媒（media）：媒体——日媒、外媒
  a. **日媒**公布防卫白皮书概要。
  b. **外媒**评价中国股市：犹如"发怒的熊"。

（5）模（model）：模特——名模、车模、男模、职模
  a. **名模**周汶锜剖腹生混血男婴。
  b. 与全国 100 万的**职模**比起来，这个数字实在太少。

（6）芭（ballet）：芭蕾——芭坛、芭团
  a. 姊妹花绽放国际**芭坛**。
  b. "俄第三大**芭团**"究竟是哪家？

（7）博（blog）：博客——刷博、空博
  a. 给你如丝般的**刷博**体验——新浪微博工具 Fuubo。
  b. 有媒体指出民生博客初期存在"**空博**"现象。

以"媒"为例，最初来自"media['mi:diə]"，汉语译为"媒体 [mei^{35}t^{h}i^{214}]"，两词在发音上很相近。从意义方面看，"媒"作为汉语固有语素，有两个义项，一是媒人，二是媒介；"体"相关的义项只有"物体"。"Media"指交流、传播信息的工具，这种"中介"的意义与汉语的"媒"更自然地联系在一起，所以"媒"取得优势地位，以它为核心渐渐产生了新词。"模、芭、博"的单音化过程和原因也大致如此。

另外，仅从形式上看，我们猜测，多音节音译兼意译词中，处于前位的语素可能更具有优势。理论上讲，汉语偏正式词语居多，无论定中型还是状中型，处于前位的修饰语的语义范围都要小于处于中心位置的被修饰语，音译兼意译词在选用汉字组合成词的时候，很可能无意识地遵循了固有词的构词特点，也将语义的重心放在第一个语素上，所以以后的简化过程中，留下来的自然也是前位语素。

2. 来自凝固语素组聚群成分的单音节新语素

近些年，凝固语素组聚群成分表现出了新的特点，和多音节外来语素的简化一样，凝固语素组在语言经济性原则的推动下，也开始向单音节发展。不但以自身为核心聚集成词群，其简化后形成的单音节词素也开始有聚群能力，成为新的词群的核心成分。

根据语料调查，某个双音节聚群成分简化后得以形成新的单音节语素的情况所见较少，因为这需要原双音节聚群成分和新单音节聚群成分都相当有活力。理论上也许需要很长时间才能完成这样的变化，但音节会不会减缩、新语素聚群能力如何最终还是要看语素的使用频率，"微博"和由它简化来的"微"就在很短时间内完成了这样的转变。

微博在国内主要指新浪微博，它产生于2009年，当年的《中国语言生活报告（2010）》就收录了"微粉"一词，指微博粉丝，可见在这一新事物产生之初，"微博"就有减缩的倾向。下表为2010—2012年，以"微博"和"微"作为聚群成分的词群收词数对比。

表1 以"微博"和"微"作为聚群成分的词群收词数

聚群成分\年份	2010	2011	2012	总数（个）
微博	9	14	3	28
微	9	39	10	58

2010—2012年，以"微博"作为聚群成分的词群收词很多。例如[①]：

(8) a. **微博游**（2010）：在这个十一假期，还有一些民众则选择了**微博游**。

b. **云微博**（2011）：网民既可以享受行业垂直微博带来的专业性，又可以通过注册一个账号可以到N个垂直微博去"串门"，实现了"**云微博**"的概念。

c. **微博钱包**（2012）：目前，"**微博钱包**"已与中国银行、中国工商银行、

[①] 例句（8）—（11）转引自当年《中国语言生活状况报告》。

招商银行等18家国内主流商业银行对接，并开通了银联在线的支付渠道。

事实上，随着"微博"及其词群的高频使用，其简化速度是非常快的，而简化后的"微"无论是在聚群数量上，还是在构词能力上都表现出强势的一面，以"微"作为聚群成分的词群收词已很多，日后甚至可能完全取代"微博"构词。例如：

(9) a. 微时代（2010）：140字微博的流行，促进阅读进入"**微时代**"。
　　b. 官微（2011）：公众希望看到的是充满热情、活力，敢讲真话，具备个性，又不失幽默诙谐的"**官微**"。
　　c. 微问政（2012）：越来越多官方微博注重倾听民意，开始进入"**微问政**"时代。

如果可能，这一新生的语素"微"与原义表示"微小、轻微"的"微"应该算作两个完全不同的语素，二者在语义上没有联系，新兴"微"只表示"微博"义。这种状况与外来语素的情况相仿，如《现代汉语词典》中收录的"秀$_3$"，注释为"表演、演出，来自英文'show'"。

这里需提及一个引人注目的特例，那就是以"秒"为聚群成分的两个不同的新词语词群。先看"秒$_1$"，它由凝固语素组聚群成分"秒杀"减缩而来，在词群中都表示一种网络商品的促销方式——网络卖家发布信息，所有买家在同一时间上网抢购，商品往往一上架就被抢空，似乎只用一秒钟一样。以它作为聚群成分的新词语。例如：

(10) a. 秒杀价（2009）：这次淘宝以1元的"**秒杀价**"推出一辆汽车。
　　 b. 秒杀族（2009）：近日"秒杀"购物又火了起来，甚至出现了职业的"**秒杀族**"。

而"秒$_1$"也都是继承了"秒杀"的意思。例如。

(11) a. 秒房（2009）：据淘宝网统计，已有超过100万名网友参与了"**秒房**"活动。
　　 b. 代秒（2009）：因为很少失手，很快有人找到他，要求帮忙"**代秒**"。

c. 秒友（2009）：Lydia 把自己的"秒杀"经验写成了攻略，发表在"秒客"的官方论坛版"秒杀集中营"上，供"**秒友**"们学习、探讨。

并且，"秒"可以作为动词独立使用，可以独立作谓语、带宾语，受副词修饰等，如"我没秒到那个锅"，这都是继承了"秒杀"含义和用法的表现。

"秒₂"词群是非常活跃的一个词群，在近几年，它又发展出了副词性语素的特点。例如：

（12）a. 秒停：山煤国际（600546）上演"**秒停**"大戏，收盘前一分钟股价自下跌 3% 的位置上，被直线拉上涨停。

b. 秒藏：**秒藏** 50 个亲子游戏，可增添家庭乐趣。

c. 秒睡：因为疲劳，大脑在极度疲劳的时候就会发生一种突然睡着的现象，有人高速开车开着都会**秒睡**，**秒睡**的过程大多在几秒内就结束。

这种状中式的构词结构与减缩前的"秒杀"在构词特点上异曲同工，即"秒杀"也可解释为"极其迅速地杀死"（这正是来自网络游戏用语"秒杀"的原意）。"秒₂"表示"极其迅速地"的意思得到了两个词群的强化，一是在"秒₂"本身的词群中，作为一个词素，同时也是一个语素；一是在"秒杀"词群中，作为一个语素。二者相互叠加，更加巩固了新兴"秒"的第二个意思。也就是说，新兴"秒"有两个意义，一是"秒杀"，二是"极其迅速地"。

原始意义的"秒"是与分钟、小时相对应的一种较小的时间单位，这与新兴"秒"的"极其迅速地"有较强的相关性，应该算作同一个语素的不同义项。而"秒杀"义的新兴"秒"与原来的"秒"在意义上的差距较大，应该算作一个新语素。

3. 结语

新词群聚群成分为现代汉语词汇系统增添了许多新语素，这是新词群最为突出的特点和贡献。本文考察发现其中最突出的一类是来自外来词的单音节聚群成分。外来词定型为汉语词汇系统中的外来语素，并且在它周围形成了以它为聚群成分的一批词，构成了一个词群，可以说这个外来语素就以单音节的形式融入了汉语语素系统中，成了"合格"的汉语语素。这个"合格"，既指能指和所指的完全对应，也指在形式上的一致性，以及构词上的灵活性。另一类是来自凝固语素组的聚群成分，由它减缩而形成新的语素，或固有语素的新义项。由汉语自身的凝固语素组减缩而成新的语素，是现代汉语语素生成的新形式，这种生成方式会不会继续发展下去，还要等待时间的检验。

主要参考文献：

葛本仪（2003）《汉语词汇学》，济南：山东大学出版社。
顾阳、沈阳（2001）汉语合成复合词的构造过程，《中国语文》第2期。
亢世勇（2008）《现代汉语新词语计量研究与应用》，北京：中国社会科学出版社。
陆俭明（2004）《现代汉语语法研究教程》，北京：北京大学出版社。
苏新春（2003）当代汉语外来单音语素的形成与提取，《中国语文》第6期。
杨锡彭（2007）《汉语外来词研究》，上海：上海人民出版社。
张小平（2008）《当代汉语词汇学发展变化研究》，山东：齐鲁书社。
朱德熙（2010）《语法分析讲稿》，北京：商务印书馆。

（吕　娜，南京大学文学院博士研究生）

网络语言对标点符号用法的影响和标点符号的特殊用法

杨泊缘

0. 引言

本文的考察对象为网络媒体中的标点符号用法情况。具体的考察对象有两大类：一是互联网新闻，包括新浪新闻、网易新闻、搜狐新闻、腾讯新闻以及四大门户网站所转载的其他网站新闻；二是社区网站，主要包括新浪微博、百度贴吧、天涯论坛等。其中搜集的新闻类语料的时间范围是 2015 年 1 月以后。

1. 网络媒体中的标点符号的特殊用法

从网络媒体中语料的考察情况来看，目前的网络新闻、社区评论、社区论坛等网络文化生活中，标点符号的用法存在与新标准不一致的地方，有的是尚未依据新标准加以规范，有的是存在问题与错误，还有的是因社区网络的发展、网络语言的创新而产生的一些标点符号的变异形式及特殊用法，下面将分别举例说明。

（一）网媒中的新闻标题为半角标点

新闻标题不能使用半角的英文标点。但在考察的网媒新闻中，很多新闻标题，特别是新闻头条，为了减少标点符号占用的空间，使用的都是半角标点。新闻标题对人们的视觉冲击较大，如果长期在新闻标题中使用半角标点，则不利于标点符号的规范使用。比如下面例子中的引号用法。例如：

（1）a. 孙永杰：国产手机为何痴迷于做"生态"（新浪新闻）
　　　b. 国家安全法草案新增"抵御不良文化渗透"规定（网易新闻）
　　　c. 小伙扮"猪八戒"卖猪蹄　每天能卖几千只（腾讯新闻）
　　　d. 中国股市亢奋与"泡沫共舞"谨慎别变成疯牛（搜狐新闻）

（二）新闻标题的句中停顿

网络新闻标题的句中停顿，一般有四种表现形式：一种是标点符号的零形式，即无论标题有多长，中间不停顿；一种是以空格来标示停顿；一种是使用逗号、冒号等句中点号来标示停顿；还有一种是句中点号与空格的混用。例如：

（2）a. 西工大理科男求婚记公主抱羡煞旁人（网易新闻）
　　　b. 国奥队备战里约奥运会亚洲区预选赛23人集训名单出炉（网易体育）
　　　c. 泰国海关查获4千公斤象牙　已实施象牙申报法令（搜狐新闻）
　　　d. 中国开发超级海上平台　带机场跑道（腾讯新闻）
　　　e. 31家公司被查，题材股成惊弓之鸟（杭州网）
　　　f. 刘永好：应该绝对保口粮，放开非口粮（新华网）
　　　g. 开学啦　奔跑吧，同学们！（网易新闻）
　　　h. 母爱：为照顾女儿坐月子　母亲报班修炼成月嫂（网易新闻）

新闻标题中以空格代替点号标示停顿很常见。郭攀（2004）指出，空格是一种无形之号，表示一种带有一定模糊性的语音停顿的形式，相当于逗号、顿号、冒号等点号的作用。但是，在标题中同时出现点号和空格似乎并不很合适，应当统一用空格或统一用点号。原因有两点。从视觉功能的角度来说，一个需要停顿两处以上的标题，如果句中点号小于停顿次数，视觉上就会自然地以点号为分隔点去阅读信息，而忽视空格的停顿点断作用，如（2g）句就会理解成"开学啦奔跑吧／同学们"。从审美功能的角度来说，同时使用空格和点号来标示停顿不符合经济简洁、形式美观的标点原则，应当统一。当然，反过来说，（2a）和（2b）句一类无标点的新闻标题也是不恰当的，这类标题不能明确题旨，无法让人一目了然，建议以空格或句中点号的形式适当标示停顿。

此外，引题与主题间使用短横线连接号连接的形式也是不恰当的，应当改用冒号或破折号。例如：

(3) a. 调查-您如何看待国奥5—0血洗蒙古？（网易体育）

b. 半场-刘彬彬连造杀机吴兴涵建功　国奥3—0蒙古（手机人民网）

c. 少时允儿-EXOLAY因影视剧拍摄缺席SMtown台湾公演（中国娱乐网）

（三）新闻标题出现在正文开头以方头括号标示

考察网络新闻的语料，发现方头括号的又一用法是，在网络新闻报道中，通常将标题放在正文开头，并用方头括号标示。例如：

(4) a.【俄罗斯宣布加入亚投行】俄罗斯第一副总理舒瓦洛夫在博鳌亚洲论坛2015年年会开幕式上发言时表示，俄罗斯总统普京决定，俄罗斯将加入亚洲基础设施投资银行。（人民网）

b.【"泰坦尼克基金"成博鳌热点！】今年博鳌论坛上，一个名为"泰坦尼克"的基金引来众人目光。（环球时报-环球网）

c.【马兴瑞任深圳市委书记】中央批准：马兴瑞任深圳市委书记；免去王荣的广东省委常委、深圳市委书记职务。（中国新闻网）

d.【部分岗位的士官可评任专业技术职务啦】记者3月28日在全国职称英语考试某考场外，遇到了前来参加考试的空军某部士官易华赟。……（人民网-海南视窗）

此外，新闻报道开头的媒体提要、总领性的标题或话题总述，也基本都用方头括号标示。例如：

(5) a.【回顾】网曝《歌手3》帮唱名单陈奕迅帮韩红波叔助李健

b.【话题】汪涵红了　冷静救场被赞"主持教科书"

c.【事件回顾】濮阳 6 岁男孩在家中被人掳走现场血迹斑斑

d.【相关图集】盘点：李嘉诚这些年都投了哪些奇葩公司

e.【编者按】投资界名人王茹远自称是"草根"派基金经理，最欣赏民间投资高手。……

f.【延伸阅读：伤病不断！刘晓宇主力位置不稳或改换门庭求新生】

g.【资料：IMF 的预测 2014 年世界各国 GDP 数据】

h.【证监会新闻发布会内容汇总】

（四）三个以上问号、叹号的叠用

标点符号国家标准中规定：问号、叹号均可以叠用，最多叠用三个。但是在网络语言中，人们为了表示强烈情感的宣泄，问号、叹号的叠用形式往往超过三个，且没有固定的叠用次数。例如：

(6)a. 现在出身不好，连老师也看不起了，还谈什么教育，别人出身好，只要有钱，就能请助教，没钱的，怎么请？？？？（腾讯新闻　网友评论）

b. 既狂且二！！！！！！！！！！！！！！！（新浪微博）

c. 是呀！！！！（百度贴吧）

d. 爆了照！！以后看到了就算认识了！！！！（百度贴吧）

e. 当初江苏棋牌协会和江苏体育局要不是说是"比赛"！！！！！！！汪峰会去免费站台？（新浪微博）

上面例子，(6a) 句中四个问号叠用是为了表达对目前教育现状的强烈不满和疑问。(6b) —(6d) 句是表示强烈的感叹语气。(6e) 是为了突出和强调"比赛"。

（五）以某种标点的叠用形式标示段落的省略

标点符号用法的新标准中规定：在标示诗行、段落的省略时，可连用两个省略号。但是在网络语言中，用来标示段落省略的往往不止省略号一种形式，且省略号的连用也不局限于两个。例如：

(7)a.！！！！！！！！！！！！（新浪微博）

b.……………（百度贴吧）

c.。。。。。。（百度贴吧）

d.，。，。，。，。（百度贴吧）

e.—————————（天涯论坛）

上面例子中，（7a）句是以 11 个叹号的叠用来标示一段文字的省略，同时表达一种强烈的语气和情感。（7b）句是以三个省略号连用的形式来标示段落省略。（7c）句是以六个句号的连用来标示段落的省略。（7d）句是以逗号和句号间隔连用的方式来标示段落省略。（7e）句是以一字线连用的方式来标示省略。

（六）省略号的变异形式

由于网络语言的自造性，传统的标点符号在网络中也呈现出多种多样的表现形式，我们称之为变异。据考察，网络语言中省略号的变异形式非常丰富，概括起来有四种类型：

第一种情况是省略号仍以小圆点连用的形式呈现，但除六连点以外，还有三连点、多连点等不同形式，并且书写位置也发生了变化，不是上下居中，而是居下，如下面（8a）—（8d）。有的书写位置虽与标点符号用法标准一致，但形式为十二连点或多连点形式，如（8e）。例如：

（8）a. 据任先生介绍，28 日下午一点左右，他来到九江市龙开河钓鱼。下钩不到十分钟，任先生就钓到这条娃娃鱼...（网易新闻）

b. 与门户相比，片方在视频网站的营销投入可以被更准确的追踪和反馈：有多少人看了我的预告片，多少人点赞，多少评论，用户男女比例、年龄、兴趣爱好是什么，与竞争对手相比更好还是更差...（中华网）

c. 但是...话语权难以建立。（中华网）

d. 我觉得是末位都是 6 很凑巧……（百度贴吧）

e. 研究生宿舍楼下，女孩穿婚纱来给男生表白了，可是你猜中了开头没猜中结局…………因为到了闭楼时间了，楼管阿姨不给开门，男生出不去，最终女生含泪离去。（腾讯新闻）

第二种情况是省略号以逗号连用的形式呈现。例如：

（9）a. 人文学科可以树立正确的世界观，让人们看到世界的本质，减少对权力的迷信，是我们回归人性的良师益友，不然我们有什么资格和勇气去面对这样一个丑恶现实呢,,,,（腾讯新闻　网友评论）

b. 最危险的一次，车祸呗，当时看错红绿灯，然后强闯过去，迎面来的一辆公共汽车，就跟电影里演的一样，结果被撞了,,,,（百度贴吧）

c. ,,,,,你这样排名，很招人哟！（天涯论坛）

第三种情况是省略号以句号连用的形式呈现。例如：

（10）a. 唉。。我就知道一有这种文章评论区肯定又是文理科在那互喷了。（腾讯新闻　网友评论）

b. 中国的驾考可以说是世界上最难的。。。但是马路杀手还是屡屡出现。（网易新闻　网友评论）

c. 十天前差点被车撞，也不知道是突然变灯还是司机闯红灯，车擦着我的手就过去了，把烟给擦灭了，我还很淡定。。。（百度贴吧）

d. 。。。。。。好吧！（百度贴吧）

e. "我们是否才是上帝？还是会变成宠物？我们是否会变成被踩在脚下的蚂蚁？我不知道。。。但当我想象未来我可能被这些智能机器当作宠物一样对待时。。。好吧，现在开始我要对我的宠物狗更好一点。"（网易科技）

第四种情况是省略号以浪纹线连接号连用的形式或其变异形式"～"呈现。例如：

（11）a. 告诉你噢～转发500不是事～现在你已经构成造谣了，法院见噢。（新浪微博）

b. 楼主虽然是广东人，但是不知为啥特别爱吃辣，连我老妈都说我是"变异"的囝～～（百度贴吧）

c. 他们说不要怕！我们不是坏人～～你来这里玩的吧～～（百度贴吧）

  d. 卡哇伊～～～～～（百度贴吧）

  e. "DuAng～从 D 到 A 只差 U！"雅虎北研中心位于清华同方科技广场 D 座，同方股份位于广场 A 座。凭借近水楼台先得月的优势，同方股份控制住咽喉要塞。（网易科技）

  f. 去泰国旅游的注意事项你了解多少？9 种诈骗你知道吗？小编准备防坑防骗攻略，请记于心中呦～～～（英派旅行网）

  省略号的变异形式之所以有这么多，究其原因，主要有两点：一是由于省略号可标示内容的省略或语义的不连贯等用法，在网络聊天中使用频率很高，而电脑键盘上却无法立刻打出正确的省略号形式，为了方便，人们便使用其他符号代替；二是逗号、句号等点号，浪纹线连接号等在形式上与小圆点连用的形式有相似的表现效果，不容易发生理解错误，便于替换使用。

（七）破折号的变异形式

  网络语言中，破折号的变异形式有两种，一是以短横线"--"的连用形式呈现。例如：

  （12）a. 在本月初，当旗下投资公司以 24 亿元成为光线传媒--出品过《泰囧》《致青春》等高票房影片的娱乐公司--的第二大股东之后，阿里被认为再一次巩固了它在这个行业中的话语权。（中华网）

  b. "虽然考试成绩也很重要，因为这决定孩子的升学，但他们的一生不只有应试。"--英国小学校长汤姆林森。（腾讯新闻）

  c. 去年十一月，也就是与光线的交易发生前 4 个月，阿里以同样的方式成了华谊兄弟--可以说是光线死对头--的第二大股东。（中华网）

  另一种是以一字线"—"的形式代替。例如：

  （13）a. 不管是奢侈品，还是生活必需品，不买就亏了—相信这是中国游客境外扫货的共同心声。（网易财经）

  b. 面对中国游客对拖鞋的强大购买力，越南导游往往不得不在旅行中临

时安排新的景点——购物中心。(网易财经)

c. 也门当地居民27日说,尽管遭到连日空袭,也门境内的什叶派胡塞武装当天继续向南挺进,逼近总统阿卜杜拉布·曼苏尔·哈迪出走沙特前最后的落脚点——亚丁市。(东方财富网)

d. 2000年初,国家文物局接到了一个消息,美国佳士得拍卖行将在3月拍卖一件中国文物——五代时期节度使王处直墓甬道处被盗的彩绘浮雕武士石刻。(中国网)

e. 日本家庭的餐桌上除了白米饭和味噌汤,还有一样出镜率极高的食物——盐渍小菜。(网易旅游)

破折号出现变异形式的原因也有两个:一是受键盘打字的局限,不能立刻敲出破折号形式,而短横线和一字线则可以快速地打出,且形式上类似于破折号,因而容易替换破折号使用;二是在某些计算机文字处理软件中,破折号中间是断开的,表现形式是"- -",即两个一字线连用,这样就容易被人们用一个一字线代替使用。应当说明的是,短横线和一字线在标点符号用法中各自承担着不同的作用,如果被用作破折号就会混淆不同标点的功能特点,给人们的标点符号使用造成误解。

(八)浪纹线连接号的变异形式

网络语言中,浪纹线连接号的变异形式为"~",书写位置不是上下居中,而是居上。主要用于标示数值范围的起止。例如:

(14) a. 神户牛为兵库县培育的一种优良品种牛,其双亲限定为但马牛,每年的出货量只有2000~3000头,人气很高。(网易旅游)

b. 整个过程中,送货的马仔和刘某、买家都不会直接碰头,刘某将30~50克的货交给马仔分散运送,在指定位置'埋'下毒品供买家提取。(中国网)

c. 据报道,她总共定制4套Vera Wang婚纱礼服,花费200万元~250万元新台币(约40万~50万元人民币)。(新华网)

d. 中登最新数据显示,3月16日~20日的交易周内,沪深两市新增股票开户数为113.92万户,环比激增57.89%,创下自2007年6月1日

以来的历史次高。（网易新闻）

e. 虽然亚投行是中国迈向国际的试金石，今后的5~8年，以美元为主导的国际金融格局可能仍然无法撼动，人民币国际化仍将任重道远。（搜狐财经）

此外，这种书写位置居上的浪纹线变异形式还常被用于标示句内停顿，以代替点号的停顿功能。这种标示停顿的用法是网络语言追求省时便捷的结果。例如：

（15）早就听说过这家鸡腿，正好路过就买来尝尝～鸡腿十块钱三个，真是超级便宜～现炸的需要等一会～～刚炸好外焦里嫩，吃起来非常过瘾～味道是那种老式的鸡腿的味道～但稍油腻～。（搜狐美食）

（九）间隔号被短横线或一字线代替

标点符号用法的新标准规定：外国人名的姓和名之间用间隔号标示分界，以避免混淆。但是在考察中发现，网络语言中很多外国人名的姓和名之间常常以短横线或一字线来代替间隔号。这样的替换容易混淆间隔号与短横线、一字线的用法，给人们的标点符号使用带来错误的引导。例如：

（16）a. 除了让科技更人性化，伯纳斯-李还透露了他最喜欢的奶昔口味：芒果酸奶。（网易科技）

b. "有人能理解你在做什么并给你建议真是太让人兴奋了！" Lock8 的联合创始人 Daniel Zaiarias-Fainsod 说道。（网易科技）

c. 比尔·盖茨近期警告 rogue AI 的危险，英国百货商店 John Lewis（约翰—路易斯）技术部门的负责人表示人工智能和物联网的相连可能暗示着文明的结束。（网易科技）

（十）公文名简称、电视节目等的书名号用法

在对网络媒体的考察中发现，新闻报道中存在公文名简称未使用书名号或前后用法不一致，电视节目不使用书名号等问题。例如：

(17)a. 2014年12月10日,教育部发布《关于做好2015年全国普通高等学校毕业生就业创业工作的通知》,**通知**明确要求"高校要建立弹性学制,允许在校学生休学创业。"(网易新闻)

b. 国土资源部和住房城乡建设部发布了《关于优化2015年住房及用地供应结构促进房地产市场平稳健康发展的通知》(以下简称《通知》)。……以下是**通知**全文……(中国经济网)

c. 今天上午中国政府网刊登《政府工作报告》重点工作部门分工意见,对发改委、财政部等多部门工作提出细化要求。……《意见》要求,国内生产总值增长7%左右,居民消费价格涨幅3%左右。(新京报网)

d. 牛!蒙古球员前滚翻掷界外球段暄:**天下足球**才能看到(网易体育)

上面例子中,(17a)(17b)两句中作为公文名简称的"通知"没有使用书名号,(17c)句的公文名简称"意见"前后标示不一致,(17d)句电视节目"天下足球"没有使用书名号。

(十一)专名号的变异形式

新标准中规定:专名号的形式是一条直线,标注在相应文字的下方。"朝""代"不加专名号,只在朝代的名称上加专名号。互联网中的一些百科知识类网站,如百度百科、互动百科等,常常对专有名词进行标注,但标注形式是以颜色来区别,并加超链接与相关网页关联,且在标注中对"朝""代"等不加区分,统统归入到标注范围内,有的甚至连书名号等标点也包括在内。如下面一例是百度百科对词条"五代十国"的介绍:

(18)五代十国(907年—960年)这一称谓出自《新五代史》,是对五代(907年—960年)与十国(891年—979年)的合称,也指**唐朝**灭亡到**宋朝**建立之间的历史时期。(百度百科)

其中,"新五代史、五代、十国、唐朝、宋朝"等均被当作专名以蓝色字体的形式来标注,并添加了超链接。从规范的现代汉语文本用法来看,不能这样使用专名号。但是考虑到互联网网页浏览的特殊性,可以认为是专名号在特殊领域的特殊用法。不过"朝""代"等仍然不能使用专名号标注。

(十二)表情符号化

由于网络聊天、网络评论的日趋发达,人们的聊天形式不再局限于文字,而是运用键盘符号创造出各种表情,将表情符号化,并用以代替标点标示停顿、语气等不同功能。例如:

(19)a. 人家小编特意在青春饭那加了引号,意为资历越老越值钱,语文不及格就别开喷,拉低我国理科生的水平 -_-||(腾讯新闻　网友评论)

b. -_-|| 一个司机能骗多少?(百度贴吧)

c. 我不知道还有水楼这东东哈,感觉我像个什么来着＝＝(百度贴吧)

d. =。= 差点就没能来到这个世界。。。(百度贴吧)

e. 新人混经验,大叔莫要见怪(-.-)(百度贴吧)

f. 你是怎么得第一的→_→(百度贴吧)

g. 最爱的大饼^ω^(百度贴吧)

h. 各种吃……就是能吃……人家辣么萌 T^T 不要嫌弃窝能吃。(百度贴吧)

i. 真的(⊙o⊙)千真万确!(百度贴吧)

上面例子中,(19a)、(19b)句中"-_-||"的表情由短横线、竖线等构成,是形容一个人流汗的样子,用来表示"汗颜""无语"的含义。(19c)—(19e)句的"＝＝""=。=""(-.-)"由等于号、句号、小圆点、圆括号等构成,都是用来形容一个人迷糊懵懂的样子。(19f)句的"→_→"由短横线和箭头构成,形容一个人斜眼质疑的样子。(19g)句的"^ω^"是形容一个人眯眼微笑,表示开心的样子。(19h)句的"T^T"是形容流泪伤心的样子。(19i)句的"(⊙o⊙)"是形容一个人睁大眼睛的样子,表示震惊或无法相信的含义。

上述的几种表情,用于句中可以代替句内点号标示停顿,用于句末可以代替句末点号,除标示停顿外,上述表情在句中还表示无语、开心、伤心、震惊等语气语调。

2. 标点符号特殊用法的产生原因及规范建议

通过对网络媒体及各类社区网站的考察，发现网络语言中的标点符号无论是表现形式还是用法功能上都表现出了独特性。究其原因，主要有三个方面：

第一，网络语言的全民参与、网民自造的特点。自由开放的网络环境，为人们了解世界、参与世界提供了渠道和平台。当不同行业、不同背景的人们聚集到网络中，不同的风格和形式的网络语言便混合到一起，互相影响，互相借鉴，从而产生了不同于规范的书面语和交际语的特殊形式。标点符号的用法同样经历了网络语言的洗礼，表现出网络化的一面，如省略号、破折号的变异形式等。

第二，网络语言的即时性、传播性特点。即时聊天工具的出现，使远距离的交流不再受到时间和空间的限制；社区网站的兴起将话题评论引入人们的生活，灌水、盖楼……人们以各种各样的方式参与到社会文化生活中。与此同时，经济有效地传递信息便成为网络交流的题中之义，加之一些社交网站，如微博要求每条发布信息不能超过140字的限制也促进了信息以经济简约的方式传递。这时，一些适应即时传播的标点符号特殊用法也应运而生，如方头括号标示主题信息、浪纹线代替点号标示停顿等。

第三，受到键盘打字的局限和计算机文字处理软件的要求。一些情感、情绪无法迅速地通过文字表达，这时，符号化的表情、问号叹号的多个连用等变异形式便被创造出来弥补视觉形象上的不足。

对于网络语言中标点符号用法的独特性，应该采取宽容的态度，尊重网民的交流方式。但是对于网媒新闻中标点符号使用存在的一些问题，如破折号、间隔号被短横线和一字线代替，公文名简称不使用书名号等，都应该予以规范。

主要参考文献：

国家语言文字工作委员会、中华人民共和国新闻出版署（1995）《中华人民共和国国家标准·标点符号用法 GB／T15834—1995》，北京：中国标准出版社。

中华人民共和国国家质量监督检验检疫总局、中国国家标准化管理委员会（2011）《中华人民共和国国家标准·标点符号用法 GB／T15834—2011》，北京：中国标准出版社。
教育部语言文字信息管理司（2012）《〈标点符号用法〉解读》，北京：语文出版社。
陈士法（2001）标点符号变异使用浅议，《山东教育学院学报》第 2 期。
丁　菁（2011）《基于 2011 版新标准的标点符号用法研究》，北京大学硕士学位论文。
顾金元（2003）对《标点符号用法》的一些意见，《中国语文》第 6 期。
郭　攀（2004）标点符号的名与实，《语言研究》第 4 期。
郭　攀（2006）标点符号的新兴形式，《修辞学习》第 3 期。
兰宾汉（2006）《标点符号运用艺术》，北京：中华书局。
林穗芳（2000）《标点符号学习与应用》，北京：人民出版社。
苏培成（2010）《标点符号实用手册》（增订本），北京：外语教学与研究出版社。
岳方遂（2006）关于《对〈标点符号用法〉的一些意见》的几点质疑，《中国语文》第 1 期。

（杨泪缘，南京大学文学院硕士研究生）

下编：
港台语言现状及对大陆语言文字规范的影响

部分国家和中国港澳地区语码混用现象考察

王 薇

0. 引言

目前，字母词不仅在网络上频繁使用，在我们的主流媒体上也经常出现。不仅是报纸，WTO、GDP这样的高频字母词在政府文件中也频繁使用。英汉混用的情况在各类书籍杂志中更为普遍，甚至已经演变为年轻一代的语言习惯和生活时尚。例如"这话我都说过N多遍了""我们来PK一把"等等。2014年4月初，国家新闻出版广电总局要求在主持人口播、记者采访和字幕中，不能再使用外语及字母缩略词。4月14日上午，在北京召开的"规范外来语译名，创造和谐语言环境"座谈会上，如何看待外语词和字母缩略词等问题成为与会人员关注焦点。

本文将考查欧美和亚洲国家以及我国港澳台地区的语码混用情况和语言政策，进行分析，为我国针对语码混用的政策与对策提供参考借鉴。

1. 中国港澳台地区及国外的语码混用情况

中国香港、新加坡和马来西亚都有移民传统。基于历史、地理的条件，中国大陆沿海一带的广东、福建和客家后裔的移民一直是中国香港、新加坡和马来西亚华人人口增长的主要因素。中国香港总人口超过660万，华人占90%以上；新加坡总人口近320万，华人占80%；马来西亚总人口2200万，华人约占25%。各种族之间语言的交流和融合不仅创造了今日多民族的和谐社会并突出了当地丰富的多元文化特征，而且不同的语言长期接触和相互影响使得中国香港、新加坡、马来西亚的华人经常使用两种或两种以上的语言和方言进行交际。因此东西方传统和现代丰富的文化精髓和独特的宗教习俗以及不同语言间相互兼通或转换，使得中国香港、新加坡和马来西亚成为事实上双语和多语共存的地区与国家（黄敏，2004）。英语、汉语、马来语、淡米尔语和地方方言是这几个地区和国家的主要官方语言。

1.1 中国港澳地区

1842年中英《南京条约》的签订拉开粤方言英化的序幕。除了粤英混合语码普遍存在于口语中外，英语词汇以音译的方式或直接进入香港书面语，与粤方言混为一体。很长一段时间里，中国"洋泾浜"英语在广东、澳门和香港作为统治者和被统治者之间唯一或主要的交流渠道，无论对早期的中国社会和早期的香港社会都产生了极大影响。

目前，粤方言和英语是香港的两种官方语言。大多数香港人使用粤方言，超过三分之一的人说英语。其他汉语方言，如普通话、上海话、潮州话等也有使用。在作为英属殖民地的香港，英语是高层语言，广东话是底层语言。20世纪80年代后，粤方言逐渐进入原先被英语占领的领域，以英语为基础的词汇也越来越多地混入粤方言。1997年香港回归之后，英语在香港仍然占据重要地位，不仅是官方语言和法律语言，也是就业的重要条件。英文被广泛使用于行政管理以及教育界、演艺界、体育界、法律界、医学界、金融界和科技界等，可以大体上划分三个领域：第一是政府用语。港英时期以英文为主。比如法院的判决书采用中英文并用形式，如果发生不同的解释，也必须以英文为准。香港回归以后，这一条改为以中文为准，但在实际使用时，香港特区政府也还是中英文并用的。第二是教学用语。香港一般的中小学有英文学校和中文学校两大类型。英文学校用英文进行各科教学；中文学校鼓励用"母语教学"，即粤方言教学。在大学里，几乎所有的通知、通告、条款、文件、合同都用英文（只有少数不得不用中文）。第三是社会用语。由于历史的原因，香港的英文相对比较普及，报纸、广告、杂志（尤其是时尚性杂志），大量充塞英文词语。英语对香港人的日常言语风格也有比较大的影响。港人一方面对英文有崇拜心理，因为掌握了英文，到海外求学以及找一份称心的工作比较容易一些；另一方面觉得能够用英文交际会显得比较有水平、有学问。这促使"英文夹用"在香港实际上成为"时尚"。一个人如果经常交替使用两种以上的语言，在说或写某种语言时，常常会不由自主地在脑海里"蹦"出另外一种语言的某个词语来。因此香港常见粤英混用、替用和夹用的现象，成为一种语言生活习惯；报纸杂志中的语码混杂现象也十分常见，以句外混杂为主，种类多样（Pennington，1998）。Bacon Shone & Bolton（1998）统计出香港不同人群使用粤方言英语混杂的分布情况：在学校，使用粤方言英语混杂的人数占 90%；在公众场合，约 83% 的人使用；在工作场合，约 79% 的人使用；朋友间相处时，约 75.5% 的人英语和粤方言混合使用；在家时，约 45.5% 粤英混用。并且由于香港是国际大都市，不断产生着新词新语、新的用法和新的变化。除了粤英混用之外，香港近年来还出现了普通话和英语的混用、英语和汉语其他方言的混用。香港特区政府有关部门提倡"两文三语"（bi-literacy and tri-lingualism）的语文政策，即口语是普通话、粤方言和英语并存，书面语是中文和英文并存。但实际使用时，也存在"一杂二乱"等问题："杂"，是指语言成分杂，汉语、英语、粤方言、普通话等多种成分混杂在一起。"乱"，是指缺乏规范，语言选择依个人喜好而定。

由于历史上澳门社会制度发生了多次根本性的变化，澳门的语言异常复杂，又被誉为"语言博物馆"。2001 年的调查显示，澳门以汉语粤方言为日常用语的居住人口占 85.7%，福建方言占 4%，普通话占 3.2%，其他汉语方言占 2.7%，而使用葡萄牙语的人口为 0.6%，其余人口中使用英语约占 1.5%，使用塔加洛语（菲律宾国语）约占 1.3%，此外还有其他语言。1999 年澳门回归后，澳门特别行政区的基本法规定中文和葡萄牙语为澳门的官方语言，地位相等。英文在澳门被广泛应用于金融、高科技、高等教育等领域，使用频率仅次于中文和葡文。澳门政府一方面大力加强英语教学，另一方面强化对一些行业员工的英语培训，以此满足社会的迫切需求。

1.2 马来西亚

马来西亚是个多元种族文化的国家。2010 年人口普查报告结果表明：马来西亚约 2833 万总人口中，土著占 67.4%（以马来人为主），华人 24.6%，印裔 7.3%，其他 0.7%。多元种族造就当地社会的语言多元化。国家语言及官方语言为马来语，英语为通用语言及官方认同的第二外语，汉语通用于华人社会，淡米尔语仅通用于印度人社区，华人之间还有方言，如福建话、潮州话、海南话、客家话等。在马来西亚社会，语言混用十分普遍（林采淇，2012）。除了自己的华语方言，大部分的马来西亚华人基本上会说四至五种语言，甚至更多。

面对多重文化和语言的社会，政府为了统一语言及教育方针，实施了马来文一元教育政策，同时英语作为国际官方语言，这两种语言是马来西亚教育的必修课。马来西亚人在外地与同胞见面时，基本都会出现或多或少、因人而异的多语并用、混成一体的特殊口语现象，即"语言马赛克"（陈原，2003），以夹杂多语词语的方式来表达主体语言不能恰当表达的一些意思，或是混合使用最先闪进脑海中的任何语言的词汇，以便能更好更快地进行表达。它是人们为了交际方便或表示社会亲和力而自然养成的多语夹杂语言习惯，也是在多语社会里，多语长时期并存与融合的反映。

1.3 新加坡

新加坡是个有多元种族的国家。华人约占77%，马来人占15%，印度人占6%，另有欧亚混血人、欧洲人和阿拉伯人，占2%。它实行多语制：国语是马来语，官方语言有英语、华语、马来语和泰米尔语。其中，英语是主要官方语言，是法定唯一的基础教育和高等教育的教学语言。在学校，英语是第一语言，其他语言是第二语言。它的多语制要求民众首先必须会讲英语，其次是母语，即华人讲华语、马来人讲马来语、印度人讲泰米尔语。这样，在新加坡，一个人至少使用两种语言，英语是人人必会的官方语言。

新加坡有关语言使用和推广的政策都是由政府以部级通告的形式公之于众，然后由教育部制定实施纲要，由各级学校执行。可见，语言规划过程与教育有直接关系。政府制定语言政策时，既要考虑避免种族冲突，增加种族凝聚力，又要考虑保持各种族自身的传统特色。确定四种官方语言的政策既有实用的考虑、政治方面的权衡，也有历史沿革的因素。英语作为官方语言，已成为新加坡第一语言和社会各领域的工作语言，把新加坡与世界联系起来，使它更容易融入国际社会；其他三种官方语言利于保持各种族在语言、文化、宗教、风俗等方面的特色；有助于促进种族和睦，增强种族间的凝聚力，抵御过度西化的影响。

1.4 美国

美国有超过380种语言，是个多民族、多语种、多文化的国家。绝大多数国民在书面语及口语中使用英语，但是，亚洲、中东语言变体等仍在一定人群中使用。很多人在交谈时能够自如地进行语码转换。

美国语言政策的形成经历了长期的历史发展。殖民时期，多语主义和多方言主义倾向相对明显，并且人们对语言的多样性和语言兴趣基本持公开的尊重态度。例如：印第安人和非裔族群的话语中有洋泾浜式英语，英语本身也出现大量借用词。后来，随着盎格鲁—撒克逊文化成为美国的主流文化，由于英国人的同化政策和社会环境的影响，逐渐形成了美国英语，建立于限制和牺牲少数民族语言之上的单语主义和标准化在美国建国前的语言政策中已现端倪，体现了美国语言和文化沙文主义。美利坚合众国建国后，为了达到文化思想、意识形态的统一，美国政治家如富兰克林、华盛顿、杰斐逊等都致力于以英语为中心的"不同种族、统一民族；单一语言，多元文化"的民族共同体建设，通过同化其他民族语言来解决美国民族冲突和民族矛盾，保证国家统一和社会平等。20世纪的美国语言政策以双语教育和唯英语运动为主，还出现了英语官方化运动。一方面，随着非英语移民人数的不断增加，多语种事实上存在于美国。同化和消除其他非英语语言的政策给国家的发展和稳定带来一系列社会教育问题，如美国黑人和印第安人的教育问题。美国也意识到只有多种语言文化共存才能更有利于自身语言文化的发展。为此，美国允许一些学校使用双语教育，为推行英语创造更好的条件，本质上是以教育的方式同化移民。另一方面，唯英语教育和英语官方化运动极力维护英语的中心地位，要求盎格鲁—撒克逊文化一统美国。

"9·11"事件使美国政府认识到：外语学习和外语教育的不足不仅消极地影响着美国国家安全、外交、法律实施、情报工作以及对社区文化的理解，而且阻止了美国在外语媒体环境下有效地交流、妨碍反恐势力，不利于美国人民和他国人民及政府的交流合作及相互理解。政治、经济、外交、军事上，美国人都需要拥有高水平外语技能和深谙他国文化的能力。于是，21世纪的美国政府颁布和制定了一系列与国家安全有关、旨在提高国家外语能力的政策和法案。只不过，这些加强外语语言立法的举措与美国政府以"英语语言一致"为导向的语言立法倾向是一脉相承的。其根本目的是希望在经济全球化的契机下利用"语言战略武器"来履行向全世界，尤其是"关键语言"区域传播美国的意识形态、推销美国的自由和民主、渗透美国文化的使命，使美国语言文化走向世界，最终形成全球文化的美国化和美国英语的全球化。

1.5 加拿大

加拿大也是一个多民族、多文化和多语言的国家。除了英语和法语两种官方语言之外，加拿大有土著诸民族语言，还有从世界各地移民加拿大的不同民族居民的语言，包括意大利语、德语、汉语、西班牙语、葡萄牙语、波兰语、荷兰语、旁遮普语、阿拉伯语、希腊语、菲律宾语、越南语、印地语、匈牙利语、克里语、俄语、古吉拉特语、希伯来语等欧洲、亚洲和非洲各民族语言。在民族社区和家庭内部，人们常用本民族语交流。将近 1/5 的人既操官方语言，又讲民族语言。

作为 18 世纪中叶北美地区的英法对抗而遗留下来的问题之一，加拿大一直存在以英语和法语为主的语言冲突（阮西湖，2004）。其他民族语言，如意大利语、俄语、德语，在早期是被同化的对象，只有学会英语的人才能融入主流社会。二战前，《不列颠北美法》规定由各省分管教育的机构来解决法语使用问题。为了同化印第安语，政府让印第安儿童在学校接受英语或法语教育，接受主流社会的宗教。二战后，大量新移民进入加拿大，使加拿大民族和语言构成发生变化，魁北克民族主义者在魁北克省推行法兰西化政策。《官方语言法》宣布英语和法语作为官方语言是平等的，人们可以选用任何一种官方语言进行教育、交流和接受服务。1971 年，加拿大实行多元文化政策，提高传统语言的地位，鼓励和保护加拿大所有的传统语言，承认多语言的文化和经济利益，采取多元文化主义教育，希望促进不同文化间的对话，缩小社会隔阂，发展各民族之间的聚合力，巩固国家统一。1982 年，《加拿大权利和自由宪章》首次考虑到少数民族语言教育权利，规定印第安人子女可以要求用印第安语教育。1988 年，《加拿大的多元文化政策》为各民族的语言权利提供进一步的保证。加拿大语言政策和立法基本符合非英法语言的少数民族希望获得文化上的尊重这一要求，使非主体民族的语言在传播媒介中不断壮大和发展。

1.6 澳大利亚

澳大利亚是多民族多语言的国家。除英语外，约有 100 种社区语言、50 种较大的土著语言在使用。在 20 世纪 70 年代前，政府采用英语语言同化政策，目的是使土著居民和外来移民放弃他们自己的语言和文化，学习和接受澳大利亚主流社会的语言和文化，经过一代或两代人的时间，让他们不留痕迹地融入澳大利亚人群中去。但是结果严重伤害了土著居民和移民等非英语母语者的语言感情，致使许多土著居民的社区语言和方言逐渐消失或濒危。语言不平等现象的持续和日趋激化将无法满足澳大利亚对内对外语言交际的需求。在语言学家、语言教师、移民事务专家和民间团体组织的呼吁和游说下，土著居民和移民的语言权利逐渐得到尊重，地位提高。目前，小学开设的语言课程除英语外，还有 27 种，在政府拨款的学校里另有其他 23 种语言在教授（刘汝山、刘金侠，2004）。20 世纪 70 年代末起，语言在澳大利亚经济发展和对外贸易中的作用越来越受到关注，其制定语言政策的进程也大大加快。1987 年 *National Policy on Languages* 成为澳大利亚第一个官方语言政策，结束了其单一语言的历史。

1.7 法国

据统计，在一般词典里的 6 万个词条中，约有 1500 个是英语借词，占总数的 2.5%。但是，20 世纪 80 年代的报纸杂志和其他出版物却充斥着英语借词。法语捍卫者开始为法兰西语言的健康发展而斗争，认为引进外来语可以丰富法语，但应控制在许可的范围内，反对多余的英语借词，即已存在法语词，却仍然去英语找相应词语以显示自己的"时髦"和"学识"。他们从教育、媒体、立法等多渠道入手来改善局面。教育上，从幼儿园到大学，教育孩子们热爱法语，从小要求学生熟背一些法国诗歌和优美散文；法国以推广法语为己任的法国文化协会在世界 150 多个国家设有 1065 个教授法语的学校（梁启炎，2004）。媒体方面，除了电台电视台在文化节目里讲授有关法语的知识加强并完善对五洲电视频道的建设，全天候向世界各地播放教授法语的节目，并向一些教授法语的学校免费赠送接收器，方便师生接收法语节目；立法上，法国"巴斯—劳里奥尔"法（*La loi Bas-Lauriol*）规定，禁止使用法语已经存在的相对应的外来词；商品名称、使用说明书、招工广告、劳务合同、财产登记、节目预告、新闻报道都必须用法语。意图唤醒法国公民尊重和爱护法语的意识，要人民在各个场合使用法语。这些都对保卫法国语言文化起到了积极作用。

1.8 朝鲜半岛、日本、越南等东亚国家

朝鲜半岛（今韩国与朝鲜）、日本、越南等地区同属一个文化圈。他们借用汉字来标记本土语言，然后把汉字融合到本土的语言文字系统。根据每个地区的不同情况，它们的汉字本土化过程存在共性，同时也存在着很大的个性，例如：表音文字的使用在韩国与越南已经发展到成熟的阶段，日本至今坚持使用表音表意混合体的标记方法。如今，在这些国家，汉字借用词汇的比例已经超过了整个词汇系统的 50%，并且新的汉字借用词汇还在不断增加。韩国和日本为了保持民族的健康发展解决汉字解读困难等诸多问题，也试图通过各种文字政策或学校教育限制汉字的使用，但是碰到种种难以解决的经济和社会问题。因此，韩国虽然在日常生活中实现了无汉字标记，

但人名、地名以及道路标识等特殊领域里还是保留着汉字并记的标记方法。日本通过颁布当用汉字表和常用汉字表等具有一贯性的汉字政策，让国民在日常生活中继续广泛应用汉字。

上述各国对不同语码混合使用的状况，大致可分为两种情况：第一种是汉语和其他语言的混合，如中国港澳地区的粤方言和英语混合、东亚文化圈的新创文字系统和汉语的混合、新加坡和马来西亚等地汉语和其他语言的混用；第二种是英语和其他语言的混用与共生，如：美国、加拿大和澳大利亚的英语和其他语言混用、法国的英语法语混用，等等。

2. 各国语码混用及相关政策的优点

各国针对语码使用过程中出现的问题采取了不同的对策和措施，趋利避害。概括起来，主要有下面三点经验。

2.1 尊重民族语言权利

美国、澳大利亚曾经为统一民族语言而采取同化和消除非英语语言的政策，导致伤害了本国非英语民族的感情，引起教育、国家和社会安全等内政外交方面的问题。现在，他们采用宽松的语言政策以满足维护社会稳定和提升国家实力的需求。新加坡和马来西亚都广泛存在多语码混用现象，反映了多元文化种族国家的特点。它们都采取一元教育政策，新加坡以英语为唯一教育语言，马来西亚以马来文为教育语言。不过，在新加坡，人们在不同场合用不同语言与不同对象交谈，而马来西亚人普遍有或多或少、因人而异地在表达中夹杂多语词语的习惯。这些尊重民族语言权利的语言政策及措施既有助于保持各种族自身的传统特色，又有助于国家的政治经济发展。

2.2 保护民族语言的健康发展

为了保持本族语在国内和国际的地位，法国、韩国等都把保护民族语言健康发展作为重要的语言工作内容。面对充斥于日常生活的英语借词，法语捍卫者通过教育、立法、媒体等多渠道唤醒法国公民尊重和爱护法语的意识，保卫法国语言文化。韩国借助汉语创立自己的文字之后，通过文字政策和教育等方式普及本国文字。越南已普及使用罗马字，朝鲜使用自己的统一文字。美国的建国者和各届政府坚持致力于民族共同体建设，语言立法也以"英语语言一致"为导向，旨在实现以英语为中心的"单一语言，多元文化"，解决本国民族冲突和民族矛盾，保证国家统一和社会平等，推动美国语言文化走向世界。

2.3 根据国情来选择语言政策

国家制定语言政策的具体措施时，必须立足国情。美国在"9·11"之后改变英语一元教育政策，允许双语教育和不同场合下多语的使用，这一方面更符合移民国家的特征，一方面有利于提高语言软实力和国家安全，帮助其实现美国英语全球化的目标。新加坡、马来西亚、加拿大等多民族多文化国家，需要增强民族团结合作，允许国人学习和非官方使用其他民族语言是为实现这一目标而采取的重要举措之一；同时，它们规定一种或两种官方语言为全国语言教育基础，这又有助于提高国家凝聚力，维护国家统一。处于东亚文化圈的韩国、日本等国家创制自己的文字系统后，曾经试图限制和取代汉字的使用，但是碰到种种难以解决的经济和社会问题，最终以不同的方式实现汉字本土化，如：韩国、朝鲜和越南把汉字的使用局限于以汉文为中心的文句，日本使用汉字与假名混用的标记形式。虽然日本政府在推广罗马字上也作出很多努力，但是效果不尽如人意，现在主要在学校教科书、专门术语、地图、英语课本、英文报刊中的日语名字、日英词典、日本护照、铁路和地铁的站名中使用罗马字。总之，如果不顾及本国多民族多语言多文化共存的客观情况，对现存的多种语言进行强制同化或强制普及使用外来语，就可能不仅对与语言紧密关联的社会、文化等方面产生消极影响，造成内忧外患，而且因外来语和本土语言在结构、发音等方面的差异而在外来语的本土化过程中产生种种问题，甚至难以实现外来语本土化。

语言政策需要适应国情的发展而变化。加拿大原先以英语为主，对法语的处理采取各省分治政策，对印第安语等其他语言采取同化政策。后来，随着大量移民的到来对民族和语言构成造成改变，民族主义者掀起法兰西化运动，使法语地位提高。其他非英语民族语言的地位也逐渐获得尊重。日本、韩国等东亚文化圈国家在是否取代汉字和如何取代汉字的问题上几经波折，发布《常用汉字表》之后也几经更迭。

由上可见，对待语言问题时，坚持民族语言的纯粹性固然重要，但是也需要立足国家的语言文字和文化对语言政策进行综合考虑；同时，必须适应社会发展，进行语言政策和语言规范的调整。为了保护民族的语言文字遗产，至少有从幼儿园到大学教育、媒体宣传和立法监督三种有效渠道可以采用。

3. 借鉴他国经验解决我国语码混用问题的建议

现代汉语出现比较多的汉外语码混用现象，外来词和字母词数量也快速增长。以英语外来词为例，粤方言中英汉语码混用现象在日常生活中十分普遍。如"卡拉OK、T恤、AA制、你out了（过时，出局）、第一个round（回合）、去shopping（购物）、好hip（新潮）、无mood（心情，情绪）"等等。由于求新立异的大众心理，英汉语码的混用又直接影响着现代汉语的标准化使用。在粤方言源英语外来词的影响下，现代汉语的形态变化日趋增多。有些粤方言源英语外来词形成了类似英语的黏着词根，与其他词在一起使用。如《现代汉语词典》（第5版）的词条"巴士"：〈方〉公共汽车。[英bus]。以"巴"为黏着词根，产生了众多的常见词"大巴、小巴、中巴、冷气巴、微巴、巴姐、巴嫂"等。通过粤方言语音翻译后进入现代汉语的英语外来词甚至出现反汉化的现象。由于粤方言与普通话发音的差异，经过粤方言音译直接进入普通话的词令大部分非粤方言区的人很难辨认它的来源和理解它的意义。如当初人们对诸如"的士（taxi）、按揭（mortgage）、唛（mark）"等词无法"顾名思义"。英语源外来词有很多通过粤方言进入汉语现代生活词汇。它们经一段时间的使用后，有的被纳入现代汉语词典。如2010年出版的《现代汉语词典》（第5版）里就出现如："唛：〈方〉商标。[英mark]"；"香波：名词：专为洗头发用的洗涤剂。[英shampoo]"；"派对：〈方〉名词：指小型的聚会：生日派对。[英party]"。英汉混用现象不仅在国内的一般媒体上，就是在国内主流媒体上都随处可见。例如：

> （1）目前，全国19个地级转型城市中，石嘴山市人均GDP、人均地方财政收入名列前三规模以上工业增加值、城镇居民人均可支配收入等指标均排名靠前。（"从资源枯竭型城市，向循环经济城市转型——石嘴山培育新的经济增长点" 2009-11-02）

> （2）在公司里，女性CEO依然少之又少，而且女性在投资创业方面所受阻力

更大。在许多发达国家,在与银行建立关系、获得信息与建议方面,女性都更为困难。("'女性经济'带来亮色"2009-11-02)

(3)台北案例展区紧邻黄浦江,展区空间规划为模拟台北101大楼高速电梯的360度3D剧场、未来剧场及互动体验区等三大展示区,细腻展示台北的卓越科技成就、多元文化特质及国际化。("城市最佳实践区首个案例展区移交"2009-11-02)

　　语言文字是民族文化的重要组成部分,也是民族的重要特征。英汉语码的混用使得汉语言的健康发展受到一定挑战。"每一种语言都沿着一条确定的道路向前发展。因此它排斥所有其他的语言。但是,若干种不同的语言却会由于追求一个共同的目标而相互接近"(洪堡特著,姚小平译,1997)。因此,采用合理的语言政策来对待外来语和本国各民族语言对于语言本身的发展、社会的和谐发展有重要意义。在民族复兴和双语教育背景下,外语与汉字的交流和融合现象越来越多,我们无法将之视为洪水猛兽而直接拒于门外,需要采用"一手抓,一手放"的办法。一方面,要坚决维护汉语和汉字的规范化,在国内交流时,尤其在书面语中应该坚持使用规范汉字。2013年国务院重新发布了《通用规范汉字表》(以下简称《字表》),收录8105个汉字。《字表》根据"尊重传统、注重汉字规范的稳定性;尊重历史,注重汉字规范的继承性"等原则,优化整合了原有的汉字规范,以满足中国大陆一般应用领域的汉字使用。央视等媒体举办了全国性的汉字英雄、汉字听写大会等比赛,推广规范字,提高规范汉字的影响力。教育部从幼儿园到大学推行规范汉字教育,帮助学生增进对繁简汉字的了解和应用。另一方面,要适时调整语言政策和语言规范,以适应社会发展需要。沈阳(2009)建议在全社会推广注重实用的语言规范标准。他提出,要对语言发展的新内容不断做出评价和选择,采取必要的变通执行细则,允许存在具有一定的社会交际功能和生命力的新成分新用法,即要建立动态的语言文字规范观,主要涉及三个方面(董琨,2013):一是既要有标准又要"排除例外",即排除标准中的特例现象。如对北京语音中的"太(tuī)难"、"剪(jiǎo)头发",对北方方言中的土语俗性词语,像"掰哧、歇菜"等应予排除;二是既要有标准也要"约定俗成",要在充分考虑各种语言现象和变化在社会公众中的使用情况的基础上进行判断和选择。如有些读音有可能"法不治众"和"习非成是",像"呆板"的"呆"本读"ái",但现在通常读"dāi";

"确凿"的"凿"本读"zuò",但大多数人读"záo",在制定规范的时候应给予承认。三是既要有标准更要"兼容并蓄",要适当吸收语言当中的新成分和新用法,特定情况下也要允许不同语言成分和用法并存。

综上所述,现代汉语正在经历国际化发展时期,面对各种语言竞争不能故步自封,而应该具有包容性,通过语言规范的动态调整来加快汉语国际化步伐。同时,应该慎重对待和规范语码混杂现象。国家媒体,尤其是国内主流媒体,更有责任在语言规范化方面做出表率,慎用外语及字母缩略词。

主要参考文献:

陈　原(2003)《语言和人》,北京:商务印书馆。
董　琨(2013)汉字简化很曲折,"识繁用简"更适宜,《语言文字报》2013-08-21。
黄　敏(2004)香港、新加坡、马来西亚华人语言中的语码转换现象,《新疆教育学院学报》第20期。
梁启炎(2004)英语"入侵"与法国的语言保护政策,《语言规划与语言政策:理论与国别研究》,北京:中国社会科学出版社。
林采淇(2012)《马来西亚华裔语码混用现象探索——以在北京的马来西亚华裔学生为研究对象》,北京大学硕士学位论文。
刘汝山、刘金侠(2004)澳大利亚语言政策与语言规划研究,《语言规划与语言政策:理论与国别研究》,北京:中国社会科学出版社。
阮西湖(2004)加拿大语言政策考察报告,《语言规划与语言政策:理论与国别研究》,北京:中国社会科学出版社。
沈　阳(2009)建设和谐文明社会与现代汉语的规范化,《人类文明中的秩序、公平公正与社会发展》,北京:北京大学出版社。
威廉·冯·洪堡特(1997)《论人类语言结构的差异及其对人类精神发展的影响》,姚小平译,北京:商务印书馆。
钟　峻(2008)当前汉语语用中的语码转换现象研究,《武汉理工大学学报》(社会科学版)第21期。
Bacon-Shone, John & Bolton, Kingsley.1998.Charting multilingualism: Language censuses and language surveys in Hong Kong.In Martha C.Pennington(ed.), Language in Hong Kong at Century's End,(pp.43-90).Hong Kong: Hong Kong University Press.
Pennington, M.C.1998.Colonialism's aftermath in Asia: a snapshot view of Bilingualism in Hong-Kong.HKJAL.Vol.3(1): 1-16.

(王　薇,浙江工业大学外国语学院副教授)

浅谈两岸汉英语码转换的特点及发展趋势

尤 远

0. 引言

随着全球一体化进程的加快，倚靠着美英等国经济、军事、文化等方面的强势，作为"世界语"的英语的势力范围越来越大；20世纪80年代，大陆改革开放后，软硬实力均突飞猛进，一路高歌，逐步与世界接轨。而台湾作为亚洲经济发展的重要经济体，一直以来都与外界保持着密切的联系。全球化趋势不可逆转，不同国家、不同地区间的频繁交流必然造成不同语言间的相互接触。语言接触必然带来语言的变化。如今英语已经逐步渗透到中国民众的日常生活中来，并对现代汉语产生了一定程度的冲击。像"MVP、Top 10、单身 ing、High 翻"等类型的汉英语码转换频繁见诸两岸的网络媒体甚至是传统报刊。汉英语码转换现象在汉语各大言语社区均存在，既具有相同点也存在各异之处。本文将主要从收集到的语料出发，谈谈两岸汉英语码转换的特点及发展趋势。

1. 汉英语码转换与字母词、音译词等的关系

人们用于交际的语言、言语、方言、俚语等都可称之为语码。语码是一个中性术语，本身不带有感情色彩，因此一直受到社会语言学界的青睐。语码转换是指在某一话语内（包括词、短语、小句和句子等层面）出现两种不同语码交替使用的情况（姚明发，2007）。关于"语码转换"是否等同于"语码混用"这一问题，在学术界

也一直颇具争议。笔者认为"混用"一词具有一定的贬义色彩,容易让人联想到这种语言现象是消极的、不好的,因此本文统一采用"语码转换"这一术语,既包含句间转换(inter-sentential switching),又包含句内转换(intra-sentential switching)。汉英语码转换,顾名思义,是指汉语语码与英语语码在同一话语内交替使用的情况。本文着重考察报纸新闻这类书面语篇中出现的汉语与英语字母、单词、短语或句子等交替使用的现象。这么一来,以前学术界单独研究的字母词以及包含有汉英语码转换的一部分新词新语也都在研究范围之中。

根据史有为(2013)的定义,"外来词是指在词义与外族语中某词有源流关系或相关关系的前提下,语音形式上全部或部分借自相对应的外族语词、并在不同程度上汉化了的汉语词"。从这一狭义角度来定义的外来词即为我们常说的音译词。严格地讲,像"德谟克拉西"(democracy)、"盘尼西林"(penicillin)这类词汇还不是借词,可以把它们归类为语码转换,因为它们在语音上没有被同化(赵一农,2012)。同在汉语中直接使用外语词的语码转换相比,音译词这种类型的语码转换只是用汉字而非外文字母来记录外语词的读音。本文把新型汉语音译词也纳入到汉英语码转换的研究范围中,试图通过语码转换,模糊对外语词、字母词及音译词的区分,达到重新认识这类语言现象的目的。因此从本质上来说,本文要讨论的是不同程度不同方式的汉英语码转换。

2. 汉英语码转换的类型

本文对《扬子晚报》和《联合报》进行了为期半年(2014-01-01 至 2014-06-30)的语料收集,共得到语料 2349 条,其中《扬子晚报》696 条,《联合报》1653 条。因检索条件限制,所收集语料均来自新闻标题、副标题等[①]。此外,网络是孳生新词新语的摇篮,很多汉英语码转换其实最初都源自互联网。为了全面反映两岸汉英语码转换现象,本文也会适当地考察网络生活中的具体使用情况。

[①] 本论文所使用的语料多为笔者于 2014 年上半年从网络上和图书馆中收集所得。其中《扬子晚报》的语料均来自该报纸的电子版,《联合报》的相关语料为笔者在港台阅览室直接阅览原报所得。因检索条件限制,所有语料均为纯人工收集,再加上个人精力有限,尽管笔者在整理语料的过程中已尽力将误差减小到最低,但是在语料数量以及分类上的统计误差仍有可能存在。

通过对语料进一步的整理归纳，总共得到八大类型，具体详见下表 1 所示。接下来分别对各大类型进行分类描写。

表 1　汉英语码转换的 8 大类型

类别	具体类型
1 类	以完整英语句子或短语形式出现在汉语中
2 类	以个别英语单词形式出现在汉语中
3 类	以英语单词缩略或改写形式出现在汉语中
4 类	传统意义上的字母词
5 类	英语的某种语法形式出现在汉语中
6 类	英语单词与汉语组合成新词语
7 类	新型汉语音译词
8 类	固有汉语词汇英语（拉丁）化

第一类是以完整英语句子或短语形式出现在汉语中。这类型的汉英语码转换共有四个小类，分别是"全句为英语句子或短语""英语句子或短语与汉语相结合""英语在句中起解释说明的作用"和"汉语在句中起解释说明的作用"。各小类举例如下：

（1）a. The "Black Friday" story（《扬子晚报》2014-01-04）

　　b. 日客来台 long stay，发感谢传单（《联合报》2014-03-03）

　　c. 第 15 届中食展（SIAL China 2014）将于沪上举行（《扬子晚报》2014-04-25）

　　d. The best time to exercise 最佳锻炼时间（《扬子晚报》2014-06-03）

第二类是以个别英语单词形式出现在汉语中。如果按插入英语单词的词性进行归类，可以发现名词、动词、形容词、副词、连词、感叹词和代词等均可用于该类型。在《扬子晚报》中名词所占比重最大（70%），其次是形容词（20%），而在《联合报》中名词（34%）虽仍排第一，但是副词（32%）却高居第二。例如：

（2）a. 严父教子管制玩 GAME 时间（《联合报》2014-01-27）

　　b. 亲爱的朋友别再 tag 我……做好隐私设定不怕动向曝光（《联合报》

2014-03-17）

  c. 来1912，玩转南京最Young的足球游戏（《扬子晚报》2014-06-13）

  d. 里约大冒险2痞子鸟唱饶舌音乐性UP（《联合报》2014-03-30）

  第三类是以英语单词缩略或改写形式出现在汉语中。该类型的汉英语码转换在台湾地区表现突出。从收集到的语料来看，在台湾地区"feel"（感觉）的改写形式"fu"，"post"（张贴）的缩略形式"po"，以及"cute"（可爱）的改写形式"Q"使用得较为普遍。

  "Fu"是"feel"的改写形式，取它的名词"感觉"义。"Fu"除了直接用于"有Fu、没Fu"这类结构中，还能前加修饰语组成"XX+Fu"，如"海水净身Fu""高贵Fu""诚品Fu"等。关于"Fu"的用法举例如下：

（3）a. 政府行销有Fu才动人（《联合报》2014-03-01）

  b. 体验圆球跳港有海水净身fu（《联合报》2014-02-09）

  c. 贾西亚指叉球有蝴蝶球Fu（《联合报》2014-04-26）

  d. 英文地图布置教室有国外fu（《联合报》2014-04-21）

  "PO"除了用于"PO文、PO照、PO图"这类"PO+受事"的句法结构外，还有"PO+处所"的用法，如"PO网"即为"PO到网上"，且这个用法逐渐固定。"PO"除了后接名词性短语外，还可以接动词性短语，如上面例句中提到的"PO饭店有蜘蛛"。此外，"PO"还可用于被动句式"被PO"中，其中"PO"不会根据英语语法的动词变化规则进行变位。关于"PO"的用法举例如下：

（4）a. 露琵塔PO自拍合照紧贴杰瑞李托（《联合报》2014-03-12）

  b. 儿持酒PO网娜姐挨轰（《联合报》2014-01-07）

  c. 澳洲前锋PO饭店有蜘蛛眉批"今晚别睡了"地主国光火（《联合报》2014-06-12）

  d. 拖行300米被PO上网粗心妇开车拖狗恐遭罚（《联合报》2014-04-04）

  下面（5a）—（5c）中的"Q"都表示"可爱"的意思，而当"Q"用来形容面食时，则表示有韧度、有"嚼头"的意思，如（5d）所示。例如：

（5）a. 六福村"兄弟"妈咪背当溜滑梯爱舔爱爬爱翻滚 Q 到破表（《联合报》2014-01-30）
b. 嫌脸丑取绰号"我跟猫熊一样 Q"（《联合报》2014-05-03）
c. 迎城隍杨肃伟 Q 版公仔吸睛（《联合报》2014-04-03）
d. 愈热愈卖超商凉面拼 Q 弹（《联合报》2014-06-17）

此外，像"互 fo、can 掉"等在台湾年轻人当中也使用得较多。"互 fo"表示"互相关注"，"fo"为"follow"的缩略，而"can 掉"表示"取消掉"的意思，"can"为"cancel"的缩略。

大陆地区也开始逐渐使用"以英语单词缩略或改写形式出现在汉语中"这类汉英语码转换，但是这类型在网络新闻以及自媒体当中使用较多。由此可见，像报刊杂志这类传统媒介，其接受新兴汉英语码转换的速度远没有网络媒体快。因此这些新用法一般要逐渐为大众所知晓并且接受之后，才能逐渐进入到报刊媒体中。例如：

（6）a. 杨幂爸爸公开征集 BB 名字（《扬子晚报》2014-01-21）
b. 就是这个 fu，倍儿爽！（新浪微博）
c. 张馨予微博 po 爆笑舞蹈女神一秒变女神经（腾讯娱乐）
d. Q 萌手游大作《魔力宝贝》特色 PVP 玩法一览（996 游戏）

第四类是传统意义上的字母词。按字母词是否纯粹，可以将其大致划分为三个大类：纯字母词、带数字的字母词以及带汉字的字母词。这三类字母词都频繁出现在《扬子晚报》和《联合报》当中，且上述三大类型的出现频率在两大报刊中均呈递减趋势。例如：

（7）a. 智慧新百 APP 今天上线（《扬子晚报》2014-03-28）
b. 苏宁引领年货购买新趋势 O2O 购年货成潮流（《扬子晚报》2014-01-10）
c. 刘雪华唱歌变了调 3C 不敢碰（《联合报》2014-01-03）
d. 肺癌诊断不能只靠 X 光（《联合报》2014-01-08）

通过将《扬子晚报》和《联合报》中字母词的频数进行一个统计，选取了各自使用频数最高的前十个字母词制成表2。通过下表可以看到，这些常用的纯字母词涉及经济、社会、体育、娱乐等方方面面，像"3D、4G、APP"等这类联系着前沿科技和通信服务行业的词汇在两岸均被频繁使用。但是报纸的发行范围也具有地域性，其在某一个时期关注的重点话题不同，也会导致一些词语的使用频率增加。如《扬子晚报》在2014年上半年报道"首次公开募股"（IPO）这类经济新闻较多，所以导致"IPO"的出现频率较高。而台湾地区当时想加入"跨太平洋伙伴关系协定"（TPP）和"区域全面经济伙伴协定"（RCEP），于是《联合报》就出现了很多关于此类消息的报道，从而使得"TPP""RCEP"的使用频率增加。可见，不同地区报刊中的常用字母词也与当地的社会生活息息相关。

表2 《扬子晚报》《联合报》字母词对比

扬子晚报		联合报	
Top 10	频数	Top 10	频数
IPO	35	4G	84
NBA	28	VS	66
4G	25	TPP	59
3D	21	MV	52
PK	19	APP	48
CBA	17	3C	33
ETF	17	GDP	30
APP	15	QE	28
WIFI	12	PK	27
SPA	10	3D	25

另外，在收集语料的过程中，笔者发现和"A、K"有关的字母词在台湾的使用情况也极具地域特色。在台湾地区，"A"除了表示等级高和顺序编号之外，还表示其他的意思。如"A钱"中的"A"据说是英语单词"abuse"（滥用）的缩写，"A钱"即"滥用钱财"，后来"A"又发展出"指通过不正当手段获得利益"的意思，如"A顾客、A斤两、A健保、被A"等。此外，"A菜"是台湾岛内对莴苣的俗称。另外"A"也可以和"成人影业、色情"扯上关系，当为"adult"的缩写。如"董事长阿吉躺访问宋冬野董小姐变A（《联合报》2014-03-30）"中的"A"指"比较露骨、色情"。这类用法目前在香港和大陆地区也都有使用。

"KO"一词早在香港地区使用频繁,它是拳击术语"Knock Out"的缩写,指在拳击比赛中击晕或者击倒对方,而后"K"渐渐表示"击打、暴打"的意思,如"挨 K、乱 K",这类用法在台湾地区使用得很频繁。此外台湾地区使用的"K 粉、拉 K"的"K"都是指一种成分为"氯胺酮"的毒品。此外,"K"还可以是英文单词"kilo"的缩写,如"人才拼加值摆脱 22K 紧箍咒(《联合报》2014-02-05)"中的"22K"就是指薪酬有"22 千",即"台币 2 万 2"。而"唱 K、K 房、K 歌"中的"K"都和原来的"卡拉 OK"一词有关。流行于台湾地区的"K 书"则指"认真看书"。这些关于"K"的用法目前也都在大陆地区较为流行,特别是在大陆网络新闻媒体当中。可见,一些地域性的用法也会对其他汉语言语社区产生一定的影响,彼此互相借鉴,融合并且不断发展。

第五类是英语的某种语法形式出现在汉语中。从收集到的语料来看,这类型的汉英语码转换主要有"XX+ing"这一类型。例如:

(8)a. 刚需置业梦想铸造者——翠屏城火爆认筹 ING(《扬子晚报》2014-03-21)
　　b. 台湾巨砲交棒 ing(《联合报》2014-05-04)
　　c. 女友太黏?哈利王子单身 ing(《联合报》2014-05-01)
　　d. 孟子恋 ing 孟耿如认了(《联合报》2014-03-08)

属于印欧语系的英语与属于汉藏语系的汉语在语法手段的使用方面存在着很大的差异。表示某事正在发生或某种状态正在延续时,英语常常使用现在进行时态,将相关动词变为现在分词形式,通常在动词后加"-ing",而汉语则直接在动词前加"正、正在"这类时间副词来表示进行时。但是,近年来"-ing"这一表示现在进行时的英语语法形式常与汉语词语相结合组合成"XX+ing"的形式,"XX"除了动词性短语 VP 外,还可以是 NP,如(8d)。

此外,在英语中指人名词后缀"-er"在网络生活中也经常使用,如"北京大学 er""牛年最牛 er"等。网络上对前缀"ex-"(前-)的使用也较多,如"ex 男朋友""ex 老板"等。但是这些用法在说汉语的民众中还没有像"XX+ing"使用得那么广泛,因此在报刊上还较为少见。

第六类是英语单词与汉语组合成新词语。近年来,像"high 翻"这类"英语单词+汉语"的新词语和"台湾 style"这类"汉语+英语单词"的新词语逐渐进入民众的视野。这些词语有的来源于综艺节目,有的来自于流行歌曲;有的最先在网络上走红,之后逐渐流行开来。这类形式的新组合数量不多,但是构词能力较强,大陆和港台地区都经常使用。从收集到的语料来看,主要有"high 翻、hold 住/不住、XX+style"这些形式。例如:

(9) a. 励志儿童剧《丑小鸭》邀小朋友 high 翻六一(《扬子晚报》2014-05-21)
b.《花样2》让孩子 hold 不住(《扬子晚报》2014-05-26)
c. 每天30分钟 HOLD 住线条美(《联合报》2014-04-20)
d. 赵又廷、彭于晏、张孝全台湾 Style 吃香(《联合报》2014-02-17)

第七类是新型的汉语音译词。所谓"新型汉语音译词"是指汉语中原有表示相同或相似意思的汉语词汇,但是汉语又从英语中以借音的方式借入而产生的新词。比如"嗨、夯、趴、咖"都有相应的原汉语表达,如"热闹、兴奋""火、红、流行""派对、聚会"和"级别、等级"。但是台湾地区却根据英语的相应单词,通过音译或音译缩略的方式创造了一系列新词语。这类新词自产生后就具有极强的构词(词组)能力,使用范围也逐渐扩大,有些词语甚至已经取代了原有词语,使用频率非常高,如"夯"。虽然由于历史原因,两岸的汉语音译词在选词用字方面呈现出不同特点,但是随着近年来海峡两岸及香港地区经贸文化往来的增多,语言交流也势必增加。在新时期,两岸的汉语音译词既互相影响又呈现出各自的地方特色。先来看台湾地区的新型汉语音译词。例如:

(10) 嗨/嗨翻
a. 陈芳语唱到**嗨**加码侧翻秀(《联合报》2014-01-05)
b. 鲁尼终于破蛋只**嗨**十分钟(《联合报》2014-06-21)
c. 道具熊超大安全帽谢金燕**嗨翻**台北(《联合报》2014-01-01)
d. 五月天重返春浪邀 flumpool **嗨翻**垦丁(《联合报》2014-01-23)

"嗨"在辞典中有三种解释:①表示伤感、惋惜、惊讶的语气。②表示亲切的招呼语。为英语 hi 的音译。③形容呼喝声。如："嗨唷"[①]。上述例子中的"嗨"都是"high"的音译。在传统媒体和新兴网络媒体中，"high"与"嗨"，"high 翻"与"嗨翻"均在使用。

（11）夯

  a. 美消费性电子展穿戴科技最夯（《联合报》2014-01-08）

  b. 周董配乐相挺黄俊郎新书夯卖（《联合报》2014-02-13）

  c. 上网逛菜市小红龟粿夯到加拿大（《联合报》2014-06-25）

  d. 五月天夯曲编进王国（《联合报》2014-03-18）

  "夯"做名词是指"用来敲打地基，使其结实的工具"，做动词主要有三个含义："①胀满、鼓胀。②北方方言。指用力以肩扛物。③用夯砸地。"[②] 而新兴汉语音译词"夯"的含义与原义无关，是因"夯"的闽南语读音与英语单词"hot"的读音非常相似，而用"夯"来音译"hot"，负载了"hot"的词义。"夯"近年来在台湾使用得非常广泛，频繁出现在日常对话、电视节目以及报刊媒体上。"夯"主要被用作形容词和副词，搭配范围广泛，已经成功取代原来的"红""火""热"这些传统汉语词汇。

（12）趴

  a. 邓养天唱进贵妇趴惹哭一堆人（《联合报》2014-01-17）

  b. 72 坪 IKEA 的家免费入住开趴（《联合报》2014-04-23）

  c. 留意新课网时事会算十八趴（《联合报》2014-01-02）

  d. 获顶大辅助学校降幅破 10 趴交大上榜率可望升破 10 趴（《联合报》2014-01-26）

  汉字"趴"的传统意义主要有两个：①身体向下倒伏。②身体向前弯曲靠在物体

---

① "嗨"的传统释义来自台湾的《重编国语辞典修订本》（网络版）。
http://dict.revised2.moe.edu.tw/cgi-bin/newDict/dict.sh?cond=%B6%D9&pieceLen=50&fld=1&cat=&ukey=2035908656&serial=5&recNo=0&op=f&imgFont=1

② "夯"的传统释义来自台湾的《重编国语辞典修订本》（网络版）。
http://dict.revised2.moe.edu.tw/cgi-bin/newDict/dict.sh?cond=%C9q&pieceLen=50&fld=1&cat=&ukey=2035908656&serial=1&recNo=2&op=f&imgFont=1

上①。新型汉语音译词"趴"主要有三个含义。一是表示派对义,为英语单词"party"的缩略音译,如(12a/b)所示;二是表示百分比,是英语单词"percent"的缩略音译,如(12c/d)所示。此外,"趴"还是英语单词"pass"的缩略音译,"欧趴"是"all pass"的缩略音译。虽然在2014年上半年的报刊中未收集到这类语料,但是这种用法确实存在。例如:

(13) a. 五月天劳碌命健检全ALL趴(《联合报》2013-01-06)
　　　b. 哈比人送你欧趴糖(《联合报》2012-01-20)

下面再来看看"咖"的用法。例如:

(14) 咖("网咖"义除外,指"网吧")
　　　a. 肉咖遇上A咖人生即将翻转?(《联合报》2014-03-18)
　　　b. 小虫领军NBA怪咖北韩祝寿(《联合报》2014-01-08)
　　　c. 身缠金钟魔咒朱芯仪变通告咖(《联合报》2014-05-09)
　　　d. 美抓肥咖明起银行账户须自清(《联合报》2014-06-30)

"咖为译音用字。如'咖啡'、'咖哩'。"②而新型音译词"咖"为英语单词"class"的缩略音译词,"XX+咖"目前在台湾地区广泛使用,造词能力极强,如上述例句。

"XX"既可以是标示等级的英文字母"A、B、C"这类;也可以是形容词,如"新咖、大咖、怪咖、逊咖、狠咖"等;也可以是名词,如"综艺咖、通告咖"等;还可以是动词,如"玩咖";甚至可以是字母词的汉语音译,如"肥咖"。"肥咖"是字母词"FATCA"的音译,俗称为"肥咖条款"的就是《美国外国账户税收遵从法案》(Foreign Account Tax Compliance Act),其目的在于要求全球金融机构向美国通报美国人在海外的金融资料,以供美国政府查税。上述这些新型音译词在台湾地区使用得非

---

① "趴"的传统释义来自台湾的《重编国语辞典修订本》(网络版)。
http://dict.revised2.moe.edu.tw/cgi-bin/newDict/dict.sh?cond=%ADw&pieceLen=50&fld=1&cat=&ukey=2035908656&serial=2&recNo=0&op=f&imgFont=1
② "咖"的传统释义来自台湾的《重编国语辞典修订本》(网络版)。
http://dict.revised2.moe.edu.tw/cgi-bin/newDict/dict.sh?cond=%A9%40&pieceLen=50&fld=1&cat=&ukey=2035908656&serial=3&recNo=2&op=f&imgFont=1

常频繁且具有很强的构词（词组）能力。除此之外，还有像"卡司（cast，指'演员阵容'）、鲁蛇（loser，指'失败者、衰人'）"等。

反观大陆地区这一类型的使用情况，《扬子晚报》只出现了"嗨、嗨翻"这一组相对来说出现时间较早的词语，而其他像"夯、趴、咖"这类后出现的新型汉语音译词则多见于网络自媒体中，例如：

（15）a. 2015世界健身趋势报告自重训练夯爆全球（新浪微博）
　　　b. 这个东西很夯哎！（新浪微博）
　　　c. 要赶两场生日趴好忙（新浪微博）
　　　d. 真受不了你们这些文艺咖（新浪微博）

"夯、趴、咖"在大陆地区的使用频率和范围还远不及台湾。而根据笔者观察，大陆网络生活中也出现了用自造的新型音译词来取代原有词汇的现象，且多出现在微博、人人网等自媒体中。如"屁屁踢"（PPT，意为"幻灯片"）、"普兰"（plan，意为"计划"）、"爱豆"（idol，意为"偶像"）、"图样图森破"（too young too simple，意为"太年轻，很傻很天真"）等，这类用法旨在制造幽默诙谐的话语环境。可以看出，英语在年轻人中的普及程度很高，而且民众也乐于接受这类新型音译词来代替相关汉语表达。这类汉英语码转换现象目前仅在网络中流行，使用范围能否扩大还有待观察。

第八类是汉语词汇英语（拉丁）化。最近在大陆地区非常流行的"no zuo no die"属于网络流行语，意为"没事找事，结果倒霉"，目前广泛流行于各大社区、论坛甚至主流媒体当中。这类词和"people mountain people sea（人山人海）""day day up（天天向上）"相同，可以说是绝对的中式英语。据统计，英语的新兴词汇中很大一部分就来源于中式英语，如已经被英语社会接受的问候语"long time no see"就是汉语"好久不见"的硬译。

汉语词汇英语（拉丁）化的使用多是出于某种语用功能。例如：

（16）a. 小P孩求学记（《扬子晚报》2014-03-25）
　　　b. 乐龄4路线银发族Fun心玩（《联合报》2014-01-11）
　　　c. "i要辣油"首次试吃玩的就是饕餮范儿（《扬子晚报》2014-03-30）

d. 美丽说达人女星推荐陈德容代言奇亚米子市场夯你今天 Chia 了吗？
（《联合报》2014-05-02）

（16a）中的"小 P 孩"意为"小屁孩"，从字面意思来说是指"光屁股的小孩子"，多用来表示人的幼稚、不成熟。英文字母"P"的发音与汉字"屁"的发音相同，使用"小 P 孩"给人一种幽默、新鲜、简洁的感觉。像（16b）这样的用法也多是出于语用的效果。英语单词"Fun"意为"娱乐、乐趣"，与汉字"放"的读音相似，"Fun 心玩"具有双关的效果，让读者在读到这句话的时候，既能明白隐含的"放心玩"的意思又会有"很有趣"的心理暗示。"阿要辣油"可以说是南京话的代表，意为"要不要辣油"，多为餐馆服务员问顾客是否需要在所点食物中放辣油。而英语中的"i"意为"我"，是行为主体，"阿要辣油"在（16c）中变为读音相近的"i 要辣油"不仅保存了方言特色，而且还暗含了"我"要试吃的活动主题。（16d）中的"Chia"是台湾华语罗马拼音，用汉语拼音记作"qia"，是闽南话中"吃"的意思。此外，"Chia Seed"表示"奇亚米子"，因此这里使用"Chia"具有"双关"的效果。

除了上述报刊中存在的"汉语词汇英语（拉丁）化"现象，最近在大陆的自媒体当中出现了"XX+die"和"XX+cry"这样的新用法。如"笑 die、美 die、蠢 die"，其对应的汉语表达分别为"笑死、美死、蠢死"，而"笑 cry、萌 cry、虐 cry"则分别对应"笑哭、萌哭、虐哭"。"die"和"cry"均是形容状态达到了某种程度，相比于汉语固有语素"死"和"哭"，这类"汉语词汇英语（拉丁）化"的新用法具有标新立异的语用效果。例如：

（17）a. 超强的控场能力，反应能力，语言组织能力！涵哥，真牛 cry！（新浪微博）
b. 你可不可以不要这么帅啊，帅 cry 的节奏啊（新浪微博）
c. 我微博被你的赞吓 die 了（新浪微博）
d. 侧脸简直苏 die（新浪微博）

3. 两岸汉英语码转换对比分析

下面的图 1 中数字 1—8 分别代表上文所描写的 8 大汉英语码转换类型，饼状图上的数值分别表示语料条目数和该类型所占的比重。例如，扬子晚报第一类用蓝色部分表示，133 是语料条目数，19% 是所占比重。由图 1 可知，8 大类型的汉英语码转换均在两岸报刊中出现，且第 4 类"传统意义上的字母词"在两大报刊中所占的比重最大，其他类型的比例则相对较小，并且在各报刊中所占的具体比重也不同。

通过上文对八大汉英语码转换的描写，可以发现第 3 类"以英语单词缩略或改写形式出现在汉语中"和第 7 类"新型汉语音译词"体现出了很强的台湾特色，这类词在如今台湾人，特别是年轻人当中使用得非常频繁，且很多词比如"XX+Fu、XX+趴、XX+咖"等已经形成了一个词族，新成员不断增加，具有极强的构词（组）能力。而像"夯"这类新型汉语音译词，具有多种句法功能，使用灵活，深得台湾民众的喜爱。而反观大陆，虽然这些新词新语已经从台湾传播过来了，但是这些词主要还是活跃于网络当中，知道含义并经常使用的人还是少部分，估计大陆的传统媒体要接受并且开始使用这批词还需要一段时间。

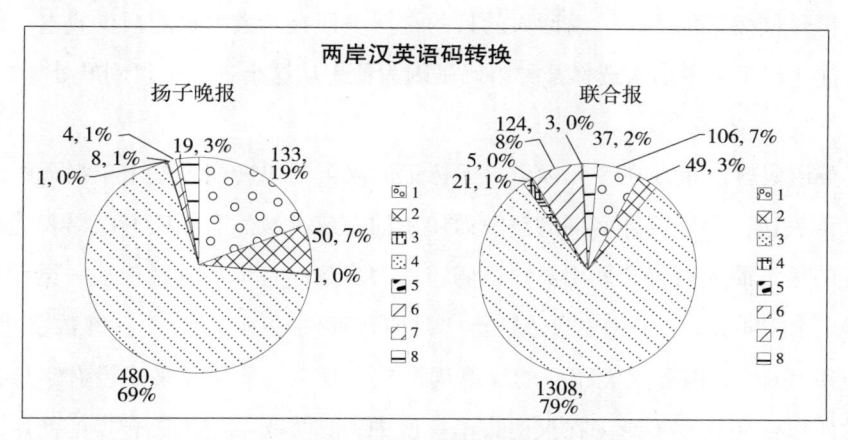

图 1　两岸汉英语码转换

而大陆地区在第 8 类"汉语词汇英语（拉丁）化"上较具特色。以"XX+die、XX+cry"结构为主的新型汉英语码转换在自媒体中具有很强的生命力，形成了一个大的词族，新成员不断产生，使用范围也逐渐扩大。此外，大陆地区具有极强的包容性。近年来，大陆深受台湾影视文化的影响，吸收借鉴了台湾地区的很多新兴表达。可见，两岸之间的语言存在着相互交流、相互融合，同时又各具特色的发展趋势。

4. 汉英语码转换的有无标记

标记理论原是结构主义语言学中的一个概念，美国语言学家 Myers-Scotton 把它应用到了语码转换中来。标记模式理论的出发点是所有的语码和变体在它们使用的语言社区都会产生社会和心理的联想意义。基于这些联想，再根据语言社会对某个语码在它特定的语言场景里所抱有的期望，该语码被判定为无标记或有标记。能被社会准则预测到的选择为无标记，社会准则所预测不到的选择是有标记（赵一农，2012）。而判断语言的有无标记通常是根据频率假设（frequency hypothesis）来的。一个语言变体、结构形式或话语形式的出现频率高于其他语言变体和话语形式，那么它就是无标记选择（unmarked choice）（赵一农，2012）。此后 Myers-Scotton 受到哲学家 Jon Elster 的影响，又发展出了理性选择模式理论（Rational Choice Models）。Myers-Scotton 认为在特定对话中的语码选择是建立在认知基础上的说话者为自己获得最佳效益的一种"算计"行为。这个模式把建立在理性基础上的选择视为行为者为最好地达到目的，取得最佳效果的手段。说话人的目的是提高回报，最大程度减少成本，也就是说，要优化产出。说话人选择某种语码是因为他想从这个选择中得到好处（赵一农，2012）。

汉英语码转换也存在有无标记。无标记的汉英语码转换多是由于汉语中没有相应的汉语表达，为了填补字词的空缺而使用的；或者虽然有相应的汉语表达但是为了语言的经济简便而直接采用英语语码。绝大多数的字母词就属于这一类无标记语码转换，如"4G、3D、APP"分别指"第四代移动通信技术""三维数字化技术"和"应用程序"，但是这类相应的汉语词汇较为复杂，使用起来远没有字母词简单快捷，所以使用频率不高。在汉语言语社区中，这类无标记语码转换的使用是主流趋势。

有标记汉英语码转换多是说话者/写作者为了附加某种语用功能而采用的，从报刊杂志这类书面语篇来看，有标记的语码转换主要有表达委婉、增强语言表现力以及加强说话人某种情感的功能。本文归纳出的八大汉英语码转换，除了"传统意义上的字母词"这一类外，其余都可归入到有标记语码转换中来。

说话者/写作者通常会为了最好地达到目的、取得最佳效果而进行相应的理性选择。为了最大程度地减少成本，提高回报，说话者/写作者一般情况下会采用无标记选择。具体到语码转换这一语言现象时，无标记的语码转换就是在语言交流过程中减少成本优化产出的结果。当说话者/写作者有意采取有标记选择时，那么他付出的成本就会增加。但是每一个说话者/写作者都是精通"算计"之道的，这种提高成本的做法必然会带来"言外之意"，让听话者/读者从这些有标记选择中体会到说话者/写作者所要附加的额外含义。由此可见，使用有标记的语码转换都蕴含了特定的心理动机。

5. 有无标记语码转换间的书写符号互转现象

所谓书写符号互转，一方面指原本用英文书写的语码在使用过程中转变为了汉字，且形成了一定的使用规模；另一方面又指原本用汉字书写的固有词汇却出现了用英文书写的新变体，而且还可能再次转化为用其他汉字书写的新词语。下面通过具体实例来谈谈这类现象。

第一个例子："XX+ing"与"XX+进行时"；"high"与"嗨"。

在观察"XX+ing"这类有标记汉英语码转换现象时，发现"XX+ing"这一格式已经逐渐有了汉化的趋势，正慢慢朝着"XX+进行时"形式转变。"XX+进行时"现在在网络上已使用得较为频繁。虽然在2014年1月1日到6月30日这一时间段内尚未收集到相关的语料加以佐证，但是笔者发现这类用法其实已经被传统报刊媒体所采用，举例如下：

（18）a. 麒麟新城，全新宜居板块崛起进行时（《扬子晚报》2014-07-18）
b. 扬子大学生记者招新进行时（《扬子晚报》2012-12-12）

如果是用传统汉语来表达相同的意思，那么在（18a）和（18b）中应分别使用"正在崛起、正在招新"这类短语，因此上述例句中的"崛起进行时""招新进行时"当为"崛起ing""招新ing"的汉化。原本是"XX+ing"的有标记汉英语码转换出现了用汉字书写的新变体。

此外"high"在英语中是一个多义词，可以表示"受周遭热烈氛围的影响或食用酒精饮料等带来的兴奋与快乐"。此含义在汉语语言社区得到了广泛的使用。例如：

（19）a. 水魔方5月24日开园五大欢乐升级high起来（《扬子晚报》2014-

05-19）

b. 时差难调五月天伦敦照 high（《联合报》2014-02-23）

"high"既可单独使用，又可与"翻、爆"这类汉语语素搭配后组成新词语再使用。但是随着"high"在汉语社区的普遍使用，用汉字"嗨"来代替"high"也应运而生。例如：

（20）a.《快乐大本营》：Rain 退伍首秀嗨翻全场（《扬子晚报》2014-03-08）

b. 陈芳唱到嗨加码侧翻秀（《联合报》2014-01-05）

"XX+进行时"以及"嗨"的出现都可以看作是有标记语码转换用汉字书写符号来代替原有英文书写符号的现象。

第二个例子："PARTY"在海峡两岸及香港地区的演变。

"PARTY"可表示"中小型的社交或娱乐性的聚会"这一概念[1]，汉语沪方言最初用"派对"将其音译过来，而后"派对"作为西方舶来品为汉语母语者所熟知。如今在海峡两岸及香港地区 PARTY 已发展到"party、P、趴地、趴体、趴"等多种表达方式共存的局面[2]。"派对"转为直接用英文单词"party"或者拉丁字母"P"来表示，属于在汉语言语社区原本是用汉字书写的无标记选择变为使用英文字母书写的有标记语码转换的现象。而"趴体、趴"则应是在新兴用法"party"的基础上，再次用新的汉字来记音的新变体，这一变化是用英文字母书写的有标记语码转换变为了用汉字书写的新的变体。台湾地区使用"趴"以及"XX 趴"这类新兴词族较多，而大陆地区除了受台湾影响外，自创的"趴体、怕踢"等也在网络中使用。关于 PARTY 的一些新兴用法，可参看以下例句：

（21）a. 明天周六有毛毛虫庆生化妆 party（《联合报》2014-03-28）

b. 梅开二度取嫩妻江中博婚宴如名嘴趴（《联合报》2014-01-12）

c. 一年一度的整人狂欢大趴体愚人节来啦，整蛊达人们都准备好了吗？

---

[1] 释义参看《现代汉语词典》(第 6 版)(2012)第 969 页。

[2] 关于 PARTY 的新兴用法可参看笔者发表在《内江师范学院学报》2015 年第 1 期上的《浅谈新时期大陆及港台地区 PARTY 的相关表达》一文。

（新浪微博）

d. 记一次疯狂的生日怕踢……（新浪微博）

第三个例子："火、红、热"与"hot、夯"。

汉语中的"火、红、热"在做形容词时常表示"兴隆、受欢迎、气氛浓烈、吸引很多人的"这类含义[①]。这类汉语固有词汇在汉语言语社区中是无标记的。但是两岸却发展出了相应的有标记语码转换来代替原有的无标记选择。通过观察发现"hot"和"夯"常在网络媒体和报刊杂志中代替"火、红、热"。例如：

（22）a. 小伙儿最近很 hot 啊（新浪微博）

b. 大翻领的羊羔毛外套是最近两季非常 hot 的款式（新浪微博）

c. 食安商机夯食材有认证（《联合报》2014-01-15）

d. 林佳龙若搞定派系人气持续夯（《联合报》2014-06-15）

"夯"的闽南语读音与英语单词"hot"的读音非常相似，因此在台湾常用"夯"来表示"hot"义。"夯"近年来在台湾使用得非常广泛，主要被作为形容词和副词来使用，在台湾已经有取代原来的"红、火、热"这些传统汉语词汇的趋势。从最初的"火、红、热"到现在常使用的"hot"属于用有标记语码转换来取代无标记汉语固有词汇的转变，而"hot"再发展成为"夯"则属于有标记语码转换间书写符号转变的现象。整个发展记录了汉英语码转换的书写符号互转的过程。

6. 结语

造成汉英语码转换的成因复杂多样。两岸地区的"英语潮"使得民众的英语水平普遍提高，这为汉英语码转换的产生奠定了客观基础；此外，社会生产力的发展导致汉语词汇表示新兴事物的速度赶不上西方新词创造的速度也是一客观外部原因。另外，根据 Myers-Scotton 的标记理论，有无标记的汉英语码转换所具有的语用效果是大

[①] 参看《现代汉语词典》（第6版）（2012）对"火、红、热"的释义。

众使用汉英语码转换的主要内在原因。两岸汉英语码转换在类型方面大致相同,但是在使用方面,大陆和台湾地区各具特色,同时也相互影响、共同发展。此外,书写符号互转现象在两岸均有出现,笔者认为这是汉民族倾向于使用汉字书写符号系统和追求新奇时髦的表达效果这一对势力此消彼长的结果。汉英语码转换在当代是不可避免的,我们要做的不是禁止,而是应考虑怎样通过相关法律政策、新闻传播媒介等对其进行正面引导,让汉英语码转换在民众的日常生活中发挥积极作用。

主要参考文献:

刘涌泉(2002)关于汉语字母词的问题,《语言文字应用》第1期。
史有为(2013)《汉语外来词》,北京:商务印书馆。
台湾教育部(2007)《重编国语辞典修订本》(网络版),http://dict.revised.moe.edu.tw/。
姚明发(2007)50年来语码转换理论研究的发展与反思,《广西社会科学》第3期。
尤　远(2015)浅谈新时期大陆及港台地区PARTY的相关表达,《内江师范学院学报》第1期。
赵一农(2012)《语码转换》,上海:上海外语教育出版社。
中国社会科学院语言研究所词典编辑室编(2012)《现代汉语词典》(第6版),北京:商务印书馆。
Myers-Scotton Carol, Agnes Bolonyai(2001)Calculating speakers: Codeswitching in a rational choice model, *Language in Society*(1): 1—28.

（尤　远,南京大学文学院硕士研究生）

普通话和国语句末语气词比较与研究

孔庆霞

0. 引言

在现代汉语中,普通话是指现代汉民族标准共同语,它以北京语音为标准音、以北方话为基础方言、以典范的现代白话文著作为语法规范。而本文讨论的国语则是台湾地区对标准中文的习惯称呼,一般是指抗战胜利后台湾地区逐渐推行的官方语言。

两岸语言差异与对比的研究主要集中在文字、词汇、语法和语用的差异,其中关于词汇的差异研究是最多的。有关语法的研究相对较少,在语法的研究中,涉及语气词研究的文章更是少之又少。目前可以看到的两岸语气词标记的比较是方清明(2013)《基于口语库统计的两岸华语语气标记比较研究》,主要探讨两岸华语语气标记使用的异同,集中在"呀"的用法,"吧、啊、呢"的比较,指出了台湾特色语气标志是"喔、耶"以及泛用语气标记"啦"。他着重比较了这7个语气词的用法。这篇文章在语料收集方法方面是非常好的典范,但文章中大陆普通话的口语语料有点陈旧,比较的语气词也是相对较少的。本文在建立口语数据库的基础上使用更时鲜的语料,并且力求从整体上对大陆普通话和国语中的语气词做更宏观的研究。

1. 普通话和国语句末语气词的相同用法

本文所说的普通话和国语句末语气词的相同用法是指书写形式相同、用法也相同的语气词。而探讨句末语气词的相同用法也主要集中于语气词的用法和意义。

语气词对口语语言环境的要求较高，因此本文所选取的语料是大陆情景喜剧《爱情公寓4》的口语对话语料和台湾政治大学汉语口语语料库中的国语口语语料库（以下简称"政大国语"）。这两个语料库的共同之处在于：一是两者都是对话的形式，且都是多人对话，语言环境相似；二是两个口语语料库反映的语言现象和语言事实时间类似，《爱情公寓4》拍摄于2013年，其中的口语具有很高的时效性。三是本文各选取其中的十万字，按照剧集和它们的出现顺序进行，具有可比性。第四，两个语料库都有书面文字，转写成口语语料的准确率和可信度比较高。此外，关于大陆的口语语料，文章还参阅了CCL北京大学中国语言学研究中心语料以及利用新浪微博自带的搜索引擎功能查询的相关语料。台湾的口语语料除了"平衡语料库"[①]，还包括综艺娱乐节目《康熙来了》。

1.1 基本语气词

胡裕树《现代汉语》明确提到普通话的语气词最基本的有"的、了、么、呢、吧、啊"6个。这6个语气词表达不同的色彩："的"表示确实如此，"了"表示已经如此或出现新情况，"么"表示可疑，"呢"表示不容置疑，"吧"表示半信半疑，"啊"表示增加感情色彩。黄伯荣、廖序东本《现代汉语》里提到普通话里最基本的语气词实际上只有6个："的、了、呢、吧、吗、啊"。其他一些，有的用得较少，有的是因为语气词连用而产生连续合音的结果。张斌、张谊生（2000）也将语气词分为典型语气词和一般语气词两类，"典型语气词就是那些使用频率特别高、分布领域比

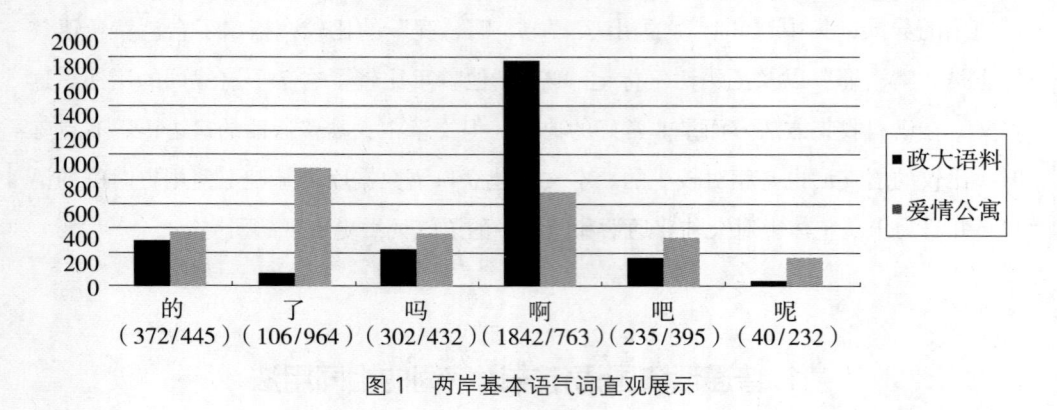

的　　　了　　　吗　　　啊　　　吧　　　呢
（372/445）（106/964）（302/432）（1842/763）（235/395）（40/232）

图1　两岸基本语气词直观展示

---

① 台湾"中央研究院"现代汉语平衡语料库网址 http://rocling.iis.sinica.edu.tw/new/20corpus.htm。

较广、所表语气相对复杂的语气词,总共只有6个'啊、吗、吧、呢、了、的'"。因此研究两岸共有句末语气词也着重于这些常见的句末语气词。

首先本文用统计的方法直观感知一下这6个常见的语气词在普通话和国语的各自出现频率。统计数据主要来源于《爱情公寓》和政大国语,统计后的图表如图1和表1所示:

表 1　两岸基本语气词数据展示

句末语气词	政大国语	爱情公寓
的	372	445
了	106	964
吗	302	432
啊	1842	763
吧	235	395
呢	40	232

还有一个问题是不得不考虑的,即表格所列的这些基本语气词是各自的10万字语料库中频率最高的吗?通过统计,《爱情公寓》的十万字语料库中,"的、了、吗、啊、吧、呢"的确是运用频率最高的6个语气词。这也说明,在普通话中,这6个语气词是最基本,也是最典型的语气词,在各类语言环境中,都有着较高的使用率。而在国语中,这6个语气词未必是使用频率最高的,统计结果显示,排在前几位的语气词的使用频率如表2所示:

表 2　国语中句末语气词的出现频率

国语中的句末语气词	出现次数	排名
啊	1842	1
的	372	2
喔	370	3
啦	347	4
吗	302	5
吧	235	6

因此初步的结论是:宏观而言,普通话中常见的"的、了、吗、啊、吧、呢"等语气词是普通话中使用频率最高的语气词。这不论是前人的研究,还是数据统计都可以得出的结果。其次,国语中使用频率最高的语气词是"啊、的、喔、啦、吗、吧","了"和"呢"的使用频率并没有排在前几位。

从使用频率来说，基本语气词"的、了、吗、啊、吧、呢"存在差别，但从用法和意义上来讲，这6个基本语气词并不存在差别。其中"的"一般用在陈述句中，表示情况确实如此（前一个出自《爱情公寓》，后一个出自政大国语语料库）。例如：

（1）a. 美嘉：是啊，这是谁的恶作剧？
　　　　子乔：这招也太损了吧！栽赃还是嫁祸，没见过这么扣屎盆子**的**。
　　　b. 而且真的看得出来他们真的有心欸，就还蛮比较乖**的**。

"了"表示已经如此或出现新情况。例如：

（2）a. 小贤：她脚崴的比诺澜严重多了，要是韧带错位就麻烦了。如果不及时归位的话会有后遗症的。
　　　b. 我同事真是不要脸界的天王，我忍不住要讲他不要脸的事迹了。

"吗"表示可疑。主要用在疑问句中。例如：

（3）a. 小贤：怎么了，卖跌打酒卖到酒吧来了。死骗子。
　　　　路人：上次不是跟你说过了吗？我是有执照的。我不是骗子！
　　　b. 你以为真的两点半下班吗？

"呢"在疑问句中表示疑问，如（4a）；在陈述句中表示强调的语气，如（4b）。例如：

（4）a. 小胖：挂了科比，就不能挂柯南了。我们都希望，挂科比不挂科难**呢**！
　　　　一菲：都是封建迷信，你论文**呢**？
　　　b. 对啊，你看我在跟你聊天那半小时，你就已经赚到了**呢**。

"吧"用在疑问句中，表示半信半疑，如（5a）；此外还有建议的语气，如（5b）。例如：

（5）a. 小贤：你确定这是鱼缸不是浴缸？你没吃错药吧？你要放哪儿啊？把小区的人工湖给换啦？

一菲：我们合租已经是蜗居了，买几条鱼总不见得也让他们蜗居吧？己所不欲，勿施于鱼。

b. 对啊，都临时抱佛脚就对了。对啊，不然那时候去做小抄吧。

"啊"不管用在感叹句还是疑问句中，都表示增加感情色彩。因此，虽然两岸的基本语气词使用频率有所差别，但表示的都是相同的语法意义。例如：

（6）a. 一菲：没准这老板忽悠我呢？万一货送到了又收费了，那怎么办？

小贤：好有远见！好有危机意识啊。可还是没有逻辑啊！

b. 可是你想要你这么累，你要想你到底值不值得啊？

1.2　合成语气词

朱德熙在《语法讲义》里面说过"两个语气词连用，如果后一个是元音开头的，两个语气词就连读成一个音节"。胡明扬（1981）认为"叠用语气助词产生连读现象，某些合成的语音形式稳定下来成了合成语气助词"。

在普通话和国语中，我们可以看到很多合成语气词，它们表达各种语气，丰富了语气词系统。朱德熙在《语法讲义》里说到"啊 /a/、呕 /ou/、欸 /ei/ 三个都是元音开头的，连读时受前一个音节韵母的影响，有许多变音"。其中"呗"是"罢+欸"合音而成，表示的是显而易见、无需多说、不很介意、不成问题，带有轻松的语气。例如（国语语料库的原句都改成了相应的简体字）：

（7）a. 我和360手机卫士在2014年战胜了骚扰电话52次，快来看看吧，顺便给个赞呗！（新浪微博）

b. 鹿宝，找个时间露一下脸呗。（同上）

c. 思索地笑着说"今年是闰八月，也许就图个消灾辟邪呗。（平衡语料库）

"啵"是"吧+呕"合音而成，表示的是询问、商讨、请求，例（8a）表示询问和请求，（8b）表示的是询问。例如：

（8）a. 我只要峰峰的抱枕，拜托拜托，说一万遍我爱你都不嫌多，给我福利啵？（新浪微博）

b. 冬冬紧张啵？（同上）

"啦"在普通话中是"了+啊"合音而成。从上面的例句可以看出，它可以用在陈述句、感叹句、祈使句和疑问句中。有"说明新情况、舒缓疑问、祈使和感叹"的语气。在国语中"啦"的情况比较复杂，有"了+啊"的合音，如例（9e），表示的也是强调和说明新情况的语气。至于二者的不同用法，在下章节会有更详细的论述。例如：

（9）a. "芝麻汤圆"来啦！有多少爱？据说大熊猫最大的梦想其实很简单——就是拍一张彩色照片……（新浪微博）

b. 美死啦！！！买买买。（同上）

c. 注意啦！（同上）

d. 你到底怎么啦？（同上）

e. ——怎么啦？小两口儿又吵架啦？

——没有。妈，别瞎猜。（平衡语料库）

"咯"是"了+哦"合音而成，表示的是确认肯定新情况，有强调的意味。例如：

（10）a. 学会了以后，土家酱香饼也能自己DIY咯！（新浪微博）

b. 他在幽深的小巷转悠，拉长了绵绵的喉音吆喝：卖枇杷咯！（平衡语料库）

在《现代汉语词典》（第6版）我们可以看到"嘞"和"喽"的用法相同，"嘞"是"了+哦"合音而成，表示的是轻快地应允。有的时候会带有浓重的北方口语色彩，"好嘞"是比较常见的应允语。例如：

（11）a. 吐鲁番的葡萄都来瞧一瞧看一看嘞。（新浪微博）

b. 管好自己就行了，少开车少开空调就谢谢您嘞。（同上）

"啰"是"了+哦"合音而成，表示所说确切，肯定无疑。也可以写作"罗"。但在语料中，没有见到写作"罗"的语气词。例如：

(12) a. 为什么蝙蝠侠可以穿盔甲，女生就不行呢？不要老是穿那个泳装可以吗？看来DC可要帮女英雄换换造型**啰**。（新浪微博）

b. 米兰的假期真开心！回中国！回家**啰**！（同上）

c. 好了，别再说了。比赛要开始**啰**！每个人都在评论着今年雪人活动的冠军得主是谁。（平衡语料库）

"喽"是"了+呕"合音而成，表示的是肯定和确认的语气，即使用在疑问句中，也不是疑问的语气，只是加重所说事件的确切性。此外，它还带有轻松、喜悦的口气。例如：

(13) a. 我很喜欢，转给朋友看看**喽**。（新浪微博）

b. 千万别说我没给你懂我的机会，跟你聊天就是给你的机会，自己没好好把握，自以为很懂我，怪我**喽**？（同上）

c. 想做些瓷器生意，这要请张经理多多帮忙**喽**。（平衡语料库）

d. 这么说，我的钻石戒指马上就可以找回来**喽**？（同上）

"呐"是"呢+啊"合音而成，表示舒缓陈述和感叹的语气。例如：

(14) a. 作为一个有时被景区十八弯盘山路甩晕甩吐的导游也是很不容易**呐**。（新浪微博）

b. 月山的脑内剧场真是！！！光是想想就好开心**呐**～（同上）

c. 医生都在城里头，所以那乡下的根本就没得医生可看**呐**！（平衡语料库）

"嘛"是"么+啊"合音而成，表示确认事实，加强肯定、显然的语气。此外还表示"期望、劝阻"的语气，如（15c）。例如：

（15）a. 你说你个大高个笑的和小女生一样合适嘛！！（新浪微博）

b. 开学这才第三天而已，我就已经感受到了来自学校老师们深深的恶意！话说你们不知写作业太多是会死人嘛！（同上）

c. 哎呦！我的好太太，你就笑一个嘛！不要再嘟着嘴巴好不好嘛！（平衡语料库）

以上是普通话和国语中常见的合音语气词，"呗、啵、啦、咯、嘞、啰、喽、呐、嘛"等。但从音节上来看，他们都是"/p/、/l/、/n/、/m/"为声母。张斌、张谊生在《现代汉语虚词》中认为它们是派生语气词，是基本语气词"的、了、吗、啊、呢、吧"相互连用而形成的。正如胡明扬（1981）所说"合成语气助词是稳定的语音形式，一般说话的人已经感觉不到这是合音；合成语气助词的语义已经不是原有的单纯语气助词语义的简单的相加"。

利用动态的新浪微博语料库和台湾的平衡语料库可以看出，合成语气词在两岸的语气词系统中是存在并广泛应用的。以上列举的合成语气词，除了"啵"和"嘞"只存在于普通话中外，其他的语气词都存在于两岸的语气词系统中。从来源上来讲，普通话中很多语气词是受方言语气词的影响，例如"啵""嘞"等都具有典型的方言色彩。因此它们在国语中缺乏也是可以解释的。就像某些词汇是丰富普通话的表达一样，方言中的这些语气词也随着社会的发展、语言的交际而进入普通话系统，来更好地为人们的交际服务。

2. 普通话和国语句末语气词的不同用法

本章所说的普通话和国语句末语气词的不同用法是指书写形式相同的语气词，在普通话和国语中有不同的用法或者不同的侧重点。

2.1 句末语气词"啊"的语音变体

在普通话中，"啊"发音时往往受前字读音的影响而产生音变，常见的音变有"/ia/、/ua/、/na/、/ŋa/"等，写法即"呀、哇、哪"等。"啊"字的作用主要是在普通的直陈语气上加上一层感情色彩，使语气更加精辟、更加敏锐，具有提醒或警告的语气（包括变体）。

下面看一下"啊"在普通话和国语中的音变表现。如表3所示：

表3 "啊"的语音变体出现频率

语气词	普通话中出现频率	国语中出现频率
啊	763	1842
呀	114	30
哪	1	50

在国语里，"啊"的用例非常多，达到了1842例，"啊"用例又主要集中在"对啊"这一用法中，在1842例"啊"中"对啊"出现了560例。而"呀"的用例很少且集中在"对呀"等少数的用法中。下面是国语语料中举出的例句。例如：

（16）a. ——娘家跟婆家是不一样的。

——对啊。对啊。

b. ——我刚刚去看，加拿大的签证，美国的签证，很多签证都不一样耶。不能跟那个一样。大小都不能一样啊，照片都不能一样。

——对啊。为什么？

c. ——然后也是，所以我还是决定那个先以考试为主啦。

——对呀。加油！

从意义上来分析，"对啊"主要表示对别人观点的赞同，例如（16a）。这种认同甚至可以泛化，只要是对方的某些观点自己没有反对之处或者想继续双方的谈话话题，抑或纯粹是一种对对方表示礼貌的无实意的回应，都可以用"对啊"来做答。此外"对啊"还有一种表示想起、突然明白某些事情的意义，如例（16b）。"对呀"也表示自己认可对方的话题。"对啊、对呀"本质上没有差异。并且在国语的语料中，可以看到"对啊""对呀"同时存在，方清明（2013）认为"国语'啊'的音变规律执行得也不彻底，'呀'的使用率极低，取而代之的是其他语气标记。"这种音变规律不彻底的说法某种程度上可以解释国语中"呀"的用例少的问题。相应地在普通话中，方梅（1994）认为"'呀、啦'在口语里已经渐渐从语音变体身份独立出来，与'啊'在功能上有不同分工"。钟兆华（1997）从历史语言学的角度，认为"呀"是取代的古代语气词"也"，语气助词"啊"的出现要晚，"因此，从历史的角度说,音变的说法值得怀疑","把'啊、呀'看成是平行而互补的语气助词,似乎更合适些"。"呀"的这种从语音变体身份独立出来的说法或者"呀"本身是一个独立的语气词的说法可以解释普通话中"呀"用法广泛的原因。

从上面的表格,还可以看到"哪"在两岸的使用频率也相差较大,《爱情公寓》里只出现了一次"哪"作语气词的用例。例如:

(17)子乔:不用这样吧,你每次都可以做到的。我为什么要说"每次"。果然是"每次"。那次是什么时候的事情,天**哪**!

但是政大国语语料中,"哪"出现了30例。例如:

(18)a. 人家一般吃了大概五分钟就会想睡觉,那你自己的代谢慢**哪**。
　　　b. 就那时候订婚的时候,我爸爸就说可以先订婚**哪**。

可以说,在国语中"哪"作语气词的使用频率非常高。在台湾"中央"研究院——现代汉语平衡语料库（约500万字语料）输入关键词"哪",并在"词类候选单"一项中选择"T语助词"可以得到331例用作语气词的情况。而同样输入"呐"得到32例,输入"那"得到2例。这说明在国语中,"啊"的语音变体"哪"广泛存在,它甚至比合成语气词"呐"的使用频率都要高很多。"哪"和"那"存在都用作语气词的情况,是异体字。

从上面的例句还可以看出,"哪"的前面总有"/n/"韵尾,使得原来的"啊"连读成为"na"。像胡明扬（1981）所说"'呀、哇、哪、哟'是元音语气助词连读变音后,出现得较频繁,所以有了比较固定的汉字","哪""呀"都属于"啊"的语音变异形式。

从句式来看,"哪"一般出现在陈述句的末尾和疑问句末尾。用在陈述句中,表示动作或情况正在进行,或者表示确认事实,使对方信服,如例（18a）和（18b）。用在疑问句中,表示提醒和深究的语气,如出自平衡语料库的例句"这颗钻石是不错。欸,要多少钱哪"。

可以看到普通话和国语在"啊"的用法和意义上并不存在差异,两者在"啊"的语音变体上的使用频率上存在较大的差异是:普通话中"啊"的语音变体主要集中在

"呀"的使用上，并且"呀"越来越独立于"啊"；相反地，国语中，"呀"的使用频率相对较低。此外，普通话中，"啊"的语音变体"哪"使用相对较低，多数情况下还是会写作"啊"，而在国语中，"哪/那"较多，随着时间的变化和语言学自身的演变，它们也有可能会脱离"啊"而成为独立的语气词。

2.2 句末语气词"啦"的使用

"啦"在普通话和国语中都存在，普通话中使用频率相对低一点，但在国语中，"啦"无所不在，上面的统计已经说明了这一点。例如：

(19) a. 很好，你现在终于可以为所欲为啦！（《爱情公寓》）

b. 曾老师，你不追我姐啦？（《爱情公寓》）

c. 我同事那天就跟老板谈好之后.他很快地还这样走啦，就很快走啦。（政大国语）

d. 可是其实还是看得出来是，就怎么说，可是真的不是那个老师就对了。不是真正的老师啦。（政大国语）

e. 我的名牌（写名字的牌子）都掉了啦。（《康熙来了》）

f. 不要这么害羞嘛，说一下啦。（政大国语）

g. 现在奶粉事件你不要吃蛋糕，不要吃蛋糕啦。（政大国语）

h. ——把冷气关掉是这一支吗？

——不是啦。不要乱开啦。不是啦！（政大国语）

通过分析可以发现普通话中的"啦"是"了"和"啊"的合音，"了"表示出现新情况，"啊"表示感叹，是一个合成语气词被固定下来。所以一般情况下"啦"在普通话里表示对出现的新情况的感叹的语气。

而在国语中，"啦"的用法比较复杂，黄国营（1988）将"啦"概括为三种：第一种"啦"等于"了啊"，跟普通话中的"啦"用法相同，表示对出现新情况的感叹，如"外面谁来啦？"，例句（19a）和（19b）。例句（19c）语境是说话者的同事一直提前下班，那天跟老板谈话后还是提前下班了，说话者对这种出现的情况很感慨。第二种"啦"不等于"了"加"啊"，只相当于"啊"，表示的是加重语气。这样的一般是"名词+啦"，如（19d）；或者"了啦"，如（19e）的情况。类似（19e）这种

"了啦"连用的情况在国语中是非常常见的。第三种"啦"主要用于祈使句中,等于"吧",它也相当于普通话中的"了"加"啊"的合音,如上面的(19f)和(19g),例句(19h)中的第一个"啦"相当于"啊",是第二种"啦",(19h)中第二个"啦"用于祈使句,相当于第三种情况"啦"。当然在普通话中也存在"全体注意啦"这样号召性的句子,但刁晏斌(2000)认为,这种句子大都用于禁止性的祈使,如"别说啦",和国语比较起来这种用法在普通话中是极少的。

从语音方面来说,国语中的"啦"按照方清明(2013)里所说"其声音经常拖得很长,开口度也较大,经常带有夸张之感"。而这种开口度较大和拖音很长也是人们情感意义的表现形式之一。

关于"啦"不得不说的是,虽然两岸在用"啦"上存在一些差异,但随着两岸经济的交流、文化的渗透,国语中这种"啦"已经悄悄走进了人们的生活,下面是通过新浪微博搜索的普通话中用"啦"的例子。例如:

(20) a. BIGBANG 首站居然是成都……! 太爽了啦! 嘻嘻必须去!
b. 人家只是想搜一下《秘密花园》的简介因为淫家真的没心情看了啦!结果居然看到小哇啦卧槽!
c. 仁家害羞了啦!生日粗卡!
d. 虽然对上学也没什么好感,感觉以后也不怎么好,可是我会慢慢适应的啦!
e. 你要是也看过很多关于《五十度灰》的之类的影评、文字等推送文,你也会想看这个电影的啦!

这种"了啦、的啦"在网络上的运用率极高,甚至在人们的日常生活中,也可以听到这样的说法。它们相当于"啦"的第二种用法,单纯表示加重感叹的语气。受台湾地区国语影响较深的是年轻人,对于"了啦、的啦"的使用,女性多于男性,这在某种程度上显示自己的个性,是贴近"台湾腔"的表现,使年轻女性的形象显得更嗲。

3. 普通话和国语中特有的句末语气词

本文所说的"特有语气词"指的是在各自的语言系统中出现较多的语气词,即具有"台湾特色"的语气词和具有"普通话特色"的语气词。它们跟上面讨论的两岸语气词的不同用法不一样,上节侧重于书写形式相同,用法不同;而本节语气词书写形式不同、意义和用法也不同。它们在两岸语气词系统中是比较特有的。

3.1 普通话中特有的句末语气词

普通话中特有的语气词主要是新生语气词,它们在语言交际中地位越来越突出,因此有研究的必要。限于本文的篇幅,有关新生语气词的论述可参见收入本书的笔者另一篇文章《浅析网络中的新生句末语气词》。

3.2 台湾地区国语中特有的句末语气词

跟普通话中新生语气词不一样,国语中的语气词还集中于传统的语气词。不论查阅动态的还是静态的语料库,都没有找到相关的新生语气词。以下是从语料库中得出的具有台湾地区国语特色的语气词,并将相应的普通话中语气词的出现频率进行了统计。这些语气词的用法和意义也是应该加以研究的。并且这一部分的研究也是以往的研究中很少涉及的内容。先看一下国语中常见的语气词在两岸的语料库中的分布情况。如表4所示:

表4 两岸句末语气词的出现频率

两岸语气词	普通话	国语
喔	1	370
耶	1	134
欸	0	53
呴	0	15
啦	75	347

通过语料库反映出来的语气词的用例,可以看出台湾地区国语中除了典型的语气词"的、了、吗、啊、吧、呢"的运用之外,还有自己独特的语气词如"喔、耶、ei(欸)、hoNh(呴)"等。这些语气词在普通话中出现的频率微乎其微,它们极大地体现了台湾地区国语句末语气词的典型性,是台湾地区国语中的特色。

先看台湾特有的语气词"喔"。

从上面的统计中可以看到"喔"在整个台湾地区国语语气词中所占的比重非常大。下面(21)是"喔"用在陈述句中的例句,表示明示与提醒的作用。"喔"去掉后的句子（22），成为单纯的叙述，句中隐藏的提醒与明示的语气荡然无存。因此"喔"在陈述句中主要表示明示与提醒的语气。例如：

（21）a. 对啊，我那天呐，我那天有遇到那两个学妹喔。
    b. 我表弟礼拜天要来找我，他会带小女朋友来喔。

（22）a. 对啊，我那天呐，我那天有遇到那两个学妹。
    b. 我表弟礼拜天要来找我，他会带小女朋友来。

"喔"用在疑问句里如（23），本身并不是表示疑问；去掉"喔"的（24），疑问语气依然存在。通过对比发现，"喔"使原来的疑问句带上某种语气，带有惊讶和出乎说话者意料的意味。如（23b），说话者显然认为珍惠会去卓兰，但事实是她不去卓兰，有种出乎意料和惊讶的情感色彩。例如：

（23）a. ——我没染过头发啊。
    ——真的？为什么为什么？怕被家里骂喔？
    b. ——珍惠不去啊。她不去卓兰喔？
    ——对啊。
    ——她不是要去吗？

（24）a. ——我没染过头发啊。
    ——真的？为什么为什么？怕被家里骂？
    b. ——珍惠不去啊。她不去卓兰？
    ——对啊。
    ——她不是要去吗？

用在感叹句中的"喔"，表示强调和提醒的语气。例句（25）三句分别强调"老师很强""教室很大""心酸"这样的事实。例如：

（25）a. 他们全科班里面的老师，就是都好强喔。

b. 补习班教室很**喔**！

c. 他还，那种是到什么程度，是他眼泪都滴下来他都没有擦，因为他不想让别人看到。好心酸**喔**。

祈使句中"喔"的使用也是很普遍的现象。例如：

（26）a. 你还是太瘦了，要多吃一点补**喔**。（《报马仔》，《台港文学选刊》1996.10）

b. 如果您本身就是学生，更别放弃这个优惠**喔**！（《中国时报》1996.11.28）

祈使句是要求别人做或者不做某事的句子，或多或少都会对听话者的面子构成威胁。1978年，英国学者Brown和Levinson发表了一篇题为《语言应用的普遍现象：礼貌现象》的文章，第一次对礼貌、面子这一问题进行了系统的探讨。文章认为，所有理性社会成员都具有面子，面子就是典型人（一个具有面子需求的理性人）在公众中为自己争得的"自我形象"。现实生活中往往有不少潜在的、难以避免的威胁面子的行为（Face Threatening Acts，简称FTA）。这些行为有的威胁说话人的面子，有的威胁听话人的面子，还有的既威胁说话人的面子、又威胁听话人的面子。因此每一个典型人都会采取一些补救策略去减轻言语行为对面子的威胁程度。因此交际双方为了保障交际的顺利进行，势必会遵循某些交际原则，如合作原则与礼貌原则等。根据礼貌原则，在交际过程中，交际双方都应该得体、慷慨、谦虚，并尽量保持与对方的一致，尽量增加双方的同情，来尽力维护对方的面子，以顺利达成交际目的。因此，语气词的选择也成了特定语境中需要注意的部分。如果把（26a）换成下面的（27），意思会改变。例如：

（27）a. 你还是太瘦了，要多吃一点**啊**。

b. 你还是太瘦了，要多吃一点**吧**。

"啊"用在祈使句中，表示的是提醒或者警告的语气，显然换成"啊"后句子显得特别强硬，其礼貌等级比较低；如果换成"吧"，表示的更多的是一种建议的语气，礼貌等级比较高，但又少了提醒的语气。而用（26）中的"喔"，既有提醒注意的语气、又不会显得过于生硬。方清明（2013）认为"'喔'既不像'啊'那样明确要求听话人认同，也不像'呢'那样提醒听话人注意某一点；既不像'吧'那样主动将确认权交由听话人，也不像'嘛'那样暗示听话人认同。"因此在那些既不适宜使用礼貌等级高的"吧"，也不适宜用礼貌等级低的"啊"的祈使语境中，语气词"喔"就有了广泛的运用。再例如：

(28)a. ——因为我觉得这是一个那种散发出来的感觉就是美感，可是我只是说就是化妆跟打扮就是让你看起来比较成熟。
——这样子喔。
b. ——我以前我爸爸大声一点，我眼泪就会掉下来的那种。
——是喔。
c. ——不是每天就是借几十本然后结果那时候就看，对啊，看也是看不懂。
——是喔，对喔。

此外，除了"喔"单用作语气词外，从 10 万字的语料中，常常可以看到"这样子喔""是喔""对喔"这样的固定说法，例如例子（28）都表示听话者对信息的把握不是很高，在听完对方的讲述后，有一种醒悟的意味。方清明（2013）也认为"'是啊'不但肯定，而且表明所肯定的事情显而易见。而'是喔'的缓和功能则显著增强，可以用来拉近彼此距离，建立亲密关系。"同样地，"对啊、对呀"的肯定程度都比"对喔"要高很多。"是喔、对喔、这样子喔"都表达应答者对信息的把握程度不是很高，在听完别人的讲述后，自己才明白醒悟的语气。

再看台湾特有的语气词"耶"。

从句式上来说，通过对整个语料库的调查和相关的文本调查发现，"耶"只能用于陈述句（29b）和感叹句（29 a），不能用于疑问句和祈使句。例如：

(29)a. 其实 24 学分还好啊。很多耶。
b. 这样好好喔，时薪是 800 耶。

在国语中"耶"的使用非常广泛，是"台湾腔"的典型代表。从语义上来讲,"耶"表示强调和感叹的语气,如(29a)强调"24学分很多"这样的感叹,而(29b),表达的是"时薪是800"的事实。通过台湾地区国语中口语语音的调查发现,不仅仅是女性,包括各种年龄段的男性都在习惯使用这个词来表达强调和感叹的语气。

"耶"在汉语普通话中,是一个文言语气词,如"是进亦忧,退亦忧。然则何时而乐耶?"(范仲淹《岳阳楼记》),用于句末,又写作"邪",表示疑问的语气。这个语气词在普通话中早已经被其他语气词代替。因此从音韵学方面来考查"耶"来源于古汉语的"耶"似乎是不可能的。刁晏斌(2000)认为"yē这个语气词的'正字'应该是'吔'"。他还列举了很多普通话里的用例来阐明"耶"作为语气词来源于"吔",《洪湖赤卫队》里面第三场"哎呀,我的妈吔!刚才他碰上我们的刘队长"。这种用法影响了国语中语气词"耶"的使用,刁晏斌(2010)引用了很多作品中的例子来证明国语中也存在"吔"作为语气词来使用。下面是他的例句:

(30)a. 你就是你,这才迷人吔!(妈妈的情人,《海峡》1997-02)
  b. 喂,曼萍,今天是你的生日吔!(流浪女,《海峡》1997-02)

不过,在《现代汉语词典》中并没有收录"吔",这在普通话中是不存在的语气词。在国语中随着社会的发展,这个语气词越来越多地被"耶"所取代。

第三看看台湾特有语气词"欸"。

国语中"欸"作为语气词大部分写成"欸",少数写成"诶",但二者都是存在的,常见的书面语形式是"欸"。"欸"常用于陈述句(31a/b)或者感叹句(31c),不用于疑问句和祈使句。作为句末语气词,它表示的是强调的语气和感叹的语气,同时里面有一点惊讶和不可思议的意味。此外,"好欸"作为应答语单用,表示同意对方的话,如(31d)。例如:

(31)a. 怎么会有人这么不要脸。对啊。就说我同事是天王啊。可是这样子真的蛮不要脸的**欸**。
  b. 就是,我真的觉得刘冠楠蛮适合那个**欸**。
  c. 他跳舞真的跳得很好**欸**。
  d.——用手直接揉啊?

——好欸。(《康熙来了》)

朱德熙的《语法讲义》里说到语气词"欸"的用法,口气婉转,包含这个事对方本来知道,提醒一下是怕他忘了的意思。国语中的"欸"多数情况下表示强调和感叹,但仔细分析上面台湾地区国语中的例句,也同样含有提醒的意味。只不过在普通话中并不多见,在台湾地区国语中的运用比较普遍。例如:

(32)你别忘了下午得去上课**欸**。

另一方面,国语中语气词"欸"影响到了网络中语气词的运用。上节提到汉语中的新生语气词,"欸"作为普通话中较早存在的语气词,实在不应该算作网络语气词,但它在普通话中极少出现,又只能归入新生语气词。以下表5是利用新浪微博自带的搜索引擎功能,输入关键词,然后统计前5页(约100条微博)得到的语气词出现的频率。

表5　网络语气词"哎""欸""诶"的出现频率

新生语气词	哎	欸	诶
出现的频率	5	35	37

通过以上表格我们可以看到,网络中"欸"作为语气词使用的多样性。网络中"欸"作语气词的写法主要是"欸、诶、哎",也主要用于陈述句和感叹句。表达的同样是强调和感叹的语气,很大程度上受到台湾地区国语中的"欸"的影响。例如:

(33)a. 做一只企鹅有多难你造吗!!脚下是冰!很滑**哎**!!!
b. 落落人真好,要是没有你我就没有美化微博用了,因为我没有网银**诶**。
c. 自今天突然猛地意识到音乐是在表现抽象而出的纯粹情感后,听曲子时的感觉好像完全不一样了**欸**。

最后来看台湾特有语气词"齁"。

在国语中还可以常常听到另外一个语气词"hoNh",这个语气词也是没有固定的写法,写出来是"齁",所以在书面语中很少见到这个语气词,但是在口语对话中,这个语气词的运用频率也是比较高的。下面取自国语语料库中的例子虽然看起来都是疑问句,但表示的并不是疑问的语气。(34a)表示的是惊讶的语气,而(34b)和(34c)其中含有商量的意味,征求听话者的意见。例如:

(34)a. 她对他说我吓到了,你吓到我了,你怎么现在忽然来 hoNh?
b. 他是这么一个爱家的男人,可能应该不会染(头发),好像没有关系 hoNh?
c. 高中,十九岁,很漂亮 hoNh?

通过 Google 的搜索引擎功能,还可以看到以下"hoNh"用于陈述句的例子。"hoNh"用在陈述句中,具有缓和语气的功能,同时也有商量的意味在话语中。所以不论疑问句还是陈述句,"齁"主要表达的是商量的语气。例如:

(35)a. 乖齁,乖乖喔,不要难过,LISA 很快就回来了。
b. 我说,今天谢谢你齁。让你连撞好多下。

4. 结语

本文以口语语料库为基础探讨普通话和国语中句末语气词的用法,首先探讨了两岸句末语气词的相同书写形式的相同用法,集中在基本语气词和合成语气词;然后探讨了相同书写形式的两岸句末语气词的不同用法,主要是"啊"的语音变体和"啦";最后探讨了普通话和国语中特有的句末语气词。两岸语气词的研究和比较是一个比较复杂的问题,希望由这些语言现象引出更多学者的兴趣,从而促进两岸语言研究的进一步深入。

主要参考文献:

刁晏斌(2000)《差异与融合——海峡两岸语言应用对比》,南昌:江西教育出版社。
方　梅(1994)北京话句中语气词的功能研究,《中国语文》第 2 期。
方清明(2013)基于口语库统计的两岸华语语气标记比较研究,《华文教学与研究》第 3 期。
顾曰国(1994)John Searle 的言语行为理论:评判与借鉴,《国外语言学》第 3 期。
顾曰国(1989)奥斯汀的言语行为理论:诠释与批判,《外语教学与研究》第 1 期。

黄国营（1994）句末语气词的层次地位,《语言研究》第1期。
黄国营（1988）台湾当代小说的词汇语法特点,《中国语文》第3期。
李秉震、王立伟（2007）简论"好不好",《现代语文（语言研究版）》第2期。
彭吉军、付开平（2008）说"好不好"的虚化,《郧阳师范高等专科学校学报》,第2期。
齐沪扬（2002）《语气词与语气系统》,合肥：安徽教育出版社。
余光武、姚瑶（2009）"好不好"的表达功能及其形成的语用解释,《语言科学》第6期。
钟兆华（1997）语气助词"呀"的形成及其历史渊源,《中国语文》第5期。

（孔庆霞，南京大学文学院硕士研究生）

大陆与台湾常用字字形比较

刘依婷

0. 引言

由于政治和历史原因,两岸长期处于分离状态,两岸汉字呈现出不同的面貌。自从20世纪50年代以来,大陆开展了以推行简化字为标志的汉字规范工作,包括减少汉字笔画、整理并取消异体字、统一印刷字形等。目前汉字字形相对稳定,不再成批地简化汉字;汉字的规范化、标准化和信息化是当前文字工作的主要任务;汉语拼音虽不属于汉字规范,但作为汉字辅助工具也受到重视和推广。

台湾现行文字规范的制定主要集中在国民党执政的20世纪七八十年代,主要内容包括汉字标准的制定和文体政策的改革。2000年民进党上台执政以后,推行了一系列"新政",废除了国语推行办法,加大力度保护和推行方言和族语,使用"通用拼音"。目前台湾闽南话人口约占73.3%,客家话占12%,其他方言占14.7%,国语的通行率达到95%以上,书面语以白话文为主[①]。语言文字管理也相对宽松,各家出版社的标准不尽相同,中小学的教材也未有统一标准。

不同的语文政策造成了两岸不同的语文现状,在这样的现实条件下,通过自觉进行汉字规范整理减少差异,方便沟通是两岸文字工作者的共同心愿。随着政治环境逐渐宽松,两岸交往日益密切,厘清两岸汉字字形的差异,了解字形差异对方便两岸居民十分有意义。

---

① 数据来源于洪惟仁"闽南话概论"讲义第一讲"台湾闽南话的源流与演变"。

1. 前人相关研究

围绕着两岸汉字字形的研究，两岸学者进行了不少研究，涵盖了相同字形、相近字形和相异字形，包含繁简字、异体字等各个方面。大陆和港台汉字字形对比研究按其对比侧重点大致可以分为四类：一是常用字通用字字形对比；二是微别字字形对比；三是简体字字形对比；四是异体字字形对比。

最早讨论两岸汉字字形对比的文章是费锦昌（1993），他比较系统地比较了大陆和台湾汉字字形，将字量较少的台湾《常用国字标准字体表》与大陆的《现代汉语常用字表》《现代汉语通用字表》进行对比，分析了两岸汉字形成差异的原因，并对两岸汉字的统一提出了具体建议。其他文章如李牧（2005）、张丹（2004）、曹传梅（2011）、黄艳萍（2012）分别用不同材料对比两岸汉字的字形。

微别字形指存在细微差别的两岸汉字，许长安（2003）把台湾《国字标准字体研订原则》"通则"和"分则"所包含的160个部件与大陆相应部件进行对比，将存在差异的60组部件逐一对比并加以评述。林仲湘、李义琳（2008）从名称，定义，与简繁字、异体字的区别，类推问题及规范原则几个方面对微别字形进行了描写；并且他们在《新旧字形简论》一书中将大陆《现代汉语通用字表》与台湾《常用国字标准字体表》《次常用国字标准字体表》进行对比，发现了125组相对应的新旧字形。罗菲（2004）将大陆"GB13000字符集"和台湾《国字标准字体宋体母稿》（常用字4808，次常用字6343）中的微别字形进行比较及分类描述，探讨了微别字形产生的原因及其统一前景。张素格（2011）在"CJK核心字符集"（20902字）中选取大陆和台湾编码相同且有对应关系的字符进行一一比较，对差异集中的200个常用部件的差异类型、数量、特点、原因进行了描述，并提出了差异字形规范统一的建议。

对于两岸简化字的研究，围绕着大陆《简化字总表》和台湾《标准行书范本》进行。骆毅（1990）和王艾英、陈永舜（1996）将两表进行对比，都说明两岸相同的简化字数量可观。苏培成（2010）、黄艳萍（2012）将"繁简对照"，以港台汉字字形为标准，与大陆标准简化字进行对照，说明简体字在港台的使用情况。

对于两岸异体字的研究，胡双宝（1993）将台湾《常用国字标准字体表》与大陆《第一批异体字整理表》进行对比分类，初步展现了两岸异体字的整理情况。黄艳萍（2013）将大陆《第一批异体字整理表》794组、台湾《常用异体字表》1105组与香港《香港异体字表》332组进行对比，分析了三地异体字的异同。

前人研究基本展现了两岸常用汉字字形的差别，说明了两岸汉字差异形成的原因，并对未来汉字的发展有一定的展望。以费锦昌（1993）为例，费锦昌将大陆的《现代汉语通用字表》（以下简称《通用字表》，收7000字）与台湾的《常用国字标准字体表》（以下简称《标准字表》，收4808字）相比较，两表共有的汉字为4786字，其结果如下，见表1：

表1　大陆《通用字表》与台湾《标准字表》比较

比较总数 4786字	字形相同的共1947字，占41%	
	字形相似的共1170字，占24%	笔画数相同，个别笔形有差异，674字
		笔画数不同，175字
		笔画数不同，个别笔形有差异，321字
	字形不同的共1669字，占35%	繁简字，1474字
		选用不同的异体字，195字

从上表可以看出，传统的大陆与港台汉字字表的分析基本能够反映大陆与港台常用汉字的基本情况。在比较的4786个常用字中，大陆与台湾相同和相似字形共有3117字，这些汉字在阅读上基本无障碍，占比较字数的65%；字形不同的占35%。在此基础上，我们对大陆与港台常用字进行了更为详细的分析和比较。

2.大陆《通用规范字汉字表》与台湾《常用国字标准字体表》比较

本文选取大陆的《通用规范汉字表》一级字表和台湾《常用国字标准字体表》，进行更加详细的对比。2013年国务院公布的《通用规范汉字表》是目前最权威的文字规范，一级字表为常用集，主要满足基础教育和文化普及的基本用字需要，收字3500个，以笔画序排列。台湾《常用国字标准字体表》，收字4808个，分211部，先以部首序后辅笔画顺排列。

本文依照费锦昌（1993）将对比汉字分成三大类，即字形相同、字形相似和字形不同。字形相同的汉字又分为两类：一是部首相同，二是部首不同。字形相似的汉字也分为两类：一是字部首微别，二是非部首的部件微别。字形不同的汉字也分为两类：一是繁简字，一是异体字，将繁简字进一步分为含有类推简化部首的繁体字，不含类推简化部首的繁简字及一简对多繁三类。

大陆《通用规范汉字表》一级字表与台湾《常用国字标准字体表》对比结果如下，两表共有的汉字为3357字，见表2：

表2　大陆《通用规范汉字表》与台湾《常用国字标准字体表》比较

比较总数 3357字	字形相同的共1890字，占56.3%	部首相同，1577字	
		部首不同，313字	
	字形相似的共307字，占9.1%	微别部首，173字	
		微别部件，134字	
	字形不同的共1160字，占34.6%	繁简字，1081组	含有类推简化部件，366组
			不含类推简化的部件，621组
			一简对多繁，94组
		异体字，79组	

2.1　两表相比字形相同的汉字

我们将两表字形相同的汉字分为两类。第一类是两表字形相同且部首也相同的字，共1577字，分属147部。例如：

（1）一部：一丁七三下丈上丐不丙世
　　丨部：中串
　　乙部：乙九也乞乳
　　丿部：乃久乍乎乒乓乖
　　人部：人仁什仆仇仍今介以付仔他仗代
　　殳部：段殷毁殿毅
　　羊部：羊美羔羚群羹

第二类是两表相比字形相同但部首不同的字，共313字。例如：

（2）字　　陆部首　　台部首　　字　　陆部首　　台部首
　　二　　一部　　　二部　　　歪　　一部　　　止部
　　丫　　八部　　　丨部　　　拿　　人部　　　手部
　　凡　　几部　　　丶部　　　料　　米部　　　斗部

两岸相同字形分属不同的部首，主要是因为大陆和台湾对部首做了不同的规范。

其一，大陆对汉字部首的规范在形式上有更强的规律性，台湾在规范时则更加尊重字的本义。大陆 2009 年《GB13000.1 字符集汉字部首归部规范》在据义归类的基础上进行据形归部。左右结构的汉字部首选左边，如："鸡"取"又"部，"豚"取"月"部，"翔"取"羊"部；上下结构的汉字部首选上面，如："昏"取"氏"部，"垄"取"龙"部；如有两个并列部件都不能成为部首，则选下部，如："咒"取"几"部、"哭"取"犬"部，"楚"取"疋"部；如有几个部首叠合，则选最复杂的部首归部，如"章"从字形上看既可以取"亠"部，也可以取"立"部，也可以取"音"部，按此规则取"音"部，"赣"按此规则也取"音"部，"意"按此规则也在"音"部。

其二，大陆将字形相似的部首进行了合并。完全合并的如：将"二"部合并入"一"部，将"匚"部合并入"匸"部，将"日"部合并入"曰"部，将"鬥"部和"門"部合并为"门"部。部分合并的如：将"人"部和"入"部合并为"人"部，保留"入"部的部分字，大陆将"肉"部和"月"部合并为"月"部，保留"肉"部的部分字。但是这些部首在台湾都严格地进行区分。

总的看来，台湾汉字的部首归部执行更加严格的按义归类，更加符合字的本源；而大陆的部首归部在按义归类的基础上，加入了按形归类的规则，规范性更强，工具性更强。本文认为大陆这种改变在客观上削弱了部首跟字义本身的联系，是汉字在演化过程中的一个阶段。在汉字的变化过程中，为了尽量使偏旁成字，汉字在简化过程中在字形表义方面做了很多牺牲，甚至完全破坏字形的表义作用，如："射"的左边像弓箭的部分后来改成形近的"身"字。

裘锡圭（1985）认为汉字是音意与符号相结合的文字形式，从造字之初至今，汉字字形的演变主要发生在三个方面：一是形声字比重逐渐上升，二是所使用的义符从形符变为以义符为主，三是记号字、半记号字逐渐增多。汉字象形程度的降低，是促使人们少造表义字、多造形声字的原因之一，而形声字成为主流又为汉字象形程度进一步降低创造了条件。这种文字形体的变化，常常破坏或改变文字的结构。记号字的大量出现就主要是汉字形体变化引起的，这从文字结构上看是一种倒退，然而却是为了简化字形、提高文字的使用效率必须付出的代价。裘锡圭（1985）同时也提出疑问，把象形文字改造成为隶、楷而破坏一部分文字的结构是迫不得已，也是值得的。但是在楷书早已成熟的情况下，仅仅为了减少笔画而去破坏某些字的结构是不是有必要是值得商榷的。

尽管由于汉字的楷化和简化，汉字字形的表义作用发生了改变，但汉字中仍有

74%的形声字。我们可以把形声字作部首的义符看成该字的原型①，其与其他部分组成的汉字成为该原型的家族成员，家族成员都具有该原型所内含的意义，如："土"作义符时多与泥土、土地、建筑物及人形有关，"艹（艸）"作义符时多与植物、菌类生物及眉毛有关等。形声字围绕其部首构成家族使得形声字在造字时更有理据性。大陆对汉字部首的改变虽然从字形上看不出差别，但实际上削弱了义符的凝聚力，与台湾汉字相比较属于隐性差别，对于汉字的长期发展存在隐性影响。表义部件不再表示该类汉字的类属，将汉字与其表意部件割裂开来。

这种割裂主要是由于台湾据义定部，而大陆在据义定部的基础上据形定部造成的。对于应该就形定部还是就义定部的问题，陈燕（2005）认为据义定部是说文部首法的核心，兼据形义定部是康熙部首法的核心，据形定部法是现代部首法的核心。汉字的楷化、记号字的出现和简体字的出现使得无法完全据义定部，很多字无法确定义符。从共时角度看，部首作为检索工具，没有必要去承担溯源这一任务。苏培成（2007）认为据义定部适合专业语文工作者使用，据形定部适合非语文工作者使用。两种查字法都应长期使用，对据义定部进行必要改进，对据形定部展开积极研究使其成熟。

改变部首的目的在于更加方便查找，但从两表的对比中，我们可以发现两个问题：一是过多的汉字部首从表义部件变为了首笔画，反而增加了查寻难度，令人费解，如"且、丘、正、凸、凹、甲、申、由、史、央、冉"都在"丨"部；二是许多明显的表义部件被更换容易造成围绕某一部件构成的家庭成员体系的紊乱，如"未、末、本"原在"木"部改为"一"部，三字原本表义，跟木字关系密切，这样切断其中联系，对其义符表义功能的破坏十分明显，也从内部改变了汉字的结构。

2.2 两表相比字形相似的汉字

字形相似的字主要来源于笔形的改变，包括笔画的相连或相交的改变，笔画的增加或减少，本文将此类相似字形分为两类。

第一类是字形几乎完全相同，部首有细微的差别。字形完全一样，但笔画数不同的部首有7个；其中"邑"部和"阜"部都写作"阝"，写法上相同；"辵"部和"艸"

---

① 这里我们借用认知学上的原型理论（prototype），原型理论认为分类与"原型（prototype）"或者说是"中心成员（central member）"有关，且"中心成员"可能以"家族集合"的形式与另外的成员相关联。这里借用原型理论，并不强调"渐变"，而只强调"相关"。

部作部首名称时虽写作繁体，但成字时在台湾与大陆简化为相同部件，但笔画数不同，列出如下：

（3）陆　　台　　　　　　陆　　台

　　　夂②——夂③　　　　瓦④——瓦⑤

　　　阝②——阝③　　　　鬼⑨——鬼⑩

　　　艹③——艸（艹）④　　骨⑨——骨⑩

　　　辶③——辵（辶）④

除部首有细微差别之外，其他部件完全相同的汉字共有173字。例如：

（4）夂部——夂部　　　辶部——辶部　　　艹部——艹部

　　　延⑥——延⑦　　　迁⑥——迁⑦　　　芒⑥——芒⑦

　　　延⑥——延⑧　　　迫⑧——迫⑨　　　芙⑦——芙⑧

　　　建⑧——建⑨　　　送⑨——送⑩　　　苞⑧——苞⑨

第二类是字形几乎完全相同，含有除部首之外微别部件的汉字。字形几乎完全相同，但除部首以外部件有细微差别。我们可以首先找到这些有细微差别的部件，共35个。例如：

（5）陆　　台　　　　陆　　台　　　　陆　　台

　　　之③——之④　　　朱⑥——朱⑥　　　差⑨——差⑩

　　　及③——及④　　　舌⑥——舌⑥　　　敖⑩——敖⑪

　　　吴⑦——吳⑦　　　垂⑧——垂⑨　　　遥⑬——遥⑭

含有这些微别部件的汉字，共134字，例如：

（6）陆　　台　　　　陆　　台　　　　陆　　台

　　　泛⑦——泛⑧　　　炬⑨——炬⑩　　　流⑨——流⑧

　　　吸⑥——吸⑦　　　拔⑧——拔⑧　　　吴⑦——吳⑦

似⑥——似⑦　　　唤⑩——唤⑫　　　录⑧——录⑧

大陆和台湾常用字形中出现的这种字形上的细微差别，主要是由于新旧字形的改变以及两岸制定字形标准时不同的原则。

台湾《常用国字标准字体表》的研订是对现有的字形加以挑选，而非另创新形；字体从古从俗，以符合六书的原理为原则；通行字体优先选取具有教育意义的，具有原字的构形者。具体到选取原则上，"字之写法，无关笔画之繁省者，则力求符合造字之原理，例如：'吞'不作'吞'，'阔'不作'濶'；凡字之偏旁者，古与今混者，则予以区别，例如：'朗''肋'（两'月'写法不同）；凡字偏旁，因笔画近似而易混者，予以区别并加以说明，例如：'甜''活'（'舌''舌'写法不同），'任''呈'（'壬''壬'写法不同）。

大陆《印刷通用汉字字形表》指出整理字形的标准是："同一个宋体字有不同笔画或不同结构的，选择一个便于辨认、便于书写的形体；同一个字宋体和手写楷书笔画结构不同的，宋体尽可能接近手写楷书；不完全根据文字学的传统。"傅永和（1991）归纳《印刷通用汉字字形表》整理字形依据的原则有六点：一是宋体楷化；二是字形结构和笔势尽量服从横写的需要；三是折笔尽可能改成直笔；四是合并形似部件以简部件数量；五是按读音分化原有部件；六是断笔尽量变成连笔。

不同的字形标准造成两岸在笔形、笔画数和部件构成上有了一些细微的差别。两岸在中文信息处理中各自遵从了自己的规范标准，从而在 CJK 字符集 G 列和 T 列字形分别收录了大陆和台湾不同的字形，这些差异也就被确认了下来。这些差异与大陆新旧字形的差别不完全相同，也不仅仅是新旧字形的规范造成的，而是在不同的字形研订规则指引下的一系列差别。这些差别在阅读上不构成障碍，在两岸字形差异中也不占据主要地位，但对于弄清大陆与台湾汉字字形的真实情况是十分必要的。

2.3　两表相比字形不同的汉字

两表中字形不同的汉字主要是繁简字和异体字。

第一大类是繁简字。

本文将两岸繁简字分为三类，一一对应含有类推简化部首的汉字，一一对应不含类推简化部首的汉字和一简对多繁。

其一，一一对应且含有类推简化的繁体字。含有类推简化的部首，共有 21 个，例如：

（7）陆　台　　　　陆　台　　　　陆　台
　　　见——見　　　韦——韋　　　纟——糹
　　　贝——貝　　　风——風　　　卤——鹵
　　　讠——言　　　飞——飛　　　麦——麥

含类推简化部首且一一对应的繁体字共有 351 字，有含类推简化部首和微别部件的汉字 15 字，共 366 字，例如：

（8）陆　台　　　　陆　台　　　　陆　台
　　　缉——緝　　　财——財　　　饮——飲
　　　编——編　　　贵——貴　　　饭——飯
　　　缎——緞　　　赏——賞　　　馆——館

在部首是类推简化的繁体字中也包含了其他部件同时简化的汉字，这些汉字是这一部分汉字中差异较大的一部分，也是识认和学习的难点，共 49 字。列出如下：

（9）a. 见部：觉、览
　　　　见部：覺、覽
　　　b. 言部：认、论、讳、讽、讲、识、讥、议、译、读、让
　　　　言部：認、論、諱、諷、講、識、譏、議、譯、讀、讓
　　　c. 纟部：经、紧、纲、练、维、绩、缕、纵、织、绕、绎、绳、绘、缤、
　　　　　　　继、缠、续、缆
　　　　糸部：經、緊、綱、練、緯、績、縷、縱、織、繞、繹、繩、繪、繽、
　　　　　　　繼、纏、續、纜
　　　d. 贝部：贮、贤、购、赎
　　　　貝部：貯、賢、購、贖
　　　e. 门部：闯、闸
　　　　門部：闖、閘

f. 页部：顾、颅、颊、颈
   頁部：顧、顱、頰、頸

g. 食部：饶、馋
   食部：饒、饞

h. 马部：驱、骄、驴、验
   馬部：驅、驕、驢、驗

i. 鸟部：鸥、鹦
   鳥部：鷗、鸚

其二，一一对应不含类推简化部首的汉字。在不做部首的部件中也存在部件类推简化的规律，这些类推简化的部件构成了一一对应的繁简字的主体部分。通过对这些有规律的类推简化部件的学习，可以加深对两岸汉字字形的掌握程度。在两表中我们可以发现常用的类推简化部件共有 25 个。例如：

（10）陆　　台　　　　陆　　台　　　　陆　　台
　　　队——隊　　　　夹——夾　　　　买——買
　　　无——無　　　　尧——堯　　　　卖——賣
　　　东——東　　　　亚——亞　　　　咼——咼

繁简一一对应，不含类推简化部首且部首不同的汉字共 201 字，这些字也是繁简对应中的识认难点，例如：

（11）陆　　　　　　　台　　　　　　陆　　　　　　　台
　　　厂（厂部）——廠（广部）　　厅（厂部）——廳（广部）
　　　亏（一部）——虧（虍部）　　艺（艹部）——藝（艸部）
　　　与（一部）——與（臼部）　　劝（又部）——勸（力部）
　　　卫（卩部）——衛（行部）　　旧（丨部）——舊（臼部）

一一对应的繁简字中也出现了部首的改变，造成这种改变的原因多样。如繁体字"韓"从取"韋"部变为简化字"韩"取"卓"部，繁体字"賓"取"貝"部变为简化字"宾"取"宀"部，是由于部首规定的不同原则造成的；如繁体字"離"取"隹"部变为简化字"离"取"亠"部，是由于部件的省略造成的；如繁体字"營"取"火"部变为简化字"营"取"艹"部，则是由于部件的改写；如繁体字"釁"取"酉"部变为简化字"衅"取"血"部，繁体字"驚"取"馬"部变为"惊"取"忄"部，是由于简化字形的完全改变。

其三，一简对多繁。两表中所涉及的一简对多繁，共有 94 对。例如：

（12）简　　　　　　　　　　　繁

　　a. 卜（卜部）　　　　　　卜（卜部）

　　　　　　　　　　　　　　蔔（艹部）

　　b. 几（几部）　　　　　　几（几部）

　　　　　　　　　　　　　　幾（幺部）

　　c. 干（干部）　　　　　　干（干部）

　　　　　　　　　　　　　　乾（乙部）

　　　　　　　　　　　　　　幹（干部）

　　d. 叶（口部）　　　　　　叶（口部）

　　　　　　　　　　　　　　葉（艸部）

一简对多繁实际上增加了大陆《通用规范汉字表》的容量，但因其对应关系复杂，也将是两岸文字交流中的学习难点。一简对多繁很多简化字的本字就在《通用规范汉字表》中，但"丰、叶、冲、坝、卤、种、党、涂、据、淀、筑、篱"的本字没有出现在《标准字表》中；也有一简对多繁，虽在《标准字表》中有本字，但在大陆《通用规范汉字表》中并未标出本字，如"只"。而且并不是大陆《通用规范汉字表》中所有对应的繁体字都在台湾使用，如"灶"的繁体字"竈"就未在台湾使用，台湾使用"灶"，"衔"的繁体字"銜"也未在台湾《标准字表》中，而使用其异体字"啣"。

第二大类是异体字。

异体字指的是不同时期或地域同一汉字的不同形态，主要体现在部件的更换、位置移动以及造字方法不同。两表共涉及异体字 79 对，例如：

(13) 陆　　　　台　　　　　陆　　　　台
　　　册（丿部）——冊（冂部）　　异（己部）——異（田部）
　　　你（人部）——妳（女部）　　携（手部）——攜（手部）
　　　凉（冫部）——涼（水部）　　栖（木部）——棲（木部）
　　　叠（又部）——疊（田部）　　尝（小部）——嘗（口部）

异体字主要来源于各个朝代对汉字的整理、规范和创造。在大陆的《通用规范汉字表》和台湾的《标准字表》中，都收了异体字，但两地的收字原则不同：台湾采用多体兼收，大陆只收最通行的几个异体字。两表比较，大陆只收一标准字形，其余均为异体字，而台湾则视其使用频率多体并收。如：大陆《通用规范汉字表》收"凄"字，台湾《标准字表》收了"悽、凄"两字，两字均为"凄"的异体字；大陆《通用规范汉字表》收"奸"字，台湾《标准字表》中收"奸、姦"两字，"姦"为"奸"的异体字。

3. 两岸主要辞典体例对比

在两岸常用字字表对比的基础上，为了进一步了解两岸汉字使用的实际情况，本文对两岸词典的大致情况进行了比较，并在两岸各选取了一本常用大词典对比其体例及检字法。

两岸常用词典的现状差别较大。大陆常用字词典比较集中，一般为重收字的《新华字典》和重收词的《现代汉语词典》。《新华字典》是"中国人最熟悉的工具书"，它是目前为止最有影响力、最权威的小型汉语词典。《现代汉语词典》是中国首部权威的现代汉语规范型词典，是大陆辞书编纂出版的典范，在辞书理论、编纂水平、编校质量上都很高。二者皆由中科院语言研究所负责编纂，由商务印书馆负责出版。

在台湾，除了《辞源》、《辞海》和《康熙字典》之外，常用字字典有的来自大型出版社，如：国语日报出版社的《新编国语日报词典》《国语活用词典》，东方出版社的《新编东方国语词典》；也有的来自小型出版社，如世一文化公司和幼福出版社。小型出版社以出版儿童书籍为主，字典编纂也以儿童为主要对象。各类出版社的字典数量繁多，类型多样，编纂标准各异。有的字典并未标注汉语拼音，如高中生常用的《新编国语日报词典》只有注音字母。有的出版社则进行标注，如世一出版社的40多种大小字词典都标注了汉语拼音。

本文选取大陆商务印书馆出版的《现代汉语词典》（第6版）（2012年）和台湾世一文化公司出版的《国语辞典》（第5版）（2013年10月修订）来进行详细的体例比较。

台湾《国语辞典》的制定是"以教育部公布标准字体、《一字多音审订表》及《标准国字笔顺》为依据"，收录近7000个单字，20,000多个词汇。在词典的体例部分：1.详细说明每个单字的形、音、义；多数词汇附上例句。2.每个部首字都附有小篆体及简明的六书说明。3.每个单字均标明总笔画数、部首笔画数及部首外笔画数。4.每个单字下方都附标准笔画顺序，部分并附字形演变。5.注意以《一字多音审订表》为据，并附同音字及汉语拼音。6.每个字义均标明词性。7.多数成语标注近反义词。8.多数单字后补充此字的字尾衍生词。9.配合字义、词义，附辅助说明的配图。在词典的检字部分，全书依部首编排，附"部首单字表"，并附"总笔画检字表"和"拼音检字表"。例如：

（7）嘰 | 15 |
| --- |
| 2 |
| 13 |

大陆《现代汉语词典》以确定词汇规范为目标，共收各类单字13,000左右，词条68,000多条，全书依汉语拼音编排。在语音方面，参照《汉语拼音正词法基本规则》和《普通话轻声词儿话词规范》进行了规范，每条都用汉语拼音注音。字形方面，所用汉字形体以现在通行的正体字为标准，繁体字、异体字加括号附在正体字之后。在释义方面，以现代汉语为标准，不详列古义。在检字方面，可用"拼音检字法"，也可用"部首笔画检字法"。在"部首笔画检字法"中，参照《GB13000.1字符集汉字部首归字规范》（2009），但依规范之前所定归部和新归部都能查到某字，此外另对新归部予以标注。

从两岸词典的体例和检字法可以看出，台湾更加注重传统，而大陆更加注重实用。目前大陆的查字，知道读音的汉字以"拼音检字"为主，不知道读音的汉字用"部首笔画检字"较多。而台湾的查字，以"部首检字"为主，并不是在每一部字典里都标汉语拼音，更多时候还是以注音字母标音。在实际的应用中，由于大陆与台湾很多相同汉字的部首已经改变，在翻查台湾字典时可以用"总笔画检字"。

日常生活中，尤其是现在电脑已经普及，两岸电脑中使用的最大障碍是输入法的不同，大陆主要使用汉语拼音输入法，台湾主要使用注音字母输入法，但这一难点在现代生活中也并不是不可解决的难题。

4. 结语

　　从两岸常用字字表对比中，可以看出两岸常用字字形的差异。相同字形占两岸共同所收汉字的 56.3%，相似字形占所收汉字的 9.1%。两岸的相似字形中仅包含微别部首和微别部件，相似程度极高，不会对阅读造成障碍。因此从应用角度上看，不对阅读造成障碍的文字共占 65.4%。不同字形占所收汉字的 34.6%，其中繁简字 1080 组，异体字 79 组。繁简字中含有类推简化部首的汉字有 366 组，这类汉字仅仅是部首的繁简不同，对识认也不构成障碍。这一数据说明大陆与台湾的汉字字形相似程度很高。繁简字和异体字是两岸汉字字形差异的重点和难点，尤其是不含类推简化部件的繁体字，一简对多繁。本文厘清了两岸常用字差异。在相同字形中将不同的部首标出；在相近字形中总结出微别部首和不作部首的微别部件，详细说明这些细致的差异；对不同字形中的繁简字和异体字的对应关系进一步说明，将异体字关系的一一对应及繁简字中的一简对多繁和部分例外现象进行了说明。

　　汉字的简化和不同的文字规范是造成两岸汉字差异的最主要因素。简化是汉字字形的主流演变趋势，是顺应文字演变趋势的自然结果。近年来，不少人对汉字简化进行了批评，认为汉字简化改变了汉字字形，削弱了汉字的表义功能，也有不少人提出要恢复繁体字。通过本文的研究和调查，可以对这个问题做出一些回应。

　　首先，必须明确，在《通用规范汉字表》一级字表的 3500 个汉字中，简化字的比重只占 35%（包含类推简化），而《简化字总表》也共收 2238 字，占《通用规范汉字表》的 30%。可见简化字并不是指所有的汉字都被简化，简化的只是其中一部分。评价简化字的优劣，要看它是不是保证了汉字原来的表义性质，能不能从字形上有效地区别意义的类属和范畴，能不能保证汉字与汉语之间做到一字一词的简明对应关系。

　　其次，就两岸目前的汉字规范来看，除去一部分没有类推简化的繁体字和异体字，两岸常用汉字字形相似字高达 65%，而且大部分的汉字都出现在具体语境里，这说明在日常生活的运用中，汉字差异很少造成使用障碍。真正在现实生活中造成使用障碍的是输入法等一些实用工具，如台湾注音字母和大陆汉语拼音输入法的差异。

　　再次，必须承认，汉字字形的改变确实削弱了其表义功能，也使得很多汉字原本的含义消失。但是汉字作为书写工具来说，它最重要的功能是记录和传播。简化汉字在保留了相当一部分汉字表义表音功能的基础上对汉字进行了笔画的减省，使书写更加便捷是社会生产发展和计算机时代的要求。

最后，不在流通领域使用的汉字最终可能不会再被人们使用，这是千百年来汉字演化的正常轨迹。在计算机非常发达的今天，现有汉字是否还将发生变化不得而知，但计算机输入在一定程度上帮助固定了汉字的形态。但值得注意的是大陆在规范汉字里改变了很多汉字的部首，不少改变破坏了汉字原本的含义，这些改变在未来更远的时间里是否会对汉字字形产生更加深远的影响还有待时间检验。

主要参考文献：

陈　燕（2008）现代部首法的建立，《中国文字学会第三届学术年会论文集》。
程　荣（2014）两岸三地汉字字形问题探讨，《中国语文》第1期。
邓章应、黄艳萍（2012）台湾《手写行书范本》中的简体字研究，《台湾研究》第4期。
冯寿忠（1997）"非对称繁简字"对照表，《语言建设通讯》第53期。
冯寿忠、李桐贤（2002）"关于非等同异体字"，《汉字书同文研究》，香港：香港华夏出版有限公司。
费锦昌（1993）海峡两岸现行汉字字形对比研究，《语言文字应用》第1期。
傅永和（1991）谈规范汉字，《语文建设》第10期第10页。
胡双宝（1993）海峡两岸用字异同议，《汉字文化》第3期。
郭　熙（1993）试论海峡两岸汉语差异的起源，《语言学通讯》1—2期。
李乐毅（1996）80%的简化字是"古已有之"的，《语文建设》第8期。
李　牧（2005）两岸汉字字形的比较与分析，《汉字书同文研究》，香港：香港鹭达文化出版公司。
李宇明（2004）规范汉字和《规范汉字表》，《中国语文》第1期。
李宇明（2013）国家通用文字政策论，《世界汉语教学》第1期。
林仲湘、李义琳（2008）略论新旧字形的规范问题，《语言文字应用》第1期。
裘锡圭（1985）《文字学概要》，北京：商务印书馆。
苏培成（2007）谈据形定部，《辞书研究》第2期。
苏培成（2003）重新审视简化字，《北京大学学报》，第1期。
苏培成（2004）《规范汉字表》的研制，《语言文字应用》第5期。
许长安（2003）台湾"标准字体"评介，《语言文字应用》第4期。
许长安（1992）海峡两岸用字比较，《语文建设》第1期。
许长安（2005）台湾的汉字标准化，《中国文字研究》第6辑。
颜逸明（1991）海峡两岸统一用字的思考，《语文建设》第2期。
游汝杰（1992）台湾与大陆华语文书面语的差异，《语文建设》第11期。

（刘依婷，南京大学文学院硕士研究生）

从"手机"看不同华语社区同义词群的竞争与选择*

邵敬敏、刘 杰

1."手机"及其同义词群

使用华语的地区,除了中国大陆、香港、澳门、台湾外,还有东南亚、欧美、新澳等国家的华人社区。"手机(mobile phone)"一词崛起及其跟相关同义词的竞争,乃至最后胜出,就是其中非常有趣也是很有理论意义的一个典型。

"手机"应该是个意译词,是"手提式电话机"的简称,取该名词的首和尾构成。这是指便携的、可以在较大范围内移动的电话终端,所以也叫"移动电话",旧称"大哥大",在中国香港、台湾地区也叫"流动电话、行动电话、随身电话"等,名称繁多。尤其在它刚刚推向市场的时候,不但不同的华人社区有自己不同的中文名称,即使同一个社区,也往往几个中文名称并存。

关于"手机"及其同义词群,邹嘉彦、游汝杰编著的《21世纪华语新词语词典》(复旦大学出版社,2007)有很好的说明。该词典是借助于"华语各地共时电脑语料库"(LIVAC)编撰而成的,重点是比较六个华语地区(中国的北京、上海、香港、澳门、台湾五地区及新加坡)华语新词语的异同,例句全部取自当地的报刊,时间的跨度为1995年到2006年,是名副其实的当代语料,因此应该说是比较有说服力的。在该词典的"前言"中,编者介绍了关于"手机"及其同义词群的使用的情况,并且列出一张对比图。原表1如下:

---

* 本文曾发表于《语言文字应用》2008年第4期,《新华文摘》2009年第3期全文转载,此次收入本书时有修改和补充。

表1　六个华语社区"手机"的名称

年份	等级	中国香港	中国澳门	中国台湾	新加坡	中国上海	中国北京
1995—1996	最常用	流动电话	手提电话	行动电话	随身电话	移动电话	移动电话
	次常用	无线电话	移动电话	大哥大	手提电话	大哥大	大哥大
1996—1997	最常用	流动电话	手提电话	行动电话	随身电话	大哥大	移动电话
	次常用	手提电话	流动电话	大哥大	流动电话	手机	大哥大
1997—1998	最常用	手提电话	流动电话	大哥大/行动电话	随身电话	手机	移动电话
	次常用	无线电话	手提电话	流动电话	流动电话	移动电话	大哥大
1998—1999	最常用	手提电话	流动电话	行动电话	流动电话	手机	移动电话
	次常用	流动电话	手提电话	大哥大	手机	移动电话	手机
1999—2000	最常用	流动电话	手机	行动电话	手机	手机	手机
	次常用	手机	手提电话	手机	随身电话	移动电话	移动电话
2000—2001	最常用	流动电话	流动电话	手机	手机	手机	手机
	次常用	手机	手提电话	行动电话	流动电话	移动电话	移动电话
2001—2002	最常用	手机	手机	手机	手机	手机	手机
	次常用	流动电话	流动电话	行动电话	流动电话	移动电话	移动电话

这张图表以及编者的说明文字给出了这样一些重要的信息：

第一，跟新词"手机"实体所指同一的同义词主要有"大哥大、移动电话、手提电话、行动电话、流动电话、随身电话、无线电话"，此外，还有"手持电话、携带电话"。最后两词由于还没达到最常用和次常用这两个级别，所以没有列入图表里。这样"手机"同义词群一共有10个。

第二，这几个地区是全世界使用华语最有代表性的区域，除了北京和上海由于同属中国大陆管辖，取向比较一致之外，其余四地都各有自己使用频率最高的专门名称，表现出各自社区的特色。见表2所示：

表2　六个华语社区关于"手机"的主要名称

中国香港	中国澳门	中国台湾	新加坡	中国上海	中国北京
流动电话	手提电话	行动电话	随身电话	移动电话	移动电话

第三，在1995年之前，不但"手机"还没成为最常用的新词，而且连"大哥大"也还只是在中国台湾、上海和北京才进入次常用的范围。几乎所有的名称都是在"电话"之前加上不同的修饰词而已，结果都使用四字格，出现惊人的一致性，因为这是

区别于"固定电话"最便捷的方法，人们在构造一个新词的时候优先考虑的恰恰就是这个区别度。这有三个系列：一是着眼于跟固定电话相区别的功能，有移动电话、流动电话、行动电话；二是突出跟使用者的关系，有手提电话、手持电话、随身电话、携带电话；三是显示电话本身的特点，有无线电话以及隐喻性的大哥大。

2. "手机"及其同义词的出现率

本文在2007年10月利用北京大学CCL语料库对手机的同义词群进行检测，该语料库的语言素材（838,803,906字节）基本上都是1996年之前的，而且更为重要的是取材主要是中国大陆的，几乎没有中国港澳台地区和新加坡的语料。按照所得出条目的多少排列如下。见表3所示：

表3　1996年以前中国大陆地区"手机"及同义词群统计

同义词	出现频次	同义词	出现频次
大哥大	1209	手机	858
移动电话	849	无线电话	155
手提电话	106	手持电话	25
行动电话	7	流动电话	5
携带电话	3	随身电话	0

以上数字可以说明几个问题：第一，"大哥大、手机、移动电话、无线电话、手提电话"这五种名称使用得比较多，都超过了100个条目，可见属于优势名称，覆盖了上述同义词群名称的三大系列。第二，"手机"尽管跟"移动电话"都达到800多条，但是明显不如"大哥大"多，起码说明，在20世纪90年代中期之前，在口语里，"大哥大"的名称还是占压倒多数。第三，"手机"跟"移动电话"的条目几乎一样多，恰好说明，书面语和口语平分秋色。也说明当时"手机"名称的普及率还远远没有现在这样高。

本文又利用Google（谷歌）在2007年10月以及2008年3月两次对"手机"及其同义词群进行搜索，撇开重复以及分词不准确等因素，根据数量的多少依次排列如表4所示：

表4　谷歌搜索"手机"及同义词群的结果

名称	2007—10	2008年3月	备注
手机	265,000,000	897,000,000	各华语社区均最常用
移动电话	12,300,000	26,600,000	主要在中国大陆使用
行动电话	11,000,000	26,400,000	主要在中国台湾使用
流动电话	5,740,000	922,000	主要在中国香港使用
携带电话	4,720,000	1,650,000	主要在新加坡使用
手提电话	1,840,000	1,660,000	主要在中国澳门使用
大哥大	3,840,000	3,710,000	
手持电话	1,730,000	1,440,000	
无线电话	1,640,000	1,390,000	
随身电话	510,000	260,000	

以上数据可以有两方面的比较，一是跟CCL语料库的数据相比，二是Google的数据前后半年相比。我们可以发现：第一，"手机"的使用率，跟1996年以前相比，事实上已经跃居第一了，而"大哥大"则开始衰退，排在"移动电话、行动电话、流动电话、携带电话"之后。第二，跟半年前相比，"手机"的数量增加了3倍，远远超越其他的同义词而无可替代地成为最佳选择。移动电话和行动电话的使用频率几乎相等，而且增长的情况也类似。其他名称都有不同程度萎缩，尤其是流动电话原来主要在香港使用，现在更倾向于使用"手机"。

3. "手机"的崛起及其原因

根据《21世纪华语新词语词典》"手机同义词群"图表，我们整理出一张关于新词"手机"的发展线索对比图表。见表5：

表5　"手机"的发展前后对比

年份	中国上海	中国北京	新加坡	中国澳门	中国台湾	中国香港
1995—1996						
1996—1996	次常用					
1997—1998	最常用					

续表

年份	中国上海	中国北京	新加坡	中国澳门	中国台湾	中国香港
1998—1999	最常用	次常用	次常用			
1999—2000	最常用	最常用	最常用	最常用	次常用	次常用
2000—2001	最常用	最常用	最常用	次常用	最常用	次常用
2001—2002	最常用	最常用	最常用	最常用	最常用	最常用

（说明：根据编者解释，2000—2001年度，中国澳门的次常用词是"手提电话"，但是"手机"出现的次数实际上只比"手提电话"少1次。由于语料的选取带有随机性，仅仅只少1次，我们认为，起码应该把"手机"跟"手提电话"并列为"次常用"。这样才比较合理，也可以解释其他的语言现象，否则就无法解释"手机"一词，怎么从1999—2000年度的"最常用"，突然变成连"次常用"都不是的情况。）

对以上的图表，我们有几点重要的解释：

第一，"手机"一词到底是什么时候出生的，无从考察。就像吕叔湘先生所说："新词的诞生，往往查不到出生证的"。中国大陆正式开始引进这类新式电话是1987年11月18日，中国移动通信集团公司为配合第六届全运会在广东开幕而开通了国内首个移动通信网。开始时受到港台电影电视剧的影响，口语里叫"大哥大"，因此可以估计"手机"一词的产生可能是在20世纪90年代初。"手机"只是对当时已经非常流行的"大哥大"的一种补充，根据语料的提示，可以推测，"手机"应该是中国上海首先比较普遍使用的。因为1996年度上海的"手机"在使用频率上已经仅仅次于"大哥大"了，而且接着就迅速流传开来，以至于第二年度就成为最常用的新词了。而中国北京和新加坡直到1998年度才开始普遍使用该词。北京也大量使用"手机"一词，很好理解，因为中国上海的地位在90年代中随着浦东开发而迅速崛起，在新词语使用上也有着全国向上海靠拢看齐的趋势。至于新加坡，由于跟中国大陆的友好合作关系，以及对华语的认同和简体汉字的普遍使用，所以在词语方面有比较强的趋同性。中国澳门的情况比较有意思，它没有经历过"次常用"的阶段，就在1999—2000年直接升格为最常用，这显然跟澳门于1999年回归祖国的政治格局的变化密切相关，因此带有某种突发性的变化。中国台湾由于执政当局的政策和引导，一直在试图跟大陆保持距离，包括遣词用语方面，但最终也挡不住这一趋势，终于在经历了1999—2000年度的次常用阶段之后，于2000—2001年度成为最常用的新词了。只有中国香港比较特别，经历了两个年度的次常用，才于2001年成为最常用。估计这跟台湾地区的国语在口语上发音跟大陆的普通话基本上一致，比较容易全盘吸收新词有关。而香港由于港式中文在词语方面自成系统，往往表现出跟汉语普通话不大一致的地方，所以"流动电话"在香港地区始终保持着相当高的使用频率。但是根据笔者1996—1999年在香港工作和生活的经验，实际上香港居民口头上使用"手机"已经非常普遍了。

第二，"手机"一词的迅速流行，首先取决于该词符合汉语的构词规律，汉语现代构词的基本趋势就是双音节化，至于三音节的，四音节的，乃至于其他多音节的，都尽可能压缩为两个音节。这种趋势是非常鲜明的，再比如"出租汽车"，为什么迅速被"的士"替代，"酒吧女郎"简称"吧女"等，其重要的原因就是"的士、吧女"符合了双音节化的需求。与"移动电话、大哥大"等四个、三个音节的同义词相比较，"手机"无疑具有音节上的优势。简明扼要，好读好懂，而且也不产生歧义。

第三，"手机"的优势还在于它的组合能力特别强。因为这一新词音节只有两个，就比较容易跟其他单个语素或者双音节词语构成新词、新的短语。例如：

手机品牌、手机芯片、手机软件、手机配件、手机配套、手机蓝牙、手机质量、手机广告、手机游戏、手机电视、手机娱乐、手机专利、手机人物、手机专家、手机传媒、手机会展、手机新闻、手机价格、手机技巧、手机论坛、手机门户、手机世界、手机玩家、手机号码、手机铃声、手机图片、手机动画、手机视频、手机书籍、手机彩铃、手机报价、手机行情、手机之家、手机资讯、手机电影、手机大全、手机参数、手机短信、手机主题、手机频道、手机网吧、手机饰物、手机图库、手机大王、手机在线、手机行业、手机运营、手机流通、手机设计、手机咨询、手机投资、手机评测、手机上网、手机维修、手机政策、手机导购、手机选购、手机搜索、智能手机、二手手机、中国手机在线、e动前沿手机资讯、华夏手机网、手机中国、3G手机、手机网、手机圈、手机绳、……

第四，其实还有一个最最普通的原因，其实也是最可靠的原因，那就是在全球华语社区里"手机"一词使用的人数最多，频率最高。因为中国大陆目前拥有手机、使用手机的人数，已经跃居全世界的第一位了。据《每日经济新闻》（2007-8-20）报道："《每日经济新闻》日前从中国移动通信业发展20年图片展上获悉，中国移动电话用户目前已超过了4.87亿户，是全球移动电话用户最多的国家。同时，我国的两大电信运营商，中国移动和中国联通也在20年的发展过程中，分别成就了规模全球第一和第三的移动通信网络。"

尽管全世界移动电话普及率最高的地区为中国香港（根据2005年的资料统计，普及率达到120%，共有838万户），但是比起大陆来，简直是小巫见大巫，830万跟48700万相比，自然不是一个层次的问题。因为说到底，新词语乃至新格式的可接受度的提高，主要取决于它的高频使用。所以，华语的新词，往往还是大陆的说法占据优势地位，具有强大的辐射作用，这是不言而喻的。当然，这并不排除其他华语地区会陆续不断地向大陆的普通话输送有创意的新词新语。

这充分说明了"手机"一词在竞争中能够胜出的社会因素。一个新词新语能够征服人心，取得主导权，除了自身的价值之外，社会的认同度也是不可忽视的。如果有这样的共识，那么对这类同一概念或者同一物品但却有不同名称的竞争就可能拥有比较清醒的认识。

4. 有关理论的印证

以上分析显示了华语不同社区新词竞争和选择的基本趋势：一是必须最符合华语构词规律；二是跟别的词语的组合能力最强；三是社区使用频度最高。可见对不同名称的竞争与选择及其胜出原因的研究，具有本体语言学和社会语言学双重的理论价值。

下面再来观察"互联网"及其同义词群的演变情况。根据《21世纪华语新词语词典》所提供的材料，六个华语社区使用"互联网"等名称的大致情况如表6所示：

表6 关于"互联网"一词的相关统计

年份	等级	中国香港	中国澳门	中国台湾	新加坡	中国上海	中国北京
1995—1996	最常用	国际联网	国际联网	国际网络	国际网络	互联网络	互联网络
	次常用	**互联网**	互联网络	—	国际联网	信息网	交互网
1996—1997	最常用	**互联网**	互联网络	国际网络	国际网络	互联网络	互联网络
	次常用	互联网络	国际联网	—	递讯网	**互联网**	**互联网**
1997—1998	最常用	**互联网**	**互联网**	国际网络	国际网络	因特网	因特网
	次常用	互联网络	因特网	**互联网**	信息网	**互联网**	**互联网**
1998—1999	最常用	**互联网**	**互联网**	国际网络	国际网络	因特网	**互联网**
	次常用	国际网络	因特网	**互联网**	**互联网**	**互联网**	因特网

续表

年份	等级	中国香港	中国澳门	中国台湾	新加坡	中国上海	中国北京
1999—2000	最常用	互联网	互联网	国际网络	国际网络	因特网	因特网
	次常用	互联网络	因特网	互联网	互联网	互联网	互联网
2000—2001	最常用	互联网	互联网	国际网络	互联网	互联网	互联网
	次常用	互联网络	因特网	互联网	国际网络	因特网	因特网
2001—2002	最常用	互联网	互联网	国际网络	互联网	互联网	互联网
	次常用	—	因特网	互联网	国际网络	因特网	因特网

根据上图，可以整理出一张关于新词"互联网"（全称"互联网络"标上A）的发展线索对比图表。见表7所示：

表7 "互联网"一词的发展线索

	中国香港	中国澳门	中国北京	中国上海	新加坡	中国台湾
1995—1996		次常用	次常用A	最常用A	最常用A	
1996—1997	最常用	最常用	最常用A 次常用	最常用A 次常用		
1997—1998	最常用 次常用A	最常用	次常用	次常用		次常用
1998—1999	最常用	最常用	最常用	次常用	次常用	次常用
1999—2000	最常用 次常用A	最常用	次常用	次常用		次常用
2000—2001	最常用 次常用A	最常用	最常用	最常用	最常用	次常用
2001—2002	最常用	最常用	最常用	最常用	最常用	次常用

从上面的图表可以发现几个比较有趣的特点：

第一，关于"Internet"，华语地区开始的时候，有三个名称势均力敌：中国港澳地区是"国际联网"，中国台湾是"国际网路"，新加坡是"国际网络"，中国上海和北京是"互联网络"。相同之处是都承认是一个"网络"（网路），但是着眼点不同，新加坡和中国港澳台地域比较小，主要是突出跟国际上的联系，也接近原词的含义；中国大陆的着眼点在于国内互相联系沟通。三大名称的竞争，最后是"互联网"胜出，而"因特网"则异军突起，成为次常用。

第二，"互联网"显然是从"互联网络"简化而来的，最早占优势的全称是"互联网络"，首先在大陆广泛使用。而中国大陆使用这个词语经历了三阶段：最初是从

"互联网络"简化为"互联网",两者并存;然后是"因特网"崛起,并且与"互联网"并存;随后形成以"互联网"为主,"因特网"为辅的格局。

第三,"互联网"的使用频率最高,而且中国香港居先。1995年是次常用,次年即成为最常用,接着是中国澳门,再依次为中国北京以及中国上海和新加坡。这显示,新词新语方面,中国香港和澳门不但跟大陆息息相通,而且还有自己的特色。这也说明:一个名称的普及,关键取决于使用的人数和频率,而且有时政治因素在某个名称的使用变化上往往具有决定性的意义。

第四,"因特网"在中国大陆是仅次于"互联网"的名称,"互联网"是完全意译的,"因特网"则是音译加上意译的混血儿。这一名称在知识分子中比较流行。所以,在1997—2000年这三年里,"因特网"在中国大陆都是最常用的名称,甚至于超越了"互联网",只是在2000—2001年之后,才被"互联网"所取代。这说明在中国内地,意译词的使用频率要高于音译词。

第五,新加坡虽然长期以来坚持使用自己独特的名称"国际网络",但是最终也挡不住"互联网"的使用频率。在1998—2000年间,开始成为次常用的名称,到了2000—2001年间,终于跃居首位,而"国际网络"则屈居第二位。

第六,只有中国台湾,由于政治干扰等原因,该地区一直试图保持自己的某种独立性,始终坚持使用"国际网路",但是即使如此,"互联网"1997—1998年间开始也成为次常用名称。一直到2006年,最终也顶不住了,"互联网"最终胜出。

第七,"互联网"一词的组合能力也很强,比如可以组合成"互联网周刊、互联网频道、互联网中心、互联网技术、互联网协会、互联网品牌、互联网行业、互联网世界、互联网天地、互联网工具、互联网笔记、互联网人才、互联网环境、互联网软件、互联网调查、互联网首页、互联网观察、互联网实验室",等等。

第八,我们还利用Google对上文出现过的同义词语进行搜索(2008年3月),得出的数据如表8所示:

表8 "互联网"及相关词语的统计

名称	数量	名称	数量
互联网	2.47亿	因特网	815万
国际网络	137万	国际联网	103万
信息网	9240万	交互网	104万

可见"互联网"这一名称占据压倒多数的优势独占鳌头,是其他名称无可比拟的。类似的实例,可以举出许多,这主要体现在外来词的引进方面:

比如音译词,还有"荷尔蒙"和"贺尔蒙"、"秀"和"骚"、"粉丝"和"屄"、"博客"和"部落格"、"爱滋病"和"艾滋病"、"像素"和"像数"、"数码"和"数位"。

再如人名翻译方面,也存在比较大的差异。例如"布什"(大陆)、"布希"(台湾)和"布殊"(香港)、"肯尼迪"和"甘乃迪"、"克林顿"和"柯林顿"、"黛安娜"和"戴安娜"。

又如地名翻译也是如此。例如"好莱坞"(大陆)、"好来坞"(台湾)和"荷里活"(香港)、"戛纳"(大陆)、"坎城"(台湾)和"康城"(香港),还有"悉尼"和"雪梨"、"新加坡"和"新嘉坡"、"旧金山"和"三藩市"、"新西兰"和"纽西兰"等。

还包括音译和意译的不同取向。如表9所示的2个词语:

表9 "电子邮件"等相关词语的统计

英文	中国大陆	中国台湾	英文	中国大陆	中国台湾
e-mail	电子邮件	伊媚儿	UFO	飞碟	幽浮
laser	激光	雷射	lace	花边	蕾丝

即使都是意译词,也有不少不同的组合法。如表10所示:

表10 "软件"等相关词语的统计

英文	中国大陆	中国台湾	英文	中国大陆	中国台湾
computer	磁盘	磁碟	software	软件	软体
network	网络	网路	cursor	光标	游标

以前一般都认为,同义词,尤其是等义词,没有并存的必要,除了其中最常用的,其他必然消亡。但事实并非那么简单,可以发现相当多的同义词,即使有一个成为最常用的,其他的也会长期共存,尤其是不同华语社区,由于非语言的因素(尤其是政治的干扰和影响)在起作用,这种并存可能会延续很长的时间;而且绝对的同义词也是不存在的,比如"移动电话"具有书面语的色彩,"大哥大"具有特定的色彩和专指对象,从而跟"手机"共存。

世界是多元的,人的认识也可能是多角度、多层面的,即使是反映同一事物、同一对象的词语,也会存在某些差异,这就为不同华语社区的同义词群的存在提供了可能性和必要性。我们承认存在词语之间的竞争机制,但是无须去鼓励这样的淘汰机制。

主要参考文献:

石定栩、邵敬敏、朱志瑜(2006)《港式中文与标准中文的比较》,香港:教育图书公司。

邹嘉彦、游汝杰(2007)《21世纪华语新词语词典》,上海:复旦大学出版社。

(邵敬敏,暨南大学教授,博士生导师,中国语言学会副会长。

刘　杰,暨南大学文学院硕士研究生)

港式中文与语言变异*

邵敬敏、石定栩

0. 引言

关于语言接触和语言变体，以往的研究主要涉及口语，对书面语很少关注。而且书面语也主要涉及两种语言之间的关系，很少同时涉及标准语、方言和外语的情况。香港由于它的特殊情况，语言生活呈现出多姿多彩的面貌，尤其是它的书面语形式港式中文更加引起我们极大的兴趣。

语言的变体通常区分为三类：一个是地域变体（因为地域不同而引起的）；再一个是社会变体（因为社会阶层以及男女性别不同等社会因素而引起的）；还有一个是功能变体（因为应用范围不同而引起的）。港式中文这一特殊的语言变体，恰恰是这三种不同类型变体的综合体。它首先是个"社会变体"，香港在1997年之前被英国殖民统治100多年，回归以后也还是实行"一国两制"，所以这里的社会变体实质上指的是因"不同的社会制度"而造成的，明显区别于一般的社会变体的含义。其次它又是"地域变体"，因为它位于中国东南端，属于粤方言范围，长期以来，口语是粤方言的一统天下，普通话（国语）基本上被屏除在外，粤方言对书面语具有不可忽视的影响。第三它只是指书面语，一定程度上脱离口语而存在，所以还是"功能变体"。

---

* 本文曾发表于《华东师大学报》2006年第2期。此次收入本书时有修改和补充。

下编：港台语言现状及对大陆语言文字规范的影响

1. 香港语言生活的历史与现状

香港从一个默默无名的小渔村，发展成为一个赫赫有名的国际大城市，经历了100多年的艰辛历程。香港的历史，伴随着祖国的兴衰，也充满着惊涛骇浪。香港的语言面貌同样经历了曲折的、激烈的动荡和变化。参考刘镇发先生的资料，我们把香港语言使用的历史划分为五个阶段：

第一阶段是土粤方言初始阶段（1842年之前）。香港本地居民使用的是"土粤方言"，属于粤方言，但是跟粤方言的代表地点广州话（白话）有明显区别，主要在现在的新界一带使用。1762年以后，客家人大批移民到香港，形成了第二大方言群：客家方言。第二阶段是广州话流行阶段（1842—1945年）。香港被英国占领以后，英国统治者在政府层面用的基本上都是英语，直到1882年以后才有少数学校开始教中文。但是平民的交际语言基本上用的还是广州话（白话），即官和民使用的语言是双层面的。20世纪初期潮州、汕头人开始大量进入香港，开始形成香港的第三大方言群体：潮汕话。第三阶段是多方言并用阶段（1945—1967年）。第二次世界大战结束以后，香港的语言生活呈现出两个显著特点：一是国内由于内战动荡，而香港局势相对稳定，大批难民移居香港，四邑话、上海话、闽南话也开始崛起。二是国语兴起，国语不仅成了中小学除了粤方言之外的主要教学语言，而且广播、电影以及歌曲都普遍使用。第四阶段是粤方言为主导阶段（1967—1997年）。受国内文化大革命的影响，1967年香港发生了"左"派暴动，港英政府为了有效控制局势，加强香港人的认同感，在语言政策上采取了一系列措施，核心是推广粤方言，排斥国语，主要包括：除了英语，广播电视都只能够使用粤方言；禁止中小学教国语；取消中学会考"国语"科目；开始拍摄粤方言电影，推行粤方言歌曲。从80年代开始，香港社会进入一个以粤方言交际为主的时代。第五阶段是"两文三语"阶段（1997—）。1997年香港正式回归祖国大陆，同时又实行"一国两制"，所以香港特区政府在语言政策上，实施的是"两文三语"，即：书面上中文与英文并存；口语上则是普通话、粤方言和英语并存。让人特别感到欣慰的是各个阶层的香港居民，包括政界、工商界、教育界等，学习普通话的热情高涨，普通话水平测试成为热门话题，短短几年里，能够说普通话的人数剧增。但是这仅仅限于口语，书面语方面则几乎没有太大的变化。

根据以上分析，可见，所谓的港式中文，实际上形成于20世纪70—80年代，并且在90年代趋于成熟。这是在特殊的地区,受到特殊政策的影响,在特定历史背景下形成的,充分体现了香港地区的特殊性:是中文,但不是标准中文;处处可以发现粤方言、英语、文言文的成分,却又都包容在中文的框架里边。因此,它是一种特殊的书面语变体。

2. 港式中文的性质

粤方言的可懂度,在各大方言中可能是最低的,根据郑锦全先生的统计和分析,大概只能够达到百分之十几,而香港的汉语书面语,则大体上可以看得懂。但是香港书面语还存在不少跟标准中文不同之处,也就是说,这是具有香港地方特色的汉语书面语——港式中文。

那么什么叫作"具有香港地区特色的汉语书面语"呢?即以标准中文为主体,带有部分文言色彩,深受粤方言和英语的影响,并有独特的社区词和流行语,在词汇系统、结构组合、句式特点以及语言运用等方面跟标准中文有所不同,主要在香港地区普遍使用的汉语书面语。这样,港式中文一方面跟香港居民口语使用的粤方言相对,另外一方面又跟全国普遍使用的标准中文相对,从而形成了自己的特色。香港地区的汉语书面语,根据它跟标准汉语、粤方言的比较,实际上存在不同的等级,我们根据邵敬敏(1996)对香港报纸用语的等级分析进行了调整:第一级:标准中文,指完全运用标准汉语的书面语,跟内地使用的标准中文属于同一类型。内地人的可懂度为95%—100%,仅有少数词语不符合内地的规范。第二级:港式中文,指具有香港特色的汉语书面语,基本上以标准中文为主体,但受到粤方言、英语以及文言等多方面影响的书面语。内地人的可懂度为50%—95%。例如:

(1)该局副秘书长余志稳在另一场合**称**,已收到**逾**一百份有关种族歧视立法的建议,大部分不赞成新移民纳入禁止种族歧视的立法范围内。(《苹果日报》2005-02-07)

第三级:粤方言书面语,指粤方言的词汇、格式比较普遍,但是标准中文还是占有一定比例。内地人的可懂度为50%以下。例如:

（2）无论穿乜饰物，珠仔配搭都好紧要，尤其穿细粒（口+既）珠仔，分外伤神，要好有心机。有时穿完一条手链仔，对眼会好（支+力）。(《苹果日报》2005-02-15）

我们认为，港式中文并非一种独立的中文，而是标准中文的一种变体。因为它的总体面貌，大部分词语、句式都还是我们熟悉的标准汉语。

对待港式中文客观上存在两种对立的态度：一种态度是坚决反对，认为这是不规范的，应该取消、改正。例如《香江文坛》（2004年11月）发表的"港式中文不宜大行其道"，认为只有放弃港式中文，采用汉语标准书面语，"才能提高作为国际大都会的香港的文化质素与层次，才能提高香港的国际形象。"还有一种态度是比较宽容，认为应该承认它的存在，不要轻易否定。例如《成报》（2005-01-11）"港式中文：不必批评，也不必提倡"，认为"中外语文互相影响"是合情合理的，不必大惊小怪。但是理由并不充分。

我们觉得这两种态度实际上都不能解决问题。我们的态度：不是简单的反对或者赞成，重要的是进行具体的比较、分析，并且寻找其造成种种差异的原因。首先需要知道港式中文和标准中文的区别到底有多少，有多大，这就需要对港式中文进行全面的调查，从而发现它跟标准中文的区别。其次要把点点滴滴的区别运用语言学的知识进行必要的归纳，从词汇、句法、语用多种角度进行梳理，并且寻找出一些规律性的东西。第三要结合香港的社会、历史、文化、风俗，并考虑粤方言、英语、文言的影响，运用社会语言学的理论与方法挖掘隐藏在这些差异背后的深层次的原因。第四要看到港式中文实质上是多种语言（方言）接触、渗透、交融的一个必然结果，是研究语言发展变化的极好样例，将对语言学理论的发展与更新起到积极的作用。第五是预测港式中文今后发展的走向，以积极进取的态度对待港式中文，使之与标准中文更好地配合，并促使港式中文根据香港特区今后发展的需要，逐步向标准中文靠拢。只有在这样比较研究的基础上，我们才有可能对这一特殊的语言现象进行研究，发现港式中文的特点和规律。

3. 港式中文的变异手段

港式中文的变异是通过各种手段实现的。下面分别做些分析。

3.1 代用

标准汉语里本来应该使用这种词语，例如A来进行组合，但是粤方言却使用另外一些词语例如B，结果由于方言的影响，港式中文里A就用B来替代了。香港普通居民的语言使用实际上实行的是"双轨制"，即口头上说的是粤方言，书面上写的是汉语共同语。虽然有比较明确的分工，但是实际上两者是相互影响的，尤其是口语对书面语的影响更为显著。当他们自己使用汉语共同语写作时，粤方言的某些词语，以及某些表达方式就常常掺杂进来，比如名量词跟名词的组合，不能仅仅归之为一种习惯，两者之间实际上存在着某种语义的双向选择性。这正是汉语语法组合规则的一条总纲，具有极大的解释力。

例如"间"作为量词，在标准中文里与名词的搭配能力非常有限，可与之搭配的名词主要限于"房"，以及与之相关的"屋子、卧室、客厅"等等，属于"专职量词"。可是在港式中文里，"间"却特别活跃，与名词的组合能力非常强，在一定程度上能与标准中文的量词"个"相媲美，诸如"学校（大、中、小）、工厂、公司、诊所、医院、餐馆、排档、商店、超市、银行、邮局、酒吧、教堂、赌场、大使馆、旅行社、养老院、娱乐场所、电视台、球会（即俱乐部）"等名词，都能与"间"搭配，属于"泛化量词"。这显然是受粤方言的影响。例如：

（3）a. 香港有八间接受政府资助的大专院校，各有不同的历史和传统。(《明报》2001-10-03）（一般用"所"）

b. 以规模而言，德国的运送行动最大，该国共有五万间私人银行。(《东方日报》2001-09-08）（一般用"家"）

c. 一九九八年美国两间非洲大使馆遇袭之后展开的调查也得出同样的发现。(《星岛日报》2001-09-29）（一般用"家"）

d. 纽约一间电视台报道，执法人员相信两架飞机遭恐怖分子骑劫，发动这次惊天袭击。(《苹果日报》2001-09-12）（一般用"家"）

3.2 借用

标准汉语里本来没有这样的用法，由于方言的影响，结果造成这样新的格式。例如在标准中文里，"有"只能用作动词，带体词宾语，如"他有一本书""面粉里有沙子"等，但是不能带有动词性宾语或者小句宾语。因此我们可以问"你有没有钱？"，也可以回答"有钱",或者"没有钱"。但是绝对不能问"你有没有搞错?"也不能回答"有搞错"。而只能够问"你搞错了没有?"回答是"搞错了"或者"没有搞错"。但在港式中文里,"有"除了带体词性宾语之外,还有一种很特别的用法,就是直接出现在动词前面,表达一种特殊的体貌意义。这种用法中的"有"已经相当虚化,可以看作是一个语法标记了。例如:

(4)a. 全国广播公司及《华盛顿邮报》在演说后的调查发现,全国七成九人都有收看这次演说,是十年来收看率最高的一次总统演说。(《明报》2001-09-22)

b. 案发当天他们四人同去参加友人的婚宴,婚宴期间,他注意到两名死者都有喝酒,自己也喝得酩酊大醉。(《东方日报》2001-08-15)

以上两例中,充当句子谓语的动词短语前都附着一个"有"。不难看出,这些句子都有一个共同的语法意义——"完成"。那么,标记词"有"是否就表示完成这一语法意义并只表示这一意义呢?我们不妨扩大考察的范围,看看下面的例子:

(5)a. 我们仍有保持联络,但没有什么进展。(《明报》2001-09-23)

b. 他并强调,香港与国际执法部门有定期交换恐怖活动情报,警方有足够能力对付恐怖活动。(《明报》2001-09-20)

很明显,例(5a)的意思是"保持着联络",例(5b)的"定期交换着……情报";在句子中都有"持续"的语法意义。中文以"有"置于动词之前充当体标记,在语言类型学中并不罕见,其他语系的语言中也有类似的用法,如英语中的"have"和法语中的"avoir"在保留实词用法的同时,也已虚化成为表示体范畴的情态动词。

3.3 混用

混用指某个词语在标准中文本来应该是这样的语义和用法,但是在港式中文里却有其他的语义或者用法,从而造成了混用。最常见的就是"同形异义词语"。

一种情况是词性不同,语义不同。例如:

（6）a. 关父的一名友人称，昨晨大帽山电单车意外伤者，亦是其朋友，一日
内两次去医院"**认真**当黑"。(《苹果日报》2004-02-23)

b. 此外，沙丽此行也有重大收获，事缘她在酒店房间所用的枕头睡得
她非常舒服，故索性向酒店购买一对回来与阿 Lam 分享，**认真**恩爱。
(《东方日报》2004-2-23)

在标准中文里，"认真"是形容词，表示"严肃对待、不马虎"的意思，例如
"认真学习""学习认真"。在港式中文里除了这一意思之外，还是副词，只能够做状语，
表示"确实、的确"的意思。此外，还有"化学、花心、意图、八卦"等也是这样。

再一种情况是词性相同，词义不同。例如：

（7）a. 马会前职员不满遭炒鱿，满腔愤怒无从宣泄，竟将矛头指向寓所附近
的马会投注站，在个半月内八度向投注站捣乱，包括泼**油**及倒水入自
助售票机泄愤。(《东方日报》2004-04-16)

b. 公司内数名职员纷纷闪避，其中一名被红**油**泼中左手的男职员追出门
外，目睹三人沿后楼梯逃跑。(《苹果日报》2004-04-01)

标准中文里，"油"包括好几种意思：一指"动植物体内所含的液态脂肪"，例如
"豆油、菜油"，二指"矿产碳氢化合物的混合液体"，例如"石油、油气"，三指"固
态的动物脂肪"，例如"猪油、牛油"。而在港式中文里，除有跟标准中文相同的含义
外，"油"还常常指"油漆"。在香港，店铺、写字楼等地被淋油漆恐吓的新闻屡见不
鲜。例句中的"红油"指的是红色油漆，显示两地对油的含义理解有所不同。此外，
还有"地牢、电梯、人工、尾数、大堂、工人"等都有不同的理解。

还有一种情况是词义不同，搭配对象也不同。例如：

（8）a. 表扬本港电影业成就的尖沙咀新旅游点"星光大道"将于四月**开幕**，
并在本周日举行招聘会，聘请四十名亲善大使和纪念品销售员。(《星
岛日报》2004-03-03)

b. 为迎接迪斯尼乐园在 2005 年**开幕**，旅发局来年其中一个重点是拓展
"家庭旅游"，自由行旅客是重点对象之一。(《明报》2004-02-24)

在标准中文里,"开幕"的本义指"戏剧、歌舞等演出开始时拉开舞台前的幕布",引申泛指"会议、展览会的开始",相对于"闭幕",例如"开幕词、开幕仪式"。在港式中文里,"开幕"除了跟标准中文一样的用法之外,其"开始"义的搭配对象远远多于标准中文,店铺、场馆的开业在香港都可以称之为"开幕"。香港20年代的《工商日报》已有"书院开幕""店铺开幕"的搭配,叶圣陶的长篇小说《倪焕之》(1928年)中就有"生活开幕"的用法,可见,香港沿用了"开幕"过去的用法,内地则缩小了使用范围,所以产生了差异。此外还有"醒目、主持人、行使、身家、孤寒、辛苦、裁判、刁钻、发达、密实、犀利、小气、阴湿"等。也有这种情况。

还有另一种情况是褒贬感情色彩的差异。例如:

(9)a. 死党是住在隔邻单位的一名黄姓男童。(《全球首个华语共时语料库》)
　　　b. 余志稳又指出,当局在检讨咨询及法定组织工作时,会优先检讨平机会主席角色问题,并研究应否加开行政策总监的职位,以平衡主席的权力。(《苹果日报》2004-02-14)

标准中文里,"死党"指"为某人或某集团出死力的党羽"(《现代汉语词典》,1195页),属于贬义。而港式中文里指的是"密友"(最要好的朋友),属于褒义。在标准中文里,"检讨"一词的常用义是"找出缺点和错误,并做自我批评",带有贬义色彩;当然也可以表示"总结分析、研究",无所谓褒贬的,例如"原稿不在手边,无从检讨。"但是,港式中文里的"总结分析、研究"则是常用义,没有贬义的用法。1948年7月14日的香港《工商日报》有"国际局面该重新检讨"的标题文章,结合其他因素可推测,"检讨"一词出现常用义的差别,是香港沿用过去的用法形成的。此外还有"揭发、事业、人士、拉拢、口气、入伙"等,也属于这种情况。

最后一种情况是基本义与比喻义的不同。例如:

(10)a. 加元昨在亚洲市水位介乎每美元兑1.3350。(《全球首个华语共时语料库》)
　　　b. 跟在死囚车后,希望看到"打靶"盛况。(《全球首个华语共时语料库》)

标准中文里,"水位"指"江河等水域水面的高度位置"。港式中文则比喻为"金融市场价位的高低",因为香港人惯于用"水"来比喻"财"。标准中文里,"打靶"指"射击练习",因为要看射击的成绩,所以必须竖起靶子来打,有首军列歌曲就叫"打靶归来"。港式中文专指"枪毙",现在香港取消死刑,这一用法也逐渐消亡。此外,还有"蛇头、打尖、小手、马蹄、黑手、抽水、提水、偷鸡、放水、通水"等,也是这种情况。

3.4 夹用

中文词语中夹用英文词语最常见的是数量占绝对优势的三大类实词:名词、动词和形容词。这些英文词语一旦进入汉语的句子框架,就自动放弃原有的语法属性,特别是原有的变格变位的形态变化规则,而受到汉语语法组合造句规则的约束,这具体表现在以下几个方面:

一是所夹用的英文单词按照汉语的构词法和构形法的规则,进行汉语式构词,主要是出现重叠格式以及"动词+化"。例如:

(11) a. 任何人披上"民主"这样魔衣,就显出一副 cool cool 的民主斗士的架势。(《成报》2004-09-22)(adj. 酷酷的)

b. 情形就好像 fashion 一样,讲家具变得 fashion 化,这个深奥的学问,当然要留待设计师给读者们解答吧。(《成报》2004-09-22)(v. 流行)

二是英文名词也可以接受数量短语的修饰,这在英文句子里是无法想象的。例如:

(12) a. 最后一个 shot 放的烟花要几万多元,导演同我讲只得一次机会。(《星岛日报》2004-09-04)(n. 镜头)

b. 最近收到好多 complaint。(《全球首个华语共时语料库》)(n. 投诉)

三是动词不是按照英文的语法规则来进行时态变化,而是依照汉语语法规则,后面带上时态助词,也包括粤方言的一些方言助词"quit 咗、like 啰、Enjoy 下"等。例如:

(13) a. 正如老板 Cora 所说:自己本身是记者,打工打到好闷,于是想开间

Café 玩下，自己 Enjoy 下，让人有个地方坐下来谈天，供应些物美价廉的食物。(《星岛日报》2004-09-13)(v. 享受，后面出现时态助词"下")

b. 我的机器是台老 LAPTOP。都 Set up 的是画图的软件。已经好久没有装过 OFFICE 了！(《全球首个华语共时语料库》)(v. 装配)

四是形容词还可以像汉语的形容词一样用时态助词"了"以及结构助词"得"带上补语。例如：

(14) a. 至于郑融颇识做地卖花赞花香说：我饮用"完美 16"较前 Fit 了不少，尤其是腰围和下围的肌肉更结实。(《星岛日报》2004-09-13)(adj. 健美)

b. 至于歌词纸，也没有因为新版而改用彩色印刷，一切依照原来 Lo-Fi 的黑白颜色和简洁的排版设计，感觉 Vintage 得多！(《星岛日报》2004-09-13)(adj. 最佳)

五是形容词还可以直接做谓语，而不必借助于"to be"。例如：

(15) 她大谈华仔身形 Fit。(《星岛日报》2004-09-19)(adj. 健美)

六是某些词语的词性发生了变化。下面例(16a)是名词变成了形容词，(16b)是名词变成了动词，(16c)是形容词变成了名词。例如：

(16) a. 她笑说：我真系估唔到佢会面红，同埋一埋位就流到眼泪，可能佢感觉上太 Man，起初我以为佢好爽朗，不拘小节，原来系好细心。(《星岛日报》2004-09-14)(n. 男人 → adj. 男性化)

b. 记者目前在旺角闹市发现"南拳妈妈"与助手结伴 shopping。(《星岛日报》2004-09-21)(n. 商店 → v. 购物)

c. 方立申承认因为扁桃腺发炎才会咪嘴，"如果声带无问题我会唱 live，唱不到 live 我心情都受影响"。(《星岛日报》2004-09-10)(adj. 实况

转播的→n. 现场演唱）

七是使用汉语的省略格式。汉语的反复疑问句式常常会出现这样的省略格式："开心不开心？——开不开心？"如果夹用英文，也会出现同样的省略格式："hap 唔 happy 呀？"（开不开心哪？）或者 pro 唔 professional？（专不专业？）此外，英文词语往往字母太多，词形太长，不太符合汉语单词以双音节为主的习惯，所以常常出现省写形式。例如：

（17）东方新地-盒仔数码相机好 Pro。（《东方新地》2001-04-23）（adj.Professional 职业、专业化）

4. 产生港式中文语言变异的原因

《中华人民共和国香港特别行政区基本法》明确规定，汉语和英语具有同等地位，都是香港的正式官方语言，这就形成了香港特有的"两文三语"现象。汉语的社会地位在香港回归前后不断提高，规范化的呼声也就逐渐高了起来。另一方面，香港与大陆在文化、教育、经济、社会生活方面的交流日益频繁，以标准汉语写成的新闻报道，中央政府的文件开始在媒体中频频出现。与标准汉语的接触多了，香港书面汉语必然也会受到影响。这种状况所带来的结果是"变异形式"与标准汉语的"规范形式"共存共用。如表示否定除用"未有、无"之外，有时也用"没有"；被动句除用"遭、获"之外，也不难见到用"被、让"的情况等等。随着语言接触的不断增加，标准汉语的规范形式很可能会逐渐扩大自己的领地，最终取代大多数的变异形式。

从普通语言学理论的角度来看，作为香港书面语的港式中文是标准中文的一个地域变体，实际上也是语言，包括外语、古汉语、汉语方言、汉语标准共同语相互接触、渗透、交融的必然结果，这也使港式中文成为语言交融分析的典型样品。港式中文与标准中文的不同之处，以及产生这些差异的原因，自然会成为语言学家的研究对象。对港式中文形成的历史、变化及其原因，可以从六个方面进行考察。

第一点，港式中文，当然还是中文，所以首先它应该是汉语书面语的一种变体，就好像说"港式餐厅"，还是"餐厅"，"港式电影"，还是"电影"一样，只不过它带有香港的某些特色。因此，从这一意义上来讲，标准汉语书面语自然是它的基础、根本。以1919年的新文化运动为契机的白话文运动，必然对全国的书面语产生深远的影响，香港的书面语也不能例外。此后的几十年间，香港书面汉语的发展大致上与内地书面汉语同步，无论中小学语文课本，还是文学作品、报纸新闻，基本上用的是标准汉语书面语。

第二点，香港居民的主体母语方言应该是粤方言，而且是以广州方言为代表的"白话"。在家庭生活和社会交往中，香港人基本上说的是粤方言。因此，从口语来说，处于主导地位的是粤方言，这样，一旦香港书面语走上半独立发展的道路，粤方言对香港书面汉语必然会产生全面而深刻的影响，包括词汇和句法，以及语用的习惯，等等。

第三点，第二次世界大战之后，由于种种原因，特别是美国在政治、军事、经济、文化等强势扩展，导致英语成为国际上最有影响的语种，再加上由于英国曾经是香港的宗主国，英语对港式中文的影响是比较深的。香港在1997年回归中国之前，有近150年的殖民地历史。在此期间，英国出于殖民统治的需要而确立了英语的官方地位。英语不仅成了香港的立法语言和司法语言，而且也成了工作语言、教学语言和商务语言。英语地位的不断上升，提高了一般职员的英语水平和英语交际能力，也使香港地区的汉语书面语发生了不容忽视的变化。

第四点，文言文的影响。香港书面语的一个非常重要的特征就是跟口语（粤方言）脱钩，而香港人学习中文写作的途径主要是课文中的各种经典范文，其中包括大量的古文。由于文言文的学习是语文教育的一个重要组成部分，而且粤方言中也保留比较多的古汉语成分。所以香港书面语跟内地书面语的一个重大区别就是在文言成分的运用上，前者明显多于后者。

第五点，香港社区词和流行语。由于香港社区的特殊性，反映香港特有的事物、理念和特色的新词语以及香港青年的时髦的流行语，这也是港式中文的一个重要组成部分。

第六点，香港人员的构成，虽主要来自于以广州为核心的珠三角地区，但是，不同时期，潮汕人、福建人、上海人都有大批人员涌入香港，他们的方言不同程度地影响了港式中文。

需要特别指出的是，上述六个方面的影响以及他们所发挥的作用是不同的。也就是说，影响的程度、作用明显不同。概括起来可以这样说：标准中文是最根本的影响；粤方言是全面的影响；英语是深刻的影响；文言是局部的影响；社区词和流行语以及其他方言则是有限的影响。由于我们关注的是标准中文跟港式中文的区别，所以这两者相同的地方，是比较研究的出发点和依据，而不是考察的重点。

港式中文的前景到底如何呢？有人认为"香港语码混用的情况会随着英国殖民统治的结束而结束，最终走向单一语码"。也有人认为，按照标准中文的标准，港式中文里充满了错误，所以这是一种"病态"的模式，起码是不健康的表现，应该修改、乃至于废黜。但这些都只是一厢情愿的看法。根据"一国两制"的总原则，在短时期里改变这种状况，显然是不现实的。我们认为：第一，港式中文将长期保留，出现"四文"（标准中文、标准英文、粤方言中文以及港式中文）并存的局面。第二，港式中文将逐步向标准汉语靠拢，但是不可能在短时期里消亡。第三，研究语言接触的目的往往是探索语言的同源关系，但是，港式中文研究的意义则主要探索共同语、方言以及外语的交融和影响，探索口语对书面语的影响和渗透，并在此基础上探索在标准共同语和方言之间形成过渡型中间语言的途径及其原因。

主要参考文献：

郭　熙（2004）《中国社会语言学》（增订本），杭州：浙江大学出版社。

刘镇发（2004）香港两百年来语言生活的改变，《台湾及东南亚华文华语研究》，香港：霞明出版社。

邵敬敏（1997）香港报纸用语的层次等级及其对策，《1997与香港中国语文学术研讨会论文集》，香港：香港中文大学。

郑锦全（1994）汉语方言沟通度的计算，《中国语文》第1期。

（邵敬敏，暨南大学教授，中国语言学会副会长。
石定栩，香港理工大学中文及双语学系讲座教授兼系主任，人文学院副院长）

华语社区词的典型性及其鉴定标准*

邵敬敏、刘宗保

0. 引言

作为一个语言学术语,"社区词"是 1993 年由田小琳教授在香港国际语文教育研讨会上首先提出的(《现代汉语词汇的特点》),并迅速得到汉语学术界的认同。笔者主编的《现代汉语通论》还第一次把这一术语引进了大学教材。对社区词研究最为得力的当然首推田小琳教授,她不仅在社区词的定性、特点、发展史研究等多个方面取得了可喜的成绩,而且还编撰了第一部《香港社区词词典》(商务印书馆,2009),从而填补了这方面的空白。

语言学界有关社区词研究的成果是显而易见的,但是还存在一些模糊地带。这主要是:第一,目前对社区词研究,大多属于举例说明,缺乏对其典型性特征的深入研究,它跟方言词、外来词、文言词的界限也不太清楚,常常混淆在一起。一个词,出现不同的理解和归类,主要是鉴定社区词的标准不够明确,也难以操作。第二,由于语料的局限,大家对香港的社区词比较熟悉,但是对其他社区就了解得比较少,尤其是台湾以及海外这些重要的华语社区,几乎没有做过有一定规模的调查研究,当然更缺乏比较研究。第三,不同社区的华语社区词之间可能会有各种程度的渗透和互动,致使有些社区词慢慢就变成了跨几个社区使用的"跨社区词"了,但是我们对语言接触的途径和影响程度也还都缺乏了解。

---

* 本文曾发表于《语文研究》2011 年第 3 期,此次收入本书有修改和补充。

本文打算就华语社区词的典型性、鉴定标准以及不同社区的互动关系做一些探讨，并且提出一些新的想法。

1. 典型社区词的定性与定位

先看看"社区"一词的内涵。中文"社区"一词是费孝通等人于20世纪30年代在翻译美国芝加哥学派代表人物帕克（R.E.Park）的观点时从英文的"community"翻译而来的。"社区"这一术语有两个基本语义特征：一是"区域性"：是指有一定边界的时空坐落；二是"社会性"：包含着政治制度、经济要素和文化心理三种要素的特征。因此，社区词的本质就既有地域的，也有社会的。两者都是它的重要属性，不过社会性更是它的本质属性。换言之，社区词反映出来的最重要的特点就是该区域的社会生活与文化特征，不过它们的背后有政治、经济、文化、教育、婚姻、信仰、军事、法律等因素在支撑着，因此这是个属于社会语言学的概念。华语社区词主要包括五个部分：中国大陆、中国香港特区、中国澳门特区、中国台湾地区以及海外华人社区。当然，海外华人社区还可以细分为日本华语区、韩国华语区、东南亚华语区、美国华语区、欧洲华语区，等等，本文由于语料所限，主要讨论海峡两岸及香港地区的社区词。

社区词首先应该区分为"典型社区词"以及"准社区词"（非典型的社区词）两大类，典型社区词实际上涉及三个方面：第一，形义均异社区词，即不同社区反映该社区特有事物、特有观念的特定词语；第二，义同形异社区词，即内涵相同，形式有差异，属于同一词语在不同社区中的变体；第三，形同义异社区词，即形式相同，内涵或用法有差异的词语，这是社区词里最难于鉴定的类别。

1.1 形义均异社区词

这类典型社区词，是指只有该社区才有，而其他社区没有的特殊的词语，是由该社区特殊的政治、经济、文化，乃至于教育、法律、军事等制度决定的，其特点是必须"独一无二"，因此也是最容易识别的。

一是大陆社区词：大陆实行的是社会主义制度，随着社会经济文化的发展，新生事物与新鲜观念层出不穷，尤其是新时期以来更是日新月异，因此涌现出一大批与众不同的词语。例如：

（1）一把手、两个文明、三八红旗手、三个代表、四个现代化、希望工程、菜篮子工程、豆腐渣工程、211 工程、软着陆、红头文件、上岗、下岗、头头、小产权房、反腐倡廉、权钱交易、下岗工人、离休干部、黄金周、吹黑哨、3+X、农民工、知青、北漂、超生、黑户口、社保、国企、民企、恶补等。

二是香港社区词：香港近百年来受到英国的殖民统治，直到 1997 年才回归祖国，现在还实行一国两制，加上独特的社区文化，因此产生了许多社区词，很有特色。例如：

（2）打工皇帝（指报酬极高的雇员，银行总裁、证券公司的高级顾问等等，虽然也是为老板打工，但是收入非常可观，处于打工阶层的最高层，简直就像皇帝一样）、抢闸（指赛马时抢前出发）、高官（指政府上层主要官员）、廉政公署（香港政府特设的机构，主要是针对公务员的贪污等犯罪行为）、海滩老鼠（专指在海滩上扔垃圾的人）、夹心阶层（专指月工资在 2 万以上 5 万以下的中等收入的人或家庭）、走光（不小心露出肉体或内衣裤）、强积金（强制性的公积金）、公屋、居屋、夹屋、丁屋；港督、布政司、律政司、特区首长、政务司、财政司、纪律部队、太平绅士、草根阶层；两文三语、专上程度、优才计划、康体；东华三院、保良局、善款、毅进计划、展翅计划、伤健人士等。

其他属于该社区特有事物的，尤其是跟偷渡、黑社会、卖淫业等有关的还有：

（3）蛇头（组织偷渡的人）、蛇客（偷渡者）、蛇匪（专门从事偷渡活动的匪徒）、蛇窦（私藏人蛇的秘密场所）、蛇柜（私藏人蛇的柜子）、小人蛇、女人蛇、老人蛇、人蛇、阿灿、省港旗兵、金鱼缸、垃圾虫（指乱扔垃圾的人）；红灯区、一楼一凤、凤楼、凤姐、北姑、买钟；三合会、新义安、14K、保护费、马仔、班马、白纸扇、斋坐等。

三是台湾社区词：台湾的情况也很特殊，1949 年国民党退居台湾，建立的是资本主义制度，跟大陆近 60 年基本上断绝来往，大陆的普通话和台湾地区的国语各自沿着自己的道路发展，从而也形成了台湾社区的许多特色词语。例如：

（4）大咖、愿景、粉味、过气、长官、博爱座、采认、安亲班、安养院、保送上垒、弃保效应、国民教育、次长、课长、阿巴桑、A钱、金光党、奶精（咖啡伴侣）、芭乐（番石榴）、扳不倒（不倒翁）等。

尤其是台湾特定的选举文化，造就了一批很有特色的台湾社区词。例如：

（5）蓝营、绿营、造势、站台（选举前为某个候选人站到造势会的台上以示支持）、拜票（为获得支持去拜访选民）、扫街（为获得选民支持走街串户访问）、哭票、桩脚、抓鬼、金主（选举时经济上给以大力支持的人）、奥步（专职竞选中采取不正当的手段）、冻蒜（与闽南语"当选"谐音）等。

1.2 义同形异社区词

这类典型社区词，实际上是同一词语的不同变体。根据词形的差异，可以分为以下几种情况：

一是字序颠倒词。例如：

（6）字序颠倒词举例

大陆社区	香港社区	大陆社区	香港社区	大陆社区	香港社区
蔬菜	菜蔬	孙女	女孙	服帖	帖服
拥挤	挤拥	镇纸	纸镇	录取	取录
奥秘	秘奥	狐臭	臭狐	已经	经已
素质	质素	多心	心多	装订	订装

大陆社区	台湾社区	大陆社区	台湾社区
地道	道地	运营	营运

二是同义语素替代词。例如：

（7）同义语素替代词举例

大陆社区	香港社区	大陆社区	香港社区	大陆社区	香港社区
手铐	手镣	塑料	塑胶	西点	西饼
雨鞋	水鞋	老生	旧生	逃税	避税
怀表	袋表	卷尺	拉尺	职员	文员
茄子	矮瓜	空屋	吉屋	肉酸	肉紧
丝瓜	胜瓜	猪肝	猪膶	糖尿病	甜尿病
				终点站	尾站

大陆社区	台湾社区	大陆社区	台湾社区	大陆社区	台湾社区
献血	捐血	分清	厘清	导弹	飞弹
渠道	管道	暴雨	豪雨	台球	撞球
轿车	房车	芯片	晶片	指示	训示
基础	根础	公安局	警察局	太空船	太空梭
超声波	超音波	高峰	尖峰	报告文学	报导文学

三是词形完全不同的词。例如：

（8）词形不同的词举例

大陆社区	香港社区	大陆社区	香港社区	大陆社区	香港社区
开关	电制	制冷剂	雪种	抽签	搞珠

大陆社区	台湾社区	大陆社区	台湾地区	大陆社区	台湾社区
退伍军人	荣民	军属小区	眷村	逃学	翘课
接口	介面卡	码洋	毛额	查处	检肃

如果我们对海峡两岸及香港地区的社区词进行一番比较，就会发现一些很有趣的现象，对同一事物或同一概念，不同的华语社区有时会采用不同的词语，如例（9a）；其中部分是香港跟台湾的词语相同，跟大陆社区不同，如例（9b）。比较：

（9）a. 同一事物或概念的不同社区词

大陆社区	香港社区	台湾社区	大陆社区	香港社区	台湾社区
工头	领班	管工	公安局	差馆	警察局
出租车	的士	计程车	公共汽车	巴士	公车
自行车	单车	脚踏车	厕所	洗手间	化妆间

b. 同一事物或概念的不同社区词

大陆社区	港/台社区	大陆社区	港/台社区	大陆社区	港/台社区
骗子	老千	招牌	看板	转乘	接驳
空调	冷气机	文体	康乐	咖啡伴侣	奶精

1.3 形同义异社区词

这类典型社区词，虽词形相同，但是意义或者用法存在差异。例如"地盘"：大陆社区指"占用或控制的地方，势力范围"；而香港社区最常见的词义是指"建筑工地",如(10a)。再如"人工":大陆社区指"工作量的计算单位",是名词;也可做区别词,表示"人为的,人力的"等;香港社区则指"工资",是名词,如(10b)。"辛苦":大陆社区指"身心劳苦";香港社区除此之外,还表示"难受",如(10c)。"死党":大陆社区指"为某人或某集团出死力的党羽",属于贬义;而香港社区指"密友"(最要好的朋友),属于褒义,如(10d)。"拉拢":大陆社区是贬义的,指"用手段使别人靠拢自己而对己有利";香港社区无所谓褒贬,指"靠近对方或把别人拉在一起",属于中性,如(10e)。比较:

(10) a. 署长柯麟志曾巡视过出现险情的地盘,并未发现有问题。(《全球华语共时语料库》)

b. 不错,香港人工贵,我每月要花大笔钱支付给他们。(同上)

c. 我感到辛苦的是,持续高烧不知多少天。(www.pwhcf.org)

d. 朋友不是太多,最要好的死党是住在隔邻单位的一名黄姓男仔。(《全球华语共时语料库》)

e. 两党同时表示,会拉拢地区派系筹组新政府。(同上)

尤其是语法上不同用法更为隐蔽,往往只有在组合使用中才会显示出来,所以很容易忽略,其实这些也应该看作不同的社区词,因为离开这一特定社区,这些用法就不存在,或者属于不规范的用法。例如"认真":大陆社区为形容词,表示"严肃对待、不马虎"。香港社区还是副词,做状语,表示"的确",如(11a)。"化学":大陆社区是指"研究物质的组成、结构、性质和变化规律的科学"。香港社区还是形容词,表示"变幻无常",如(11b)。"醒目":大陆社区是指"(文字、图画等)形象明显,容易看清"。香港社区则主要指"人的机灵",如(11c)。"试过":大陆社区属于自主动词,意为"已经尝试做过某事"。香港社区还有副词用法,表示"曾经",如(11d)。比较:

(11) a. 此外,沙丽此行也有重大收获,事缘她在酒店房间所用的枕头睡得她非常舒服,故索性向酒店购买一对回来与阿Lam分享,认真恩爱。(《东方日报》2004-02-23)

b. 叶叹道:"头先揸车时,佢(胡)仲有讲有笑,点知突然就去咗,真

系化学。"(《东方日报》2004-02-18）

  c. 菲佣竟于四个月间从女户主首饰盒内偷走共值十万元钻饰及劳力士手表并典当获七千元，然后将假钻戒放回首饰盒内图"鱼目混珠"，终被醒目女户主揭破。(《东方日报》2004-02-18）

  d. 很多男仔也试过遇上女友在街上突然发脾气的情况，如果你跟她争辩，或者企图阻止，只会令她火上加油。(《东方日报》2001-09-01）

  大陆社区跟台湾社区也有这类问题，例如"男生、女生"，大陆社区都属于一般名词，指"男学生、女学生"。台湾社区当然也有名词用法，但是意义却又变化，不只表示男学生、女学生的意义，还可以表示男人、女人，或者男性、女性，如（12a）。还表示"雄性、雌性"，如（12b）。甚至于语法上也发生变化，出现了形容词的用法，表示"具有男性的特征""具有女性的特征"，如（12c）。例如：

（12）a. 一个家庭是一个大饼，是由男生跟女生去分食它。(台湾"中央研究院"语料库）

  b. 我养了一只白文鸟，是女生，不管走到哪牠都会站在肩头跟着我。（同上）

  c. 我妹他性格是很男孩子的那种性格，很男生的那一种。（同上）

  d. 他虽然是个男生，但是个性很女生。（同上）

2. 准社区词跟方言词、外来词、文言词的关系

  社区词跟方言词、外来词、文言词一样，是现代汉语词汇一般词语的组成部分和重要来源。方言词反映的是词汇和地域的关系，外来词反映的是词汇和外族语言的关系，文言词反映的是词汇和历史的关系，社区词反映的是词汇和不同社区的关系。

  社区词跟方言词、外来词、古语词有明显的区别，属于不同范畴的概念。方言词的区别性特点是地域性，只是在某个方言区使用。外来词的区别性特点是音译性，它跟源语在语音上以及语义上存在一定的对应关系，只是在音节上汉化，在书

面上采用了汉字。文言词是古代汉语词语，是通过方言或者古典书籍的途径传承下来的词语。而社区词则只是通用于某个特定的政治经济文化社区的词语，它不同于方言词、外来词和文言词，但是也可能跟方言词、外来词以及文言词发生一些交叉或纠葛。

我们必须注意到这些交叉情况，即有一些词语，处于跟方言词、外来词、文言词的交叉地带，换而言之，有一些词语既可以看作是社区词，也可以看作是方言词、外来词或者文言词。这些就是非典型的社区词，也可称之为"准社区词"。准社区词跟典型社区词相对，同时跟方言词、外来词以及文言词应该是既平行又部分交叉重合的关系，所以需要加以定位，并且寻找鉴定的标准与方法。

2.1 准社区词与方言词

社区的特点，当然也跟地方特色有关，所以地域文化对社区词也是有重要影响的，但是它不同于方言词，方言词是跨社区的，比如有些词语，香港特区使用，但是广东地区也使用，而且意义和用法也完全一样，那就只是粤方言词，而不是社区词了。

香港有不少词语充分体现出其本土特点，可以说，这在以北方方言为基础方言的标准汉语的词语系统里是完全不可能出现的。例如香港一份报纸上的一个标题是："睇水兼抽水"，实际上"睇水＝望风，抽水＝提成"。"抽水"有两个意思，一个指"抽钱"，水就是钱。另外一个意思，相当于普通话的"揩油"，上海话的"吃豆腐"。例如：

（13）a. 内银股近期接连抽水，不少分析均看淡其表现，并担忧港股会被拖累。(《香港文汇报》2010-07-07)
　　　b. 黎姿为免被人抽水，只选择小朋友握手合照，大朋友一律免问。（www.the-sun.com.hk）

香港社区有一批跟"水"有关的词语。可能是因为南方海阔浪高，所以跟"水"组合成的词语特别多，判断这些跟"水"有关的词语，是否属于社区词，那就要看，广东地区的粤方言是否也这样使用。考察的结果发现，这些词广东地区的粤方言基本上都是这样使用的，这说明这些词不能看作香港的社区词，而应该看作粤方言词语。例如：

（14）望水（秘密地观察动静）、通水（偷偷地通风报信）、放水（不正当的

提示）、吹水（聊天）、命水（命运）、散水（离开）、醒水（醒悟）、补水（津贴）、过水（交钱）、磅水（给钱）、升水（升值）

再如，下面这些词不但通用于香港社区，也通用于大陆的粤方言地区，应该属于粤方言词语，因此必须明白，社区词不等于方言词，换言之，方言词仅仅具有地方特色，而没有社区特色。例如：

普通话和香港粤方言词对比

普通话	伙伴、喷头、口红、面试、上班、下班、猪舌、鸡血
香港粤方言	拍档、花洒、唇膏、见工、开工、收工、猪脷、鸡红
普通话	做梦、通过、雨鞋、占位、钥匙、手纸
香港粤方言	发梦、透过、水鞋、霸位、锁匙、厕纸
普通话	大号、家具、尿布、水果、老家、色鬼
香港粤方言	大码、家私、尿片、生果、祖家、色狼
普通话	银耳、管理、洗澡、鲜贝、黄瓜、开水、坐牢、苦瓜
香港粤方言	雪耳、打理、冲凉、带子、青瓜、滚水、坐监、凉瓜
普通话	缝纫机、自行车、猪前蹄、谈恋爱、保险柜、手提包
香港粤方言	衣车、单车、猪手、拍拖、夹万、手袋

香港社会口语普遍使用的是粤方言，但是我们发现有一些词语并非粤方言词语，因而推论它们应该是香港特有的社区词，但是，如果和上海话对比，就会发现，这些所谓的社区词实际上都是吴方言词。比如：

普通话和香港吴方言词对比

香港话/上海话	普通话	香港话/上海话	普通话	香港话/上海话	普通话
皮蛋	松花蛋	合桃	核桃	麻油	香油
白斩鸡	白切鸡	搭档	合伙	拖堂	压堂
冬菇	香菇	金针菜	黄花菜	门房	传达室
蚀本	亏本	面盆	脸盆	童子鸡	子鸡儿
邮差	邮递员	人客	客人	笃底	尽头
豆腐花	豆腐脑	落雪	下雪	冲茶	沏茶
写意	惬意	票房	售票处	人工	工钱
小肠气	疝气	败家精	败家子	三夹板	三合板

形成这种现象的原因很简单，是因为1949年有一大批上海人逃到了香港，他们聚

集在港岛北角一带，号称"小上海"，其中不少人后来在香港发了财，有的还成了大老板，例如邵逸夫、包玉刚等。所以，上海词语自然也就成了香港人模仿的对象。香港话里夹杂着上海词语，就一点也不奇怪了。这些不属于香港通行的粤方言词语而是其他方言词语，又在香港社区使用，可以看作是非典型的社区词。台湾通行的方言是闽南话，所以一些江浙方言的词语就也应该看作非典型的社区词，例如：笃定、开年、力道、软片。

2.2 准社区词与外来词

大陆社区和香港社区都有外来词，但是情况比较复杂。一是两者完全相同，这些当然不能算社区词。例如：

（17）鸦片（opium）、吗啡（morphine）、休克（shock）、撒旦（Satan）、弥撒（miss）、咖啡（coffee）、苏打（soda）、基督（Christ）、华尔兹（waltz）、巴士（bus）、克隆（clone）、基因（gene）。

二是香港社区跟大陆社区一样都是音译词，但同词异形，这就既是外来词，也是社区词。其中又分三种情况：

第一种，全部不同形。例如香港岛有一条街叫"荷里活道"，九龙还有个"荷里活广场"，大陆来的人初一看，不明白"荷里活"指的是什么，其实这个"荷里活"就是美国大名鼎鼎的"好莱坞（Hollywood）"。又如在西餐店，菜单上写着"沙律"，内地来的人会不明白这到底是什么东西，其实就是"色拉（salad）"。造成字形不同的原因就是香港社区在选用同音字时依据的是粤方言的语音系统。例如：

（18）大陆和香港全异形音译词

大陆社区	香港社区	英语	大陆社区	香港社区	英语
沙发	梳化	sofa	卡	咭	cart
可可	谷咕	cocoa	夏普	声宝	Sharp
马达	摩打	motor	开司米	茄士咩	cashmere
苦力	咕喱	coolie	盎司	安士	Ounce
麦克风	咪高峰	microphone	恰恰（舞）	查查（舞）	cha-cha
太妃（糖）	拖肥（糖）	toffee	迪斯科	的士高	Disco

第二种，部分不同形。例如看到"三文治"，就不难猜出这就是"三明治（sandwich）"了，看到"朱古力"也可以猜出是"巧克力（chocolate）"了。造成这种情况的主要原因是由于普通话（普通话的外来词从来源上讲主要是上海方言）和香港方言的语音系统不同，所以在音译时，各自采用了自身的语音系统中跟外语语音相近的汉字来书写。例如：

（19）大陆和香港部分异形音译词

大陆社区	香港社区	英语	大陆社区	香港社区	英语
白兰地	拔兰地	brandy	海洛因	海洛英	Heroin
高尔夫	哥尔夫	golf	凡士林	花士林	Vaseline
吉他	结他	guitar	沙丁鱼	沙甸鱼	sardine

第三种，完全不同形。大陆社区是意译，香港社区是音译，这些外来词自然也属于社区词。例如：

（20）大陆意译、香港音译的外来词

大陆社区	香港社区	英语	大陆社区	香港社区	英语
球	波	Ball	笔记	碌士	notes
明信片	甫士咭	postcard	樱桃	车厘子	cherry
李子	布林	Plum	靠垫	咕臣	cushion
联欢会	嘉年华会	carnival	猕猴桃	奇异果	kiwi fruit
提示	贴士	tips	保险	燕梳	Insurance
草莓	士多啤梨	strawberry	里程表	咪表	Meter
奶油	忌廉	cream	奶酪	芝士	Cheese
商店	士多	Store	烤面包片	多士	Toast
款式	花臣	fashion	临时人员	咖喱啡	Carefree
口试	柯佬	Oral	不及格	肥佬	Fail
姿势	甫士	Pose	爱人	打令	Darling
演员表	卡士	Cast	桌球	士碌架	Snooker
浮签儿	呢保	Label	老板	波士	Boss
二手货	夜冷	Yelling	领班	科文	Foreman
小宝宝	啤啤	baby	制动器	逼力	brake

大陆社区和台湾社区也都有外来词，而且情况比大陆社区和香港社区之间外来词的差异更为复杂。

第一种，同一个外来词，两岸采用的汉字不同，有的是完全不同，如（21）。更多的是部分相同，部分不同，如（22）。例如：

（21）大陆和台湾采用完全不同的汉字音译词

大陆社区	台湾社区	英语	大陆社区	台湾社区	英语
博客	部落格	Blog	可卡因	古柯碱	cocaine

（22）大陆和台湾采用部分不同的汉字音译词

大陆社区	台湾社区	英语	大陆社区	台湾社区	英语
黑客	骇客	Hacker	披头士	披头四	beetles
色拉	沙拉	Salad	硬件	硬体	hardware
纳米	奈米	Nanometer	网吧	网咖	internet coffee

第二种，由于台湾在历史上的特殊背景，对于外来的多元文化接受度非常开放，台湾很多的外来词在大陆及香港未见到，这些当然更应该看作非典型的社区词。例如：

（23）绑桩（法语：patronage）、爱蜜果（西语：amigo 朋友）、三貂角（西语：San Diego 圣地亚哥）、甲（荷语：Morgen，台湾大面积土地的计算单位，平方米）、伸卡球（英语：sinker 下坠球）、迷思（英语：myth 神话）、麦克笔（英语：marker pen 标记笔）、新鲜人（英语：freshman 新手）、加持（佛教语：现引申为托他人之福）、阿莎力（日语：あっさり 豪爽）

反过来的情况也有，即大陆是音译词，台湾反而是意译词。例如：

（24）克隆（clone，台湾：复制）、闪客（flash，指做 Flash 以及经常使用 flash 的人，台湾：无）、的士（taxi，台湾：计程车）、三文鱼（salmon，台湾：鲑鱼）

第三种，同一个外来词，大陆社区与台湾社区词形相同，但是意义不同。例如：

（25）沙龙（大陆指的是文艺方面的小型聚会，台湾专指女性美容院或美发院）

第四种，英文字母跟汉字结合的词语，这种外来词在台湾比较常见。例如：

（27）A钱/A东西（不劳而获得好处之意）、双B（指高级房车，德制BENZ及BMW之合称）、K人（打人）、K书（努力准备考试）、老K（骗徒老手）、N个（属不清的数量）、Q版（cute，可爱版）、A罩杯（A Cup，A尺寸）、A片（Adult Video，成人影片）、E世代（电子数位科技的时代）。

第五种，"字母+音译"结构的外来词，也属于非典型的社区词。例如：

（28）A咖（A class，A角色/A级）、B咖（B class，次等、次级角色）、E咖啡（Electronic Coffee Shop，提供上网资源的咖啡店）、K他命（Ketamine，一种精神科药物）、T霸（T bar，T字型的大型广告招牌）、IC卡（嵌有集成电路芯片的携带型卡）。

反过来的情况也有。大陆使用汉外混合词，而台湾却另创词。例如：

（29）B超（台湾称作"超音波"）、AA制（台湾说"平分"）、IP卡（台湾称作"电话卡"）

第六种，台湾与香港在翻译外国人姓名时，第一个字尽可能地用现成的汉人姓氏，而大陆则尽可能地避免用汉人姓氏的汉字。有时三地的翻译居然都不同。比如"Baroness Thatcher"，台湾"柴契尔夫人"，大陆"撒切尔夫人"，香港"戴卓尔夫人"。例如：

（30）大陆和港台人名翻译对比

大陆社区	港台社区	英语	大陆社区	港台社区	英语
奥巴马	欧巴马	Obama	丘比特	邱比特	Cupid
里根	雷根	Reagan	克林顿	柯林顿	Clinton
乔姆斯基	杭士基	Chomsky	肯尼迪	甘迺迪	Kennedy

总的来说，以上分析的这些外来词，因为只通用于某个社区，所以也是社区词，当然应该属于非典型的社区词。

2.3 准社区词与文言词

香港话里，文言词语大大超过大陆的普通话，这是大家都公认的事实，不仅在口语里出现，而且在书面语里更多。这些文言词，根据我们的研究，实际上有两个来源：

一是来自于粤方言口语。换言之，是古汉语的一种方言遗留，自然不算社区词。例如：

（31）食（吃）饭、饮（喝）茶、行（走）街/山、睇（看）书、瞓（睡）觉、抵（最）、行（街）、话（事）。

二是还有一些文言词语，只是出现在香港书面语里，粤方言口语里是不这么说的。现代汉语也不再这么使用。比如动词"谓、称、指、着、令"。例如：

（32）a. 街坊又**谓**，近年本港经济不景，发型屋生意亦受影响。（《东方日报》2001-10-03）

b. 国际红十字会**称**，他们在喀布尔市的一个仓库遭到美军空袭摧毁，至少有一名看守员受伤。（《明报》2001-10-17）

c. 律师**指**，被告愿意向受害人偿还二千五百多美元，但要十五日时间筹钱。（《东方日报》2001-09-29）

d. 当何答应购买该些手机时，被告**着**何购买马会现金券代替付款。（《明报》1998-09-13）

e. 不断重复的广播，**令**月台上挤满赶上班的乘客鼓噪起来。（苹果日报1998-09-06）

又如副词"更、遂、亦、故、鲜"等，在大陆社区书面语里基本上不使用的，这也可以看作是一种社区词。例如：

（33）a. 澳洲一男子终日沉迷上网，不但对妻子感情变淡，其后**更**动手打她。（《东方日报》2001-09-29）

b. 示威者企图强行越过港湾道，警方**遂**采取行动。（《全球华语共时语

料库》）

    c. 青少年在午夜十二时后**亦**不得外出。（同上）

    d. 想到横竖都会死，**故**不如跳下平台后再作打算。（同上）

    e. 期货商指在年初股市例旺之际，**鲜**有淡友敢沽空期指。（同上）

可见，香港的文言词有两类：一类属于粤方言共有的，不能看作社区词；另外一类只有香港社区才用的，由于这类词既不属于粤方言词，也不属于现代汉语词，我们认为也应该归入香港准社区词。

总之，所谓的"准社区词"，根据我们的考察，起码有三类：第一，该社区通行方言之外吸收了其他方言的词语；第二，在形义诸方面跟其他社区外来词存在差异的外来词；第三，只在该社区书面语中通行的那些文言词。关于准社区词，其类别、特点及其鉴别标准和方法还需做进一步的探讨。至于具体哪些词语应该看作非典型社区词可能有一些还有争议，这也是很正常的。

3. 社区词的特点及互动关系

3.1 社区词的互动关系

社区词的渗透、影响，乃至于融合，主要依赖于跨文化的交际。首先是事物随着物流进到其他地区，那么名称自然也跟着进来了。比如"行货、水货、物业、廉租屋"就从香港进入大陆。其次是观念的变化，也会直接影响到词语的互动。比如"上盖、晨运、唱淡、下午茶"。再次，两个社区的来往密切，甲社区就需要加深对乙社区的认识，包括地名、人名等一些有特色的社区词的认识，例如"维园、香江、浅水湾、尖沙咀"。这样的影响不是单向，而是双向，乃至于多向的。比如在港台社区词影响大陆的同时，大陆的一些特有的社区词，也逐步影响到海外华语社区。例如"普通话、透明度、下岗、非典、老外、小皇帝"等。这种互动性的渗透和影响从未停止过，区别只是力度和程度的不同。

3.2 跨社区词与泛社区词

不同社区的社区词之间常常会有互动的情况，换而言之，由于交往的日益频繁，开始某些词语可能只是限于某一个社区使用，但是慢慢地就会扩散，引进到其他社区。即不只是该社区使用，其他社区也在使用的，这样，该词语就从典型的社区词演变为跨社区的准社区词，这可以称之为"跨社区词"。其实这并不奇怪，因为，一个词语并非终生不变，它只要在使用，尤其是高频使用，就完全可能变化，或者从准社区词演变为典型社区词，或者从典型社区词演变为准社区词，如果再进一步扩大使用范围，变为更多华语社区都使用的词语，就成为"泛社区词"，也就是接近一般词语了。这样，从典型社区词，到准社区词，到跨社区词，再到泛社区词，最后就演化为一般词语，从而形成一个渐变的连续统。

比如 1978 年之前，主要由于政治的原因，大陆跟香港、澳门，以及台湾几乎不来往。但是在中国大陆改革开放以后，两岸及香港地区的关系日益紧密，社区词就发生了跨文化的交流。有些词语是大陆影响了港台，有些词语则是港台影响了大陆。

下面这些香港社区词，现在在粤方言地区也很流行，这就是跨社区词了。例如：

（34）煲电话粥（打电话没完没了的）、钻石王老五（指非常有钱却尚未结婚的男子，"钻石"比喻有钱而且高贵，"王老五"俗称单身男子）、六合彩（香港特有的一种彩票）、鸡（比喻妓女）、鸭（比喻男妓）、物业（指住宅以及附属的设施）、白马王子（理想中的男朋友）、走鬼（无牌小贩见到警察就像见到鬼一样赶快逃走）、八卦杂志（专门报道明星绯闻的杂志）、鸭店（男妓提供服务的场所）、出街（广告创意被广告主认可，最终印刷出稿或者 TVC 出来）

而且经过三十年的沟通，有不少词甚至于在整个中国大陆都非常流行了。这些就更可以看作"泛社区词"。例如：

（35）恒生指数、蓝筹股、红筹股、国企股、二三线股、四大天王、十大中文金曲奖、香港电影金像奖、义工、公益金、公积金、老公、老婆、手信、放电、塞车、收银、创业版、地产股、能源股、垃圾股、牛市、熊市、影帝、影后、三级片、香港小姐、亚洲小姐、华裔小姐、世界小姐、超市、公关、家教、人妖、资深、自助餐、度假村、保龄球、牛仔裤

甚至于外来词也有互相影响的情况，这主要是由于跨文化的影响，例如巴士、的

士就是从香港传进来的。尤其是香港回归以后,内地跟香港的交往日益密切,原来只是在香港使用的社区外来词,现在也进入了内地,例如经查阅北京大学CCL语料库,发现"嘉年华会"(22条)、"朱古力"(23条)、"摆乌龙"(24条)也开始流行了。至于台湾近年来跟大陆的接触大为加强,两岸的社区词也开始互动起来。"愿景、造势、长官、扳不倒、三八、陆生、陆客"等台湾的社区词不仅在大陆流行,而且《现代汉语词典》(第5版)也已收录。反之亦然,因为大陆有些词语开始进入台湾社区,例如"托儿、猫腻、牛(厉害)、牛市、熊市"。这说明不同华语社区之间的影响正在扩大。

现在随着不同社区的高频接触,必然导致语言的交融,必然会影响社区词的数量的减少以及典型性的减弱;反之不同社区的互不来往,必然导致语言的分离,必然造成社区词数量的剧增以及其典型性的增强。可见,不同社区接触的频度、力度决定了社区词的质与量。

本文提出的一些研究原则、分类标准,包括不同社区之间的互动关系,都可能会有不同的意见,这毫不奇怪,我们期盼借此引起大家对社区词研究的关注,并且促使研究向纵深发展。

主要参考文献:

邵敬敏(2005)香港词语比较研究,浸会大学《人文中国》第11期。
邵敬敏(2000)香港方言外来词比较研究,《语言文字应用》第3期。
邵敬敏、石定栩(2006)港式中文与语言变异,《华东师范大学学报》第2期。
田小琳(1994)现代汉语词汇的特点,《语文和学习》(香港九三国际语文教育研讨会论文集)。
田小琳(2004)香港社区词研究,《语言科学》第3期。
田小琳(2007)规范词语、社区词语、方言词语,《修辞学习》第1期。
王幼华(2009)台湾外来词的研究及相关比较,《第九届国际汉语教学讨论会论文选》,北京:北京语言大学出版社。

(邵敬敏,暨南大学教授,中国语言学会副会长。
刘宗保,安徽大学文学院讲师)

后　记

　　我和邵敬敏老师一起，特别是我作为第一主编，来主持编写一本关于语言文字规范化研究的专题论文集，这一点可能有人会觉得意外。毕竟这个领域不是我的主攻方向，而且如果说邵老师还写过不少语言规范问题的文章，我本人则这么多年来几乎没有这方面的研究成果。所以在本书出版之际，我想先说说编写这本书的几个缘由。

　　第一个原因是，我肩上扛着一批国家级的科研项目。正如本书在最前面提到，这本书受到多项国家级科研项目的支持。这些项目包括：我作为首席专家和陆俭明老师担任学术顾问的国家社科基金重大招标项目"新时期语言文字规范化问题动态研究"（项目号：12&ZD173）；我作为子课题负责人的国家重大基础理论研究项目（973）"面向网络语言的句法语义分析理论模型"（项目号：2014CB340501），我和邵敬敏老师共同主持（南京大学和暨南大学合作）的国家语委重点项目"两岸（含港澳台）语文现状和发展趋势比较研究"（项目号：ZDI125—20），以及我主持的国家语委一般项目"面向语文教育的语言文字标准研究"（项目号：YB125—26）。所以本书的书名"新时期语言文字规范化问题研究"和本书几个主要部分的标题"基础语文教育中的语言文字规范问题"、"社会语文生活中的语言文字规范问题"及"港台语言现状及对大陆语言文字规范的影响"，就正是围绕这几个科研项目而确定的。不管这算不算"一鱼多吃、一女多嫁"，但至少本书的所有研究内容正是体现了这几个相互关联（甚至部分重合）科研项目所要求完成的任务。尽管我们完成上述科研项目的成果并不只限于这本书，也有包括发表刊物论文、编写高校教材、主办学术会议在内的多种成果，后续也还有一批其他著作和论文类作品，但这本书无疑是我们完成上述这些科研项目最重要的成果形式。

　　第二个原因是，我手上带着一批才华出众的学生。毫无疑问，凭我一己之力无论如何是无法完成上述这么多国家级科研项目的，而且我也不像有些课题主持人那样手上掌握着包括学术研究机构在内的大量人力物力资源。但很值得庆幸或者说是机缘巧合的是，我手上有一大批研究生，或者说有一个强大的研究团队。我 2012 年从北京大学调往南京大学工作，当时我在北京大学有 20 多名研究生，北大中文系聘我担任兼职教授继续指导这些学生，而我到南京大学后又一下子有 30 多名研究生聚集到我手下，这就使得我这几年同时在读的研究生总数一直保持在 40—50 人水平，这个团队的规模在全国高校也可算是"奇观"了。如果就一般情况而言，要同时带这么多学生无疑是个"负担"，特别是几乎不可能大家都去做句法语义理论研究，但对我来说这却是"天助我也"。众所周知，北京大学和南京大学的研究生应该都是中国最优秀的青年才俊，他们的专业基础和研究能力绝对属于一流，而且多数勤奋努力、踏实肯干。更有利的条件是，作为在读的博士生和硕士生，他们不像高校教师那样有沉重的教学和行政负担，可以心无旁骛地全身心投入研究工作（谈恋爱除外），这也就保证了极高的专注度和工作效率。因此这几年，除了外国学生，我把几乎所有研究生"兵力"都投放到语言文字规范化研究的"主战场"，而且分别占领几个"制高点"，按照上述科研项目的整体布局"分进合击"（我们还规定，即使研究生的学位论文不属于这个课题，也必须另外完成一项本课题的研究任务）：这一点估计是其他任何课题组无法做到的。就整体情况看，我们研究工作的推进速度和完成效果都很令人满意。截至目前，整个团队已经在刊物上发表论文 12 篇和在会议上宣读论文 10 篇，同时已完成硕士学位论文 16 篇。这本书所收论文的绝大部分就来自这些研究生的成果，或者说这本书也算是对我们研究团队前期战役的一次"阅兵"。

　　第三个原因是，我心中存着一种对语言文字规范研究的责任。前面说这些年来我一直没有什么关于语言文字规范的重大研究成果，这于我来说其实也是一个"心头之痛"。姑且不说作为研究现代汉语的学者，我本来就有责任和义务关注社会语文生活和语言文字规范化工作，就说我自己担任的一些与此相关的专业和社会职务，我也无法置身事外。我曾长期担任北京大学中文系现代汉语教研室主任和曾担任北京大学中文系副主任，现在又是南京大学文学院语言学系主任，我也曾在十多年前就开始担任全国语言文字标准化委员会语法分委会的主任，也是国家人社部职业汉语能力测试专家委员会的秘书长，是教育部考试中心兼职研究员，最近又刚刚担任国家语委直属研究机构之一的南京大学中国语言战略研究中心主任，仅从这些职务名称上就可以看出，参与并且做好语言文字规范化工作其实正是我的"正业"（至少之一）。尽管平心而论这些年我还是做了一些跟社会语文生活相关的工作，比如多年参加全国高考和高自考工作，比如主编人教版高中语文新课标《语言文字应用》教材，比如主持修订

"国家标准·标点符号用法"和主编《标点符号用法解读》等。但毕竟直接关注和研究社会语文生活问题,我做的确实比较少,这也难怪这几年国家语委和商务印书馆等"语言生活派"操作的一些重大学术活动,似乎也"不带我玩了"。正因为如此,在深深自责的同时,我也确实在"见贤思齐、卧薪尝胆"。我这倒不是试图要"东山再起",无非是想用我的实际努力和扎实成果,无愧于我正在担任和曾经担任的那些职务所赋予的责任,当然我也愿意用本书作为"投名状",回归到"语言生活派"。所谓"江东子弟多才俊,卷土重来未可知",或许正是我此时心情的写照。

说完了编写本书的三个缘由,最后稍微说一下这本书的内容。前面说过这本书分四个部分(总论和上中下三编),共收 28 篇文章。这些文章基本是以我的博士生和硕士生为主体的研究团队的研究成果,其中包括来自 16 篇硕士学位论文的浓缩文本,也包括目前仍在读研究生的阶段性研究成果,因此绝大多数文章都是首次发表。另外,本书也收入了几篇曾经发表过的文章(均已在文末注明),除了因为像柳士镇老师、邵敬敏老师和暨南大学团队成员有几篇曾发表过的文章非常符合本书的主题,且原文不易查找到外,在这次收入本书时也都做了较多修改和补充,相信这些文章一定能为本书增色。至于我本人的 2 篇文章,虽然也曾在报刊发表,但一方面发表时间都是 2015 年,另一方面与发表时相比也有大篇幅补充,所以也算新文章。上述全部文章都紧扣"新时期语言文字规范化问题研究"的主题,其中上编"基础语文教育中的语言文字规范问题"8 篇文章对中小学语文教材中若干重要问题的考察,中编"社会语文生活中的语言文字规范问题"10 篇文章对社会上大量新兴语言现象的分析,以及下编"港台语言现状及对大陆语言文字规范的影响"7 篇文章对相关语言规范化问题的研究,基本上都是新现象、新问题,至少也是新角度、新观点。相信本书作为一本专题性的文集,不但具有较高的应用价值,能为新时期语言文字规范化工作起到参考作用,也具有较高的学术水准,能为相关语言现象研究提供重要启发。

作为本书主编之一,我想借此机会,一方面要对为这本书做出贡献的所有作者表示感谢,另一方面更要对课题学术顾问陆俭明老师为本书作序,对邵敬敏老师同意担任本书的联合主编和赐稿多篇,对前辈学者柳士镇老师向本书赐稿,对商务印书馆总编辑周洪波先生支持出版本书,表示最大的敬意。你们的支持和提携将激励我和我的团队继续努力,力争拿出更新更好的研究成果作为回报。我们也希望这本书以后可以成为专题的系列品牌,不但我们团队(挂名是国家语委南京大学中国语言战略研究中心)来做,也希望有更多的研究机构和研究者和我们一起来做。我们期待不久就可以

后 记

推出本书的第二辑、第三辑,并最终与商务印书馆出版的"语言生活状况"丛书、武汉大学主编的《中国语情》,共同构成"语言生活派"的专题作品系列。顺便再说一句,南京大学2012年创刊的集刊《中国语言战略研究》最近调整了主编人选,决定从2016年起聘请我和徐大明教授担任联合主编。本刊和商务印书馆2016创刊的由李宇明教授、郭熙教授担任主编的《语言战略研究》都是以"中国语言战略研究"为主要内容的学术刊物,而且都将力争尽快进入正式学术期刊目录。而从我本人的办刊思路看,我觉得两刊虽然"撞衫",但收文重点还是应有所区别,本刊的一个重点或许就是语言文字规范化研究。所以我们不但期待本刊能最终成为《语言战略研究》学术期刊的"双璧",而且能成为"语言文字规范化研究"的"主阵地"。

最后我还想说的是,由于这本书的绝大部分文章(约16篇)作者都是我指导的研究生,从这个意义上说我作为导师也是这些作品的直接责任者;加上我是本书的第一主编,所有文章都经过我提出修改意见和进行最后统稿,当然也要对本书负最大责任。但毕竟这本书涉及的语言文字规范的内容广泛,而我个人的水平和眼光也难免有不足和偏误,因此本书如有错误和疏漏概由我负责。

沈 阳
2015年11月8日,写于南大和园

图书在版编目(CIP)数据

新时期语言文字规范化问题研究/沈阳,邵敬敏主编.—北京:商务印书馆,2017
ISBN 978-7-100-15081-1

Ⅰ.①新…　Ⅱ.①沈…②邵…　Ⅲ.①汉语规范化—文集　Ⅳ.①H102-53

中国版本图书馆 CIP 数据核字(2017)第 203270 号

权利保留,侵权必究。

新时期语言文字规范化问题研究
沈阳　邵敬敏　主编

商 务 印 书 馆 出 版
(北京王府井大街36号　邮政编码100710)
商 务 印 书 馆 发 行
北京市十月印刷有限公司印刷
ISBN 978-7-100-15081-1

2017年9月第1版　开本 787×1092 1/16
2017年9月北京第1次印刷　印张 26¾
定价:75.00元